二十世纪人文译丛

人类思想发展史

关于古代近东思辨思想的讨论

〔荷〕亨利·法兰克弗特 等著

郭丹彤 译

商务印书馆
The Commercial Press

H. *and* H.A. Frankfort, John A. Wilson, Thorkild Jacobsen, and William A. Irwin

THE INTELLECTUAL ADVENTURE OF ANCIENT MAN:
An Essay on Speculative Thought in the Ancient Near East

Licensed by The University of Chicago Press, Chicago, Illinois, U.S.A.

©1946 by The University of Chicago. All rights reserved.

本书中文版根据芝加哥大学出版社1946年版翻译。

"二十世纪人文译丛"
编辑委员会

* 陈　恒（上海师范大学）
　 陈　淳（复旦大学）
　 陈　新（上海师范大学）
　 陈众议（中国社会科学院）
　 董少新（复旦大学）
　 洪庆明（上海师范大学）
　 黄艳红（上海师范大学）
　 刘津瑜（美国德堡大学）
　　　　（上海师范大学）
　 刘文明（首都师范大学）
　 刘耀春（四川大学）
　 刘永华（复旦大学）
　 陆　扬（北京大学）
　 孟钟捷（华东师范大学）
　 彭　刚（清华大学）
　 渠敬东（北京大学）
　 宋立宏（南京大学）
　 孙向晨（复旦大学）
　 杨明天（上海外国语大学）
　 岳秀坤（首都师范大学）
　 张广翔（吉林大学）

* **执行主编**

作者简介

亨利·法兰克弗特（Henri Frankfort，1897—1954），埃及学家、考古学家、东方学家，曾任芝加哥大学远东考古教授、埃及探险协会考古队队长、芝加哥大学远东研究所驻伊拉克考古队队长。

H. A.法兰克弗特（H. A. Frankfort，1896—1982），荷兰考古学家和古代艺术专家，亨利·法兰克弗特的妻子，长期参与亨利·法兰克弗特主持的埃及和伊拉克工作和研究。

译者简介

郭丹彤，上海大学历史学系教授、系主任，博士生导师，主要研究领域为世界古代史、埃及学。中国世界古代史研究会理事、东北师范大学兼职教授、《外国问题研究》副主编。在《历史研究》等刊物上发表专题论文多篇；主持国家社科基金重大项目"古代埃及新王国时期行政文献整理研究"；专著《埃及与东地中海世界的交往》入选国家哲学社会科学成果文库；专著《古代埃及象形文字文献译注》（上、中、下卷）获教育部第八届高校社会科学优秀成果二等奖、第四届中国出版政府奖、第七届吴玉章人文社会科学奖一等奖和第三届"日知世界史奖"二等奖；专著《古代埃及新王国时期经济文献译注》（上、下编）入选上海世纪出版集团2022"世纪好书"年度榜单、第二十四届（2021年度）华东地区古籍优秀图书奖一等奖。

总　序

"人文"是人类普遍的自我关怀，表现为对教化、德行、情操的关切，对人的尊严、价值、命运的维护，对理想人格的塑造，对崇高境界的追慕。人文关注人类自身的精神层面，审视自我，认识自我。人之所以是万物之灵，就在于其有人文，有自己特有的智慧风貌。

"时代"孕育"人文"，"人文"引领"时代"。

古希腊的德尔斐神谕"认识你自己"揭示了人文的核心内涵。一部浩瀚无穷的人类发展史，就是一部人类不断"认识自己"的人文史。不同的时代散发着不同的人文气息。古代以降，人文在同自然与神道的相生相克中，留下了不同的历史发展印痕，并把高蹈而超迈的一面引向二十世纪。

二十世纪是科技昌明的时代，科技是"立世之基"，而人文为"处世之本"，两者互动互补，相协相生，共同推动着人类文明的发展。科技在实证的基础上，通过计算、测量来研究整个自然界。它揭示一切现象与过程的实质及规律，为人类利用和改造自然（包括人的自然生命）提供工具理性。人文则立足于"人"的视角，思考人无法被工具理性所规范的生命体验和精神超越。它引导人在面对无孔不入的科技时审视内心，保持自身的主体地位，防止科技被滥用，确保精神世界不被侵蚀与物化。

回首二十世纪，战争与革命、和平与发展这两对时代主题深刻地影响了人文领域的发展。两次工业革命所积累的矛盾以两次世界大战的惨烈方式得以缓解。空前的灾难促使西方学者严肃而痛苦地反思工业文明。受第三次科技革命的刺激，科学技术飞速发展，科技与人文之互相渗透也走向了全新的高度，伴随着高速和高效发展而来的，既有欣喜和振奋，也有担忧和悲伤；而这种审视也考问着所有人的心灵，日益尖锐的全球性问题成了人文研究领域的共同课题。在此大背景下，西方学界在人文领域取得了举世瞩目的成就，并以其特有的方式影响和干预了这一时代，进而为新世纪的到来奠定了极具启发性、开创性的契机。

为使读者系统、方便地感受和探究其中的杰出成果，我们精心遴选汇编了这套"二十世纪人文译丛"。如同西方学术界因工业革命、政治革命、帝国主义所带来的巨大影响而提出的"漫长的十八世纪""漫长的十九世纪"等概念，此处所说的"二十世纪"也是一个"漫长的二十世纪"，包含了从十九世纪晚期到二十一世纪早期的漫长岁月。希望以这套丛书为契机，通过借鉴"漫长的二十世纪"的优秀人文学科著作，帮助读者更深刻地理解"人文"本身，并为当今的中国社会注入更多人文气息、滋养更多人文关怀、传扬更多"仁以为己任"的人文精神。

本丛书拟涵盖人文各学科、各领域的理论探讨与实证研究，既注重学术性与专业性，又强调普适性和可读性，意在尽可能多地展现人文领域的多彩魅力。我们的理想是把现代知识人的专业知识和社会责任感紧密结合，不仅为高校师生、社会大众提供深入了解人文的通道，也为人文交流提供重要平台，成为传承人文精神的工具，从而为推动建设一个高度文明与和谐的社会贡献自己的一分力量。因此，我们殷切希望有志于此项事业的学界同行参与其中，同时也希望读者们不吝指正，让我们携手共同努力把这套丛书做好。

"二十世纪人文译丛"编委会
2015年6月26日于光启编译馆

目 录

前　言 / 1

导　论 / 3
第一章　神话与现实 / 5

埃　及 / 31
第二章　宇宙的本质 / 33
第三章　国家的职能 / 65
第四章　生命的价值 / 95

美索不达米亚 / 125
第五章　宇宙之邦 / 127
第六章　城邦的功能 / 193
第七章　正当的生活 / 209

希伯来 / 231
第八章　神 / 233
第九章　人 / 265
第十章　世界中的人 / 303

第十一章　国家、社会和政治 / 333

结　语 / 363

第十二章　从神话桎梏中解放出来的思想 / 365

索　引 / 391

前　言

本书是对芝加哥大学人文学部公选课讲义的收集整理。除了一些小改动，这些讲义都基本保持了原貌，这不是为了避免读者将它们当作学术论文，而是因为我们认为讲义的直接解释性讲述方法在改写成学术论文时存在着一定的难度。实际上，我们提出的是韦伯斯特对散文的定义——"一种文学作品，本质上是分析性或解释性，从或多或少有限的或个人的观点来处理其主题，在风格和方法上允许相当大的自由"。我们认为散文形式的讲义具有发展空间，即使是在处理那些零碎而复杂的资料时，也要把关注细节作为这一领域的每个工作者的首要任务。这样的论文可能要求一种新的研究方法，并且为了获得新的研究视角，它们可能不得不从历史的角度切入。它们也可能需要为了一个问题的一个方面而忽略这个问题的其他方面，有时他们的目的只是唤起人们的注意，而不是证明或争论这一问题。但是，不管他们的处理方式如何不同，这些散文书写者都有一个共同的特点，即致力于探索文化和历史现象的意义，他们的研究方法是人文的，他们将用受过教育的外行能理解的术语来表达自己的看法。

由于这些讲座针对普通人，因此专业性强的档案等文献将被减少到最低限度，并放在章节的结尾。然而我们的专业同行将不难区分我们在哪些方面使用了已被接受的观点，在哪些方面提出了新观点，并且若再版，我们将把支撑我们新观点的相关文献补充进去。除非另有说明，本书所用译文均译自作者，而关于《圣经》的引用则大多来自美国标准版本（经国际宗教教育理事会许可使用)。

　　这些讲义的四个部分已经通过一系列讨论并在交稿前几个月互看初稿时得到了有效整合，各部分最终达成统一，即将各部分不同的表达形式结合在一起。H. A. 格罗内韦根·法兰克弗特夫人是第一个提出这一讲义主题的人，作为一名哲学学生她贡献了自己的专业知识，并且她和她丈夫共同撰写了第一章和最后一章。此外，她还负责第五、六、七章中苏美尔语和阿卡德语诗歌的翻译工作。

芝加哥大学近东研究所

导 论

亨利·法兰克弗特
H. A. 法兰克弗特

第一章　神话与现实

如果让我们在古代文献中必须寻找到"思辨思想",那么我们将不得不承认可以称得上"思想"的东西在这些文献中绝无仅有。只有少许的几个段落涉及与思想有关的诸如戒律和推理论证等方面的内容。古代近东思想是以一种想象的形式出现在人们面前的,这一形式使我们在研究古代近东思想时往往错误地把它与想象连在一起。然而,古代人类是不会允许我们这些现代人用想象代替思想的。

我们不要忘记,即使对我们这些现代人来说,在所有的与思维有关的形式中,思辨思想是最为活跃的。词源学认为思辨是一种直觉的、几近于幻觉的理解方式。当然,这并不意味着思辨是一种忽视现实或试图逃避现实生活中矛盾的、不负责任的、漫无边际的想象,事实上,思辨思想已经超越了经验的范畴,这是因为它的目的是为了诠释、统一、指挥经验,并通过假设的方式来实现这一目的。根据这一术语原始的含义,我们可以推断思辨思想试图以经验的混乱为出发点,以揭示结构的特征——秩序以及连续性和方法为目的。

思辨思想与那些单纯无意义的思辨之间最为明显的区别就在于,思辨思想始终坚持与经验联系在一起。思辨思想很有可能"一度脱离"了经验,但是它与相关问题联系在一起,因它试图解释这些问题。

与其他任何历史时期相比,当代思辨思想的范畴受到极其严格的限制。因为除了思辨思想外,我们还有另外一种十分科学的方法用以解释经验教训，这种方法不但完成了对经验的解释，而且还有效地保持了它原有的风格。然而，在任何情况下，我们都不能让思辨思想去侵袭科学的神圣领地。人们不可以把思辨思想应用于可知的世界；即使是在它被允许的范畴之内，思辨思想也绝对不可以狂妄自大、自命清高、奉自己为高于一切假设的绝对权威。

那么，今天的人们把思辨思想的活动范围局限于一个怎样的范围之内呢？当代思辨思想主要的研究对象是人类——人的本质及其所面临的难题，人的价值及其命运。由于人类不可能非常成功地成为一个与其自身主体相对应的科学客体，人超验混乱的经验和正在面临的难题将引导他去寻找一种形而上学的假说，这种假说完全可以阐明他所亟待解决的难题。对于"自我"这一主体，即使是在今天，人类仍在十分顽固地坚持着对它的种种臆想。

当我们把目光转向古代近东文明，试图去探索思辨思想的时候，我们发现了两个具有内在联系的事实：第一，我们发现思辨具有无限发展的可能性，它不受对真理进行科学，即规律探索的限制；第二，我们注意到自然界和人类社会因相互依存而彼此之间缺少明显的界限。

古代人类，正如现代的未开化种族，注意到人类总是作为社会的一部分，而社会则根植于自然并依赖于宇宙的力量。对于他们来说，自然界和人类社会并不是相互对立的，因此人们不应该用不同的认识模式去理解两者。事实上，在这本书中，我们将看到自然现象通过人类的实践表现出来，与此同时，人类的实践必将遵循宇宙万物的规律。此书所要着重揭示的便是古人与今人在人与自然关系上的不同理解，这一课题对于当代社会学家的研究具有十分重要的意义。

古人与今人在对待他们周围世界的态度上的一个最本质的差异是：对于掌握了科学文化知识的现代人类来说，周围世界的自然现象从本质上讲应该是"它"；而对于毫无科学文化知识可言的古代人类来说，周围世界的自然现象则是"你"。

古人与今人这一思维模式的差异远远超越了"泛灵论"或"人格主义"

通常所能理解的范畴。事实上它充分显露了那些已被广泛接受的理论的不足之处，因为"我"和"你"之间的关系是极其微妙的，只有把它和其他两个认识模式进行比较后，我们才有可能最为有效地解释这种关系的特性。其他的两个认识模式分别是主体与客体间的关系以及当我"认知"到另外一种存在时，我与这种存在间所存在的联系。

毫无疑问，"主体—客体"的关系是所有一切科学认知的基础，它本身就完全可以使科学知识的产生成为可能。第二种认知模式是当我们"认知"我们面对一种生物时直接获得的，即它的恐惧，或者说，它的愤怒。另外需要说明的是，这是一种与动物分享认知形式的荣幸。

我—和—你（I-and-Thou）的关系以及上述已经提到的另外两种关系之间的区别在于：在判别一种客体的属性时，人是主动的和活跃的。另一方面，在"认知"一个伙伴——生物时，无论他后来的行为会产生怎样的结果，人或动物则始终处于一种绝对的被动状态，因为首先他已经对他所认知的生物产生了一种印象。因此从这种认知中获得的知识肯定是直接的、情绪化的、模糊的。与之相反，那种从对客体的主动认识中得到的知识则是冷静的和清晰的。

现在，"我"从"你"中获取的知识徘徊于主动的判断和被动的"一种印象的经历"之间；徘徊于理智的认知和情绪化的认知，以及清晰的认知和模糊的认知之间。"你"也许是难以解答的，"你"有时也是一目了然的。"你"是一种充满活力的存在，这种存在的特性和潜能有时表现得十分清晰——这并不是积极主动调查探求的结果，而是作为一种存在的"你"对自我所进行的揭示。

我—和—你的关系和其他两种关系间还有另外一种十分重要的区别。一个客体，一个"它"总是能够与其他的客体保持着科学的联系，并且以一个组织或一个群体的一部分的身份出现。由于"它"这种群体的属性，科学坚持要探求"它"；科学也因之能够理解客体以及由宇宙规律控制的事项，宇宙规律使这些事项得以在一种可预见的环境中运行。另一方面，"你"是唯一的,"你"具有空前的、无双的、不可预见的个体特性,"你"是一种只有当他自我揭示的时候才可被人认知的存在。此外,"你"不仅应该被感知或被理解,而且更为重要的是"你"应该以一种充满生机的互惠互利的关系被"我"富有激情地去经历。基于这些原因,我们发现克劳利(Crawley)的格言具有道理的:"原始人只有一种思维模式,一种表达模式,一个语言部分——个人的。"然而这并不意味着(正如我们所经常认为的)为了解释自然现象,原始人就把人类的特性归于无生命的世界。事实上原始人并不知晓一个无生命世界的存在。由于这个特殊的原因,他们既不可能人格化那些无生命的现象,也不可能像现代人类所信奉的"泛灵论"那样用死人的魂灵去填充那个空无的世界。

对于原始人来说,世界既不是无生命的,也不是空无的,而是充满生命的;无论是人类、动物、植物,还是人类所看到的任何自然现象——雷电、阴影、森林中神秘恐怖不为人所知的那片空地、当他正蹒跚于狩猎途中突然伤害到他的那块石头,所有这些都有其独特的生命个性。在任何时候,原始人所面对的任何现象对于他们来说不是"它",而是"你"。在人与自然现象相互面对的时候,"你"揭示出了其本身具有的个性、品质和愿望。"我"不能用智力的超然性来思考"你";而是应该把"你"当作可以面对的生命,并能与"我"形成一种互惠互利的关系。而思想与行为和感觉一样,应从属于这种经验。

在这本书中,我们所要着重研究的便是思想。很有可能在古代,人类就已经遇到了某些智能上的难题,并且已经有意识地思考诸如"为什么"和"怎么样","从哪里来"和"到哪里去"的问题。即便如此,我们也不可能在古代近东文献中找到具有十分明显的智能形式的思辨,这种智能形式是我们所熟知的,甚至当我们想要试图超越它的时候,它仍将具有十分严格的逻辑程序。在古代近东,正如在现今某些未开化种族的社会中,我们已经注意到思想是没有自主性的。彼时彼地,整个人类所面临的是自然界中一个活生生的"你";具有情感、想象力和智力的人类所展现出来的则是经验。所有

"你"的经验都具有极高的个性;事实上,早期人类已经意识到了事件是作为个体出现的。但是他们只能把一系列事件以及对这些事件的解释表达成一系列的行为和由这些行为而构成的故事。换言之,古代人类擅长利用一系列发生的事件来编造一个个神话故事,却从来不能对这些事件进行必要的分析或在分析后做出某种结论。现在我们将用环境的某些变化破坏了原有的干旱天气从而造成了大范围的降雨这一自然现象为例,来说明古代人类的这种思维定式。当古代巴比伦人观察到这一自然现象的时候,他们认为这是巨鸟伊姆都古德(Imdugud)为了挽救他们于死亡而采取的行动。伊姆都古德那硕大无朋的翅膀如同重重的黑云布满了整个天空,吞噬了天上的公牛——从这头猛兽的血盆大口中喷射出的热气足以烤死土地上的全部庄稼。

古代人类在讲述这样一个神话的时候,他们的目的并不是向人们提供某种茶余饭后的娱乐。同时他们也不能以一种超然的方式,不带任何进一步动机地给这些自然现象以科学的解释。他们向人们讲述他们所亲身经历的事情。他们亲身经历了一场力量与力量间的争斗,一方摧毁了他们所赖以生存的庄稼,另一方则以庄稼保护者的身份出现并取得了胜利:雷电暴雨在生死攸关的时刻打败并彻底地摧毁了干旱,把他们从死亡中解救出来。这种想象出来的故事代代流传,最后形成我们今天所看到的神话文学或神话艺术,但是它的根源却是人类所亲身经历的事情。神话是想象的产儿,可是幻想却并不是它唯一的母体。确切地说,真正的神话肯定不同于传说、寓言、民间故事和英雄故事。所有这些文学体裁可能在不同程度上保留了神话的某些因素,也有可能神话中过多的巴洛克式的轻浮想象会把神话降低成单纯的故事。然而,真正的神话和这些文学体裁最大的差异之处就在于真正的神话是用一种强制的力量,而不是用一种充满娱乐的幻想来表现它自己所创造出来的形象和角色。神话事实上就是对"你"进行的展示。

所以神话的意象绝不是寓言,究其本质它应是抽象思想所仔细选择的外在表现形式。想象与思想是不可分割的,它体现了一种形式,经验就是依靠这种形式而得以展现在人们的面前。

对于神话，我们的态度应该是极其严肃的，因为它揭示了一种不可证实的真理，我们也可以称这种真理为形而上学。然而神话并不具有一种完整的理论体系所必备的一般性和透彻性。它是具体存在的，尽管它声称在效力上是无懈可击的。它被信奉者们所认同；面对人们对它的批评，它从不为自己辩解。

当我们意识到古代人类不只满足于把神话当作可以传达信息的故事的时候，神话所包含的那些非理智的成分就自然而然地显露了出来。他们使神话具有极强的戏剧性，同时承认神话只有通过长篇叙述才能把它的特殊性质表现出来。

在所有的关于神话戏剧化的事例中，圣餐礼是最为著名的。而另一个事例则产生于古巴比伦。在每一次的新年盛典中，巴比伦人都要把马尔杜克（Marduk）在世界初创的第一天打败各种罪恶的势力所获得的巨大的胜利搬上舞台。在每年的各种节日里，巴比伦人都要咏诵创世史诗。关于这一事例，需要澄清的事情是巴比伦人并没有把他们的创世故事演绎成我们现在可以接受的理论，具体地说，把它演绎成充满智慧的令人满意的关于世界由来的解释。古代人类从未得出任何问题的答案；而事实上所有答案都已在人与自然互惠互利的关系中展示于人类的面前。如果一个问题得以回答，那么人类往往与已经自我揭示的"你"共享了这一答案。因此，在每年的季节更替之时，聪明的人类都要通过节日庆典中的演出来展现他们与自然力共同享有的知识，以此始终如一地把这些自然力置于人类文明的发展轨迹之中。

现在我们将神话的复杂特性做以下的总结：神话，具有诗歌的特征，同时又因它试图揭示真理而高于诗歌；具有推理的特征，同时又因它试图最终引发真理的诞生而高于推理；具有行动或仪式行动的特征，它不一定非要实施这种行动，但它却必须揭示和修饰真理诗歌的特征。

叙述至此，读者应该理解我们在这一章的开头就宣称，我们对古代近东思辨思想的研究可能会导致消极的结果。在整个古代近东的文明发展进程中，有关智能的探求始终处于一种缺乏的状态。然而思辨却很有可能存在于神话时代的思想之中。甚至早期人类就已经陷入了直接的感知中，他们认识到某些超越自然现象的难题的存在。他们意识到了起源问题、终极目标问题和物质存在的目的问题。他们还认识到由他们千百年来流传下来的风俗、习惯、规章制度所构成的无形秩序的存在；并把这种无形的秩序与有形的秩序，与由地球和太阳的公转和自转导致的昼夜、季节和年的更迭连接在一起。早期人类甚至还把他们所认知的不同的自然力排列了等级。根据孟菲斯（Memphite）神学（在第二章中我们将对其进行深入讨论）的记述，埃及人曾经把多神崇拜简化成真正的一神论并使创世的概念精神化。然而他们却是用神话的语言来叙述这一重要的宗教变革的。根据对它们目的而不是形式的认知，我们可以给这样的教谕文献以"思辨"的特性。

现在让我们抢在我们的同行之前对世界是如何产生的问题做出各种不同的回答。现代某一仍未开化部落——施鲁克（Shilluk），这个在许多方面都与古代埃及人有着密切联系的种族将对这一问题做出如下回答："创世之初，天地间只有一个伟大的创世者——朱-欧克（Ju-ok），他创造了一首古代埃及诗歌：一头伟大的白母牛，这头名叫敦·阿度克的白母牛来自尼罗河，还生下了一个人形的小孩。白母牛用她那甘甜的乳汁哺育被她叫作靠拉的孩子。"[1] 从这样的一个故事（同一类型的故事很多）中，我们完全能够观察到任何被想象出来的、具体的，同时又与存在发生联系的事件，都将会使人们从中寻找到创世的答案。在这样的故事中将不会有思辨思想的暗示。相反，它却蕴含着一种有形的感知，即它是具体的、毫无争议的，但却是前后不一致的。

如果创世是通过具有人类背景的寓言，而不是以一种纯粹幻想的方式想象出来的话，那么我们有必要进行进一步的研究。创世的第一步将被表现为诞生，一个最简单的形式就是假设一对夫妻作为所有生灵的父母。与希腊人和毛利人（Maoris）一样，埃及人也把地与天当作一对最为原始的夫妻。

创世的第二步是由父母双亲中的某一方来完成的，这一步骤将导致思辨思想的产生。在希腊神话中人类的祖先是由一个伟大的母亲或一个女神所生；而在巴比伦神话中初始人类则是由精灵创造的。创世也有可能源于父亲，例如，在古代埃及，诞生于原始瀛水的阿图姆神（Atum）在天地未开混沌之时首创天地宇宙，并通过自生的方式造出了第一对神。

在以上所有这些有关创世的故事中，人类的思维始终在神话的王国里漫游，尽管也偶尔闪现出思辨的火花，因为在神话中阿图姆被塑造成人类的创造者，他最大的孩子是舒（Shū）和泰弗奴特（Tefnūt），他们分别是空气神和湿气神；舒和泰弗奴特的孩子是盖博（Geb）和努特（Nūt），他们分别是地神和天神；盖博和努特是奥西里斯（Osiris）及其他三个神的父母。通过既是冥王又是神祇的奥西里斯，人类社会与宇宙的力量产生了密切的联系。在这个创世故事中，我们发现明确的宇宙逻辑系统导致了思辨的产生。

在古代埃及，上述事例并不是唯一的，事实上即使是毫无秩序的混乱状态都可以成为思辨产生的缘由。据神话记载，在原始瀛水中曾居住着八个神秘的生物，即四只公青蛙和四条母蛇，这些青蛙和蛇互为婚配夫妻，共组成四对夫妻。这四对夫妻共同养育了太阳神和人类的创造者阿图姆。根据这八柱神的名字我们可以断定，他们不属于阿图姆创造出来的宇宙秩序，而应是宇宙秩序出现前的混乱状态中的一部分：四对夫妻中的第一对的名字是努（Nūn）和纳奈特（Naunet）——原始的无形的海洋和原始物质；第二对的名字是胡赫（Hūh）和哈海特（Hauhet）——无限和无穷；接下来是库克（Kūk）和卡乌凯特（Kauket）——黑暗和模糊；最后一对的名字是阿蒙（Amon）和阿蒙奈特（Amaunet）——躲藏和隐蔽——很可能是风。因为风"随着意思吹，你听见风的响声，却不知道从哪里来，往哪里去"（《约翰福音》3:8）。肯定地说，这就是用神话做伪装的思辨思想。

在巴比伦神话中我们也发现了思辨的思想，在这里，混沌没有被表现为友爱的互相合作的八柱神，在埃及是他们共同养育了人类的创造者——太阳神；而在巴比伦，混沌却被当作生命和秩序的敌人。当伟大的母亲提阿玛特（Ti'amat）养育了无数的生灵和神以后，在马尔杜克神的指引下，在一次极其残酷的争斗中，她被打败并被击得粉碎。然而在她那支离破碎的躯体上，一个崭新的宇宙体系却被完整地建立了起来。因此，巴比伦人把那次激烈的争斗当作一切存在的根源。

综观整个古代近东，我们不难发现这一地区的思辨思想是以神话的形式出现的。通过以上的叙述，我们已经看到早期人类在面对自然现象时所持的态度是他们思想形式的神话性的直接体现。为了更为深入全面地理解这种以神话为外在形式的思想特性，我们将就这种思想的外在形式做进一步探讨。

神话时代的思想逻辑

从现在开始，我们尽最大的努力去展现对于原始人类来说思想并不是自主性的观点，他们对现象的世界，即我们所说的生命与生命的对抗，充满了好奇。的确，我们已经看到，现代的智力判断手段和方法总是无法应用到构建神话时代思想的思维和意志的复合体上。但是题目中所用的"逻辑"一词却是合情合理的。古代人类根据因果关系来表达他们的"情感思想"（正如我们所称的）；同时他们用时间、空间和数量来解释现象。事实上古代近东各文明的推理形式并不像我们所想象的那样与今人完全背离，而是十分相似。他们能够使用逻辑推理，但却没有认真地加以对待。因为纯粹智力所显示出来的超然性几乎不可能与他们在现实生活中获得的最有价值的经验相容和共存。古代人类的那种被某些学者称为"前逻辑"的思想模式很可能只是一种巫术或宗教仪式。因为这些学者忘记了古代人类是把康德范畴论应用到高级的感知行为上，而不是纯粹的推理上。

如果我们试图明确神话时代的思想结构，并且把它与现代思想（即科学思想）进行对比，那么我们将不难发现两者之间的最大区别在于它们的心理状态和意图，而不在于所谓的"前逻辑"思维。现代思想的基本特征存在于主观性和客观性之间。依靠这一特性，科学思想构建了一个具有批判性和分析性的程序，通过这种程序，科学思想成功地把个人行为归属于服从宇宙秩序的某些典型事件。如此，在我们对现象的感知和为了能够使这些现象更加容易理解的构想之间,造成了一个不断增长的鸿沟。我们每天都能看到太阳从东方升起又从西方落下,而且我们也知晓地球正在绕着太阳转动。我们看到各种颜色,同时我们也能用各种波长来描述它们。我们梦到一位已经死去的亲人,我们也知道那是我们潜意识的幻觉。虽然我们自身没有能力证实这些似乎不可信的科学观点,但是我们却能够接纳它们,因为我们知道它们终将被证明具有超越我们感觉的客观性。然而,早期人类却并没认识到世界上还有存在于他们的感知之外的客观事物。他们无法从展现在他们面前的事物的表象中解脱出来,因为这些表象是以我们已经描述过的方式向人类揭示它们自己的。因此对于古代人类来说,主观和客观是一体的,它们之间的差别是毫无意义的。

对于古代人来说,现实和表象间同样也不存在任何差别。他们认为所有能够影响思想、感情和愿望的事物毫无疑问都是现实。例如,他们认为梦境同样是真实的,因为在古代,没有人能够拿出任何证据来说明一个人清醒时所接受的印象要比他的梦境真实得多。他们还认为与日常生活中经常发生的事情相比,梦境对一个人的影响会更大,而那些经常发生的事情要比人们通常的感知具有更大的意义。如希腊人那样,古巴比伦人也是通过在某一神圣的地方过夜以期在梦中得到神的训示。同样,古代埃及的法老也把神引导他们去执行某项任务的梦境当作事实来加以记录。在古代人类看来,幻觉同梦境一样也是真实的。在亚述国王艾塞尔哈东(Assarhaddon)[2]的年鉴中,我们发现有关巨型怪兽的记载。这些怪兽是艾塞尔哈东饥饿疲乏的军队在不毛的西奈沙漠(Sinai Desert)艰难跋涉时所看到,它们或者是长着两个头的蛇,或者是全身绿毛、长有翅膀的动物。由此我们回想起在与波斯人的那场残酷的马拉松战役中,希腊人看到了马拉松平原之神。古代埃及文献也时有关于怪兽的描绘。同现代埃及人一样,中王国时期的埃及人对于沙漠充满了恐惧,因此他们以完全平等的心态把龙、狮鹫和奇美拉与羚羊、狐狸和其他沙漠动物放在一起进行描绘。所有这些关于怪兽和神的描绘事实上都是古人因恐惧和疲劳而产生的幻觉。

正如梦境、幻觉和正常的视觉之间没有十分显著的差别那样，对古代人类而言，活人和死人也同样没有什么本质的区别。他们把死人的复活以及死人与活人之间不断的联系看作是必然发生之事，因为死人仍然具有活人所具有的诸如痛苦、期待和憎恨等情感。在神话时代的思想中"已经完成的事情"与"将要完成或计划打算的事情"具有相同的含义。

在古人的心目中，象征物也受到了与死人同样的待遇。古代人与我们现代人一样也大量使用象征物；然而他们没能够把那些象征物理解成象征某位神或某种力量，而把象征物和神或力量理解成各自独立的事物；但是他们却能够把他们思想里已经形成的联系，例如某些事物的相似之处，理解成那些被比较的事物之间的联系，同时仍然把这些事物理解成各自独立的事物。因此在他们看来，象征物和它所象征的事物是合二为一的，两个被用以比较的事物也是合二为一的，它们中的一个可以代表另一个。

以一个相似的方式，我们完全能够解释这种奇特思想的外在表现，即 *pars pro toto*——"用部分代表整体"；对于古人来说，一个名字，一绺头发，或者一个影子都能代表一个人，因为在某一个特定的时候古人感到一绺头发或一个影子可以包含一个人的全部特性。这绺头发或这个影子以"你"的身份来面对这个人，而这个"你"则包含了其所有者的某种外在特征。

现在让我们来举一个象征物和它所象征的事物合二为一的例子，这就是把人名当作一个人必不可少的一个部分，在某种程度上甚至可以把一个人的名字同这个人本身等同起来。在有关埃及文明众多的考古文物中，有一种文物较为特殊，它就是中王国时期的陶碗，埃及国王把巴勒斯坦、利比亚和努比亚的所有与埃及为敌或反叛埃及的部落及其首领的名字全部刻写在这些陶碗的上面。在一个仪式上，很可能是在前任国王的葬礼上，这些刻有众多名字的陶碗被摔得粉碎；关于这种仪式的目的，陶碗铭文记述得十分模糊。然而我们可以肯定的是，尽管所有这些敌人都远离埃及国王的势力范围，但是在埃及国王看来他们却都应该被杀掉。如果我们认为这种摔碗的仪式具有象征性，那么我们就会忽视古代埃及人思想方法中的一个要点，即一个人的名字就是这个人本身。因此埃及人认为摧毁敌人的名字就等于杀死了敌人的肉体。在这种场合，古代埃及人还经常施一种广泛使用的咒符。在陶碗上，在那些被埃及国王咒为"应该被杀掉"的敌对部落或其首领的名字之后，往往还刻有这样的一些句子："所有有害的思想，所有有害的言论，所有有害的梦想，所有有害的计划，所有有害的冲突……"以上所有这些被提及的事情将随同陶碗一起被打碎，以此来消除它们实际的力量，进而避免它们对国王的伤害或对王权的蔑视。

对于我们来说，行为和仪式或象征性的表演之间存在着本质上的不同。然而这种差别在古代人类的眼里是毫无意义的。古地亚（Gudea），两河流域的统治者，在描绘一座神庙的建造情况时，还同时写到他用泥铸造砖，用火烧的方法来清理庙址，用油来祭奠房基。当埃及人和巴比伦人分别宣称是奥西里斯神和奥奈斯神（Oannes）把文明赐予了他们，这里的文明不仅包括手工业和农业，而且还包括仪式的用法。无论是手工业、农业还是仪式，它们具有同样程度的真实性。因此如果有人去问一位巴比伦人粮食的丰收是依赖于农夫的辛勤劳作和生产技术，还是依赖于新年节日的正确表演，那么他的这一问题肯定是毫无意义的，因为对于这位巴比伦人来说，两者对于粮食的丰收具有同样重要的意义。

正如虚构的事情被当作现实生活中的存在，概念也很有可能被实体化。一个拥有勇气或口才的人几乎把这些品质当成他能够被人掠夺或能够与人分享的实体。在古代埃及，"公平"和"平等"的概念被称为玛阿特（maʿat）。国王的嘴就是玛阿特的神庙。玛阿特被人格化成一位女神；可是与此同时，埃及人还宣称众神"以玛阿特为生"。这一概念被十分具体地展示了出来：在每天的仪式中人们用女神的图像来向众神献祭，同时也向他们提供一些食物和饮品，以维持他们的生计。在这里，神话时代思想的矛盾之处暴露了出来。虽然玛阿特不知晓死亡的本质，同时又面对着一个从头到尾都活生生的世界，但是它却不能够离开具体事物的范畴，把它自身的概念表现成本质上存在的现实。

关于固定的趋势，一个最好的例子就是古代人类关于死亡的概念。对于我们来说死亡并不像韦氏词典所描绘的那样，是一种事件，即垂死的状态或事实。在某种程度上，死亡是实实在在的现实。埃及金字塔铭文在万物产生上有如下的描绘：

  当天空还不存在的时候，
  当人类还没有产生的时候，
  当众神还没有诞生的时候，
  当死亡还没有出现的时候……[3]

在《吉尔伽美什史诗》中，斟酒人西杜里因同情吉尔伽美什而说出了与以上引文基本相同的话。他说道：

  吉尔伽美什，你将要到哪里去？
  无论你到那里，你都将永远找不到永生。
  因为当神创造人类的同时，他们也把
  死亡赠给了人类，但却把
  永生留给了他们自己。

首先，值得注意的是，永生是和死亡是相对立的，永生所要着重强调的是生命的永恒和无终结性，只有在另一个现象——死亡的干涉时，才能使不断延续的生命终止。其次，在陈述神没有把永生赋予人类时，我们应该注意属于永生的那些特性。以上的引文只是《吉尔伽美什史诗》中的一小段，而这部史诗的其他章节以及另一部神话作品还分别记述了这两部作品的主人公吉尔伽美什和阿达帕（Adapa）通过吃作为物质的生命来获得永生。史诗记载神曾赠予吉尔伽美什以"永生的植物"，但却被蛇所掠走，因此他就永远失去了获得永生的机会。当阿达帕进入天堂的时候，神把可获得永生的面包和水赠予他，然而遗憾的是，他在老谋深算居心叵测的恩齐神（Enki）的蛊惑下拒绝了神的好意。在这两个事例中，具体物质的同化作用造就了死亡和永生间的不同。

现在我们将就因果关系进行探讨，因为因果关系对于认为主观和客观间存在明显区别的现代思想具有十分重要的意义。正如我们前面所陈述的，科学可以把混乱无序的状况改造成排列有序的局面，在这种秩序井然的环境里，任何事情都是按照规律的要求来运作的，而这种从混乱无序到秩序井然的转换却是因果关系的基本原理。虽然古代人类的思想也能认识到原因和结果间的关系，但是它对那种非人性的、机械的和具有法律功能的因果关系却没有认识。在找寻真正的原因，即在同样的条件下总是能够产生同样结果的那种原因时，我们已经远离了直接的经验。我们不应忘记牛顿是通过对三种自然现象的思考进而发现了万有引力及其规律的，这三种自然现象在拥有一般理解能力的人的眼里是毫不相干的，它们是：自由落体、行星的运动和潮汐的涨退现象。古代思想不可能从感知的世界达到牛顿的思维程度。同样，我们这些现代人中也不是人人都能具有这种思维的。当具有这种思想的人在寻找某一种原因时，他往往是为了找寻"谁"，而不是"怎样"。由于对于古人来说现象的世界就是"你"，所以他并不希望找到一种控制某一过程的非人性规律。他所期盼的是一种可以导致某种行为的有目的的意愿。如果河流水位没有升高，那么古人不会想到河流的发源地——山地地区稀少的降雨量是干旱发生的直接原因。当河流水位不再上升的时候，他们认为那是因为河流拒绝升高，因为河流或河神对依赖于河水泛滥生活的人们十分憎恨；或者河流或河神有意通过减少河水的水量来向人们传递某种信息。于是人们采取一些行动来祈求河神降雨。我们知道，当底格里斯河水位下降的时候，国王古地亚睡在神庙里，以求神在梦中告知他排除干旱的办法。从历史时期之初，埃及人就有把每年尼罗河泛滥的最高水位记录下来的习惯，在每年尼罗河应该泛滥的时间内，埃及法老都要向尼罗河河神献祭。这些被扔进河里的祭品中还有一份文书，这份文书以或命令或协商的口吻阐明了尼罗河的义务。

然而，我们关于因果关系的观点并不能使古人感到满意，因为它在解释某一事件时所表现出来的非人性特征。它的一般性，愈加使古人感到不满。我们是通过一般性而不是特殊性来理解现象的，但是事物的普遍规律却不能对每件事物的个性做出正确的判定。而古人所竭力揭示的则恰恰是事物的个性特征。在一般的情况下，我们认为某些生理过程导致了人类的死亡。那么古人会问：为什么这个人在这一刻会以这种形式死亡？对于这一问题我们只能说只有在这一刻以这种方式这个人才能死亡。古人试图找寻到一个有关死亡的个性的和特殊性的原因，因此他们不能对死亡进行理智的分析。人们是通过死亡的复杂性和特殊性来经历它的，而每种死亡的复杂性和个性就是它的个体原因。古人认为人类是愿意经历死亡的。于是疑问再一次从"为什么"转移到"谁"，而不是"怎样"。

人类愿意经历死亡的解释不同于《吉尔伽美什史诗》对死亡的解释，因为在这部史诗中死亡被当作一种实体化的和被特殊创造出来的事物。在此，我们首次发现可以有多种途径来解答死亡这一问题，死亡是神话时代思想中的核心问题。在《吉尔伽美什史诗》中死亡是具体的和特殊的，神把它分配给人类。它的解药，永生，同样也是物质的：人类可以通过永生的植物来获得永生。现在我们还发现了一种意志能够导致死亡的观点。上述有关死亡的两种论点既没有相互排斥，也没有像我们所想象的那样和谐共存。然而古人并不认为我们的反对是有效的。因为他们从不把一件事情从它自身的生存环境中分离出来，并且他们也没能寻找到一种在任何条件下都十分合理的解释。在他们看来，死亡是一种带有某种超然性的存在，是死人或即将死亡的人与生俱来的物质。但从情感上来说，死亡是一种怀有敌意的行为。

二元论同样发生在对疾病或罪恶的理解上。当替罪羊被放逐到沙漠时，它的身上携带着社会的罪恶，显而易见，这些罪恶被表达成物质。早期的纸草文稿认为发烧是由"热"物质进入人的身体而引发的。神话时代的思想实体化了疾病的外在征象，并且把经常表现出来的那些征象中的一些当作原因，另一些当作结果。而导致发烧的"热"很有可能是被充满敌意的魔法附在人体上或者作为罪恶的灵魂进入人体内部的。

罪恶的灵魂就是罪恶本身，它们通常被表现成某种物质，并具有意愿的力量。它们还可以以一种较为含糊的方式被指定为"死人的灵魂"，从表面上看，这种指定是在为原始的观念做一种无谓的阐释，而原始的观念就是罪恶的初始化身。当然，当我们正在讨论的罪恶变成人们关注的焦点并刺激了人们想象力的时候，这种化身就自然而然地产生了。于是，像巴比伦神话中拉玛施图（Lamashtu）那样带有各种特性的魔鬼便被想象了出来。同样，众神也是通过这种方式被创造出来的。

我们甚至可以进一步断定在万物之中，作为力量化身的神为早期人类提供了自然现象产生的原因，也就是说，是神导致了自然现象的出现。在近东各古代文明的中后期，神仍然具有其初始的功能，即仍可被当作解释自然现象产生的原因。我们都知道，在古代埃及神话中，伟大的女神伊西斯（Isis）最初是一个被神化的宝座。与现代非洲国家一样，在古代埃及，新王的登基是整个继承仪式中最重要的一个组成部分。国王的宝座是一个带有王权神秘力量的物神。当王子第一次坐在宝座上的时候，这就意味着他从此继承了王位，成为国家的最高主宰——国王。因此，宝座也被称为国王的"母亲"。在这里，我们发现了物化的开端，即国王的宝座——伊西斯女神，于是一条用以创造神话的感情线得以建立。这样，伊西斯由"造就国王的宝座"就变成了"伟大的母亲"。她在她丈夫奥西里斯被谋杀并被肢解成14块后，历尽千辛万苦终于把其夫的尸体复原，她还独自抚育了他们的儿子荷鲁斯（Horus），她和其夫奥西里斯的故事在埃及文明的辉煌时期就已经传播到其他国家，后来又随着罗马帝国对埃及的征服而传遍整个罗马帝国。

然而，物化的过程却只能影响到人们对有限范围的态度。同伊西斯一样，天空女神努特也是一个仁慈的母亲——女神；但是，新王国时期的埃及人在描绘他们升入天堂时却没有提及这位女神。他们在他们的棺木里画了一个活人大小的女神图像，死去的人躺在她的胳臂上，这样这个死去的人就能够升入天堂。因为相似性是事物之间产生联系的一个原因，而且努特的肖像与她的原型也被结合了起来，所以死者躺在棺材里就等于是在天堂中休息。

在任何情况下，我们都能看到思想的结合，神话时代的人类大脑发现了一种因果关系。两个物体或事物间在时间和空间上的每一点类同和联系都可在两者间建立某种内在的联系。这种联系可以使两者中的一个参与另一个的变化。我们不应忘记神话时代的思想没有对一个连续的过程进行解释。它相信初始的情形和最终的情形是由一种信念连接起来的，这种信念是指古人对有着某种关系的两个物体中的一个源于另一个的观点确信无疑。所以我们发现古代埃及人和现代毛利人是以以下的方式来解释天与地的关系。最初天位于地之上并接合在一起，后来两者彼此分离，天才上升到现在的位置。在新西兰，把天与地分开的是他们的儿子；在埃及，天与地分离是由位于天与地之间的空气之神舒来完成的。在埃及神话中，天被描绘成一位女神，她的身体弯曲，两臂下垂于地，舒神坐于地上，用手支撑着她的身体。

任何种类的变化都可被简单地解释成两种不同的形态，在没有任何合理程序的情形下，换言之，作为一种转换或变形，它们中的一个被认为源于另一个。我们多次发现这种情形被用来说明变化，并且不需要进一步的解释。埃及神话曾对被埃及人当作埃及第一位国王的太阳神居住在天空的原因做了如下的解释：太阳神拉（Rē）对人类感到十分厌烦，因此他把自己安置在天空上，天空女神努特变身为巨型母牛站在地上，用身体撑起了天空的四角。这就是太阳在天上的原因。

这一神话传说的前后矛盾使我们不可能对它持严肃的态度。尽管如此，我们还是趋向于较为严肃地采纳它的解释，而不是它所叙述的事实。然而古人却没有采取这种态度。他们知道太阳神曾统治过埃及，他们也知道太阳现在居于天上。在第一次说明天与地的关系时，他们解释了舒是如何居于天与地之间的；在最后一次说明时，他们解释了太阳是怎样升上天空的，同时把天空这一著名的概念，描绘成一头母牛。以上所有这些解释使他们产生一种满足的情感，即偶像与已知的事实依次排列。总之，这就是解释所必有的内涵（参见第16页①）。

太阳神拉端坐在母牛身上的造型不仅阐释了一种非思辨形式的因果关系，这种关系使神话时代的人们感到满足；而且还揭示了古代人类的某种思维定式，关于这一点我们已在前面讨论过了。我们看到他们喜欢对同一现象同时进行不同形式的描绘，即使它们是相互排斥的。在第一个故事中我们看到舒把天空女神努特从地上升起，而在第二个故事中努特却以母牛的形象依靠自己的力量升起在天空。天空女神的母牛形象在埃及社会广为流传，特别是当人们着重强调她的母亲神形象时。她是奥西里斯的母亲，因为奥西里斯是冥神，所以她也是所有死人的母亲；同时它还是夜空中星辰与清晨初升太阳的母亲。当古代埃及人开始思考生殖问题的时候，他们把生殖表达成动物的形象。在有关太阳和天空的神话里，天空女神——母牛的形象没能表现出它原有的内涵；作为努特的母牛形象给人们描绘了一幅巨型动物把太阳升起到天空的图画。当人们把注意力集中到太阳由努特所生这一论断上时，太阳就被称作"金色的小牛"或"公牛"。当然，我们也可以把天空当作一种独立的现象，而不是从它与天空中的物体或在天空上得以再生的死人的关系上来看待它。在这种情况下，努特被描绘成创造之神阿图姆的后代，即她的父母是阿图姆的儿女——空气之神舒和湿气之神泰弗奴特。后来她又与地神结婚。如果人们从这一方面来思考，那么努特应该以人的形象出现。

通过以上的论述，我们再次看到在对现象的理解上古人与今人的不同。现代学者责备古代埃及人在现象的理解上充满了矛盾，并且开始怀疑他们是否具有清晰思考的能力。然而他们对待古人的这种态度却完全是一种假想。一旦认识到古代人的思想过程，他们对古代思想的态度就会发生转变，变得较为公平。毕竟，宗教的价值不可简化成纯理性的模式。任何自然现象，无论它是被人格化了，还是被转化成某一位神，都使人类感到它是一个活生生的存在，一个有价值的"你"，一个超越了概念化定义范畴的"你"。在这

---

① 此处的页码指的是原书中的页码，亦即本书的边码，后同。——译者注

样的情形下,我们发现思想和语言如此彻底地限定和修改了某些概念,以至于迫使它们适合于执行我们所强加于它们的表达任务。趋向于具体的神话时代思想,不是用我们的方式,而是通过同时承认几种途径或方法皆具有有效性的方式来阐述那些非理性的事物。例如,巴比伦人对自然界生成力量的崇拜方式有以下几种:生成力量在有益于人类的降雨和雷暴上的表现被形象化成一只狮头巨鸟;在肥沃土地上的表现被形象化成一条蛇;而在雕像、祈祷和宗教仪式上的表现则被形象化成一位具有人形的神。早期的埃及人把荷鲁斯——天空之神当作他们的主神。他被想象成一只盘旋于天空中的巨鹰,有一对巨大翅膀,日出时的朝霞和日落时的晚霞成为胸前的斑点,太阳和月亮是它的一双眼睛。这个神也可被当作太阳神,因为天空中最有力量的物体——太阳理所当然应被视为神灵,在这种情形下,人类势必把巨鹰荷鲁斯当作他们所崇拜的太阳的化身,巨鹰那巨大的翅膀划过天际,正如太阳的光芒照耀大地。毋庸置疑,神话时代的思想已经认识到了各种现象的联合,每种现象都具有形态各异的外表;现象的众多侧面恰恰与现象的复杂性、多样性相符合。在通过与互不联系的途径、相对应的众多形象表达一个现象时,神话时代人类的思维过程只是偏离而不是导致我们因果关系的设想,这种因果关系能够在现象的世界里发现导致明确结果的明确原因。

当我们把目光从因果关系的范畴转移到空间的范畴时,我们发现两者之间具有相似性。正如现代思想试图把原因造就成现象与现象间的抽象的功能性关系一样,它也把空间当成纯粹的联系与功能的系统。我们假定空间是无限的、连续的和相似的——这些特性是感知所不能揭示的。然而古代人类却不能够从他们对空间的经历中抽象出一个"空间"的概念。这种经验存在于我们所称的特性联合之中。古人的空间概念是一种具体的方位,一种带有感情色彩的位置;它也许是熟识或陌生的,敌对或友好的。它超越单纯的个人经验范畴,人类想知道宇宙中的某一事件,而这种事件又赋予空间中的某一地域以特殊的意义。太阳的东升和西落产生了白天和黑夜,而白天与黑夜又使人联想到生与死,所以东方与西方就自然而然地与生死联系了起来。思辨思想可以较为容易地在与直接经验之外的区域联系上得到发展，例如，天堂或地狱。两河流域的占星术发展出了一个极其广泛的天堂中的事物、天体和现世地点间的联系。这样，在建立一种同等的空间系统上，神话时代的思想绝不逊于现代思想；只是古人的空间系统不是由客观的测量而是由价值的情感认同来决定的。我们能从一个事例中较为全面地了解到这一过程对原始空间概念的决定程度，我们将在以后的章节中再次看到这一事例，在那里，它是作为论述古代思辨思想的一个绝好证据而被使用的。

在古代埃及，人们相信创世者来自于混沌之水，并堆砌了一座可供他站立的山丘。根据埃及传统，这座创世者在此创造世界的山丘位于赫里奥坡里斯（Heliopolis）的太阳庙中，因为在埃及，太阳神通常被当作创世者。然而，每一座神庙的至圣之所也具有等同的神圣性，每一位神既然被认作神灵，那么他就是众多创世力量中的一个。所以整个埃及每一个至圣之所都可以被确定为原始山丘。因此古代埃及文献曾对建于公元前4世纪的菲莱（Philae）神庙做过如下的记述："当一切事物都不存在，大地仍处于黑暗和混沌状态的时候，这座神庙就已经屹立在菲莱岛上了。"对于其他的神庙，文献也有同样的叙述。位于孟菲斯、底比斯（Thebes）和赫尔曼提斯（Hermonthis）的神庙名字明确地揭示了它们是"神圣的原始岛屿"或以其他相似的方式表达。每一座神庙都拥有作为原始圣地所必备的特性，例如，一座新神庙的落成意味着这块房址潜在的神圣性显露了出来。另外，至圣之所与原始山丘的等同性也表现在建筑学上：庭院、大厅和至圣之所位于一个水平线上，并伴有逐级升高的坡度。

然而，神庙与原始山丘的结合并没有向我们揭示古代埃及人赋予神圣处所的全部内涵。在这一点上，王室坟墓与神庙具有同等的意义。因为他们认为死去的国王将在坟墓里再生。没有一个地方比原始山丘更为吉利，同时为顺利通过死亡危机提供更大的机遇，因为原始山丘是创世力量的中心，宇宙的秩序就在这里诞生。因此，王室坟墓被设计成金字塔的形状，而金字塔则仿制于太阳城赫里奥坡里斯的原始山丘的外形。

对于这种观点，我们是难以接受的。在我们连续相似的空间里，每一个地方的位置都是明确固定的。我们会相信在整个地球上肯定有一个地方是从混沌之水中浮现出来的第一块陆地。但是古代埃及人会断定我们的这种观点只不过是一种狡辩。因为在他们看来，神庙和王室坟墓同原始山丘一样具有神圣性，并显示出了与山丘相似的建筑形式，也就是说他们具有相同的内在本质。所以我们探讨这些山丘中究竟哪一座最符合原始山丘的称号是一件极其愚蠢的事。

与此相似，作为所有生命之源的混沌之水也出现于几个不同的地方，有时他们出现于国家的经济生活中，有时则体现了埃及人对宇宙的想象。古代埃及人猜测这些混沌之水是以环绕陆地的海洋形式存在的，因为陆地升起于海洋并漂浮在海洋之上。所以这些水也可被描绘成地下水。在塞提一世（Seti I）的位于阿拜多斯（Abydos）的衣冠冢里，棺木被置于一个带有双层楼梯的高台上，双层楼梯的外形是一个意为原始山丘的象形文字符号，而高台的四周则被一条注满地下水的水渠所环绕。这样，葬于此的国王就会在创世之地获得再生。混沌之水——努，也是太阳和死人必须渡过的来世之水。另外，原始瀛水还包含了生命的所有潜能，所以它们也是尼罗河每年泛滥之水，这种泛滥之水更新和恢复了土地的肥力。

正如空间概念，神话时代的时间概念是定性和具体的，而不是定量和抽象的。神话时代的思想并没有把时间当成始终如一的持续时间或一种定性的无关紧要的时刻的连续。对于古代人类来说，时间的概念，就像被应用于我们的数学和物理学中，同构成我们历史的时间框架一样，是不可知的。古代人类无法从他们对时间的经历中抽象出时间的概念。

卡西尔（Cassirer）曾指出，即使是十分原始的人类，他们的时间经历也是极其丰富和微妙的。时间存在于自然界和人类社会本身所具有的周期和节奏中。人类生命的每一个阶段——童年、少年、成年和老年，都是一种带有特殊性的时间段限。从一个阶段到另一个阶段的过渡是在社会和团体的帮助下，通过与出生、青春期、结婚或死亡相适应的一系列仪式来完成的。卡西尔称时间是一种本质不同的生命阶段或"生物学时间"的序列。而时间在自然界中的体现，如季节的更迭和天体的运行则与体现在人类社会的时间一样，也是生命过程的诸多历程。虽然如此，古人还是不能像我们那样，把自然界中的时间当作一种"自然"的过程。当季节更迭的时候，他们断定那一定是某种原因导致了这种变化；而原因，正如我们所看到的，是一种意愿。例如，从《创世记》中，我们知道上帝与存活下来的生灵缔结了一个盟约，在这个盟约中，上帝不仅许诺洪水不再来，而且保证"地还留存的时候，稼穑、寒暑、冬夏、昼夜就永不停歇了"（《创世记》8:22）。《旧约》中的上帝用他那强大的力量控制着时间的顺序以及自然现象的更替（事实上两者应合二为一）；如果当人们视它们为一种人为建立的秩序时，那么，它们一定是具有某种意志的秩序。

另外，另一种途径也是可能的。总体上它不是一种通向阶段顺序的途径，而是一种通向从一个阶段到另一个阶段过渡的途径———一种事实的阶段性连续。无论是每一个不同长度的夜晚，始终处于变化之中的日出与日落，还是春分或秋分时的暴雨，它们都没有向我们暗示神话时代"自然现象"之间的一种自动而顺畅的更替。相反，它们却暗示了一种冲突，而这种暗示又被人类自身的渴望所强化，因为人类的生产和生活完全依赖于天气和季节的变化。文森克（Wensinck）称这种心态为"自然界戏剧性的观念"。每天早晨太阳击败黑暗和混乱而升起，正如它在创世之日以及每年的新年所做的那样。这三个时刻结合在一起，因为人们感到它们是相同的。每一个日出以及每一个新年，事实上都在重复着创世之日的第一次日出；对于神话时代的思想来说，每一次的重复都与它的第一次结合在一起，或者等同于第一次。

讨论至此，我们已经认识到时间范畴与空间范畴的某些现象极其相似，特别是当我们了解到古代人类把几个不同的地方都叫作同一原型地名，如原始山丘时，因为这些地方与他们所效仿的原型共有某些重要的特征。我们称这种现象为空间的结合。一首诅咒法老敌人的古代埃及诗歌是时间结合的一个绝好例子。我们不应忘记太阳神——拉是埃及的第一位统治者,而法老只不过是拉神在人间的代言人。这首诗歌在提及国王的敌人时说:"他们应该像新年早晨的阿坡菲斯(Apōphis)。"[4]阿坡菲斯蛇象征着充满罪恶的黑暗,每天夜晚太阳在穿越另一个世界的旅行中击败它并最终升起于东方,而它每晚旅途的起止点就是西方的日落和东方的日出。可是为什么法老的敌人像新年早晨的阿坡菲斯呢?这是因为创世的观念,每天的日出,以及每一个新年的开始,将在新年的节日里结合在一起并达到极点。因此,新年被卷入其中,并被召唤来强化诅咒。

这种"自然界戏剧化的概念能在任何地方看到神力和魔力、宇宙的力量和混沌的力量之间的冲突"(文森克),然而它并没有把人类当成纯粹的观众。相反,人类完全卷入了它们的冲突,因为他们的幸福与安宁完全依赖有益于他们的力量所获得的胜利,但是人们认为没有必要亲自加入到冲突的任何一方。于是在古代埃及和古巴比伦,我们发现生存在社会中的人类是用相应的仪式来适应自然界的变化的。例如,无论是在埃及还是在巴比伦,新年的时候都要举行许多的庆祝活动,在这些庆祝活动中,人们会模仿神与魔之间的战斗。

我们还必须记住这样的仪式不只具有象征性,事实上它们是宇宙事件的一部分或宇宙事件的外在表现形式,也就是说它们是人类对宇宙事件的参与。从公元前3000年到希腊化时代,我们在巴比伦都能发现持续几天的新年节日。在庆祝活动中,创世的故事被咏诵,模拟的战斗被上演,在演出中国王扮演胜利的神。在埃及,我们知道几种节日中的模拟战斗,这些节日的重要内容是庆祝战胜死亡以及再生或复苏:其中一个在阿拜多斯举行,因为在这里每年都要举行一次庆祝奥西里斯复活的活动;另一个在除夕之夜举行,因为在这一天要举行节德(Djed)柱的竖立仪式;还有一个节日出现的时间较晚,可能出现于希罗多德(Herodotus)时代,这个节日是在三角洲的帕普雷米斯(Papremis)城举行的。在这些节日里,人类参与了自然界的活动。

人类除了参与自然界的活动外，他们也自行安排一些属于他们自己的活动，或至少是他们所在的社会或团体的活动，这种自然与社会间所形成的和谐与合作将推动他们事业的发展，并使他们增加了成功的机会。征兆的全部"科学性"就在于这一结果上。但是也有一些例子阐释了古人为了与自然达成和谐所采取的行动。无论是埃及还是巴比伦国王们的加冕仪式，必须在某一自然周期的开始举行，因为他们认为这会给他们的统治带来一个极好的开端。在埃及，国王加冕的时间一般都定于尼罗河开始泛滥的初夏，或者是秋季，这时河水泛滥即将结束，人们开始在肥沃的土地上播种。在巴比伦，国王于新年开始统治；与此同时，一座神庙的建成仪式也将举行。

这种精心设计的人与自然间的和谐充分显示出，对于早期人类来说时间并不是指一种中性的抽象的历史框架，而是重复阶段的延续，每一个阶段都带有特殊的价值和意义。另外，像考察空间概念那样，在时间概念的范畴内我们发现也存在着某些与直接经验无关的时间"区域"，这也极大地刺激了思辨思想的出现。这些时间"区域"是遥远的过去和将来。它们中的每一个都不可能具有标准化和绝对化的特点，它们完全在时间的范围之外。我们不可能后退到绝对的过去，也不可能接近绝对的未来。"神的王国"在任何时候都有可能侵占我们的现在。对于犹太人来说，未来是标准化的；而对于埃及人来说，过去则是标准化的，任何法老都不可能有希望取得比创建"如他们在世界之初，在拉神时代那样"条件下的更多的成就了。

在此，我们已经接触了后几章将要讨论的某些内容。我们已经尽力地向读者展示神话时代的思想"逻辑"和特殊结构是如何源自一个事实，即智力不能自主运作，因为它从来不能公平地对待早期人类的基本经验，即与一个有意义的"你"对抗的经验。所以当古代人类遇到有关生活的多样性和复杂性等智力上的难题时，情感和意志要素会有助于他们解决这些问题；所以我们对人类早期思想不应该持批评态度，而应该认识到它具有复杂的形式。

人们不能把这些形式所涉及的范畴进行分离。在这部书里我们将就以下几个问题对思辨思想进行逐步深入的讨论：(1)宇宙的本质；(2)国家的功能;(3)生命的价值。读者会领会到,我们把形而上学、政治和道德规范温和地区分开来必将成为一种便利工具。因为人类的生活和国家的功能是为深藏于自然界的神话时代思想服务的,而自然界又受到人类行为的影响,正如人类的生活依赖于与自然界之间的和谐与合作。这种带有极大强度的人与自然的结合是古代近东宗教的精华。通过知觉比喻的形式来表达这种结合是古代近东思辨思想的目的。

注　释

1　Seligmann, in *Fourth Report of the Wellcome Tropical Research Laboratories at the Gordon Memorial College, Khartoum* (London, 1911), Vol. B: *General Science*, p. 219.
2　D. D. Luckenbill, *Ancient Records of Assyria and Babylonia*, Vol. II, par. 558.
3　Sethe, *Die altaegyptischen Pyramidentcxte nach den Papierabdrücken und Photographien des Berliner Museums* (Leipzig, 1908), par. 1466.
4　Adolf Erman, *Aegypten und aegyptisches Leben im Altertum*, ed. Hermann Ranke (Tübingen, 1923), p. 170.

参考文献

CASSIRER, ERNST. *Philosophie der symbolischen Formen II: Das mythische Denken.* Berlin, 1925.

FRANKFORT, HENRI. *Kingship and the Gods: A Study of Ancient Near Eastern Religion as the Integration of Society and Nature.* Chicago, 1948.

LEEUW, G. VAN DER. *Religion in Essence and Manifestation: A Study in Phenomenology.* New York, 1938.

LEVY-BRUHL, L. *Plow Natives Think.* New York, 1926.

OTTO, RUDOLF. *The Idea of the Holy: An Inquiry into the Non-rational Factor in the Idea of the Divine and Its Relation to the Rational.* London, 1943.

RADIN, PAUL. *Primitive Man as Philosopher.* New York. 1927.

埃 及

约翰·A. 威尔森

第二章 宇宙的本质

地理因素

对埃及、美索不达米亚、希伯来的思想发展过程进行分章讨论是非常必要的，因为尽管这三种文明在某些术语上的理解是一致的，但是在思想发展过程上它们之间却存在着明显的差异。正如我们在前一章中所揭示的，对自然现象所持的不同态度是我们把它们分章加以论述的主要原因。即使我们在单独论述埃及时或许会忽视埃及与其邻国所存在的共性，然而这种忽略并不能说明埃及在思想发展过程中所表现出来的特征是唯一的。对于那些有意了解人类思想而不只是埃及思想发展过程的学者来说，埃及及其邻国的共性必须在他们的视野之内。在此，我们将从这三种文明中选取恰当的文献材料来揭示人类的早期和前古典时代的思想。

古代各文明之间除了具有共性外，还存在着文化上的差异，正如不列颠文化不同于欧洲大陆文化或美国文化一样。尽管地理环境不是决定文化差异的唯一因素，但是它却是一个不可忽视的因素，因此从埃及地理环境的特殊性出发能够使我们较容易地揭示出埃及与其他文明存在差异的某些原因。综观近东地貌，自古至今存在着一种沙漠与耕地间的对比，而埃及则是这种对比表现得最为明显的国家。

埃及文明起源于一条沿尼罗河两岸分布的穿越褐色沙漠的充满生机的绿色狭长地带。有生命与无生命地区的划分非常清晰：一个人可以一只脚踩在肥沃的黑土地上，与此同时另一只脚踩在褐色的沙漠上。埃及气候干旱少雨；只有尼罗河水为埃及人提供了生存的可能，否则埃及将是一望无际的沙石。

然而尼罗河使人类得以生存成为可能！埃及人把他们村庄的规模压缩到最低程度，以避免侵吞种植稻米、棉花、小麦和蔗糖的耕地。当农民侍弄得当的时候，埃及农业可以一年两熟。埃及通常都有剩余的农产品以供出口。

埃及人富足的生活仰仗于绿色的尼罗河谷地。现代埃及国土只有3.5%的土地可供耕种和居住，余下96.5%的土地是无法耕种和居住的荒漠。今天大约99.5%的居民依靠仅占全国国土的3.5%的耕地生活。这意味着沙漠与耕地之间更大的对比，而这种对比则意味着依靠现有耕地生存的人口将达到饱和。现在埃及的人口密度已超过了每平方英里1200人。欧洲人口密度最大的国家比利时，大约是每平方英里700人；爪哇的人口密度是每平方英里900人。现代埃及的人口大部分分布于工业化的城市，而农村人口则相对较少。虽然如此，拥有肥沃土地的埃及在本质上却仍然是一个农业社会。

关于古代埃及的人口数量我们没有确切的数字，但是可以肯定的一点是古代埃及的人口绝没有现代埃及的人口多。但是其基本的特征却与今天极其相似：尼罗河谷地犹如一条密封的管道，它所容纳的人口几近饱和状态。与世隔绝和半城市化是埃及文明的主要特征，这两个特征结合在一起造成了埃及与其邻国文化上的不同。今天，尽管巴勒斯坦和伊拉克的阿拉伯人在一般意义上承认了埃及是阿拉伯国家中最成熟的，并肯定其在文化上的领导地位，但从心理上他们仍未把埃及人当成真正的阿拉伯人。同时埃及人事实上也没有完全被保守的阿拉伯沙漠文化所征服。毗邻巴勒斯坦和伊拉克的广袤沙漠养成了久居于此的人们暴躁和尖刻的性格。而埃及则凭借丰厚的农产品及团结的人民使自己的文明较早地走向成熟，这充分揭示了埃及文明具有一种宽容和融合的倾向。就埃及文明而言，它能够容纳任何不同的思想和流派，并把它们编织在一起，这一特征最终导致了我们今天所看到的埃及文明缺乏展现冲突的哲学系统，而对于古代人来说这种缺憾却是完全能够容忍的。与沙漠保持着密切联系的闪米特人（Semite）毅然决然地保持着他们的传统，并强烈地反对能够改变他们那种单纯和简单生活的创新。与之相反，埃及人接受一切创新的东西，同时在没有摒弃那些陈旧的和过时的东西的情况下，全盘把它们融入自己的思想中。这意味着，在古代埃及试图去发现一种符合我们现代人所定义的有秩序的和谐的思想系统是不可能的。陈旧的和创新的东西和睦相处就像一幅超现实主义的图画，在这幅图画中，一张面孔上同时并存着青年和老年两种表象。

  虽然古代埃及人能够容忍任何不同的思想观念，但是他们却很难接受容纳其他种族。由于埃及人具有半城市化的和成熟的思想，因此他们认为外国人是愚昧的和未开化的。埃及四周濒临的海洋和沙漠把它和它的邻国隔离开来，这样的地理环境使埃及人形成了一种孤立主义的思想。埃及人在"人"和利比亚人或亚洲人或非洲人之间进行了明确的划分。[1] "人"事实上指的是埃及人：是与神和动物相区别的"人类"。换言之，埃及人是"人"；而外国人则不是"人"。在民族衰微之时，当一切旧有的秩序和稳定遭到破坏，社会处于混乱状态的时候，埃及的一部文学作品曾记载埃及人抱怨："来自异邦的陌生人进入了埃及……外国人已经成为人在全国各地出现。"[2] 这种只有我们才是"人"而其他一切外来人都缺乏某些人类的特征的观念不只存在于当今世界，它在古代文明中也时有发生。

  事实上埃及人的孤立主义或民族主义是其独特的地理环境和行为习惯的产物，而不是由种族理论和教条的仇外思想引发的。"人民"是指那些居住在埃及的任何种族和肤色的人。一旦他们来到埃及并定居下来，同时接受埃及语和埃及的服饰，那么，他们最终必将被接纳成为埃及人中的一员，而不再遭到其他埃及人的嘲笑。当亚洲人或利比亚人或非洲黑人完全被埃及文化所同化的时候，他们在埃及社会中可能会官居高位，有的甚至拥有至尊的地位，成为君临全国的神王。在埃及语里，埃及的"土地"和"尘世"是同一个词。毋庸置疑，当任何事物进入埃及这块土地的时候，都将被全盘地接受。

古代埃及人把埃及当作世上唯一富饶国家的思想源于他们对毗邻国家的认识，这些国家在文化上皆落后于埃及。巴比伦和赫梯距离埃及十分遥远从而使埃及人无法把它们同自己的国家进行对比。而临近埃及的利比亚人、努比亚人和亚洲的贝都因人，他们在文化的发展上都明显低于埃及人。巴勒斯坦和叙利亚时而被埃及征服而成为埃及的殖民地，时而又在埃及的文化和商业的领导之下。在亚述、波斯和希腊最终征服埃及之前，埃及人一直怀有一种埃及文明高于其他文明的优越感。从一位叙利亚王子的陈述中我们可以了解到埃及在当时近东世界所处的地位，这位王子对一位来自埃及的使臣说道："（帝国之神）阿蒙创建了所有国家。他创建了它们，可是他首先创立的国家却是你的祖国埃及。精美的手工制品皆从埃及传入我所在的国度，教育也是从埃及传入我国的。"[3]由于这部文学作品是由埃及语书写的，因此我们不能十分肯定这位叙利亚王子是否有过如此承认埃及在教育和手工业上的领导地位的陈述，但是这则来自埃及的故事却为那些坚信他们居于世界中心的人提供了有力的证据。

如此，我们可以认为埃及在地理上孤立于其他国家促使了埃及人产生一种孤立的以自我为中心的情绪。在这种情绪的支配下，埃及人拥有混合各种不同元素的智力发展。我们的任务是试图解决那些看似不协调的问题，将其化解为读者能够理解的秩序表象。可以肯定，使读者产生一种无政府主义存在于古代埃及文明的印象是不公正的；因为在没有建立任何基础的情况下，没有任何人能够保持一种生存方式达两千年之久。我们应该能够发现它的基石以及在这些基石上建起的架构；可是有时这也给参观者在一座建筑物的四面各找一扇正门带来了极大的困难。

现在让我们再回到埃及的地理环境上来，于是我们便得到了一幅绘有一条穿越褐色沙漠的绿色狭长地带的图画。让我们来测绘一下埃及的地形地貌，我们将发现尼罗河穿行于非洲的北部，沿途形成五个飞流直下的瀑布，最后注入地中海。这些瀑布在埃及南部形成了抵御含米特人（Hamitic）和非洲黑人入侵的天然屏障，而沙漠和海洋则在埃及的北部、东部和西部形成了防御利比亚人和闪米特人侵入的天然屏障。清晨,太阳升起于东方,整个白天穿行于天际,夜晚隐没于西方。正如你所知晓的那样,在古代埃及太阳是如此重要以至于它被多次提及,因为太阳每天的出生、旅行和死亡在埃及人的生活和思想中占据着十分重要的地位。在一个干燥少雨的国家,每天的日出和日落显得极其重要。我们也许会从太阳在埃及的崇高地位推断出阴影必然受到埃及人的推崇;然而埃及人痛恨黑暗和寒冷,而愉快地舒展他们的身体去迎接初升的太阳。他们看到太阳是一切生命的源泉。到了夜晚,"整个大地陷于黑暗之中,好像它要死亡一样"[4]。所以将太阳力量人格化,太阳神,是至尊之神和创世之神。

与埃及人把太阳视为神明相比,他们却赋予另一种自然力——风——以较少的神性。在古代埃及,风通常都源自北方。它穿越地中海,在埃及三角洲地区登陆,然后沿尼罗河谷地,自北向南吹拂整个埃及大地。来自地中海的风为埃及带来了温暖湿润的气候,使之成为人类理想的居住地;除了有益于人类生活的北风外,埃及在春末还时常刮干燥的南风,这种风给埃及的南部带来了沙暴和酷热。在埃及人的心目中北风是好的,因此埃及人为了表达他们对北风的敬意,把它视为一位小神;但是,如果同威力无比的太阳相比,风是微不足道的。

对于尼罗河,埃及人采取了不同于风的态度。河水是生命之源,因此它自有值得人类敬重和感谢之处,尽管它仍不能与太阳相提并论。尼罗河以一年为周期有一个出生和死亡的循环,这恰恰与日出和日落相对应。夏天,河水宁静而缓慢地在缩小的河道里流淌,与此同时,河两岸的土地变得干涸,形成沙土,被风吹向沙漠。除非拥有来自河流或深井的灌溉水源,否则农作物将停止生长,人类和牲畜将因缺粮而面临饥馑的威胁。

然后,就像人生处于最低点时,尼罗河逐渐变得激动起来,并显示了一股冲力。经过整个夏天的沉寂,它带着不断增长的力量开始缓慢地膨胀,直至形成巨大的势力,冲决河堤,漫向两岸的土地。奔腾的河水携带着大量的泥沙覆盖了两岸的土地。在尼罗河水位最高的年份,河水会淹没位于耕地的小村落，蚕食泥砖结构的村舍，并摧毁其中的一些房屋。土地从无用的污浊的废物变成了一片携带着肥沃淤泥的泽国。洪峰过后，水流趋于缓慢。原先被洪水淹没的土地现在显露了出来，这是一块崭新的带有丰富有机质的土地。人们沮丧的情绪消失了；他们愉快地跋涉于淤泥之中，开始把苜蓿和谷物的种子播撒在地里。生命又回到埃及的土地上。很快充满生机和活力的满种庄稼的土地，犹如一块绿色的地毯宣告了生命战胜死亡的奇迹。

于是，古代埃及文明的两个主要特征便展现在人们的面前：太阳每天的胜利再生和尼罗河每年的胜利再生。从这两个奇迹中埃及人得出了这样的结论，即埃及是宇宙的中心，生命永远能够战胜死亡。

同时我们认为对生命赠礼和肥沃土地的描绘进行一些限制是非常必要的。埃及富庶而不奢侈：对于懒惰的农夫来说，水果绝不会从树上掉下来。太阳和尼罗河的确联合起来给埃及带来了新的生命，但是这种联合却是以反对死亡的战斗为代价的。太阳温暖着大地，但是在夏天它却给人类带来了毁灭。尼罗河带来了用以灌溉的水源和肥沃的土壤，但是它每年的泛滥却是奇特和不可预料的。一次意外的高水位将摧毁运河、堤坝和埃及人的家园；一次意外的低水位将带来饥荒。河水泛滥来去匆匆，在泛滥时期快速有效地储存大量的河水以备广泛长期使用是一项长期艰苦的工作。沙漠总是准备随时蚕食掉耕地，把肥沃的土地变成沙漠。而且沙漠还是一个可怕的地方，那里经常出没着毒蛇、狮子和寓言中的怪兽。在广布淤泥的三角洲地区，人们不得不把灌木丛生的沼泽排干并清理出来，使之成为耕地。一年有三分之一的时间，埃及盛行炎热的沙漠之风，干燥的太阳热量和尼罗河的低水位把整个埃及暴露在死亡面前，直至天气得以改善、河水再次泛滥为止。与埃及的邻国相比，埃及是富庶和幸运的，可是就其自身而言，它也经历奋斗、贫穷和灾难，这些经历使埃及人每年的胜利变得更为真实可信，使人们产生一种感觉，即胜利并不是埃及人的特权，必须以牺牲某种东西为代价才能得到它。

至此，我们已经论及了埃及人以自我为中心，并陶醉于他们的孤立主义之中。我们还认为埃及人把"人类"一词用于他们自身，以此与外国人区别开来。埃及位于宇宙绝对中心的观念,为以埃及人的标准为根据来判断宇宙中的正确与正常的概念提供了依据。埃及的中心是尼罗河,它自南向北流向大海,并为埃及人的生活带来了必不可少的水源。所以他们是根据本国的地形地貌来看待其他种族和国家的。在埃及语中,"到北方"与"顺流而下"是同一个单词,而"到南方"与"逆流而上"也是同一个单词,这与正常的方向正好相反。因此当埃及人遇到另一条河流,即自北向南而不是自南向北的幼发拉底河时,他们在把它与他们的尼罗河对比后,称它是"以逆流为顺流的河流",这句话也可译成"以流向南方为顺流的颠倒的河流"。[5]

当人们在尼罗河上向北航行时,他们使用自然水流的力量。当他们向南航行时,他们则升起风帆,以便充分地利用北风,因为它能推动他们逆流而上。在古代埃及,这种正常的现象变成了包括来世的任何世界的理想。进入埃及人的坟墓,我们将会发现两艘木船模型,这是墓主通过魔法进入来世后,为了在那里航海所准备的工具。一艘船落下了风帆,因为向北航行可以利用来世水流的力量;另一艘船则升起了风帆,因为无论是在现世还是在来世,利用北风向南航行都是十分正常的现象。

我们可以认为雨是降落到埃及的唯一水源。埃及的信奉者在献给神的诗歌中承认了雨水给埃及带来的好处:"你使尼罗河成为世界上的低洼之地,你带它到你想要去的地方,目的是为了保护人类,正如你创造他们的时候。"由于对外国产生了异乎寻常的兴趣,埃及的信奉者接着说道:"那些遥远国度人们的生存依赖于你,你把另一条尼罗河置于天空,使它可以为人类降下甘露,你在山上制造了众多的波浪,使山峦犹如波涛汹涌的大海,目的是为了使那里的土地得到滋润。……天上的尼罗河,你命令它服务于外国人以及生活在山地的所有能够行走的动物,而真正的尼罗河,它来自低洼之地,服务于埃及人。"[6]如果我们把我们原有的水通常源自天上的观念颠倒一下,同时接受只有源自地层深处的水才是生命的捍卫者的观念,那么,我们将根据我们自己的概念来阐述雨水。于是,我们认识到埃及是一个少雨国家并不是一个真实的情况,真实的情况应该是其他国家让它们的尼罗河水从天而降。

以上引文提到了外国人和山地的动物。在此，我并没有把野蛮人与牲畜等同起来的意思，尽管引文中有所暗示。很有可能这些外国人和山地动物居住在与尼罗河谷地完全相反的生存环境之中。埃及拥有平坦肥沃的黑土（⎯）。而其他国家的领土则充斥着连绵起伏的红色沙漠。用于表示"外国"的象形文字符号（⌣）同时出现于意为"山地"和"沙漠"的两个象形文字单词之中；另一个与这个颇为相似的象形文字符号（⌣）则出现于意为"山脉"的象形文字单词之中，因为与尼罗河谷地相连的山地也就是沙漠和异邦。于是埃及人用他们的图画文字形象地把外国人与沙漠动物等同了起来，同时拒绝给外国人以和谐与肥沃土地的祝福。

正如现在来自西部平原的人们在看到新英格兰那连绵起伏的山地会产生一种压抑和视野受阻的感觉那样，古代埃及人对一些国家也患有与现代人相似的幽闭恐惧症，这些国家的山峦丘陵使得人们的视野无法像在平原那样开阔，同时也使人们无法观察到太阳运行的全过程。一位埃及书吏在写给另一个人的信中提到："你不能踏上去麦哥（位于叙利亚境内）的路程，在那里，天空总是那么的昏暗，长满了直冲入云的松树、柏树和橡树。森林中奔跑着狮子、豹子和鬣狗，这个国家的四周居住着贝都因人。……你在不停地颤抖，你的头发因极大的恐惧立了起来，你已经被吓得魂飞魄散。你的道路充满了各种大小不一的石子，事实上，根本就没有可以通行的路，因为地上长满了芦苇和荆棘，印满了狼的脚印。你的一边是万丈深渊，另一边则是悬崖峭壁。"[7]

另一篇铭文也把一个遍布山脉、水泽和森林的国家描述成了一个可怖的地方："可怜的亚洲人，他们居住的国家是不幸和贫困的，一个水患连年发生的国家，一个因重峦叠嶂树木丛生而无路可通的国家。"这个国家的生存环境是如此恶劣，而可怜的亚洲人是无辜的："他们无法生活在一个固定的地方，而不得不四处流浪。自荷鲁斯时代起他们就在不停地战斗，他们没有征服，也没有被征服，在战斗中他们从来没有宣布过对某一地方实施占领。……也许他们掠夺过某一分散的定居地，但是却从未征服过任何一座人口稠密的城镇。……不要使自己因他们而感到悲哀：他们（只不过）是亚洲人。"[8]我们自己的生活水平是我们衡量其他人的生活水平的标准，根据这一标准，我们可以发现他们的需要。

尼罗河谷地的另一个地形地貌特征恰恰与埃及人的心理特征相符合，那就是地形的对称性。尼罗河穿越埃及全境，在河流的两岸遍布着肥沃的土地，东岸与西岸完全对称。与两岸河谷的黑土毗邻的就是沙漠，在河流两岸黑土地与沙漠的交接处分别耸立着两座山脉。西部沙漠与东部沙漠完全对称。依赖黑土地生存的人们在晴朗的天空下呼吸着清新的空气，河流两岸几乎相同的景色尽收眼底。如果他们花费一天的行程去南方或花费两天的行程去北方，他们将发现南北景色几乎是一样的。土地宽阔而平坦；树木稀少而矮小；一眼望去，没有任何事物可以阻断你的视线，除非一些人造的庙宇。两岸山地的边缘便是埃及的边界线。

在宽阔平坦的三角洲，地形的一致性表现得更为明显。这里单调平坦的土地一望无际，没有丝毫的变化。埃及地形的主要特征就是它的一致性和对称性。

埃及地貌的一致性使埃及人产生了一种心态，即强调任何偶然破坏单调对称性的例外所带来的放松心态。身处沙漠之中，埃及人往往敏感于每一座小山丘，每一种动物的足迹，每一次沙暴，每个小规模的移动。在普遍的对称规律的大背景下，零星出现的非对称性的事物非常引人注目。这些非对称性的事物极具生命力；在以非生命的事物占主导地位的环境里，它们显得生机勃勃。所以在埃及地形地貌中随处可见的一致性使埃及人对那些破坏这种一致性的例外感到十分放松。因此，对于埃及人来说，突出于矮小树丛中的一棵高大的树，一座具有特殊形状的山丘，或者一条雨水冲刷出的河谷，这些自然现象都是如此的独特以至于在他们看来具有极强的个性。与自然界联系密切的人类赋予这些独特的事物以强大的生命力；它极大地刺激了人类思想的发展。

在对待穿行于田野、沼泽、沙漠和山地之中的动物时，埃及人采取了与对待独特事物相同的态度：与太阳相比，盘旋于空中的雄鹰明显更少的运动力量；如鬼魂般游走于沙漠边缘的豺狼；如石块般潜伏于沼泽之中的鳄鱼；或者具有极强繁殖能力的公牛。这些动物是超越地形常景的力量，是超越可见动物本性的力量。所以在埃及的自然景观中它们具有独特的位置，并被认定带有与超人类世界相连的神秘的或不可预见的力量。

以上的论述似乎简单化了古代人类关于泛灵论的观点。当然，我们承认一切农业民族都对活跃于自然界的各种力量有所感知，并把它们分别人格化。自然主义者在解释动物和植物的生长规律之前，必须把存在于人类社会事物之间因果关系的链条揭示出来，因为人类关于正常的唯一标准就是人性；只有那些从他们自身和他们的经历中了解的事物才是符合人性的和正常的；而那些与常态背离的事物则存在于人类社会之外或是超人类的。因此，正如我们在开篇所提及的，人类根据他们之间所存在的相互往来也跟超人类的事物对话。对于他们来说现象世界不是"它"而是"你"。如果一个物体没有首先被人们用"你"的标准来表述，那么它最终也不可能成为超人，并被尊为神灵。作为不具备神的本质的超人，人类把它同"你"而不是"它"等同起来。的确，埃及人几乎人格化了所有的事物：死人、腹部、舌头、感知、味觉、真理、树木、山脉、海洋、黑暗和死亡。然而，它们之中几乎没有一个是用规则或威严来人格化的；也就是说，它们之中几乎没有一个达到了神或半神的高度。事实上，它们是人类与"你"有联系的力量。正如铭文和艺术作品中所描绘的那样，人类并不为难于思考现象世界中与他们可能无关的任何事物。因此我们可以说，事实上，人类与现象世界中的任何事物都保持着与"你"的联系。

古代埃及地形地貌的另一个方面是对称性：东岸与西岸平衡，东部的山脉与西部的山脉对称。无论这种双边对称的地形地貌是不是原因，埃及人的确对平衡、对称和几何学有一股强烈的感觉，这一点被充分地体现在他们的艺术作品中，因为在古代埃及人看来，最好的作品应充分表现精确的平衡和对称，以此来维持一种和谐的均衡。埃及人的这种感觉也被充分地表现在他们的文学作品中，埃及人认为最优秀的文学作品同艺术作品一样也应该十分明显地把词语间的平行体现出来，以此来展现文学作品的高雅和韵味，尽管对于我们现代人来说，这种对称似乎过于单调和重复。

现在让我们用埃及某位国王的一段陈述来说明埃及文学具有的平衡特点：

> 请注意我的讲话／用心去倾听。
> 我正在对你说／我把你从睡梦中唤醒，
> 因为我是太阳神拉的儿子／他从他的身体中把我创造了出来。
> 我愉快地端坐在他的宝座上／因为他让我成为国王／成为这块土地的主宰。
> 我的大臣们都十分优秀／因此我的计划得以通过。
> 我保护着埃及／我把一切来犯之敌赶走。[9]

埃及艺术家们所刻意追求的那种平衡还表现在雕刻和绘画上。因此我们将引用一篇描写一位"手工业主、画家和雕刻家"的铭文来说明这一点，铭文使用大量的笔墨十分仔细地描写了他在技术上的能力。关于他的雕刻能力，他写道："我知晓如何去制黏土，如何按照比例均匀地分配它，如何通过增加或去掉一些黏土来雕刻或表现一座雕像，以使作品每一个部位的位置都十分准确。"关于他的绘画能力，他写道："我知晓如何去表现人物的活动、女人的姿态、瞬间的动作、俘虏的孤独和畏缩，或者一个人看另一个人的眼神。"[10]事实上，这位手艺人在炫耀他的能力之时，着重强调的是均衡、对称和比例。

埃及人均衡的思想同样表现在他们的宇宙论和神学上，在宇宙论和神学中，他们为每一种可观察到的现象或每一个超自然的物质找到了对称物。也就是说，如果人的头顶上有一个天空，那么脚底下就一定也有一个与天相对应的物体；每一位男神一定有一位女神做他的配偶，即使她根本没有任何职司，仅仅以男神配偶的身份出现。古代埃及人的这种对对称的不懈追求对于我们这些现代人来说似乎是一种负担和压力，因为人类在为几乎所有可见或可表达的事物寻找对应物时，他们毫无疑问地把他们自己的主观意志掺杂其中。然而，埃及人心理上的那种掺杂着人为因素的对均衡的渴望，就其本身而言，它并不是人为的，而是一种其本身所固有的根深蒂固的对均衡状态的心理趋向。

古代埃及人的那种对均衡的无限渴望，在读者看来恰恰与埃及人缺乏秩序的世界观相反，我们已经知晓埃及人对外来文化所持的态度向来是接受而非拒绝，不管它与埃及人原有的文化是相容还是相悖，有些从表面上看甚至与他们固有的文化完全冲突。叙述至此，矛盾也随之出现，但我们相信它必将被阐述清楚。古代埃及人对对称与均衡有一种十分强烈的感觉，而对不相协调的事物则视若无睹：他们十分热衷于平衡而不协调的事物。而他们对事物之间的诸如A产生了B，而B又产生了C的这种因果关系则漠不关心。正如我们在开篇中所强调的，古人并没有认识到因果关系是事物之间存在的必然联系。与其说埃及人具有一种代数思维，不如说他们更具有几何思维。这种说法不免过于简单化，但是它在一定程度上也阐明了埃及人的某些思维定式。在埃及人心目中，秩序就是事物之间表面上的顺序，而非完整有序的系统。

宇宙观

现在让我们研讨一下埃及人看待物质世界的相关词汇，他们认为他们是这个世界的绝对中心。首先，在基本方向上他们以其生命之源尼罗河定位。他们面向南方，尼罗河从那里奔腾而来。有关南方的词汇中的一个也是关于脸的一个词语；关于北方的词汇很可能与一个意思是后脑勺的词汇相关联。他们面南背北，在其左边是东方，右边则是西方。东方和左边是同一个词，而西方和右边是同一个词。

我们与其机械地误认为埃及人尊崇南方，不如说埃及人本能地崇尚尼罗河之源可能更确切。更耐人寻味的是，埃及人不把东方作为第一方向，而东方是太阳升起的地方，是所谓"神之邦"。正像我们看到的一样，正统的神学理论也不强调东方。但追溯到神学理论创立以前的史前时期，当时埃及语言正在形成，尼罗河两岸的居民尊崇南方，因为在那个方向，尼罗河每年一度的泛滥将为他们的土地带来肥沃的腐殖质。对太阳神学的推崇似乎是后来逐渐发展起来的。

可以说我们正面对埃及人方向尊崇问题上的两个不同的趋势。在上埃及谷地，尼罗河明显地从南方奔流而下，成为这片土地主要的特征。人们心目中的罗盘针自然转向了南方。而在尼罗河三角洲，广阔的河滩地在方向上就没有尼罗河上游那样对人们具有吸引力了，因而在人们心目中，太阳从东方升起就成为一种更重要的自然现象。因此在北方太阳崇拜可能更为重要。随着史前时期北方对南方的征服，作为国家神学的太阳崇拜传播到整个埃及。这种征服确立了太阳的神学优势，并使太阳的再生之地东方具有了宗教上的重要性，但这没有影响到那些表明人们心中的第一方向最初是南方的词汇。

正如我们在历史文献中了解到的，正宗的神学理论使太阳升起的东方成为出生和再生之地，使西方成为死亡和来世之所。东方是 ta-netjer，"神之邦"，因为太阳——光芒万丈的旭日从那里升起。这个关于东方的常用词曾用于指个别被视为夷狄的外邦。叙利亚、西奈和蓬特，都位于东方，那里居住着"可怜的亚洲人"，他们为山川、河流、降雨和森林所苦，但由于他们属于年轻的太阳神，所以那里还是被称作"神之邦"，并享有了相应荣耀。这主要是因为地理上的偶然因素造成的，而并非他们本身有什么特别的优越之处。东方异邦的好东西被描绘为太阳神的恩赐，而不是属于那里的居民，"堆积如山的没药树脂、枝繁叶茂的没药树、油亮的黑檀树、洁白的象牙……狒狒、猿、灰狗，还有黑豹皮"[11]，或"雪松、柏木，还有刺柏……神之邦的所有好木材"[12]。

初升旭日的万丈光芒对埃及人的宗教产生了巨大影响，埃及人在他们的宗教典籍中，不惜笔墨地描述了朝阳重新升起时万物的无比欢乐。早晚之间的对立被看成生死之间的对立。"当您［太阳］没入西方的地平线，大地陷入死寂的黑暗之中……（而）当东方破晓，您从地平线上冉冉升起的时候……万物都醒来了，站起来了……它们生机勃勃，因为您为它们喷薄而出。"[13]不仅人类尽享再生之欢欣，而且"一切兽类都奔腾跳跃，一切都欢欣鼓舞"[14]，"猿类对他顶礼膜拜；'颂扬汝！'所有生物众口一词地（说）"[15]。埃及绘画也表明了动物们对太阳的晨拜：猿类伸开夜里冻得冰凉的四肢，显然是向暖洋洋太阳致意，而每当第一抹曙光初现的黎明时分，鸵鸟就会跳起轻盈而典雅的舞步。这种观察到的现象被看作人类、动物和神之间相互交流的佐证。

现在让我们回到埃及人对于他们生活的这个世界的看法上。在此，我们将尽量给出一个或许不够全面的简明阐述。第一，让我们着眼于有文字记载的三千年人类文明史，这部人类文明史的一部分明显带有史前文化的痕迹；在穿越三千年的时间隧道时，这些史前痕迹不断缓慢演进。第二，古代埃及人没有给我们遗留下关于他们思想发展史的任何重要资料；当我们从浩如烟海的埃及文献中找寻那些与埃及人思想有关的零乱分散的资料时，我们渴望建立那种适合我们现代思想的具有唯一性的固定的完整思想体系。也就是说，我们希望建立的思想体系是图片式的和静态的，与之相反，古代埃及人所建立的思想体系则是电影画面式的和动态的。例如，在我们的体系中我们应该想知晓天空是由柱子支撑起来的还是由神擎起的。对于这个问题埃及人的回答是："是的，天空是由柱子撑起的或是由神擎起的——这位神或者休息于高墙之上，或者是一头牛，或者是一位双臂和双腿触地的女神。"按照他们的思维方式，这些答案中的任何一种都是合理的，在同一个画面中，天空同时有两个不同的支撑物：双臂和双脚触地的女神及支撑着女神身体的男神。埃及人的这种男神作为女神的补充力量来共同支撑天空的观点也适用于他们其他的思想观念。于是，我们便可得到这样的一幅图画，它所描述的是一个富有个性的故事，在这个故事中或许还包含着一个或一个以上的小故事。

埃及人把地球表述成一个带着波浪式边缘的大浅盘。浅盘内侧的底部就是埃及平坦的冲积平原，而波浪形的边缘则紧挨着山地，即外国。这个大浅盘漂浮于水中。浅盘所漂浮其上的就是被埃及人称之为"努"的深不可测的地下水。努是地下之水，按照一个连续的概念，地下之水努也是产生生命的原始瀛水。生命源自这些地下之水，因此太阳每天再生于努中，努把水灌注于洞穴之中，而尼罗河水就源自这些洞穴。另外作为地下之水，努又是环绕世界之水奥克努斯，它构成了世界的边界，因此也被称作"伟大的循环"或"伟大的绿色"。这样我们可以清楚地看到，太阳，在夜晚经历了地下世界的旅行之后，必定再生于东方地平线下的那些环绕世界之水，这正如所有的神全部产生于努一样。

以上的叙述表明埃及人把地球当成一个倒置的平底锅式的天空，它位于宇宙的边缘。正如我们已经谈及的，埃及人对均衡的渴求，以及他们所具有的空间有限的感觉，促使他们产生了一种一定存在着一个天堂对应物的观念，这个对应物应该是地下世界的边界。这就是人类、神和天体赖以生存和运行的宇宙。

对天、地、人和宇宙的描绘附加各种限制是十分必要的。这些叙述把天空描绘成悬浮于地球之上的拱形物体。这使埃及人感到悬浮于他们头上的天空是如此的危险，以至于他们急于寻找用以支撑这个拱形物体的方法。这正如我们已经谈及的，他们为各种不同的概念找到了各不相同的支撑方法，而那些互不相容的方法则被他们断然否定了。其中最简单的方法就是用矗立于地上的用以承载天空重量的四根圆柱。它们分别立于地球的四个边界（如下图），这正如一篇铭文所指出的："我已经把你的恐惧……置于四根擎天之柱那么远的地方。"[16]数字4则告诉我们这些柱子分别位于罗盘的四个方向上。幸运的是，这种安排要求埃及人不但是强壮的，而且还是永久的："如天空一样（坚固）置于四根柱子之上。"这句话是一种多次使用的明喻。[17]

```
                                    努特
                                    舒

          E                 W
                                    盖博
                                    努
                                    达特
                                    纳奈特
```

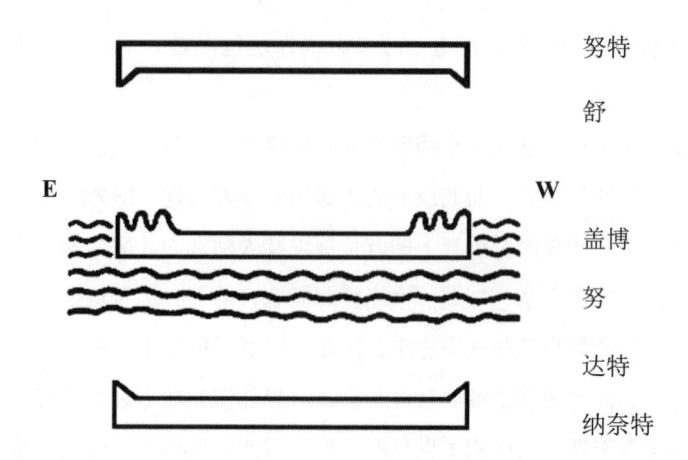

　　天空可能还有另外的支撑物。空气之神舒居于天空和大地之间，坚实地矗立于地上同时承载着天空的重量是他的职责。金字塔铭文（1101）曾写道："舒的双臂置于天空之下，以至于他可以全力托起天空。"值得注意的是，这篇铭文的另一个版本对此却有不同的记述："舒的双臂置于努特之下，以至于他可以全力托起她。"在此，天空被人格化成神，即天空女神努特。努特的脊背拱起，她的手指和脚趾触地，同时太阳、月亮和星星在她的身体上闪耀。以这种姿势出现，努特可以承载她自身重量的一部分，另一部分重量则由空气之神舒举起的双臂来承载。

　　拱形的天空还可以被描绘成天空母牛的下腹，它的上面布满了星星，太阳神驾驶着太阳船就是在这条遍布星辰的银河，即天牛的下腹上进行的天空旅行。这些同时具有多种选择的概念似乎并没有给古代埃及人带来我们所想象的麻烦。在一篇铭文里，我们能够看到关于天空的各不相同的概念，每一种概念都能使他们感到满意，在宇宙中它们各具价值，宇宙是动态的而不是静态的；与此同时，生活其中的几乎所有的事物都有可能成为神。在埃及人为自己所确立的信任标准的范围内，他们有他们自己承续概念的方式。天空所具有的这些各不相同的概念及其承载物所给予他们的，是一种确信而不是不确信的感觉，因为它们中的每一种概念都是稳定和持久的，而且它们彼此之间存在着一种互相补充而不是互相矛盾的关系。

天空的圆拱之下便是各种天体，星星悬挂在倒置的平底锅，即天空的圆拱上，或者闪烁在母牛或女神的下腹上，月亮也是如此。我们吃惊地发现，月亮在埃及神话中的分量极轻，更确切地说，在我们所能接触到的有关埃及神话的文献和考古资料中，月亮所占的分量极少。有迹象表明，在埃及文明的早期曾存在着一个重要的月亮崇拜中心，然而令人遗憾的是，随着时间的推移和文明的发展，月亮崇拜却没能像太阳崇拜那样得以蓬勃发展，而是衰败下来。于是托特（Thoth）的月神身份在埃及神话中十分模糊，而他同时还具有的智慧之神和神圣法官的身份却被广泛接受。作为两只天眼之一的亏月和盈月是奥西里斯神话故事中不可缺少的角色，在这个故事中，他在荷鲁斯替父报仇的战斗中受到了伤害，又每个月因得到月神的帮助而痊愈。毋庸置疑，这一故事源自早期的一些神话，在这些神话中，月亮与另一只天眼太阳具有同等重要的地位。而在历史时期，这两个天体之间却少有对比。

天空中的另一种天体星星在测定时间上有着十分重要的意义，它们中的两个或三个星座被尊为较为重要的神；但却只有一组群星在埃及神话中始终具有重要的地位。它的重要性主要体现在战胜死亡上。悬挂于埃及晴朗夜空的星星光彩夺目，闪烁着耀眼的光辉。大多数星星如镰刀般掠过天际，最后消失在地平线之下。可是天空中也有一个较小的区域，出现于此的星辰虽然也在不停地降落，但却从未消失在地平线之下。这些星星就是环绕北极运行的北极星，北极星被埃及人称之为"不知毁灭之星"或"不知疲倦之星"。埃及人把这些不死的星辰视为战胜死亡并得到永生的象征。在人类文明的早期，北部天空在宇宙中拥有十分重要的地位。因为在这个区域埃及人没有看到陨落的星辰，所以他们认为那里肯定是他们所向往的永恒之地。在被我们现代人称为金字塔铭文的早期丧葬铭文中，死者的理想归宿就是北部天空的被称为达特（Dāt）的地方。在那里他将加入到"不知毁灭"的拱极星的行列，以此达到永生的目的。北部天空便是埃及人的"极乐世界""芦苇之地"和"提供供品的地方"，在此地死人以阿赫（akh）的形式，即"永恒的精神"得以永生。

随着时间的推移，太阳崇拜成为埃及神话的重要内容，并遍布全国，埃及人心目中的达特随之从北部天空转移到地下世界。尝试各种把死人带入天国的可行性方法是埃及早期铭文最为严肃的主题，进入天国的通道在西方，而两个极乐世界则在地下。很明显，这是因为太阳在西方陨落，经过地下的黑暗旅行后，在东方得以再生。死者也经历了与太阳一样的陨落和再生的过程，因此他只有被带领到太阳的附近，才能够与其获得同样的命运。因此，在我们的宇宙观里必须认知达特，即居于大地和天堂的对应物之间的死者的不朽王国。

对于太阳在宇宙中的中心地位我们已经着墨颇多。关于他每日旅行的原动力我们也必须有所阐述。人们通常认为他的运动是通过船来完成的，而埃及人对均衡的渴望使他们给予太阳神两艘船，一艘用于白天，一艘用于夜晚。他的旅程并不是一帆风顺的：在旅行中，一条毒蛇一直潜行其后，伺机向船发起进攻，最后吞掉太阳；因此战胜这一敌人的战斗是不可避免的。世界上许多国家的人们都相信日食的发生是因为蛇或龙吞掉了太阳。我们现代人都已知晓日食只是一种自然现象；而在古代埃及人看来，每一个夜晚太阳都有可能被吞噬，与此同时，在地下世界里，吞噬太阳的敌人也会被战胜。

太阳的运行可能还有另一个原动力。这似乎是一个滚动的球，埃及人从蜣螂滚动小球穿越沙漠的现象中得到了启示。因此，一个蜣螂，或一个圣甲虫就变成了太阳的象征，而圣甲虫滚动粪球的行为如同一位疲倦的老人在傍晚时分把太阳推向西方的地平线。另外，猎鹰看似不动地盘旋于空中的形象使埃及人联想到日轮很有可能是借助于猎鹰的翅膀才得以轻松地航行。正如我们在前文所阐述的，这些概念之间具有相互补充而不是相互排斥的关系。而它们中的大多数都夸大了神的荣耀。

现在我们把目光从太阳的物理属性和每24小时就环绕地球一周的炽热的日轮的概念，转移到太阳神拉的其他方面。作为地位最高的天神，太阳神拉是神圣之王，传说他是埃及远古时期的第一位国王。于是他被描述成一位把日轮当作王冠的留有胡须的神。作为至尊之神，他常常把自己的某些属性附加在其他的神身上,以此在一定的区域或职权范围内把这些神提高到首要的位置。因此,他既是拉也是赫里奥坡里斯的创世之神拉-阿图姆(Rē-Atum)。他是拉-哈拉赫特(Rē-Harakhte),亦为地平线上的荷鲁斯-拉(Rē-Horus-of-the-Horizon),即东方地平线上年轻的神。在不同的地方,他有不同的名字,例如蒙图-拉(Montu-Rē),猎鹰之神;索白克-拉(Sobek-Rē),鳄鱼之神;克努姆-拉(Knum-Rē),公羊神。他是阿蒙-拉(Amon-Rē),众神之王,底比斯的主神。正如我们已经提及的,以上每一个分立的表现都增强了拉的神力。事实上,他并不是一个简单的日轮。作为神,他有他自己的个性。在此,我们再一次地回到"它"——现象的科学概念和在第一章中所谈及的"你"——现象的古人概念之间的明显区别上来。在第一章中,我们认为科学把现象理解成受法则控制的"它",法则可以使"它"的行为具有预见性;与之相反,"你"不具有预见性的个性特征,"你"是只有当其自我揭示的时候才能被人所知的存在。在这些术语中太阳怪异的和变化多端的个性却变成了万能的和普遍存在的力量。人们对它多面性特征的惊诧最终必将导致人们对它充满了无限的期望,即期望它能够因具有特殊的能力而可以参与任何事情。

宇宙进化论

现在我们将讨论埃及文明中几个具有代表性的创世故事。在探讨这些创世故事时我们不应该忘记埃及文明多重性的特点,因此我们不能仅仅局限于一种已经约定俗成的关于创世的学说。古代埃及人不加摒弃地全盘接受其他文明的神话故事。我们还应该注意到巴比伦神话和希伯来神话之间的相似性要比埃及神话和巴比伦神话以及埃及神话和希伯来神话之间的相似性强得多。在古代近东各文明之间普遍存在的相似性中,埃及却同它们保持了一定的距离。

我们已经了解到原始瀛水努是生命诞生之地。这一观点的真实性被太阳所印证，因为太阳每一天都要从世界的深处再度升起，在这里，世界的深处是指尼罗河，因为它是地下之水。然而，"来自努之神"这句话却被其他个体的神以及作为一个群体的众神会议所使用。在一个大范围内，我们无须刻意地追求这种意义上的神话。世界的深处或者原始瀛水都是无须解释的概念；在此，泰尼森（Tennyson）的那种把生命视为"是从无极深渊产生"的观点不再需要解释。

然而，我们必须把注意力集中到认为生命源于海洋的观点，这种观点把创世的地点具体到一座"原始小丘"上。我们已经提到当尼罗河的泛滥达到最高水位时，河水淹没两岸土地的程度，以及水位升降所带来的世界上第一批孤立于水中的富含腐殖质的山丘。当一个崭新的农业社会来临的时候，这些山丘是新生命诞生的保证。随着这些由黏土构成的小丘从洪水中露出水面并暴露在太阳灼热的烘烤之下，我们不难想象它们因新生命的诞生而显得充满朝气，生机勃勃。现代埃及人坚信这种黏土具有赋予生命的奇特力量，而且许多其他种族的人对此持有相同的观点。大约300年前在自然科学界科学家们对自然发生论，即在无机物中生成有机物的能力，展开了激烈的讨论。一位英国学者认为如果他的论敌反对生命源自泥土或黏土中的腐败物这一论断，那么就应该"让他前往埃及，在那里，他将发现土地上云集着生自尼罗斯泥土的老鼠，这对于居民来说是巨大的灾难"[18]。我们相信动物的生命很有可能产生于这种富含腐殖质的泥土。

有关埃及神话中生命起源于原始山丘的证据十分零散和隐涩。这一神话中最重要的内容就是创世之神首次出现于这座孤独的小岛上。至少两个不同的理论体系宣称最初就拥有这座原始山丘，事实上，每一座为其所供奉的神提供一块高地的神庙都把这一高地当作创世之地。金字塔本身就借鉴了这种思想，即把这座隆起的山丘作为埋葬于此的埃及人将来的再生之地。正如我们在第一章中所指出的，创世山丘的概念是必然的，它在空间中的地点，无论是赫里奥坡里斯还是赫尔莫坡里斯（Hermopolis），对于埃及人来说并不十分重要。

现在让我们从《亡灵书》中载取一段来说明埃及神话中的创世思想。这一段主要讲述了创世之神拉-阿图姆第一次出现于原始山丘上的情景。这篇铭文带有解释性注释。

> 当我孤独地生活于（原始瀛水）努中的时候，我是阿图姆；当我开始统治我所创造之万物的时候，我是（首次）出现的拉。那么这意味着什么呢？这"当我开始统治我所创造之万物的时候"意思是说拉开始以国王的身份出现，他是一位先于（空气之神）舒（把天空从大地）上托起之时出现的神，此时他（拉）居于位于赫尔莫坡里斯的原始山丘上。[19]

接下来铭文强调了一个事实，即神自创本身后，接着又创造了所有"晚于他出现的神"。

在埃及象形文字中"原始山丘的显现"这一词组同时也具有"辉煌出现"的含义。象形文字的形式是一座从中喷射出万丈阳光的圆形山丘（☒），这一图形描绘了创世之神第一次出现的情景。

我们所引用的铭文把创世之举安排在赫尔莫坡里斯城中的山丘上，因为这座山丘是在创世之前产生的那些神的家园。然而我们不必在意创世之前的众神，因为这些神的名字显示出他们生活在无形的混沌之中，在创世之神带来秩序之前这种混沌的局面一直存在着。我们在使用"混沌"这一术语时应十分谨慎，因为这些创世前的众神被十分整齐地分成四对，即一位男神和一位女神。这是埃及人崇尚均衡的又一个事例。在埃及神话中这四对神构成了创世之前的"八柱神"。他们是：原始瀛水努和他的配偶——成为天空对称物的纳奈特；原始无形、无限扩展的胡赫和他的配偶哈海特；"黑暗"库克和他的配偶卡乌凯特；以及阿蒙——展示了无形和无法感知的混乱的"隐藏者"和他的配偶阿蒙奈特。所有这些从一个侧面说明了《创世记》所记述的情形——创世之前"地是空虚混沌，渊面黑暗"。胡赫和阿蒙，无限的和无法感知的,与希伯来语中的"tohu wavohu"("空虚混沌")基本对应;同时,黑暗之神库克和深渊之神努明显与希伯来语中的"hoshek al-penei tehom"("渊面黑暗")相对应。这一相似是十分有趣但却不太吸引人,因为当人们在阅读有关创世的章节时,会发现埃及故事和希伯来故事有着明显差异,埃及人强调创世之神自我创造,而创世纪中的创世之神则与混乱相伴而生。任何地方的古代人类都能够在世界产生之前想象到一种无形的状态。在任何文明中都有可译成这种无形状态的术语。以后我们将把注意力集中到《创世记》的故事上来。

在这一点上,我们不能过分地追求在其他崇拜中心有原始山丘的出现,或者有埃及的这种信仰和图像学中的思想暗示。相反,我们希望把注意力集中到一种较为发达的在创世故事中占有重要地位的神话现象上来。

在人类文明的早期,太阳神有他自己的家族,他的家族同时也是众神的最高领导机构。这个群体,在他们的崇拜中心——赫里奥坡里斯的太阳庙中,是"九柱神",这组神是由四对有着内在联系的神及他们的一位祖先构成的。"九柱神"与我们已经讨论过的"八柱神"形成鲜明的对比,因为"八柱神"包含着宇宙无序的因素,而"九柱神"则孕育着宇宙秩序形成的因素:空气和湿气;大地和天空;所有生长在大地上的生物。这充分表明创世是先前的无序和现在的有序之间的分水岭。然而,这并没向我们暗示创世之神制服和消灭了所有混乱的因素并在此基础上建立了新的秩序。恰恰相反,我们看到那些诸如地下之水努和黑暗之神库克的前创世之神在创世之后继续存在;并且仍然具有他们原有的地位,只不过他们生存的环境发生了变化,原先他们存在于混乱的状态中,而现在的环境则是有序的。在这一点上,埃及的创世说与《创世记》中创世的故事基本相似:光明与黑暗的分离以及地下水与地表水的分离。

栖息于原始山丘之上的太阳神阿图姆创造了他自己;正如埃及人所想象的,他"依靠自己的力量创造了他本身"。因此阿图姆的名字既具有"任何事情"的含义也具有"没有事情"的含义。事实上,这两者并不像听起来那么矛盾,因为这个单词的基本意思是"一切被妄称的、被终结的和被完善的事物",而且几乎所有这类术语都同时具有肯定和否定的双重含义。在一本书的结尾所写的"结束"一词的含义是"这本书至此搁笔,不再记述"。所以,同样地,阿图姆既具有包罗万象的含义,也具有空空如也的含义,在开始而不是在结尾。阿图姆是宇宙万物的发端,他如同飓风来临前的平静。

关于创世本身存在着几种不同的观点。《亡灵书》(17)曾写到,作为九柱神的统治者太阳神创造了他自己的名字。这意味着他为他身体的部位命名,于是便创造出晚于他出现的众神。虽然这是十分原始的,但却不失自身的连贯性。身体的部位各自独立并有各不相同的特性,以至于我们可以把他们同各自独立的神联系在一起。名字是一种具有个性和力量的东西;说出一个新名字就是一个创造的行为。于是我们便勾勒出了一幅创世者的画像,他端坐于小岛之上发明了他身体八个部位——或四对部位的名字——他每叫一个名字就诞生一位新神。

金字塔铭文为我们展现了一个不同的画面。这篇铭文在向阿图姆致辞时再现了这位尊神在原始山丘上的情景,铭文写道:"你用你的唾液创造了舒神;你还用唾液创造了泰弗奴特。你伸出你的手臂给他们做卡(ka)的手臂,因为你的卡就在他们的体内。"(1652—1653)这段话描绘前两位神是用阿图姆的喷出物创造的。很可能这一造神行为如同在一个突发的喷嚏瞬间发生并得以完成,因为舒是空气之神,而他的配偶泰弗奴特则是湿气女神。铭文中所提到的卡需要进一步的解释。以后我们将就人的卡及其个性特征进行探讨。卡,这一概念的另一面和带有保护性的手臂与守候灵魂有关。这就是阿图姆用他的手臂把他的两个孩子环绕起来的原因,因为卡——阿图姆自身必不可少的部分就在他们的身体中。

另外,较为现实的是,铭文把舒和泰弗奴特的诞生当成一种对阿图姆身体部分的自我污染。[20]很明显,这是为克服仅有男神而无女神的创世之说而做的努力。

舒和泰弗奴特夫妇,即空气和湿气之神创造了大地和天空,即地神盖博和天神努特。或者,根据另一种说法,空气之神舒撕开并承托起地与天。然后按照顺序,盖博和努特,地神与天神结合,并生出了两对神,即奥西里斯和他的配偶伊西斯,塞特和他的配偶奈夫提斯(Nephthys)。以上这些充分地展示了世界上的生灵,无论是人类、神还是宇宙。我不打算占用时间去讨论这四位神精确的宗教意义,因为我们无法十分肯定地明确他们中任何一个在埃及神话中的地位。

阿图姆
舒—泰弗奴特
盖博—努特
奥西里斯—伊西斯　　塞特—奈夫提斯

这样,通过这个神界的统治家族我们便得到了一个有关创世的故事。于是,宇宙的主宰——阿图姆被分解成空气和湿气。如同在星云假说中,空气和湿气被浓缩成大地和天空。而居住于宇宙中的人类就来自大地和天空。

在此,我们并不希望对诸如创世神本身就是那块创世发生于此的"升起的土地"这样的创世故事进行进一步的讨论。一个值得注意的现象是,某些神话故事间接提及了人类诞生的过程,而一个较为完整的造人故事至今未被发现。神话故事曾提到公羊神——克努姆用陶轮造人的过程,或者太阳神有时被称作"人类的发现者"[21]。事实上,古代埃及人并不需要一个单独叙述人类诞生的故事,其原因就是神和人之间并没有一个明确固定的划分,我们将在以下的章节中对此进行系统的论述。一旦创世自生命开始,无论这一生命是神、半神、精神,还是人类,创世都将继续下去。

一篇偶然提及创世的铭文认为人类是根据神的外形而被创造出来的。这篇铭文强调了创世神对人类的关心。"得到最多关怀的就是人类,神的牲畜。他按照他们的意愿创造了天空和大地,他击败了水中巨怪(创世之时)。他(为)他们的鼻孔送去生命(的)气息。他们是他根据自己的形象创造出来的。他按照他们的意愿升起于天空。为了使他们生存下来,他为他们创造了植物和动物,家禽和鱼。当人类密谋反叛的时候,他杀戮他的敌人,甚至杀死他(自己)的孩子。"[22]这篇铭文在阐述神创造人类的目的上显得与众不同;通常神话对创世的步骤都有所叙述,却往往忽略了创世的目的。然而这篇特殊的铭文却对人类诞生道德上的目的着墨颇多,例如,此铭文记述了当人类背叛神时,神将毫不犹豫地毁灭他们。在下一章节中我们将就与《圣经》中洪水的传说相类似的故事进行系统全面的阐述。

现在我们必须十分认真地分析关于创世的最后一篇铭文。这就是被称作孟菲斯神谱的铭文,这篇铭文与我们正在讨论的铭文相比是如此奇特,以致使我们产生一种隔世的感觉。较为深入的研究使我们确信这种差异表现在程度上而不是种类上,因为在孟菲斯神谱中所有奇特的部分在较为孤立的情况下也出现于其他的埃及铭文中;而只有在这篇铭文中这些奇特的部分被集中在一起,并形成了一个较为宽广的关于宇宙本质的哲学体系。

正在讨论的这篇铭文刻在一块残破的石头上,现存于大英博物馆,其上刻有一位大约公元前700年统治埃及的法老的名字。[23]在铭文中这位法老承认此铭文是其祖先铭文的复制品。这一说法旋被铭文所使用的语言和典型的早期铭文版式所证实。事实上,我们正在讨论的铭文的年代应追溯到埃及文明开端时期,即第一王朝定都于普塔神(the god Ptah)之城——孟菲斯的时候。现在,作为神权政治国家统治中心的孟菲斯异军突起;而在此之前它在国家的政治宗教生活中是无足轻重的。与此同时,埃及传统的宗教中心,太阳神拉和创世之神阿图姆的故乡,距孟菲斯只有25英里的赫里奥坡里斯开始衰落,而明确一个新的世界中心又是非常必要的。正在讨论的铭文就是关于众神之首的普塔神及其故乡孟菲斯的神学论著。

我们以前所讨论的创世铭文在自然法则上是十分严格的:分离天与地或给予了空气和湿气以生命的神。而这篇新铭文则把埃及人的目光从自然法则的角度提升到哲学高度上来:进入神心里的思想以及把思想带到现实中来的关键性语言。这种通过思想的概念和语言来传播创造世界的观点,在人类生活中有其深厚的社会背景：统治者通过命令来创造的权威。可是只有诸如"心脏"代表思想以及"舌头"代表命令，这些生理上术语的使用，才把孟菲斯神学与我们已经讨论过的世俗的铭文联结在一起。这正如布里斯特德教授（Professor Breasted）所指出的，我们正接近于《新约》中的理性的教条："太初有道（Word），道与神同在，道就是神。"

在分析这篇艰涩的铭文之前，我们应该先着眼于那些已知的有助于我们更好地理解铭文的事实。首先，孟菲斯铭文删除了我们已经讨论过的创世故事中的一些情节，如阿图姆来自努，原始瀛水，阿图姆给予九柱神以生命。孟菲斯铭文知晓以上这些事实在埃及流传很广。孟菲斯铭文不是把它们作为对立的东西加以抛弃，而是把它们提高到哲学的高度，目的是通过指明它们应属于一个较高的系统而充分地利用它们。

那个较高的系统通过思想的认知来发明，通过由语言传递的创造顺序来生产。在古代埃及，思想和语言都具有力量的属性，在我们早期的文学作品中被人格化为神。他们通常以太阳神的一对有着内在联系的特征出现：胡（Hū），"权威性的语言"，这种语言是如此强大以至于它足以创造世界；斯雅（Sia），"感知"——形势、物体，或思想的认知载体。胡和斯雅具有统治的属性。在金字塔铭文中，主神把他的神龛和处理政务的地方赠给了死去的国王，因为后者"俘获了胡，并控制了斯雅"（300）。在我们的孟菲斯铭文中，这两种权力的属性是通过两个物体表现出来的：心脏是孕育思想的器官，舌头是把思想表达成一种现象的器官。而所有这一切则都归因于孟菲斯主神——普塔，他本身就是每一个人心中和舌尖上的思想和语言，这就是第一个创世的准则，这也是这篇铭文所要阐述的。

铭文中我们所感兴趣的部分开始于把普塔等同于努——被普遍认同的创世之神阿图姆诞生的原始瀛水，这就使普塔神的诞生先于太阳神，这种优先权在其他铭文中往往被一带而过。可是这篇铭文却对它着墨颇多；它是通过把普塔当成阿图姆的创造者来构建埃及神谱的。

"普塔，伟大之神；他是九柱神的心脏和舌头……他自生了众神……万物生于心中，万物以阿图姆的形式生于舌尖。"这就是阿图姆的发明和创造。创世之神阿图姆的思想自发地生成。这一思想就是"神界的心脏"，而这一心脏或思想就是普塔神本身；这一思想又成为"神界的喉舌"，而这一喉舌或语言也是普塔神本身。由于古代埃及人使用图画式的象形文字，因此这种语言"以阿图姆的形式生自心脏，成于喉舌"，其中的含义不言而喻。这些术语充分地揭示了普塔神的孕育和诞生。

然而，普塔神创世的力量并不仅限于传统的创世之神的创造。"普塔神是伟大和强有力的，通过心脏和喉舌（的运动），他把［力量］传递给了［其他所有的神］以及他们的灵魂。"创造的原则也不仅限于众神。"通过教谕的形式，心脏和喉舌控制着人体的每一个部位，他（普塔神）以心脏的外形存在于所有的神、所有的人、［所有的］动物、所有的爬行生物，以及所有的（曾经）活着的生物的躯体之中；同时又以喉舌的外形存在于他们的躯体中，通过（普塔神）的思想（作为心脏）和命令（作为喉舌）来实现他的愿望。"换言之，我们并没有一个准确明晰的思想和概念，但是我们所拥有的有关创世的故事，即阿图姆生自原始瀛水这一情节却被人们所认同。哪里有思想和命令，那里就有普塔神创世的故事。

这篇铭文甚至还为我们描绘了两个创世故事之间所存在的差异，即以阿图姆生了舒神和泰弗奴特神为主要内容的传统的创世故事，以及普塔神通过语言创造出了舒神和泰弗奴特神的故事。普塔神的牙齿和嘴唇是创世语言的主要器官。正如我们已经提及的，有关阿图姆故事的其中一个版本把舒神和泰弗奴特神描绘成了创世神自我污染的产物。在有关普塔神的故事中，牙齿和嘴唇就是阿图姆神的精子和手臂。就我们现在人的眼光来看，这种等同使普塔神的创世行为变得高尚了起来；然而，我们却不能据此断定古代埃及人有意轻视自然因素更重的故事。很有可能，他们会说："阿图姆的九柱神是通过他的手指从他的精子中诞生的；而（普塔神的）九柱神则是通过他的牙齿和嘴唇呼唤每一件事物和舒神及泰弗奴特神的名字而赋予他们生命的。"当他们说这样一段话的时候，他们只是简单地表达了不同神话故事之间所存在的差异。现在我们已经知晓了对一个名字的呼唤是如何成为一种创世行为的了。

在没有增加任何新内容的情况下，这篇铭文在细节上继续把由可思想的心脏和具有创造力的舌头的活动所创造出来的事物进行特殊化。通过将眼睛的视觉、耳朵的听觉以及鼻子的嗅觉皆归因于心脏的运动，铭文解释了这些不同的感觉同心脏和舌头之间存在的必然联系。在这种感官信息的基础上，心脏释放出"每一件已经完成的事情"，即每一个已构建起来的概念，然后"由舌头宣讲出心脏所思考的事情"。

接着铭文指出了普塔神是如何通过心脏和舌头来创造世界的。众神率先诞生；神圣的秩序随之出现；然后人类赖以生存的食物和其他用品产生；正确与错误之间的界限也被明确划定；接着现世中所有的艺术品、手工业品和人类的一切行为也都纷纷诞生；普塔神还划分了省和城市的边界，并明确了各神所统辖的范围。最后："于是我们发现并认识到他（普塔神的）力量要比（其他一切的）神都大。因此在普塔神创造了每一件事物和神圣的秩序后，他开始休息。"在这里"休息"一词与创世故事中上帝在第七天休息的记述正好吻合。"休息"一词的含义有待于进行进一步探讨，然而把这句话译成以下的句子很有可能是正确的："于是普塔神在创造了每一件事物后，感到十分的满足。"

非常明显，在这篇铭文中存在着一些不同寻常的论辩，因为一种新的神学试图要确立自己民族性和宇宙性，以此来反对古老而传统的思维方式。这一点在我们所引用的铭文中已被明显地表露了出来，这便是争论的焦点：基于这些原因，所有具有正确思维的人都将得出这样的结论，即普塔神是众神中最有力量的。毋庸置疑，这篇铭文的确具有十分特殊的意义，可是这一事实并没有给我们增添太多的负担。正如我们已经提及的，孟菲斯神学无意于征服和消灭赫里奥坡里斯神学，而只是吸收它。毕竟，我们更加感兴趣的是这篇铭文中所可能包含的正在发展壮大的思辨思想。

很可能把"神的语言"转换成"神圣的秩序"是一个较为明智的举措。可是我们也不得不来验证这一转换的正确性。"神的语言"能够或者的确具有"众神所眷顾"的含义,或者我们可以称其为"神圣的利益"。然而"神圣的秩序"一词却暗示着众神拥有一个体系,世间万物一旦被创造出来,他们就应该与这一系统相适应。这篇铭文列举了被创造出来的事物:神、幸运、食物、日常用品、城镇、区域,等等。所有这些被用"每一件事物"一词所概括,其后紧接着的一句话是"与神的语言一样好"。除了秩序以外,这句话还能有其他的含义吗?

人们在其他的埃及铭文中能够得到相同的感觉。例如,公义的人是不会被死亡所消灭的,相反他会得到永生,因为他的好行为被用以下语言所认可:"这些行为是在神的语言的指示下完成的。"于是我们便有了这样的感觉,即"这是神圣秩序的基本内涵"[24]。

由于古代埃及人用自然的具体的术语来描述事物,又由于祭司是神圣事物的解释者,"神的语言"一词通常被当作一种文学语言、一种神圣的作品,而且它还是众神直接说出的话。人们向一位已死的贵族许诺:"每一件美好纯洁的事物,都与(智慧之神)托特所书写的神的语言相适应。"[25]在另一段落中,一位书吏因为另一位书吏的自夸而导致不虔诚行为,便责骂他道:"我感到非常吃惊,当你说:'作为一个书吏我要比天空,或者大地,或者地下的世界更加深邃!'……书库被密封上并且是无形的;众神躲藏在远处……我将这样回答你:'小心,以免你的手指触摸到神的语言!'"[26]众神所说的话在"神的语言"直接的控制之下;它建立了一种人类和宇宙的其他生物所必须遵守的秩序。

"神的语言"并不像"神圣的作品"或象形文字那样简单。它是众神的语言或事业或所关心的事情,它适用于众神所创造的事物。不仅物质被创造了出来,而且还为它们创造了"语言",这种语言适用于它们,并为它们在神的事物序列中找到合适的位置。创世不是不负责任地胡乱拼凑,这种拼凑很有可能在一只巨大的抽奖转盘的飞速运转中被震得支离破碎。事实上,语言伴随并指导着创世的行为,这种语言表达了某种神圣的秩序,以此来理解领悟所创造的事物。

总之，古代埃及人对于他们本身和他们所生存的宇宙是自觉的；他们根据自己的观察和经验，创造了一个宇宙。像尼罗河谷那样，这个宇宙有一定的范围，并有固定的周期；它的框架结构允许万物通过被给予的生命物质而获得再生。古代埃及人的创世故事也是从他们自身的经历中得来的，尽管他们与其他的创世故事极其相似。与其他的创世故事相比，古代埃及创世故事的一大进步在于，它们试图把创世与思想和语言，而不是与纯粹的生理行动联系在一起。而这种"较高级"的哲学体系是通过图画式的源于埃及人经历的方式得以表现出来的。

注 释

1 Champollion, *Mon.*, 238-40.

2 Admon., 3:1; 1:9.

3 Wenamon, 2:19-22.

4 Aton Hymn, 3.

5 Tombos, I. 13.

6 Aton Hymn, 9-10.

7 Anast. I, 19:2-4; 24:1-4.

8 Merikarē, 91-98.

9 Med. Habu II, 83, ll. 57-58.

10 Louvre, C 14, 8-10.

11 Urk. IV, 329.

12 *Ibid.*, 373.

13 Aton Hymn, 3-6.

14 Aton Hymn, 5.

15 BD, Introductory Hymn.

16 Urk. IV, 612.

17 *Ibid.*, 183, 843.

18 *Encyclopaedia Britannica* (11th ed.).

19 Urk. V, 6 = BD, 17.

20 Pyr. 1248.

21 In Beatty I, p. 24.

22 Merikarē, 130–34.

23 Kurt Sethe, *Dramatische Texte zu altägyptischen Mysterienspielen*.

24 Peasant, B1, 307–11.

25 Cairo 28085; Lacau, *Sarc. ant.*, p. 206.

26 Anast. I, 11:4–7.

第三章 国家的职能

宇宙和国家

在前两章中我们试图明确古代人类对他们周围世界所持的态度。在我们讨论国家以及它在埃及文明中所处的地位之前，我们应该思考两个问题，这两个问题是我们讨论国家及其地位的前提。一个问题是：古代埃及人是否认识到了在人类、社会、神、植物、动物以及自然界之间所存在的本质差异？另一个问题是：他们认为宇宙对于他们来说是仁慈的，是充满敌意的，还是冷漠的？这些问题的意义体现在国家与宇宙之间的关系以及国家所具有的利于人类的职能上。

现在让我们对第一个关于人类、神和其他宇宙万物之间所存在的物质差异的问题进行探讨。这一难题已经困扰基督教神学家数个世纪。而我们也只能给出关于古代埃及的一己之见。可以肯定，人似乎是一类事物，天空或树则是另一类事物。可对于古代埃及人来说，这样的概念具有一种变化无常和互补的本质。天空可以被当作一种笼罩在大地之上的拱形物质，或者是一头母牛，或者是一位女性。一棵树可以就是简单的一棵树，或者是树木女神。真理可以被当作一种抽象的概念，或者是一位女神，或者是一位曾经居住在土地上的英雄。一位神可以被描述成一个人，或者是一只鹰，或者是一个鹰头人身的人。在一篇铭文中国王被描绘成太阳、星辰、公牛、鳄鱼、狮子、雄鹰、豺狼以及埃及的两位守护神——这些比喻反映了国王的重要本质。[1]

于是透过宇宙的表面现象我们看到了它的本质，无论宇宙是有机的，是无机的，还是抽象的。白色物质与黑色物质相反并不是问题的关键，问题的关键在于宇宙是一种光谱，在这种光谱中，在没有明确界限的条件下，一种颜色可以与另一种颜色相混合，因此，在交互的条件下，一种颜色可以变成另一种颜色。

我们将就这一问题进行进一步的讨论。而问题的核心在于古代埃及人认为宇宙的各种物质都是同质的。如果他们的观点是正确的，那么他们最熟悉的人类行为将成为他们看待自然现象的参照物。因此就要讨论宇宙，或宇宙的众神，是仁慈的，还是凶残的；冷漠的，还是毫无意义的。他们正像人类那样：该仁慈的时候就仁慈，该凶残的时候就凶残，该冷漠的时候就冷漠。更直观地说，当仁慈成为他们事业的主旋律的时候，他们一定要表现得仁慈，以此类推，当凶残成为他们事业的主旋律的时候，他们就一定要表现得凶残。这一结论将与国家和对国家负责的军队有着某些内在联系。

关于宇宙万物皆为一种物质的讨论遵循了自由置换、交换或取代的原则。一种事物代替另一种事物是一件轻而易举的事情。死人需要面包，以免他在另一个世界挨饿。他与他的家人和朋友签订了契约，以此约束他们定期把面包送到他的坟墓前，以便他的灵魂在重返人间的时候吃掉它们。因为他知道这种让亲朋向他的坟墓提供食物的契约不会被长久地履行下去，加之守墓人的贪婪，所以他决定用另一种方式来解决坟墓食物的供给问题。于是他让人制作了面包模型并把它置于坟墓，以此代替真正的面包。另外坟墓墙壁上的面包图案也能代替真正的食物来供给墓主。除了以上的两种方法外，第三种行之有效的方法是把供奉给墓主的食物写下来并在他的神龛前朗读出这些食物的名称。之所以会出现第三种形式，是因为古代埃及人认为：当人的肉体死亡的时候，他的精神依然存在；因此我们是在为他的精神而不是肉体提供面包等食物，所以绝对真实的食物对于精神来说是毫无意义的，事物的名字或替代品就足以承担向亡灵提供供品的重任了。

埃及人思想中的这种取代原则也表现在其他的方面。在宇宙中神可以取代某些重要的事物，如天空、埃及的一个区域，或者王权。就神的职能而言，他应该是法力无边而又不可知的。但是他在尘世中却有一个固定的居住地，一个有家的感觉的地方；而神龛就能给予他这种感觉。在神龛中他以偶像的形式出现。而偶像并不是神本身；它是由石头、木头或金属制成的，能够表现他的外形的雕像。这一观点充分体现在埃及人的创世之说中。创世神创造出了其他的神，"他按照他们的意愿造出了他们的身体。于是众神的灵魂就进入了他们用各（种）木头、各（种）石头或各（种）泥巴制成的躯体里"[2]。人们为众神制作了偶像，以使他们无形的本质成为有形的实体。于是阿蒙神在他被供奉的地方（他的家）以一座石质雕像的形式出现，这座雕像的外形有时是人形的，有时是一头公羊或者一只雄鹅，但是他仍然保持着他自己无形超然的内在本质，以避免与他的外在形式等同起来。根据不同的目的，阿蒙神有不同的外在表现形式，这正如人类可以拥有不同的家或不同的外衣。

当然，我们可以把偶像或神圣的动物理性化成一个神性的空壳，除非神出现在外壳之中。但是从另一个角度来看，偶像或动物都是神的代表或神本身。我的意思是说不管什么时候祭司把神的偶像放在神龛之中，特别是当祭司举行偶像归位仪式时，神性将出现在神的外形存在的地方即神像之中。所以当崇拜者向偶像表达谢意或提供供品的时候，偶像的确能够代表神或就是神本身。在这一点上，偶像就是为了所有工作目的的神。

此外，神还有其他的替代物。埃及国王本身就是众神之一，他是众神在人间的代表。而且他还是人与神之间的中间人，即所有神的祭司。由于法老拥有神性，因此他具有神的那种变化无常的特性；他能够与他的神友们合并在一起，也能变成他们中的任何一个。在宗教戏剧或赞美诗中，国王与神之间的融合与替代具有象征意义。然而，古代埃及人却不能把象征主义同实际上的参与区别开来；如果他们说国王是荷鲁斯神，那么他们并不是指国王正在扮演荷鲁斯这一角色，而是指国王就是荷鲁斯神本身，在特殊的场景中，神性十分活跃地表现在国王的躯体之中。

国王是如何成为神王，即国王和神是如何合二为一的呢？一篇铭文把国王同一系列的神等同了起来："他是斯雅"，感知之神；"他是拉"，太阳神；"他是克努姆"，在他的陶轮上用泥造人的神；"他是巴斯特（Bastet）"，守护女神；"他是塞赫麦特（Sekhmet）"，惩恶女神。[3]宽广仁慈的胸怀、至高的权力、民心的建立、守护和惩罚系统的建立都是国王的品质，国王拥有这些品质中每一项；而这些品质中的每一项同时也体现在神或女神的身上，因此国王就是这些男神和女神中的每一位。

现在让我们进一步地考察埃及文明中的替代原则，如果国王能够代表神，与此同时，国王也可被人所替代。王权的职责是如此细致烦琐，以至于仅仅由一个人来承担是不可能的，因此国王需要其他人来分担某些职责，而国家的原则则一再宣称王权的所有职责都是由国王一人来承担的。与此相似，国家的原则还规定国王是所有神的唯一祭司；然而对于国王来说，去主持所有神庙的日常事务是不可能的，因此这些日常事务也必须由其他人来代理主持。在此我们需要澄清的问题是代理人和被代理人之间的关系，祭司或官员可以代表国王，但绝不可能成为国王。也就是说，代理者绝不可能拥有被代理者的品质。这种差异已经被人们所认同，然而这种不同也不是绝对的。那些代替别人做某些事情的人肯定与被替代者在某些方面具有相通之处。例如，古王国时期环绕法老金字塔而建的政府官员和地方州长的坟墓群，充分显示了他们希望通过归属于法老并参与到法老事业中去的方式来分享法老的神圣荣誉。尽管这些属下有着各自不同品质，但他们终将与他们所效忠的法老具有相同的本质。神与人之间并没有一个十分明显的界限来阐明物质是如何从神圣的、超凡的和永生的，过渡到平凡的、人类的和必死的。

埃及人观念的多变性和包容各种分歧的倾向，导致一些埃及学家趋向于认为古代埃及人是真正的一神论者，即所有的神都被总括成一位神。在下一段落中我们将引用一篇铭文，这篇铭文应该是关于埃及一神论本质的重要文献，然而在探讨此铭文之前，需要明确的一点是埃及的一神论实质并不是指仅崇拜一位神，而是指可知自然现象的唯一特性，并带有互换和替代的可能性。在神和人的问题上，埃及人是同质论者：尽管有众多的神和人，但最终他们却拥有同一个本质。

我们所提及的铭文向我们展示了古代埃及人三位一体的观念：在埃及文明的某一个历史时期，三位举足轻重的神拥有同一神性。人们通过把其他两位神的神性附加在阿蒙神的身上来加强他的神力。"有三位神，即万神之神——阿蒙、拉和普塔——没有其他的神能出其右。"阿蒙是他的名字，拉是他的头，普塔是他的身体。"只有他是阿蒙、拉［和普塔］的统一体。"[4]三位神合并成一位神，但有的埃及人仍然坚持认为这三位神是各自独立的。

在另一组被称为一神论[5]的赞美诗中，神被描绘成一个复合形式的个体，阿蒙-拉-阿图姆-哈拉赫特，即太阳的、至高无上的和国家的神合并成一位神。铭文接着又把这个复合神分成阿蒙、拉、阿图姆、荷鲁斯和哈拉赫特五个部分，同时把他们与凯布利（Khepri）、舒、月亮和尼罗河等同起来。这组赞美诗是否表达了一神论，完全取决于个人的理解和定义。这也许是毫无意义的分析，但我们宁愿调用同质和事物之间互换的原则，断言古代埃及人是同质主义者，而绝非是一神论者。他们承认事物之间存在着差别，但同时坚信它们具有同一种本质，例如，彩虹在某种特定的条件下某些颜色是其主色调，而在另一种条件下其他的颜色则占据了主导地位。事物的某种完整的特性肯定包容了拥有这种特性的形式各异的个体。

同质论得以产生的一个因素是埃及的诸神带有十分明显的人性，他们具有人类的弱点和多变的情绪。他们不可能始终保持那种平静的心绪和高尚的品格，而且也没有一位神自始至终只有一种职司。举个例子来说，塞特神以"好"神奥西里斯和荷鲁斯的敌人的身份著称于世；所以我们进而推断出塞特就是美好事物的死对头；他犹如一个大恶魔。然而当我们纵观整个埃及历史的时候，就会发现塞特也以好神的身份出现，他有时为死人做一些十分仁慈的事，他为太阳神而战，他还为扩大埃及的疆域做出过贡献。荷鲁斯，埃及整个历史时期优秀儿子的代表，曾对他的母亲伊西斯女神勃然大怒，并砍下她的头颅,致使这位可怜的女神被迫以无头的形象出现。[6]

从表面上看,埃及人为他们的神的人格化而感到高兴。一个非常著名的故事告诉我们创世之神——拉,对他创造了人类感到十分懊悔,因为他们图谋反叛,于是他决定消灭他们,并派遣"强有力"的塞赫麦特女神前去镇压。这位女神杀戮人类,吸干他们的鲜血,并为人类的罹难而欢欣鼓舞。就在人类将要灭亡的时候,拉神突然回心转意,后悔于他的毁灭人类的计划。他没有命令塞赫麦特立即停止杀戮,而是制订了一个周密的计划。他命令人们在塞赫麦特必经之地放置了七个盛满红色啤酒的酒缸,目的是让她误认为这些啤酒就是人类的鲜血。于是塞赫麦特上当了,她大口大口地喝着啤酒,直到酩酊大醉,而不得不停止了对人类的杀戮。[7]

由于道德动机的缺乏,这种孩子气的故事是如此不同于《圣经》故事中的洪水传说,而只强调了埃及诸神多变的性格。埃及诸神不断地改变着他们的思想,并通过设计骗局的方式来达到自己的目的。可是在另一篇铭文中,他们却很可能被描绘成具有高尚品格和宽容之心的神。

另一篇较为成熟的故事讲述了发生在神界的一次审判。一位小神向伟大的创世之神、法庭的大法官——拉-哈拉赫特表达了对他的蔑视,"喊道:'你的神龛是空的!'于是拉-哈拉赫特对这种侮辱感到十分痛苦,而他没有对这种蔑视采取相应的措施,他的心充满了悲哀。接着九柱神走了出去……前往他们的住所。于是这位伟大的神独自在他的房间里躺了一整天,而他的心始终充满了悲哀"。为了平息他的愤怒,其余众神商议后决定派遣爱神前往他的住处,向他展示她的魅力。"于是伟大的神向她微笑;并站起身来(又)同九柱神坐在了一起",于是审判重新开始。[8]这是一个公认的娱乐性很强的故事,它所描述的神的特性与我们已经提及的神的形象相符合。

如果神是如此人格化,那么人们将不会吃惊于人类在神面前可以使用十分粗俗和大不敬的语言。在铭文中我们经常可以看到这样的记述:崇拜者历数他为神所做的事情,并威胁那些没有给他相应酬劳的神将要得到报应。有一篇著名的埃及文学作品,"食人者赞歌"(Cannibal Hymn),这篇铭文描述了死去的人要吞食掉在他前往死亡之国的路上所遇到的那些人或神。此文最初是为死去的国王而作的，后来流传到了民间。"天空是阴沉沉的，乌云遮住了星辰……大地之神的筋骨在颤抖……当他们看到（死人）以神的身份活生生地出现在他们面前的时候，这位由死人变成的神以他的父母亲为食……（他）是一个以吃人和神为生的人。……（他）吞掉了众神的魔力和荣耀。他们中最大的一位成了他的早餐；居中的成了他的正餐；最小的则成了他的晚餐。而那些老迈的男神和女神则成了他（用餐时）的调味品。"9

埃及人的这种人神同质的观念可以使任何人具有如此大的魔力，以至于他足可以消耗掉众神中最大的那一位，通过吞噬这些神，人能够获得神所具有的魔力和荣耀。把宇宙中最高级的事物变成最低级的事物是同质主义的最高境界。它听起来似乎有些孩子气，像一个有丰富想象力的小男孩儿梦到自己变成了征服世界的超人。但任何人不能否认这个小男孩儿还只是一个孩子，还有不可知的未来，也许有一天他会实现他的梦想，成为一个伟大的人。由此类推，通过一种可以从他本身扩展到巨大的不可知的世界的物质，同样的可能性就展现在埃及人的面前。

我们正在讨论的埃及人关于宇宙中某一物质的论述，在埃及文明的早期直至公元前1300年，始终在埃及人的思想中占据了统治地位。古代埃及人之所以具有根深蒂固的同质观念，是因为他们有一种强烈的人神之间没有本质区别的感觉。然而，有必要对埃及历史的后期有所保留。正如我们在下一章中将要看到的，曾有一段时间，在软弱渺小的人和强有力的神之间出现了一条不断增大的鸿沟。这一时期，人神之间的差别不断地扩大，两者不再有共同的本质。但目前，我们并不打算着重强调后期的变化，而继续论述早期的统一与同质。

的确，人们对这种同质的假说分析得越深，就不得不承认例外和条件也就越多。在上一章中，我们说埃及人没有把外国人当成和他们一样的人，这就是这种理论的一个例外。在这一章的后半部分，我们将给出另一个例外，即我们指出在作为神的国王和作为人的大臣之间在行政管理的自由程度上存在着差异。无论一个人所讨论的是（不同物质）品质上的差异还是（相同物质的不同种类）数量上的差异，它都是一个必须解决的问题。我们权且把它当成相同物质的数量差异。与我们这些现代人相反，古埃及人把宇宙当成一种连续的物质，部分与部分之间没有任何明确的划分。

接下来，让我们重新回到宇宙对待埃及人的态度这一问题上来，即对于埃及人来说，宇宙是友好的、敌对的，还是冷漠的？由于只有一种物质可以从人本身到达不可知的死亡的世界、神和精神的世界、有机物和无机物的世界，因此这种物质肯定是人类自身的行为。那么，其他人是如何对待我们的呢？也就是说，他们是友好的、敌对的，还是冷漠的？按照他们的利益是相互补充的还是相互竞争的，答案不外乎这三种态度。那些令人类感兴趣的事物对于他们来说是仁慈或者是凶残的；反之，那些不使他们感兴趣的事物就是冷漠的。于是这就构成了我们所讨论的对力量的限定，以及在规定的时间里，力量特殊的分配。太阳通过温暖万物而给予它们生命；可是它也有可能通过烤灼万物，或者因为热量不够而使万物处在寒冷之中，毁灭它们。尼罗河为埃及人带来了生机，可是一次异乎寻常的水位下降或暴涨都能导致毁灭和死亡。

现代埃及人感到他们被不可见的人格化的力量所包围，即基恩（ginn），它们中的每一个都与某些现象发生着联系：一个孩子、一头羊、一座房子、一棵树、流动的水、燃烧的火，等等。其中的一些是友好的，另一些则是充满敌意的；当人们妨害到它们的利益的时候，它们将变得十分凶残，人们只有向它们祈祷，才能得到它们的宽恕。除此之外，在多数情况下，它们保持着和平的态势。古代埃及人对周围的力量世界有着相似的感觉。一位母亲不得不哼唱带有保护性的歌，来避免正在睡觉的孩子受伤害："你乘着夜色而来，并悄悄地进入卧室，你的鼻子躲在阴影里，你的脸已经扭曲，你的这次行动将遭到失败，你想要亲吻这个孩子吗？那么我将不让你去亲吻他！你想要让他默不作声吗？那么我将不让你实现这一愿望！你想要伤害他吗？那么我将不让你伤害到他！你想要把他从我的身边带走吗？那么我将不让你把他从我的身边带走！我已经从茴蓿……洋葱……蜂蜜……中得到魔力的保护。"[10] 在一条反对疾病的咒语中，可能带来疾病的凶恶的力量包括"每一位被祝福的男人，每一位被祝福的女人，每一位死去的男人，每一位死去的女人"，即已经获得永生的死人，以及那些在没有获得永生时就已经死亡的人。[11]

尽管周围的世界充满了不可知的精神力量，但一般规律仍然存在：某些事物具有特定的职能或行为，这种行为或者是友好的或者是敌对的。这样太阳、尼罗河、北风、奥西里斯，或伊西斯，他们仁慈的特性被建立了起来；而以塞特、阿坡菲斯恶魔，或塞赫麦特为代表的另一类神危险或凶残的特性也被建立了起来。这些特质具有普遍性，有时采取一些与这些神的个性相反的行动也是十分必要的：人们保护个体免遭"好"神奥西里斯的迫害，或者相信个体受到了"坏"神塞特的帮助，因为神与人一样，他们的个性是多方面的。

如果这种权威和责任非常明确，那么我们定会在那些凌驾于国家和对国家负有责任的力量中找寻到我们关于国家职责的概念。古代埃及人思辨的思想不可能为我们提供任何有关国家管理或统治者与被统治者之间关系的哲学体系，但是他们思辨的思想将充分利用埃及众神的力量、特性和影响，这些神把埃及当成他们最关心的事业。最后我们将把注意力集中到关于"好神"——埃及国王的论述上。通过有关负有统治责任的个体——国王的零散的文献和考古资料，我们必将找到国家的职能这一问题的答案。

国 王

埃及人对于对称和平衡的崇拜的心理特点使他们心目中的统治者同时具备了谦和与残忍的特性。这种心理特点多次出现于埃及文献中。埃及赞美诗曾写道："国王是仁慈万能的神，对他的敬畏遍布整个埃及，就像是灾年里对塞赫麦特神（的敬畏）。"[12] 这里，埃及国王的两种完全相反的特性达到了和谐的统一。"当他打碎人们的额头时,他是如此欢呼雀跃,以至于没有人能接近他……他的争斗永无止境,他永不宽恕他人,他的毁灭从无拖遗,他是优雅的主人,气质唯美,他用爱来征服世界。他的城市崇拜他,为他的荣耀而感到无上光荣。"[13]从这段话里我们知道,国王的征服是通过无情的毁灭和宽厚的仁爱两种截然不同的手段来完成的。这是我们第二次发现这种多重个性的痕迹,就像某种颜色占主体的多色频谱。可以发现,思辨的思想在创造力量的均衡中起到了很大的作用。政府必须要谦和,但同时也要有威慑力,就像尼罗河和太阳,掌握无上的权力,既仁爱又有威慑力。

我们思索这一问题的出发点是埃及国王的神性,他是埃及这个国家的神,这种概念并不是以简单的拟人化的原则表现出来的。自古王国时期起,埃及法老的一个非常重要的头衔是"拉神之子"。在埃及神话中,拉神唯一的儿子是空气之神——舒,而法老之所以成为拉神之子,其特殊原因是拉神对埃及这个国家的关照。"关于埃及这块土地,人们说,自神的时代起,埃及是拉神唯一的女儿,而他的儿子拥有舒的宝座。"[14]这段话暗示了一种男神和女神之间的平衡,埃及是拉神唯一的女儿,而法老则是拉神唯一的儿子,按照埃及神话中兄妹夫妻的传统,埃及和法老正好是一对夫妻。根据埃及的智慧书,丈夫应该善待他的妻子,因为"她是一块可以给她的主人带来好处的土地"[15],在此,国王对他的土地拥有所有权和责任。但是如果他足够聪明的话,他将谨慎使用他的权力。

埃及人反复强调国王是从太阳神躯体中诞生的尘世的孩子。为了确认他的凡人身份,他才成为尘世中某位女人的儿子。但是,生他的父亲肯定是神。为了使埃及执行神所确立的法规,为了选定将来的统治者,拉神对尘世做周期的访问。一个关于第五王朝起源的故事提到即将到来的统治者卑微的母系血统,"她是拉神——萨赫布之主的一位(普通)祭司的妻子。她怀了拉神——萨赫布之主的三个孩子,他(拉神)预言这三个孩子将替他在这片土地上行使这一仁慈的职权(国王)"[16]。

关于尘世父亲,即国王,的确有自己的子嗣,并要继承王位这一事实，其合理的解释是拉神出于某种目的，假以活着的国王的形象，播下了那将成为"拉神之子"的种子。哈特谢普苏特（Hatshepsūt）是图特摩斯一世（Thutmōse I）的女儿，但她神般的出生使她成为法老。很明显，这里有一个微妙的转换，她真正的父亲则是阿蒙-拉神。她的母后被神选中，他们建议阿蒙在法老年轻力壮的时候去拜访她。"［阿蒙］化身［为］她的丈夫——国王［图特摩斯一世］，他直接向她走去，和她媾合……总之神做了他想和她做的所有事情。阿蒙神——上下埃及之王，在她面前说：'赫那麦特-阿蒙-哈特谢普苏特是我置于你体内的女儿的名字……她将在全埃及行使仁［慈的王］权。'"[17]这段话是对王权神性化的最清楚的阐述。法老是由神选定的，代表神来统治这片土地。

在太阳神系中法老和太阳神的关系是这样的：埃及的国王生自太阳神的身体，死亡之后又回到他父亲的身体里。铭文是这样记述法老死亡的："第30年，第一季，第三个月，第九天，神穿过了他的地平线，上下埃及之王，塞赫特皮布里（Sehetepibrē），访问了天堂，与日轮结合在一起，于是，神圣的躯体重新与创造他的神合二为一。"[18]这是神所必行的轨迹。理论上说是从生命的诞生到战胜死亡的过程，国王成为拉神之子。正如我们所理解的那样，一种代替的思想使死去的国王成为奥西里斯——冥界的统治者。

埃及国王的头衔可分为三类：第一类是我们已经知道的被称作太阳神的儿子和继承人；第二类是国王与荷鲁斯神的渊源；第三类是国王对上下埃及所负的责任。

在物理上与文化上，埃及的版图包括尼罗河流域和北部三角洲。上埃及与沙漠相邻，下埃及接近地中海。从很早的时期起，这两个地区就有分离的趋势。虽然在地理上两地被紧密地衔接在一起，但行政区划上的区别表明古代埃及人了解两者之间的差异。古埃及铭文中明显地展示了这种差异。一个因一时冲动而辞职的人，曾经对促使他采取这种难以理解行动的力量做过这样的表述："我不知道是什么力量把我与我的职位分开的，它就像一场梦，就好像居住在三角洲的人（突然）发现自己在象岛（Elephantine）一样。"[19]

情况同今天一样，不同的方言会引起误会。用词不当的作者会被其他人攻击："汝之故事……听起来是混乱的并且没有人能够理解它；就好像居于三角洲地区的人与居于尼罗河谷地的人在谈话。"[20]三角洲和象岛自埃及文明的开端就处于竞争之中，并继续竞争下去。然而作为属于一种文明的两个区域，在与其他的文明隔离的情况下，它们又是统一的，这种统一源自贯穿埃及全境的尼罗河。统一上下两块土地成为埃及国家也是政府的主要任务。为了完成这个任务，人们需要一个可以担负起上下埃及统一责任的领袖、一位神性的国王。

国王最为正式的头衔为两块土地之王，换言之，两块土地的所有者和支配者；他是上下埃及之王，红冠与白冠的所有者；他也是"两位女神"，而"两位女神"的结合则代表了南方和北方的统一。另外一个平行的头衔是"两位主人"，他们分别代表了两位相互敌对的埃及神——荷鲁斯与塞特，而他们在埃及国王的身上则取得了和谐与一致。国王加冕典礼的一个重要仪式就与这种双重的王权有关，仪式的名称为"上下埃及的统一"。

在日常官制的运作里，我们也发现埃及人对这两个不同地域的清醒认识。埃及官制中有许多职位都是并列的。例如埃及同时有两个维吉尔（vizier，宰相），两个财政大臣，有时甚至有两个首都。埃及官僚机构中的这种双套并行的统治体系是十分必要的，但这两套并行的行政机构并没有最高的统治权，它们分别对国王负责并由国王来任免。法老以尘世唯一之神的名义独立而均衡地在两块土地上履行神圣职责，并且卓有成效。纵观埃及历史的稳定时期，只有一位国王是上下埃及之王，他是国家统一的象征。

法老的第三个头衔体现了法老与荷鲁斯神之间的联系。荷鲁斯神是统治天界的神鹰。如同另外两个头衔一样（拉神之子与上下埃及之王），法老与荷鲁斯的联系已经使他成为整个埃及的统治者。我们无法明确这一点是如何发展而来的。传说中荷鲁斯神曾为了他死去的父亲奥西里斯的统治权与其他的神竞争，最后荷鲁斯接替了死去的奥西里斯成为尘世的国王。所有活着的国王都是荷鲁斯，所有逝去的国王都是奥西里斯。也许现代人较容易接受这种观点，国王作为荷鲁斯神的概念是出自国王作为奥西里斯的儿子和继承人，而拉神之子的概念则出自国王作为太阳神的继承者。在一单篇铭文的连贯行中，法老被称为奥西里斯的儿子，他从伊西斯的子宫出生，据说是拉神给了他统治权。[21]

很可能我们不应该再去找寻能够增加王位神力的其他力量，因为法老的王衔充分地展示了法老的神圣性。法老不同的头衔体现了法老神性的不同方面。"拉神之子"的头衔强调了法老神圣的出生，而荷鲁斯神的称谓则强调了他神圣的统治权，即他的权力是神赋予的。全部的头衔都表明拥有神圣权力统治埃及的人只有法老。

法老对普通的人来说无疑是非常神圣的，以至于平凡的人没有资格直接与国王接触。首先平常人是没有资格"对"国王讲话的，他只能在国王"的面前"讲话。各种迂回的说法只是为了避开直接提到国王：用"你的力量能够听到"来替代"你能够听到"，用"发布命令的人"来替代"他发布命令"。迂回提法中最著名的一个是用"伟大的宫殿"来指代法老。某些铭文提到法老发布命令的措辞，其方式类似于我们今天说的"白宫今天发布消息……"

与此同时，对国王身体接触的回避与这种词语上的婉转成平行状态。为了说明这一点，我们将说一个稍显晦涩的故事。有一位国王的朝臣不慎撞上了国王的仪仗队，他非常恐惧，只有在国王特别给了他不会被伤害的保证后，他的心才平静下来。王权如此威慑可怕，以至于国王的言语也具备了降妖除魔的能力。[22]我们可能高估了这篇铭文的价值，正如它本身所指出的，国王的保证很可能更像是道歉，而非对不良影响的消除。事实上，国王的道歉足以引起人们注意，因此有必要记在墓中。

下面又有一个略显晦涩的故事，并带有令人疑惑的幽默感。外国王子的影子投射到了一个埃及人的身上，于是，有人对这个埃及人发出了冷嘲热讽和警告，因为埃及法老的影子已经触摸了他。王族的身体包括影子都是异常神圣的。[23]如此说来，普通人接触到国王的身体是一件充满危险的行为。但是法老也有他个人的贴身仆人，那么也一定有使他们避免法老惩罚的原则。第一是狄奥多罗斯（Diodorus, i.70）所称的，王室的仆人大都来自最上层家庭，与王室血缘接近。第二个原则是，其他的神都有其私人侍从，而神圣的国王也可以有其祭司仆人，并授权此人行事，而此人也不会因与神接触而受罚。值得注意的是他们还有一个称呼——"纯净的手"，用来指那些为神和国王效力的人。

另外还有一些补充性的情况。某些人被特别赋予接近国王的权利。这种权利具体表现在以下的头衔中，例如"亲密的伴侣""晨室的议员""国王身边的人"及"国王的属下"。一些特别被国王宠爱的人被允许吻皇帝的脚面，而不是法老面前的地面（Urk. I, 41; 53; BAR, I, 260）。国王眉上的蛇型装饰是一条吐火的火蛇，它保护国王的躯体免受任何未被批准之人接近。无论这些例子能否为我们揭示国王的一种不可接近的特性，它始终是我们无法解决的一个问题。

因为国王个体的行动具有很大的影响力，所以，他崇高的责任需要他具有优于平常人的视野、知识和能力。正如某一位权臣所描述的，"现在陛下知道要发生什么，世上根本没有他不知道的事情，他就是（智慧之神）托特，没有他不理解的主题"[24]。或者如他的另一位朝臣告诉他的："你的所作所为正如拉神，汝心之向往的都可得到，如果你在晚上制订了计划，那么黎明就能够完成。自从你成为埃及之王，我们已经看到了你所创造的大量的奇迹，我们听不见也看不见（它如何发生），但（所有发生的奇迹）都说明：你是超人类的。"[25]国王的超人特性是被紧紧保守在王权中的秘密。当国家被颠覆、秩序被破坏、无政府状态出现的时候，人们认为这是由于神的秩序被破坏以及国王超人特性的"秘密"被泄露所造成的："看，因为两三个无责任感的人，这片土地的主权被剥夺了……看，无限广阔的土地的秘密被泄露，致使（王）宫在一个小时之间被颠覆……上下埃及之王的秘密被彻底地泄露了。"[26]

不过，如果我们能够较冷静地进行分析，我们将会发现国王的神性仅仅是一种用来增强普通人对国家信任感的宣传。但是这种分析并不能解释埃及国王的神性长期持续成功的现实。而这一点却是真实存在的，如同所罗门圣殿存在于耶路撒冷，或者在现代日本也是如此。

他是埃及的神王，他的存在是唯一的，只有他一个人居于人和神的中间。铭文和壁画也强调了国王的责任。一些神庙中的浮雕和壁画显示出在宗教仪式中国王是唯一的站在众神面前的祭司。一首颂神的赞美诗这样写道："除了你的儿子——（国王）——之外，没有其他人知道并了解你的计划及权力。"[27]国王建造了庙宇和城市，国王赢得了战斗，制定了法律，并为贵族的坟墓提供了恩惠。战事应首先被直接汇报给国王。法老在埃及文学、绘画及神话中被表现为用一只手臂打击敌人的人。居住在城镇的埃及人为了在死后使坟墓得到充足的食物供应而与他人签订了契约，正在统治的法老则不需要这种契约；在漫长的丧葬活动中坟墓中的供品被认为是"由国王提供的"，这是王室恩惠的标志。

只有国家神才可以介入国家的事物。太阳神可以命令国王移去斯芬克斯（Sphinx）的沙子，正如阿蒙神可以命令国王开始一场对利比亚的战斗。因此我们能够说，法老就是国家，因为他自己就是国家的神，并且被指定执行国家的职责。

因为我们能透过法老神性的外表了解法老的内心世界，所以我们同情他那种至高无上的孤独。其他神明可能暂时逃离了这个世界。他是一个孤独的神，必须在尘世孤独地度过一生。而他身边的那些人可能通过亲密的行为来冒犯他的万能和无所不在的神性。一位年老的国王曾把他的疲倦告知了他的儿子和继承人："你已经像神一般出现在尘世，听一听我对你的劝告，这样你才能成为一位国王，统治这里的河流及河流两岸的土地，然后才能得到这里的财富。（与你的）属下保持一定的距离，以免他们伤害到你。不要允许他们在你的孤独中接近你，不要在你的心中充满友爱、朋友，不要结交没有（好）结果的知己……我给予穷人以食物和衣物，抚养孤儿……（然而）正是那些吃着我的食物的人蓄谋（反叛我）……穿着用我的麻布做成衣服的人注视着我，犹如家畜在注视一堆干草。"²⁸而成为神对他的惩罚则是离开尘世。神派他前来照顾凡人，但是他并不属于尘世。

他是人类的牧人，是埃及统治者的最恰当的写照。国家的功能对外是征服、控制、驾驭、操纵及防御，对内则是保护、培养、掩蔽和扩大人口规模。埃及的神把埃及人派往绿色的草地，为了给他们提供新鲜的牧草而战，为他们赶走企图攻击他们的贪婪野兽，引导迷路的牲畜，帮助意志薄弱的牧人。

铭文对此也有所记述，有一位法老阐述了神让他成为统治者的理由："他使我成为这块土地上的牧人，因为他信任我能够把它治理得井井有条，他把他所眷顾的尘世托付与我。"²⁹在危难的时候，人们寄希望于一位理想的国王："他是人类的牧人，内心无一丝邪意，他的牧群（数量）有可能减少，但是他对他们的照顾却丝毫没有减少。"³⁰国王也被称为"尽职的牧人，照顾神以及他所眷顾的人"³¹。太阳神"指定他成为这片土地的牧人，是为了让牧人和牲畜存活，在夜晚保持高度的警醒，而在白天则找寻一切对人类有利的事物"³²。国王的概念源起于这样一个事实，即"牧人的弯钩"是"法老最初的王冠"，并且它也是"统治"一词的来源。

从另一方面看，国王是牧人的概念向我们暗示人仅仅是牲畜，一种低级的财产。这种态度在埃及铭文中多有出现。因为法老是上下埃及的拥有者，他作为埃及人的主人的观念在埃及人的心目中已经根深蒂固，并且埃及铭文所要着重强调的是财产的所属权而非财产本身。一个长篇故事讲述了一位农民受到的不公正待遇，在这个故事中这位农民主张管理诉讼的人应该为上诉人提供一些建议，而不单单接受他的上诉。我们有必要拒绝接受那些习以为常的对普通人的命运毫不关心的态度。有这样一段谚语："一个可怜人的名字被提及，这（仅仅）是因为他主人的缘故。"在这个故事中，这段谚语被用来说明农民所遭受的不公平待遇，以及他为之抗争的过程。³³一位法官被警告不要从农民的立场出发，因为这些农民已经开始反抗他们的主人了。不要损害地主所固有的权益："看，地主对农民所做的一切都是十分正常的。"

公正执法应该在不妨碍地主对土地享有所有权的前提下进行。[34]因为埃及人坚信地主的职责就是保护他的土地。因此,从积极的方面说,牧人的义务就是养育和扩大他的畜群。

国王充当的牧人首先是牧师,是"喂养者",而国家的第一要务就是确保人们生存繁衍。如此,埃及的国王就是一位这样的神:他把富饶和生命之水赠给埃及,并把象征丰富食物的谷物展示给神。的确,国王的本质功能就是作为一位巫医,他的魔法可以保证埃及每年都有好收成。在王室的一个仪式上,法老绕着一块被圈定的土地走四圈,象征着把繁荣与富饶带给埃及这片土地。[35]他还控制着可以使土地肥沃的水。"尼罗河听从他的支配,它为埃及带来生命与希望。"[36]正如他的朝臣所告诉他的:"如果你亲自对你的父亲——尼罗河——众神之父说:'让水在山上流。'那么他将根据你所说的去做。"[37]

法老不但控制埃及的水——尼罗河,而且他还是为外国造雨的人。一篇铭文提到,赫梯的国王认为他自己的土地应该同法老接近,因为"如果神不接受供奉,那么他的国家便得不到天堂之水,而造水的力量就在埃及国王的手中"。[38]而埃及国王自身则要谨慎一些。法老并没有把自己装扮成为外国造雨的人,他只是神和人之间的中间人。一个被派往叙利亚和安那托利亚的外交使团说道:"他的威严和自己的心在商量:'那些被我派出去的人怎么样了?他们将在冬天的雨雪天里前往扎黑。'于是他向他的父亲——塞特(神)供奉了一份供品,然后他祈祷道:'天国在你之手中,大地在你之脚下……你(迟迟)不创造雨以及北风和雪,直到创造的奇迹发生后!'……他的父亲塞特听到这些话后,天堂开始沉静下来,夏天随之来到了。"[39]

法老控制着能够影响埃及繁荣的所有自然因素。他是"甜润之风的主人","他是使埃及成为人类理想居住地的来自地中海的湿润之风"。[40]不仅如此,他还是控制星星和月亮的魔术师,促使小时、日和月有规则地递换。一篇为国王登基而作的赞美诗写道:"整个大地沸腾了起来,因为美好的时光已经到来!大地之主投身到欢乐的人群中!……水流潺潺,永不干涸,尼罗河（水位）不断增高。（现在）白天的时间很长，而夜晚却只有几个小时，月亮按照它通常的规律时圆时缺。神在休息时，他的心是快活的，人们因而得以在欢笑中生活。"[41]通过一系列的教义和仪式，法老成为人间的神，他主宰埃及的四季和节气，为埃及带来丰润的水土和富饶的丰收。

在现实生活的行政管理机构中也存在着把法老当成水和土地之神的证据。中央政府也肩负着维持国家天象和历法正常运行的责任，虽然在这一点上，我们还缺乏证据。我们在芝加哥大学东方研究所的收藏品中发现了一根乌檀木制成的小棒，它是显示星星运动的某种天文器械中的一部分，而且它刻有图坦卡蒙（Tūtankhamon）的名字。我们无法肯定观测天象是否是国王的爱好，天体的观察是否属于国王的职责。但是我们可以肯定法老负责食物、水和季节更替的教条是由中央政府的职能决定的。

狄奥多罗斯为我们描绘了一幅有关埃及国王的可怕图画：国王是制度和法规的奴隶，"无论是白天还是黑夜，他在每一个小时里所做的事情已经被规章制度明确了下来，然而这并不是他内心所希望的"（i. 70-71）。狄奥多罗斯认为这些法律条文不仅为国王的行政行为做了明文规定，而且还限定了他的私生活，例如散步、洗澡、和妻子过夜，等等。国王在执行政府职能的时候不允许显露个人的主观因素，他只能依照律法的规定来处理政务。狄奥多罗斯坚持与他同时代的法老实际上是非常情愿地接受了这些使人拘谨的限制，因为他们相信不按照自然规律生活的人终将落到谬误的渊薮中，由于只有国王严格地依照法律行事，因此也就只有他才能够避免错误的发生。

狄奥多罗斯所描述的空壳似的埃及国王与希罗多德（ii.37）所叙述的与他同时代的埃及宗教正好吻合，当他说与其他的民族相比，埃及人拥有更多的宗教意识——他使用了"theosebēs"（对神的敬畏）一词——他的意思是指埃及人虔诚地献身于宗教仪式，他们十分小心谨慎地确保仪式的整洁和整个仪式按照规定的形式进行，同时不掺杂任何细微的个人意愿和道德规范。

在下一章中我们将就古代埃及早期和晚期历史之间的不同进行系统论述。在埃及早期历史中，精神必须同制度取得广泛的一致，其证据在于个体通过他自身的行为和在制度规定的范围内所拥有的自由度。在埃及后期历史中精神单纯地与制度保持着一致，同时个体在众神所做的计划面前表现得十分耐心、谦卑和顺从。狄奥多罗斯和希罗多德所阐述的精神和现实之间的关系将无法应用于我们在这些章节中所讨论的古代埃及文明。因为他们所处的时代是一个由神统治的世界；而在早期的人类社会，在人类规章制度和我们称之为"神圣的秩序"的基本范围内，个体具有充分的自由性和主动性。

当埃及文明处于发展完善的早期的时候，埃及的国王们努力把他们自己描绘成他们所在的带有世界性的神圣秩序的一部分。早期的这种观念着重强调了人的判断，而非非人性的法律制度。在下一章中我们将重点讨论公平和审判这一概念，这一概念的理解将有助于我们对"生命价值"的讨论；因为目前读者肯定已经接受了译为"公正"的埃及语单词玛阿特，它是埃及国家的本质特征之一，从表面上看，国家的这种公正的属性并没有被人们以法律条文的形式固定下来，而是被表达成与人和环境相联系的对待事物的正确态度。掌握公平与公正的统治者根据现实需要而灵活地运用它。如此，国家的确应根据国人的需要来实行一系列的计划。

除一两个反对非人性的和不公正待遇的例子之外，我们无法否认任何规章制度都具有人性和灵活性——家长式作风。我们已经提到过的反抗不公正待遇的农民并没有谦卑地屈从地方官员所制定的规章制度。相反，他大声疾呼："如果这样，那么梅鲁（Meru）的子孙们将继续作恶！"并继续对高级官员缺乏应有的统治原则进行一系列抨击：这就像一座没有市长的城市或一家没有经理的商店。[42] 与此相似，当拉美西斯二世（Ramses II）在战斗中失利的时候，他转而迁怒于帝国之神阿蒙，并责备他道："你是怎么了？阿蒙——我的父亲！难道父亲能够忘掉他的儿子吗？没有你的帮助，我还能做什么？"接下来他逐一列举了他为阿蒙所做的事情，这些事情足以获得阿蒙的回报。[43] 在此，人类没有屈服于他的命运或屈从于神无法预知未来的计划；我们感到人类被激怒了：人类对神所做的贡献必须得到他相应的回报。从埃及的早期历史中我们可以非常轻松地举出若干个例子，来说明统治者并没有依据一种非人性的法律条文或习俗来进行统治。相反，他们是一些充满人性和自由精神的人。

圣明统治者所必有的条件：他将是一个慈爱与威严的结合体，埃及人认为这是就如同一光谱中的两个互补颜色。好的统治是家长式的，而且热衷于强制性掌控的规则。这并不像在接受了进步教育的一代人看来那样不可思议。埃及语中的"教导"一词也有"惩罚"的含义，就像我们的"纪律"这一单词一样，而且人们普遍认同"主所爱的，他必管教"。神赋予的权力和神般的宽宏大量都是圣明统治的组成部分。

在前一章我们考察了孟菲斯神学，在这篇铭文中，不断创造的原则是表达思想的心脏以及产生命令的舌头，与此相关，我们提到了有关太阳神的两种特性，太阳神的这些特性也被人格化，胡，"具有权威性的语言"或者可以把想象变成现实的权威性的语言；斯雅，"感知"，一种对物体、思想或环境的认知。这些就是神的品质，它们以完整的、建设性的方式和可以创造新事物的连续的权威性的语言来认知事物。

这两种特性不只体现在太阳神身上，它们也是国王的特性。对于法老，我们可以说："权威性的语言的确在你的嘴里，感知的确在[你的心里]。"[44]我们还可以引用另外两篇铭文来说明这两种特性的联合是王权的本质特征。[45]但是，我们更感兴趣的是某些铭文，因为这些铭文把第三种特性加入到了这种统治者所需的特性联合中。其中两个段落提到了"权威性的语言、感知和公正与你同在"[46]，它们还提到了"权威性的语言出自你的嘴，感知来自你的心，而舌头则是供奉公平的神龛"[47]。在此，作为与智力和权威相伴的道德标准之一，含义为"公正"或"正确处理"或"真理"的埃及语玛阿特一词被增加到王权的特性中来。

公正是伴随统治者一生的品质。在政治混乱和经济衰落的时代，人们往往预言一位英明的国王将要统一两块土地，"正义将重新回到人们中间，邪恶终将被驱逐出去"[48]。一首为新国王的登基而作的诗曾写道："正义战胜了谎言！"[49]正如一篇铭文所描绘的，战乱后国家重获统一的外在表现是：

"一切社会秩序（重新）恢复常态。"[50]每天国王都要书写含义为"真理"或"公正"的象形文字符号，此符号同时也代表了玛阿特女神，以此来向神贡献真理和公正。通过这种每天举行的供奉仪式，公正逐渐变成一种形式，并通过文字与法律或仪式的和谐一致来传播。

然而，也有一些学者始终坚持公正的内涵要比和谐与中庸广得多，他们认为这一单词所承担的责任远远超过了人们对它的要求。一篇关于公正的长篇论著提到了神圣的法律，这种法律把公正与美好等同了起来："公正将获得永恒，并同拥有它的人一同走向坟墓。当他被埋于地下并化为泥土的时候，他的名字将永存于世上，并永远成为人们美好的记忆。这就是神圣秩序的原则。"[51]作者把公正与某种原则联系了起来，为别人做了某事，很可能是希望从他们那里得到些什么。"为实干家做事是为了让他为你做事。这就是为了他将要做的事而感谢他；在某人或某物遭到射击之前，而预先躲避这种射击。"[52]在进一步地剖析这种原则后，作者甚至在一个非常非常小的职责的履行上也绝不允许不公正的存在，就像摆渡者坚决要求乘客在摆渡之前交纳船费一样。一位冷漠的地方官员曾说过："注意！你是一名摆渡者，但是你（只）应该摆渡那些拥有船资的人以及谋利较少的商人。"[53]这种非人性的制度缺乏宽容和仁慈，事实上是缺乏真正制度的表现："注意，你是一座没有市长的城镇……犹如一艘没有船长的航船，一个没有领导的群体。"[54]从铭文中我们可以看到统治者是在需要，而不是在平等交易的基础上实行他的职责的。对周围环境正确的感悟，驾驭人或事的能力，以及相对的公正是统治的三个主要的特征，而绝对的公正则属于仁慈范畴的品质。

也许我们可以使用一篇铭文来总结仁慈和力量的结合，这种结合是国王人性化统治的基本特征。这篇铭文就是一位高级官员为他的儿子而做的教谕。[55]"要用你的身心去爱戴国王——奈玛阿特（Nemaatrē），祝他万寿无疆，并把他的神力与你的心灵联系在一起。他是你心灵中的感知，因为他的眼睛可以观察到任何物体。他是用光束给人类带来光明的拉神；与日轮相比，他使两块土地更加光明。（这样）他使两块土地充满了力量与生命。如果他怒发冲冠，他的鼻孔里将充斥着寒冷之气，那么万物将无法呼吸到空气，为了让万物得以生存，他的情绪变得和缓平稳了许多。他把食物赠给那些跟随他的人，同时也向那些践踏了他的道路的人提供生活必需品。国王是卡，他的嘴可以给人们带来富足。也就是说，他使人们的愿望变成了现实。"

将国王与卡等同为一种教谕和可提供日用品的力量值得我们做进一步的分析。卡是人性的一个独立的部分，它可以组成和代替人的其他部分。卡的象形文字形式是象征着支持和保护的向上举起的双臂。它与个体相伴而生，犹如一对同卵双生子，作为一种连续的创造的力量它将终生陪伴着个体，并先于个体死亡，以达到个体成功地生存于另一个世界的目的。我们很难为这个概念下一个简单明了的定义，尽管我们通常喜欢把它译成"首要的力量"（vital force），但是这种译文却不被一些学者所认同。在其他的铭文中国王被称作："使两土地充满生机并满足这个土地需要的优秀的卡。"[56]这样，统治者就被当成了具有创造性的首要的埃及力量，并拥有创世的和力量的品质。

再次引用我们已经引用过的铭文："他是创造出所有动物和植物的（造物之神）克努姆，他是人类之父。他是（王权的保护女神）巴斯特，保卫着两块土地；（但是）爱戴他的人却想逃离他的臂膀。他是（惩罪女神）塞赫麦特，他将惩罚那些违反他命令的人；（可是）他对那些有困难的人却充满了仁爱。"在最后的两项等同里我们发现了一种存在于保护与力量、惩罚与宽容之间的平衡。接着铭文以一种权威性的口吻总结：效忠于国王就意味着生存与成功，背叛于国王则意味着毁灭。"为他的名字而战，因他的永生而使自己变得纯洁；并使自己永远远离罪恶。被国王所爱的人将获得永恒的（精神），而反叛他的人将死无葬身之地：他的尸体将被抛到水里。如果你做了效忠于国王的事，那么你的身体必将十分康健。（因此）你应该永远忠于他。"

国王的统治并不是无所顾忌的，它始终被一种力量所约束。这种力量督促国王向正极——公平的方向发展，同时远离负极——武断地使用他手中的权力。对于损害统治的行为进行惩罚当然是非常必要的，可是要适当地使用惩罚，以免超出其惩罚的范围也是十分必要的。"注意！千万不要进行错误的惩罚。不要杀戮他们：因为这不可能给你带来任何好处；你应该用鞭打和拘捕的方式来表现你的惩罚，从而使这个国家得到和平与安宁。"只有一种罪应该被处以死刑，这就是叛国罪。"所有罪恶都不至于被判处死刑，只有反叛是一个例外，当反叛者的图谋被发现的时候，他们将被处死，因为神了解他们叛逆的心灵，所以神将用他们的血来惩罚他们的罪恶。"[57]

国王的官员们

这一节将着重讨论理想化的统治，即国王人性化的统治。随着文明的不断发展，一国之君——国王越来越感到只靠他一人是无法使一个庞大的国家机器正常运转的，由此便诞生了一个协助国王并向国王负责的官僚统治机构，伴随着官僚统治机构的不断膨胀，统治阶级内部的贪污腐败现象日益严重。从一个方面来看，我们应对这种腐败现象不予讨论，因为这一章所要着重论述的问题是国家的职能，以及一位理想化的统治者所要具备的条件。可是给读者留下一个非常美好的印象也是不切合实际的，也就是说把埃及人描绘得如此献身于原则和制度，以至于他们完全能够在实际生活中执行它们。事实上，原则和制度经常遭到破坏，被分解到无法再建的程度，以至于政府官员脱离了代表原则与制度的国王和中央政府。

中央政府官僚结构的恶性膨胀，造成了大量冗员的出现，养了许多高薪闲职人员。古代埃及大量的文献告诉我们，年轻人经常被鼓励成为一名书吏或政府的公务员，因为这种职业既受人尊重，又干净清闲。"把学习书写这件事放在心上，以至于你可以成为远离劳作并受人尊重的人。"[58] 其他的职业都是肮脏不堪，而又使人难以承受；"但是只有书吏才是能够指挥（其他）人工作的人。他用他的书写来交付租税，所以他没有（真正）意义上的义务"。[59]

这段铭文所暗示的对责任的蔑视伴随着一种感觉，即他们认为职务应该给职务的拥有者带来财富。埃及铭文为我们生动地描绘了一个穷人在没有任何保人引导的情况下勇闯法庭的情景；法庭对他进行了敲诈，并且从法庭里传出了对他的叫骂声："向法庭的官员们献上金子和银子！向旁听者献上衣物！"[60]这时，他大声地回应道："掠夺者！抢劫犯！盗贼！就是你们这些政府的官员！——可笑的是国王却任命你们去严惩罪恶！官场是狂妄自大者的避难所，可是他们却被任命去惩治谬误！"[61]在这些贪污腐化官员的重压下，那些普通百姓只能叹息道："土地在逐渐缩小，可是它的统治者却越来越多。土地荒芜，可是租税却在不断增加。谷物歉收，可是称谷物的度量器却增大了许多，而且税官还把米加得满满的，远远超过了度量器上的刻度。"[62]

当然，作者在描述政府官员和平民时进行了文学性的夸张，事实上，那种绝对公正的理想化的统治从来没有出现过，在不同时代统治阶级的腐败程度有所不同，具体表现在不同的政府官员身上也有所不同。纵观埃及历史，我们将会发现它既没有完全腐败过也没有彻底仁治过。为绝对公平的理想社会而奋斗以及公正与滥用职权之间的争斗成为埃及文明发展过程中永恒的主题。

事实上，我们很难明确反腐败斗争是基于一种较高的道德标准还是基于某种政治目的，即惧怕平民奋起反抗统治者的统治。现在让我们举个例子来说明这一问题，一位第二十王朝时期的政府高级官员公开指责某些政府官员直接参与和策划了许多坟墓被盗案。那么，这位敢于站出来揭露统治阶级内部腐败现象的官员为什么要这么做？也就是说，他是出于什么目的呢？或许这仅仅是因为他对他同事的这种亵渎神灵的行为感到十分愤怒，或许是因为他没有从这些案件中得到什么好处，转而"对得到好处的那些官员进行抨击"？[63]以废除对所有传统意义上的神的崇拜为基本内容的埃赫那吞（Akhnaton）宗教改革的实质是什么？或许它是通过使用道德上的标准——"公正"来反对中央政府某些官员滥用职权的现象，或许只是为了保护新兴军事贵族的利益？很遗憾，我们无法给出这些问题的正确答案；这些问题所产生的社会背景十分复杂，使得我们无法对它们进行武断分析；因此，在此给出的答案也只是个人的推断。例如，我是一个彻头彻尾的浪漫主义者和极其仁爱的人，无论政治是否是解决这些问题的关键，我都始终相信人类应该是正义的化身。神圣的秩序要求人类在心灵深处与神产生联系，而公正与秩序则是众神得以生存的基础。

在古代埃及，由于从国家的含义上说国王等同于国家，又由于他不得不把他的权力和责任委托给其他人，所以去分析那些记录了国王委托他的高级官员——维吉尔管理国家的文献是十分必要的。这些铭文是对统治原则的阐释，并带有细节上的限定。被委托出去的权力更多地强调了统治是如何操作的，而非为什么这样操作。与非强制性的公正的环境相比，它更多在法律和范例的环境中运行。对于政府高级官员来说，法律和公正似乎是等同的。

尽管维吉尔官居高位，但是他在处理政务时却十分谨慎，有证据表明最优秀的维吉尔在处理政务时应该只出耳朵，而不做任何记录。而我们的理解是统治者用"他的手指"来统治国家。我们所要引用的铭文是写给阿蒙-拉的赞美诗，在此，阿蒙-拉以维吉尔的身份出现，并且认为他是穷人和无助之人可以求助的裁判官。"阿蒙-拉……你是穷人的维吉尔！他不能接受一个不公平的报酬；他不能（只）对那些能够带来证据的人说话；他不能（仅仅）注意那些许下诺言的人。（不），阿蒙用他的手指来主持公道；他的话语源于他的心灵。他把不公正的官员派到炎热的地方为官，同时公义的官员则被派往西方。"[64] 从这段铭文中我们可以看到政府官员的任命是根据他本人是否公正和中央政府的实际需要来决定的，而不是根据法律条款的规定和个人财产的多寡。

当维吉尔接受国王任命的时候，维吉尔有责任明确统治政策的精神实质，因为它不同于行政管理的实际操作。

"当你被任命为维吉尔后，你应以十分的谨慎态度对待你所做的任何事情，注意，维吉尔是整个国家行政管理机构的支柱。关于维吉尔这一职位，注意，它绝不是一个美差；相反，它是一个苦差事。……注意，这并不意味着把你的注意力都（只）集中到政府官员和世袭贵族身上，同时它（也不）意味着把注意力集中到每一位政府官员和世袭贵族的家属和随从身上。……所以，要时刻注意按照法律条款和范例来做每一件事情，并以此作为对每一个人进行奖惩的依据。"必须与法律和范例保持一致的原因在于作为一名国家公职人员，他的行为不可能逃脱公众的监督。"注意，作为处于公众监督下的政府官员，甚至（每一）滴水和（每一）丝风都有可能记录下你的所作所为；所以，注意，他的任何行为都是公开的。……因此对于政府官员来说，避免犯错误的唯一方法就是他的任何行为都要与规章制度保持一致，也就是说，言必信，行必果……"65

在维吉尔权力的运用上存在着极少道德上的因素。维吉尔处于公众的监督之下，之所以说他的职位是一个"苦差事"是因为这种职位要求他必须严格按照法律条文办事。下面几段铭文同样也显示了维吉尔在处理政务时的公正与严明，尽管此处着重强调的是执行法律时要公平。"神最憎恨的事情就是偏心。这是一条不可更改的制度，因此你应该这样做：'你应该以相同的态度对待你认识和不认识[的人]，对待你亲近和憎[恨的人]。不要对人滥加指责；你应该（只）在你该严厉的时候严厉。显示出你的威严，以至于使每个人都对你产生畏惧之感，因为只（有）威严的官员才是（真正的）官员。'"也许作者也感到这段话过于蛮横，所以他在下面的评论中有所收敛。"注意，[人们之所以对某一位官员表示尊重，（是因为）他主持]公道。注意，如果一个人一百万次大发淫威，那么人们将会认为他的精神一定不正常，而且还会这样议论他：'有[这样的]一个人！注意，（因此）他没有履行他的职责，他也没有主持公道。'"66

这些就是有关中央政府的论述，一个政府的好与坏集中表现在政府高级官员身上。这些论述基本上是正确的；公平的原则主要表现在公正执法上，而不是对人们不公正行为的矫正。维吉尔对他自己的行为所做的评论充分展现了这一原则："当我接受申诉者的申诉，着手处理案件的时候，我没有丝毫的偏心，我没有因为一方将给予我酬劳而偏向于他……并且我把弱者从蛮横无理之人手中解救出来。"[67]从这段铭文中，我们感到执法者具有怜悯之心，以及主持正义与公正之心。也许法律之外的公正不能由一个人委托给另一个人，但每个人必须为自己找到一个为了实现公正可以超越法律限定的地方。也许感知，权威性的建议和公正是神化的特征，它们被神化的法老保留了下来。无论如何，对于神在尘世的代言人来说，找到一个"与规章制度一致"的避难所是十分必要的。另一方面，无论政府官员是否按照法令行事，事实上，他们都听命于神圣的法老，因为法老是"命运的主宰以及给人带来好运的人"[68]。在智力、命令和公正的实际运用中，拥有爱心和威严的统治者能够激发起各级政府官员双倍的工作热情。

在本章中我们已经看到宇宙是一种物质，而国王则是连接人与神的桥梁和纽带，他充满了神性，并被授权统治这个国家。我们看到在统治人民时，他采取了高压和怀柔相结合的政策。我们还看到国王具有创造性的智力，发布政令的能力，以及超越法律条文的公正。多数情况下，他的臣子们服从于法律和先例，而国王神圣的本性则为监督制度有效地执行情况提供了内在的保障。

综观这些论题，我们不难发现有一个没有答案的问题，从表面上看，国家是国王个人的财产，而国家的产生是基于何种道德上的因素则是一个悬而未决的问题。这样的难题包括个人或群体生活的目的，以及真理与谬误之间道德上的差异。现在我们应该为解决这些问题而做不懈的努力。

注 释

1 Urk. IV, 614–18.
2 Memphite Theology, 60–61.
3 Sehetepibrē.
4 Leyden Amon Hymn 4:21–26.
5 Beatty IV, Recto.
6 Beatty I, 9:7–10.
7 Destruction, 1–24.

8　Beatty I, 3:10-4:3.
9　Pyr. 393-404.
10　Mutter und Kind, 1:9-2:6.
11　Smith, 19:6.
12　Sinuhe, B44-45.
13　*Ibid.*, 55-67.
14　Israel, 12-13.
15　Ptahhotep 330.
16　Westcar, 9:9-11.
17　Urk. IV, 219-21.
18　Sinuhe, R5; cf. Urk. IV, 896.
19　Sinuhe, B224-26.
20　Anast. I, 28:5-6.
21　Nauri, 3-4.
22　Urk. I, 232.
23　Wenamon, 2:45-47.
24　Urk. IV, 1074.
25　Kubban, 13-14.
26　Admon., 7:2-6.
27　Aton Hymn, 12.
28　Amenemhet, 1:2-6.
29　Berlin Leather Roll, 1:6.
30　Admon., 12:1.
31　Dümichen, *Hist. Inschr.*, II, 39:25.
32　Cairo 34501.
33　Peasant, B18-20.
34　Peasant, B42-46.
35　*Analecta orientalia*, 17:4 ff.
36　*Egyptian Religion*, 1933, p. 39.
37　Kubban, 21-22.
38　Anast. II, 2-4.
39　Marriage, 36-38.
40　*Egyptian Religion*, 1933, p. 41.

41 Sall. I, 8:7–9:1.
42 Peasant, B1, 188 ff.
43 Kadesh Poem, 26.
44 Petrie, *Koptos,* xii, 3:4.
45 Pyr. 300, 307.
46 Admon., 12:12.
47 Kubban, 18.
48 Neferrohu, 68–69.
49 Sall. I, 8:9–10.
50 *Ibid.*, 8:8.
51 Peasant, B307–11.
52 *Ibid.*, B109–11.
53 *Ibid.*, B171–73.
54 *Ibid.*, B189–92.
55 Sehetepibrē.
56 *Amarna,* III, 29.
57 Merikarē, 48–50.
58 Lansing, 9:3.
59 Sall. I, 6:8–9.
60 Anast. II, 8:5–7.
61 Peasant, B296–98.
62 Neferrohu, 50–51.
63 Cf. *JEA,* 22:186.
64 Bologna 1094, 2:3–7.
65 Urk. IV, 1087–89.
66 *Ibid.*, 1090–92.
67 *Ibid.*, 1082.
68 *Inscr. dédic.*, 36.

第四章　生命的价值

分析的本质

从前两章里我们知道,古代埃及人通过他们亲身接触的环境及由此形成的经验来观察他们生存其中的愈加广阔的天地。而国家政权则托付给了神圣的法老,由他掌管和治理,就像牧人经管自己的畜群一样。很少人会对这点提出疑问。然而现在,我们将要探寻古代埃及人赋予生命的价值所在。人,是这个同质世界里基本的组成部分,人类可以把属于自己的行为准则应用到非人类的身上,假如这一论题到目前为止还算正确的话,那么我们就需要弄清楚适合于我们自身的行为规则到底是什么。叙述至此,我们才真正接触到这个纯理论的问题:人活着到底为了什么?但是,我们不可能得出一个完美的总结来概括埃及两千多年的历史,况且我们在论述中会不可避免地运用自己的哲学观来衡量其他人的哲学观,因此这种概括也不见得能得到其他学者的广泛接受。然而,我们的结论是从大量准确无误论据中得出的,即使对这些论据的估计可能带着我们个人的评价。

生命的目的是什么?为了得到可能的答案,我们先来考证一下埃及的两个可以进行比较的建筑。[1]一个是埃及的维吉尔的坟墓,维吉尔是古代埃及最高的行政官员,是国王的第一代理人。在萨卡拉阶梯金字塔的附近,我们走进了这座古王国时期的维吉尔的坟墓,他大约生活在公元前2400年左右。墓室的墙壁上描绘着充满生机的画面,从中可以看出墓主对于生命的渴望:

这个维吉尔手执长矛，俟鱼而动，他的仆人把一头正在吼叫的河马牵进山中洼地。维吉尔看管着一些用绳索绑在一起的待宰牲畜，同时也指挥着土地的耕种和丰收；木匠和制造金属工具的工人正在他们的店铺里劳作；为维吉尔的丧葬服务的船舶也正在营造之中。我们还可以看到威严的维吉尔掌握着对拖欠税款的人进行惩处的权力，接着又看到他正在观看一群孩子做游戏，俨然一副慈爱和蔼的神态。即使是当他静止的时候，比如他在聆听妻子弹奏竖琴时，我们也能看出，一股巨大的潜在力量随时可能爆发。绘画技术的生动形象由此可见一斑。这洋溢着活跃生命气息的坟墓同时也是一座向往永恒的纪念碑：维吉尔希望通过这些建筑和绘画而被人们牢记，并且祈愿自己进入永恒世界后能过上这种幸福快乐的生活。

在这座坟墓的附近还有一座后埃及时期另一个维吉尔的陵冢，他生活在公元前600年左右。然而在他墓室的墙壁上，我们看不到充满活力的贵族、高声吼叫的河马以及玩耍的孩童，与1800年前的那一座陵墓相比，这里多了几许虔诚的安宁，少了几分生机与灵性。墙壁上充满关于典礼仪式的铭文及魔咒，那些描绘极乐世界及其神灵的图画是对铭文的说明。我们看得出，这时极乐世界里的生活完全不丰富。在死亡之神面前，维吉尔僧侣式的姿态是如此僵硬和呆滞，他似乎只在意他死后所得到的丧葬服务和即将进入的另一个世界，他追求永恒的纪念也仅仅是因为他注重来世而不是现世的生活，他认为他所向往的一切都包含在这些魔力、典礼及神灵的喜好之中。

我们的问题也就出现了。一极是极端强调生命、行动和物质世界；而另一极则截然相反，它强调的是死亡、静止和宗教。很明显我们正在进行的讨论必须跨越这种反差，当我们从历史的角度出发时，才能够交代清楚事物由一个阶段到另一个阶段的转变。由此我们将看到埃及人观念里的两个主要时期：充满乐观精神、勇于进取的早中期和后来安详宁静的晚期。两个精神状态之间经历了一个长时间的转变。正如一阵飓风袭来，先是强有力地横扫了东方，接着却出现了不平衡状态下的木然呆滞的沉积，最后这阵狂风又同样席卷了西方。不同的是，吹向东方的这阵风是带着激进的个人主义的色彩；吹向西方的这阵风却体现着因循保守和主张公有化的特点。但是，正像我们以前说过的那样，对这一问题的看法事实上取决于由谁来对这一形势进行分析。也许其他人就认为，埃及文明中早期的埃及人处于顺从状态和群体意识之中，而后期个人的幸福安康却备受关注。当然，这是因为那些讨论都无可避免地带着分析者对于宗教、政治及社会的个人偏见。

埃及的古王国和中王国

在人类文明的长河中，埃及文明中那种体现登峰造极技术水平的石制建筑的产生，看起来似乎是一个突如其来的现象。布里斯特德博士曾经做过以下描述：

> 在开罗博物馆里，你将看到一座巨大的花岗岩石棺，里面放的是胡夫-乌奈赫（Khufu-onekh）的尸首，他是吉萨大金字塔的建造者。……让我们发挥想象，追随这位遥远时代的建造者，踏上吉萨村庄后面的沙漠高地。这是一片荒芜的地表，零星地散布着一些远古祖先的小型的坟墓废墟。那个时代最古老的石制建筑是由胡夫-乌奈赫的曾祖父建造的。事实上，在胡夫-乌奈赫之前，他们家中已有三代建造者了。……当胡夫-乌奈赫在荒凉的吉萨高地上迈出第一步，打算进行建造大金字塔的宏伟计划时，很可能没有太多的砖石工，也没有那么多人懂得石制技术。经过一段时间的构思之后，胡夫-乌奈赫命令土地测量员为他详细规划出边长为755英尺的方形基座……他知道用一座高达481英尺的巨大石制建筑来覆盖13英亩的基座，将需要大约250万块每块重约2.5吨的石头……吉萨大金字塔因此长存于人类思想的历史之中。这巨大物质实体的威力也向世人昭示了君权力量的强大。[2]

这一生动的叙述充分体现了埃及人的活力，以及对于行动及成功的热情，同时也勾画出古王国时期的精神特色。在这一时期里，埃及还出现了一些具有高度智慧的成就，例如我们以前讨论过的孟菲斯神学中体现的哲学观点；《艾德温·史密斯纸草文稿》(Edwin Smith Surgical Papyrus)中反映出的科学严谨的态度。于是我们便非常想了解这些英勇无畏的人在远古时代还留下了什么其他的业绩。通过埃及前王朝时期留下的遗物，我们并未获得什么启示。然而我们仍不能以此为依据来推断以上这些成就的获得和外来者的入侵有什么联系。于是这个问题又被抛入了未知的领域。有时，人们的精神力量高涨到超越了文化发展视之为正常的行进速度，我们有理由相信这种精神力量的上涨是有局限性的，它欣赏的仅仅是伟大进步所带来的影响。而且这种精神力量爆发的原因我们还不能肯定。大体上，它是由某种不太明显的激励作用引发的一次革命。当初政权和社会的稳定是王朝时代开始的一个重要因素，而今这种稳定性将会对个人提出新的要求，人们通过职业上的分工合作被有效地组织起来：我可能是个建筑师，你也许去负责刻制印章，他则成了抄写员。这些职业在从前的简单社会里仅仅被当作爱好，然而进入王朝时代，它们的地位却变得渐渐重要起来，而且需要潜在能力的不断积累。于是埃及人静静地守候在尼罗河谷，积蓄力量，终于等来了他们羽翼丰满、锋芒毕露的那一刻。这对于我们来说是不可思议的。埃及人对事物有一种令人叹服的感觉，他们认为自己绝对有能力创造一项项辉煌成就，而这种物质上的胜利只是追求美好生活的第一个目标。

下面是古王国时期的一位贵族在他职位晋升过程所进行的叙述，现在让我们来感受一下其中的含义："（国王）任命我为伯爵和上埃及的总督……这项职务以前从未授予给任何政府官员，我代表着国王，治理着上埃及，我一定要做到让他满意。……我尽职尽责，以便在上埃及创立我的声誉。类似的事情以前在这儿从未发生过。"[3]我们能看出，这种敬业精神足以指引埃及人取得事业上的成功，但是由于他们在前进的过程中并未受到什么挫折，这就导致这一时期的埃及人拥有了青年人独断专行式的傲慢。那神灵们呢？是否已不再像从前一般重要？毫无疑问，他们仍是这个世界的创造者，但是世界之所以变得如此美丽、丰富多彩却是因为人类成了自己的主人，掌握了自己的命运，他们已经不需要神灵们随时随地的庇护和扶持。

人类还不能完全失去神灵，因为我们这个世界之所以能有条不紊地运行是依靠神灵们制定的规则，任何人违反了这些规则都会被视为对神灵们的冒犯。"神"这个词在个别时候会同他所制定的规则、对人类的期望以及对破坏规则的行为的裁决联系在一起。但我们还不清楚古王国时期哪些神有这种能力，有时他是国王，有时又变成了为人类制定规则的至高无上的神。但有时，正确和有效的行为似乎会统一和人格化，从而总结在"神"的意志中，他不像国王或造物主那样神圣和遥远。如果人和世界同质的这个假设是正确的，那么我们又将遇到神性的统一和普遍性这个问题，它不属于一神论，而是适用于神的一性论。

正确行为的原则一般体现在礼仪和行政作风上，它很可能就是我们叫作"卡"的某种接近"神灵"的具有支配作用的力量。[4]我们在前几章里也解释过，卡是与人性相分离的部分，它保护、维持着个体的发展，同时作为人思想深处的神圣力量规范着人的行为，使之正确并达到成功。古王国时期经常出现的名字，像"拉神是我的灵魂""普塔神是我的灵魂"等，通过同体性和自由置换原则，表明了"卡"可以被看作个人的神，有时指普遍意义上的神力，有时指特殊的、著名的神或是守护神。

古王国时期万神殿中的神对普通人来说实在是高不可及，但在帝国后期，这种情况改变了。有一位埃及人讲述了他和一位神之间亲密的个人关系，这位神同时也是他的保护者和管制者。其实，在帝国之前，和地方上的神灵取得联系的情况已经存在，例如，埃及第十八王朝早期，有一篇祝福性的铭文，是这样写的："祝愿你在永恒生命里的每一天，都能得到附着在身体里的神灵的保佑，心中充满欢乐。"[5]对此的另一种说法："希望你能得到当地守护神的扶持。"[6]然而，在这里可以得到以下两点，一是上述的那种含义我们还不能清晰明确地辨别出来；二是在此时的语境中，"神"可能是指一个国王或一个特定的神，就像创世神一样。

金字塔时代（即古王国时期），埃及人的这种独立意识也表现在贵族坟墓的分散布局上。起初，高级官员必须并排埋葬在他们为之效忠的国王周围，只有这样，他们死后重生的愿望才能实现。但是不久之后，贵族们的势力上升，并拥有足够的自信和力量，他们不愿死后继续埋葬在国王左右，于是纷纷在自己的统治区内选择陵墓以得到永生。虽然处在神权的笼罩之下，他们仍然取得了追求独立的初步胜利，而且敢于保证一定要将胜利进行到底。在这种势头之下，他们肯定能够追求到永恒的生命，他们的卡也不会消亡，而会成为阿赫，来世定会充满生机。他们正是通过不断的斗争、不断的胜利完成了对死亡的征服。在这种意义上，我们可以说埃及已经出现了一种明显的民主色彩，更确切地讲，是贯穿整个古王国时期的一股个人主义的趋势。

谈论埃及人的这种精神，"个人主义"这个词要比"民主"来得更好，因为精神这种意识可以作为个人的指导性原则，而"民主"这个词多是用来解释政府的行政制度。个人意识的强烈会导致政府权力由集中走向分散，因此导致了有限的民主野心。但是我们没能发现古代埃及存在着这种政治上的民主制度。在第五章里我们将针对美索不达米亚来探讨这一问题。埃及法老神圣信仰的内部聚合力非常强，因此它不会因为个人力量的强大而遭到破坏。

在这一时期，人们对神灵的卑从依赖不是必需的，虽然在表面上要对国王、创世神以及自己的灵魂负责，但他们不必对万神殿里的神灵采取卑膝哀恳的方式，而且也不需要非常正式地向奥西里斯——未来极乐世界的统治者尽义务。埃及人在现世生活中取得的地位、财富已经给了他们极大的自信：无论在现世还是在将来，他们都是充满无穷力量的。正如生动的墓葬壁画表现的那样，每个人都希望在来世也能继续拥有欢乐、幸福和成功。大家也能看得出来，我们在尽力强调，这一时期的埃及人组成了一个欢乐、强健的民族。他们非常热爱并且痴迷于这种生活，这也是他们为什么一直拒绝接受死亡的事实，而坚持要把这种活力和美好的生活带入来世的原因。

我们有一本古王国时期流传下来的关于礼仪方面的书，里面这样写道："完美的演讲……为我们提供了优秀的范例，也可以作为对知识贫乏者的教育。对于虚心接受的人来说，这会给他带来益处，而对傲慢自大的人来说，不会起任何作用。"[7]其中包含着"积极进取"的福音，以及最适合正在努力的年轻人的人生信条，可归纳为以下内容：

> 理想中的人应该非常有智慧，他们能成功地规避各种欲望的驱使，时刻注意自己的一言一行，并能逐步适应这个社会，获得一份有保障的职业；对道德上的观念不要妄加评论，更不要把"聪明"和"愚笨"作为评价别人的标准，应该学得机敏和机智一些……这为一个人的事业提供了基本准则，如果用心揣摩，他就会变得精明，而且能找到生活中的最佳方式，最终取得事业上的成功。[8]

这本书中也包含了如何同上级、平级和下级相处的原则：当你打算同一个擅长论辩的人竞争时，最好"不要同他争论"，这样才不至于暴露给他你不善言谈的缺点；当你和与你旗鼓相当的人竞争时，记住，沉默是金，这样别人会认为你谦虚谨慎，从而对你留下深刻印象；至于一个非常弱小的对手，不要把他放在眼里，漠视他，这样才能"给他（最）沉重的打击"。[9]宴会上，当你坐在上级身边时，要保持着沉着稳重的举止，不急躁、不怯懦，言谈得体，这样你的上级才会高兴，才不会对你今后的事业造成阻碍。[10]作为一个官员，你应该耐心聆听请愿者的呼声，因为"请愿者们最希望他们的请求得到足够的重视，至于这些要求能不能实现，相对而言就不那么重要了"[11]。对于一个人来说，建立家庭、关爱妻子是正当的，因为"她有支配自己主人的优势"；而她的主人最好也应该注意，不要让他的妻子获得家庭的操纵权。[12]这些劝诫里也包含着一种实际客观的智慧，"聪明的人时刻注意加强自己的身心修养"[13]，对自己的追随者采取宽容的态度，因为没有人能预见到未来的危机,所以全面提高自身素质,才能为今后个人的发展提供保障。这样做是非常明智的。[14]

认为这篇文章仅仅体现机会主义和追求物欲的色彩显然也不太合理。文章中有一段是劝诫官员们要以诚实为本,并且不要把它当作原则,而要作为一种经验上的总结。"如果你是一名领导,指挥着许多人工作,那么你就要以身作则,力求自己的一言一行不出现差错,而且要做到处事公正,赏罚分明;要注意,道义和真理从诞生之日起就不容侵犯,任何人违背了它都要受到惩治。……虽然邪恶有时也(真的)能获得财富,但终归是暂时的,而(真)理的力量就在于它的永恒性,因为一个人可以说:'这是我父亲(先于我)的财产。'"[15]我们因此得到了这一时期埃及人的价值观念:接受"流传"下来的财富和经验只是一种普通意义上的表现,通过自身努力获得让世人为之叹服的成功,才是最大的胜利。这就是埃及古王国时期的价值观念取向,它在整个埃及历史里发挥了不可估量的作用。

只要获得的成功能给所有的人带来利益,只要精心修建的金字塔和陵墓能作为尘世中永恒的象征,那么人们会自然而然地对这些成就产生崇拜和敬仰。但埃及古王国这一快乐的时期终没能逃脱覆灭的厄运,它所创造的地位和财富在后来无政府状态下的暴力和混乱中烟消云散了。埃及人把这一灾难部分归因于他们个性的解体,另一部分归因于来自亚洲的外族人的入侵。事实上,这个来自亚洲的游牧民族是否以侵略的方式进入埃及还是值得怀疑的。而且,当时由于古王国内部统治的松垮,这群亚洲人迁移到了埃及并定居在北部三角洲地区,走进了埃及人的生活。但是这种无足轻重的渗透根本不足以构成古王国衰垮的原因,只能说是埃及统治薄弱的结果。

古王国的灭亡是一个渐进的过程。地方贵族势力逐渐强大,独立的要求也越来越强烈,于是他们纷纷建立起地方政府与中央及其他地方统治者相抗衡。这些互相倾轧的割据势力最终从内部瓦解了埃及的统治。贯穿古王国时期的追求私利的个人主义终于冲破了束缚,如山洪暴发一般,呼啸直下,结果一发而不可收。随着中央统治的崩溃,无政府状态出现了,并且一直渗入社会最底层，到处都充斥着对权力的争斗和攫取。埃及的专制统治遭到了前所未有的破坏，埃及人更没有做好接受一种新的统治制度的准备。其实，在当时的混乱当中根本不可能存在什么真正的统治。

我们有很多关于这一时期埃及混乱状态的记载。失去了原有的稳定和安全，大地像陶轮一样翻转起来，原来的富人和权贵变成了穷人，而穷人们却拥有了财富和权力。法庭已完全失去了威信，人们对法律也不屑一顾；穷人们也能穿上华贵的衣服，侍女们不必再对女主人恭恭敬敬，洗衣工也可以拒绝揽活儿。死人的坟墓遭到掠夺，法老的王陵也没能逃脱此难，木乃伊孤独地暴露在沙漠高地上，死者永生的希望变成了泡影。红色的沙漠随时可能侵入肥沃的黑土地，各个省"分裂"成了许多割据势力；脆弱的国防线不堪一击，埃及敞着大门，随时"欢迎"外国人来"做客"。国家无法收缴到足够的税款，农业衰落了。即使当尼罗河水泛滥充足时，田地也荒芜着，无人耕种；埃及同腓尼基、努比亚之间可获利的商业贸易也中断了，因此，那些从沙漠中带来牲畜和禽类的商人此时就备受注目了。[16]

埃及逐渐向个人主义方向发展，然而王权依然有它存在的基础，当这一基础被摧毁时，王权就坍塌了下来。"注意，王权已经被一群毫无责任感的人推翻……注意，我们这片土地的秘密已经暴露了，（皇室）宅邸在一个小时内就被破坏殆尽了。"[17]我们从埃及早期的智慧文学中得知，埃及人认为，做一名成功的官员是获得美好生活的标志，而如今呢，这些曾荣耀一时的官员在饥寒交迫中每况愈下。"注意，所有的机构都七零八落，就像无人看管的畜群一样，受惊后乱作一团。"[18]"天下大乱了，从前的一切都（远）去了，日子越来越沉重了。"[19]曾经辉煌的个人事业、行政职务、对永恒陵墓的向往，以及它们所体现的价值如今已不复存在了。那么，什么样的力量才能恢复这一切呢？

人们悲哀了，消沉了。河里的鳄鱼却满足了食欲，因为有很多完全绝望的人自愿到它们那去送死。[20]埃及文学史上一部非常著名的文献记载了一个想自杀的人和自己灵魂（ba，巴）的争论。这个人已经承受不住苦难的生活了，意欲寻死以求解脱，在这场争论中，灵魂虽然左右着人对于死亡的态度，但它本身是一种不稳定的力量，因此，对这个人的消沉低落，灵魂也没有找到令人满意的解决办法，也没能帮助他重新认识到生活的乐趣。刚开始的时候，灵魂决定无论这个人的结局怎样都追随他而去，后来它渐渐转变了，力图阻止此人受到损害，然而此人终究没能认识到人生的乐趣，他只想忘掉烦恼忧愁，纵情享受肉体上的欢娱。最后，他把现世的悲惨境遇和来世的幸福做一对照，灵魂又决定，不管将来命运如何，它都要与此人相守为伴。毫无疑问，那个时候的生活真如地狱一般的可怕，人人都希望早日进入天堂，早日得到解脱。

　　这一文献所反映的悲观主义哲学很值得我们研究。这个人以三行诗的形式向我们表述了他和灵魂就现世与来世的争论。第一首诗写的是，如果这个人接受灵魂的劝告，沉迷享乐，那么他的名誉定会一落千丈。事实上，这个人自有他的原则，他是不会让自己的名誉受到损坏的。

> 注意，我的名誉将因为你而受到玷污，
> 会比渔民身上的气味还要浑臭，
> 会比他们捕鱼的池沼还要污浊。
>
> 注意，我的名誉将因为你而受到玷污，
> 在炎炎的夏日里，
> 会比牲畜的粪便还要恶臭。[21]

　　从第六诗节开始，这个人设想了假如他遵从灵魂的建议而使名誉受损的种种情形。接着在第二首诗中，他改用悲伤的语调，沉痛地惋惜社会的沉沦。下面是这首诗的其中三节：

> 今天我还能向谁倾诉？

同伴堕落了，
朋友不再友爱和睦了。

（今天我还能向谁倾诉？）
绅士消失了，
暴徒猖獗。
今天我还能向谁倾诉？
没有人吸取前车（之鉴），
没有人做积德的（善事）。²²

下面，这个人将要告诉我们：死亡是一种幸福的解脱。

如今死亡就（站）在我面前，
我（像）一个重病的人即将康复，
像一个久困的人（重）获自由。

如今死亡就（站）在我面前，
像松脂一样散发着芳香，
我像在绿荫下沐浴着春风。

如今死亡就（站）在我面前，
我像一个刚刚逃脱牢笼的人，
热切地渴望家园。²³

最后，这个人强烈地要求获得亲近神灵，对抗邪恶的力量。

噢，远方的他

是人间的神，

他要对邪恶的人进行惩处。

噢，远方的他

是人间的智者，

他要不断地向拉神控诉。[24]

此人放弃了主动追求现世生活的信念，打算服从来世的选择。我们可以说这一时期是悲观主义初步形成的阶段。大约1000年以后，这种柔顺和屈从终于构成了时代的特点。在这场争论中，灵魂劝告他的主人，不要对生活过分苛求："去轻松一下，忘掉所有的忧愁烦恼！"[25]这种享乐主义的观点在同时期的另一篇铭文中也有所体现：衡量财富和地位的标准现在已经作废了；未来能否幸福我们也不敢肯定，所以我们就应该在现世生活中尽情地享受所有乐趣。毕竟，过去的生活是短暂的，而未来又一片茫然，只有现在才是最应该把握的。

"一代人消失了，下一代人继续生活。……他们也只不过修修建筑，盖盖房屋，他们还能做什么呢？

"我也曾听到过伊蒙霍太普（Imhotep）和哈迪代夫（Hardedef）发表（过的言论），许多人都对他们的言论进行过多的评判，以此来表明自己的身份地位，（可后来）呢？城墙倒塌了，房屋毁坏了，连最基本的生存条件都无法保证。

"没有人从极乐世界（里）回来，如果有的话，我们就会知道那里的生活、人们的性情，我们就会抑制住热切的心，直至我们（也）到达那个地方。"[26]

这些智慧没有保证人死后能平安顺利地进入来世，也没有告诉人们亡灵在另一个世界里是如何生活的。于是人们就会问：这个世界为我们留下了什么？什么也没有。看来，我们也只能追求享乐了。

"好好地轻松一下,不要再烦恼了。注意,你不能带着你的财富进入来世;注意,没有人去了之后能再会来!"[27]

因此,对一个原本成功、乐观的世界的突然衰落,人们最初的两个反应就是悲观绝望和愤世嫉俗。但这并不是仅有的反应。埃及仍然存在着一股精神上的力量抵制着个人主义的价值观。人,只是反映自己生命价值的客观实体,如果一个人对成功的判断准则被证明不能长久应用,那么他就需要另寻一个持久可靠的标准。人们逐渐明白了这样一个事实:能看见的物质实体都是短暂的,而抽象的、存在于意识之中的事物才会永恒。毫无疑问,追求永生的来世依然是埃及人的最高理想。

现在我们使用的词语和我们将要使用的词语都对现代伦理判断方面的讨论抱有偏见。这是有意而为之的。我们认为,中王国时期的埃及人在追寻幸福生活的过程中,思想已达到了道义上的最高顶点。当然这只是个人的一种偏见,但是在这个结论上,我们和布里斯特德博士的看法是一致的,尽管我们对这个问题的分析存在着差异。其他人提出了异议,他们认为古王国时期的埃及人在各方面都创造了前所未有的辉煌——后世人从未超越——无论在技术能力方面(例如,大金字塔和无数的雕像),在科学方面(例如,纸草文稿和历法),还是在哲学方面(例如,孟菲斯神学)。他们坚持说,我们看到的由古王国到中王国时期的转变只限制在了文化的有限范围内,而实际上文化的发展也是很有限的,它改变越多,就证明了与原来文化的共同之处越多,这一点毋庸置疑。古王国时期,社会道德观念已经有了很大进步(像日益民主化、正义的观念等),中王国继承了这一发展,而且实用唯物主义观点在这一时期仍起着很重要的作用。他们还反对我们把自己认为正确的道德观念强加给古代的埃及人,他们说,我们没有权力把"玛阿特"翻译成"正义""真理"或"公正"而不是"秩序""规律"或"尊奉",我们也无权认定古代埃及的民主观念是"一种有益的进步"。

尽管有人这样反驳,我们还坚持认为,我们有权利做出道德上的判断,也有权利谈论一个事物的进步或者倒退。这的确只是出自我们主观的看法,而非一种严谨的科学态度。但是任何一代人在认识这个问题时,都必须先拿出客观依据,然后再对这些依据做出主观上的评价,而我们都知道客观并不能完全脱离主观。对我们将要研究的这个时期来说,实用唯物主义思想依旧活跃,反伦理力量扮演了一个很重要的角色。道德上的推动力此时已无法发挥应有的作用。我们同时也满意地看到了这一时期的重点已有所改变,在现代的美国人看来,这一改变也许正是进步的表现。

我们看到了从古王国到中王国的两个最重要的变化:地位和物质财富的衰落。而它又相应地引起了对社会行为正常化、合理化的强调;从古王国遗留下来的个人主义在继续。这两种趋势从根本上讲是一致的:无论穷人还是富人,都在积极追求美好生活,整个社会也朝着同一个方向迈进,这样权力和财富永远也不会衰竭,但是人和人之间的关系就会变得复杂微妙起来。

三段引文将为我们提供新的研究重点。上一个时期的追求是建造和维修坟墓,一个可以借此得到永生的纪念物。中王国的埃及人继续建造这种物质实体,在铭文中,他们也增添了新的内容:"不要做坏事,行善才能积德,仁爱才会让你得到永生。……神灵们将因为赐予你恩典而受到歌颂。"[28]人们向你的纪念碑顶礼膜拜,对你歌功颂德,你便得到了永生。还有一段文字明确地表述了,仁慈的德行比精心制作的祭品更能使神灵感到高兴;穷人也能和富人一样受到神灵的关注:"对神灵来说,一个人发自内心的真诚品质远远超过邪恶的人供奉的一头牛的价值。"[29]

下面这段文字最具有参考价值。迄今为止,我们还没有发现它在以后的时期里出现过。这部文献反映了当时埃及人的整体精神风貌,同时也是我们认为中王国时期的思想意识达到最高点的一个原因。它简要地阐明了人生而平等、人在机会上都是均等的道理,从中我们也能看出神创世的原因。

> 我要向你讲述我在天国的入口处为了制止邪恶而做的四件好事……

我带来了四季风，因此每个人都可以像他同伴那样自由地呼吸。这是（第一件）好事。

我带来了大洪水，穷人可以和富人一样尽情享用。这是（第二件）好事。

我使每个人都能像他的同伴那样生活。我绝不允许他们做坏事，（但）也许他们的心会违背我的命令。这是（第三件）好事。

我使他们恢复了对来世的向往，这样神灵们就会得到来自各地的神圣的祭品。这是（第四件）好事。[30]

前两件好事表明，每个人在享用风和水方面都是平等的。在埃及，尼罗河水的泛滥与人们的生产生活息息相关。如果控制了河水的使用权，就等于控制了他人的生活。因此，人人都平等地享用风和水就是对人们获得最基本生存条件的保证。第三件好事，"我使每个人都能像他的同伴那样生活"也就意味着"人生来都是平等的"；"我绝不允许他们做坏事，（但）也许他们的心会违背我的命令"，这告诉我们，社会出现不公平的现象并不是神灵的本意，而是人们图谋邪恶造成的。这番话也断言了，一个理想社会必须建立在人人平等的基础之上。虽然古代埃及社会从未达到这一目标，但埃及人也像我们现代人那样，对未来生活的长久平等抱有虔诚的渴盼。而且，这种思想意识毕竟是对这一时期人们精神世界的最高升华，它强烈地呼吁：人生而平等，神灵绝没有在人们中间制造高低贵贱之分。

这位至尊的神做的第四件好事就是规劝人们继续崇尚来世，而且要始终如一虔诚地供奉当地神灵，这样才能获得进入天国的机会。这些都是这一时期的重要转变，而且来世会更加民主化，人们与神灵的关系也更密切了。现在，人人都可以拥有永恒，不像在前一个时代，只有国王一人才能享受。

我们只是不知道古王国时期普通的埃及人究竟认同哪一种关于生存的延续方式。可能他会在自己灵魂（卡）的陪伴下，成为永恒（阿赫），一种"有效"的人格。然而古王国时期的法老们在死后却可以进入神界，成为其中一员，其实这些法老生前就已经把自己神化了。但在这一时期，的确只有法老们死后才能成为奥西里斯。而如今，只面向法老的来世也向普通人开放了，人们可以像法老那样成为神灵。而且，每个死者进入来世后，神灵们就会对他的品质进行裁断，如果他是善良的，他就可以成为奥西里斯。

实际上，对死者品质的裁断就是对正义的衡量。后来的绘画中反映了这种裁断要在亡灵之神——奥西里斯面前进行：天平的一端放着死者的心，另一端放着象征正义的砝码，以此来衡量死者的品质。在中王国时期，虽然这些场面已经出现——奥西里斯作为冥王和裁断的仲裁者，但是这些情景并没有出现在同一幅画面中。而且，在对原有秩序的执行中，一些至尊的神或者太阳神充当了仲裁者的角色。来世信仰里虽然也体现着一些民主和奥西里斯神权化色彩，但是准许死者获得永生并不完全由奥西里斯决定。我们来看一下，"拉神的天平，他看重公正"[31]；死者们同时也得到了保证，"对你进行品行评断的时候，你以前的错误和愧疚都会在正义力量的感召下化为云烟，同时你也会像其他人一样成为太阳船上的一员"[32]。"对你进行品行评断的时候，神灵们绝不会和你争辩"[33]，神灵们的裁决很可能是在至尊神的领导下进行的，死者们也必须经常向他汇报情况。"他指导着其他神灵的活动，他使神灵们各就其位；他的灵魂永远追随着他；他面前摆满了祭品；在计算剩余量的时候，他的声音是公正无比的：'尽管你将要坦承你的缺点和错误，但它们会因为你所说的一切而得到改正。'"[34]所有这些表明了，接受神灵们对品质的裁断，得到令人满意的结果，这是死者获得永生的前提条件。这的确是对玛阿特——正义的衡量。

在前面我们已经遇到过"玛阿特"，它的意思是"公平、正直、坦诚"，还带有正规和有秩序的含义。中王国时期的人们多从社会道德的角度出发，以正义和公正为尺度来看待周围的人和事物。这也是《能言善辩的农民》这个故事的主旨所在。故事中，农夫在高级官员的面前进行了一番雄辩的演说，高声呼唤道德观念里正义的力量。"虽然正义常遭到蒙蔽，但它还是衡量事物最合理、适度的标准。"³⁵在前一章里我们知道，正义不是简单的法律条文，而是出自人们对美好事物的渴求：支付不起船费的穷人只能多做行善积德的好事以求回报。中王国时期还有一个需要注意的问题，那就是社会责任：国王像牧人一样看管着自己的牧群，官员们也有照顾孤寡的明确职责。简言之，每个人都有为别人服务的义务，也有享受别人服务的权利。即使是中王国时期的雕塑作品也反映着道德意识，而且逐渐由崇尚权力转移到对社会义务的关注上来。有些为人熟知的法老雕像也体现着这一特点。

布里斯特德博士极力推崇这个观点，我们也不需要更深入详细地证明它。如果有人持不同的看法，那也是由于他对"道德意识"的定位不同，而且他不能给这个故事一个简单如实的评论。古王国时期，人们为了现世和来世的幸福同样对正义怀有强烈的要求³⁶，那些建立政权的伟大人物身上就体现着这种高尚的品质。中王国时期，由于对行为方式的格外注重，社会道德意识才真正形成，再加上心理上的因素，埃及人更加确信，是神灵创造了人类。

总之，直到这一时期——中王国，古代埃及的发展方向更趋于分散和离心：个人意识越来越强。先是每个人的权利都得到了确认，继而每个人的能力都得到了体现和发挥，每个人都成了有价值、有意义的实体。埃及近乎盲目地从神权专制统治过渡到民主的时期（其实也是徒有虚名）。埃及人的精神依然鼓舞着他们积极行动，每个人都有机会感受活跃的生活气息。于是，人们眷恋上了自己的生活，不再仅仅奢求死后的天堂。成功的定义也有所改变，但是埃及人仍旧认为，真正成功的生活应该包括一个完美的来世，这样才能经久不息。因此，在生命轮回的桥梁——坟墓里，我们仍会看到壁画中丰富多彩的生活情景：狩猎、造船、娱乐。只有关于丧葬和宗教节日的画面会带给我们一些严肃和沉静的感觉。埃及人知道，幸福就在生活当中，就在彼此眼前，他们绝不会向命运屈服，他们要用双手拥抱幸福。

帝国和后埃及时期

下面我们就要谈到埃及的整个民族精神发生转型的重要阶段。在这一时期里，埃及出现了政治革命，由此引起了第二中间期（公元前18—前16世纪）的到来，它介于中王国时期和帝国时期之间。中央政府又一次垮台，众多年幼的王子再次向政权发起进攻。由于集权统治的衰弱，崇尚个人主义的地方诸侯们获得了充分展现自我的机会。但是与以往不同的是，埃及在这一时期遭到了来自亚洲的喜克索斯人（Hyksos）的入侵，他们用武力征服了埃及并定居在三角洲地区进行强权统治，这压制了埃及人原本旺盛的生命力。埃及作为一个完整的国家有史以来第一次遭到如此惨重的挫败：我们是世界的中心；我们的精神境界无限广阔；在这个社会里，每个成员都享有充分发展的自由。然而现在，埃及第一次遭到了外族人的入侵，我们必须团结起来抵抗他们。

埃及人真的最终把这群"不知道拉神"[37]的侵略者赶出了家园。但是喜克索斯人对埃及的威胁并没有完全解除，埃及人需要彻底地把他们撵回亚洲，并且继续猛烈地打击他们，这样喜克索斯人就再也不敢侵犯这片土地了。但是埃及人却对安全性和危险性产生了一种病态意识，这种意识有点接近于现代欧洲人的心理。共同的心态使埃及人紧密结合成自我意识极强的民族。只有在这个民族解放的时期，埃及人才称自己的武装力量为"我们的军队"，而不再叫作"国王的军队"了。[38]正是这股爱国的热情把国家的利益摆在了个人利益之上。

共同的忧患意识促成了团结一致的精神面貌。埃及军民同心协力，解除了边境危机，埃及帝国的军事征服也扩展到了亚洲，埃及人共同防卫的心理压力因此得到减轻。然而那时毕竟是一个不安分的年代，在遥远的东方仍有一些危险的因素存在，它们足以再次唤起埃及人共同防卫的意识。喜克索斯人远离了埃及人的世界，但是赫梯的兴起却渐渐威胁到了埃及在亚洲的帝国统治。继而海上民族、利比亚以及亚述的出现使埃及人始终保留着的惧怕心理和忧患意识日益增强，因为此时对他们来说，已经没有什么比国家的统一和安定更加重要的了。

帝国时期有一场改革运动，目的是使这一时期的埃及文化凌驾于其他文化之上，在某种程度上，它可以被看作是历史发展的必然结果。而帝国的发展进程也能由此得到说明。判断帝国的基础是经济还是政治，首先要在宗教、民众的思想意识和才智方面找到可供参考的答案。在埃及，神化的法老代表着国家政权，并受到人们的共同崇拜；埃及人也同样信奉本民族的神灵，他们认为神灵们积极协助驱逐外来势力的斗争，而且在他们的保佑下，帝国的领土扩张才得以成功进行。法老们受到神灵的委托，南征北战，开拓疆域。实际上，帝国版图的扩大同时也象征着法老权力的延伸。

从严格的经济意义上讲，神灵们为埃及人的胜利做出了多大贡献我们并不清楚，我们也不知道帝国时期的神庙是否像银行家们那样为国家的正常运作及对外征服提供财政资助。很可能它们在得到国家不断的大量捐赠，而变得相当富有以后才会这样做。但不管怎样，从埃及取得的一系列胜利中，我们能看出，这些神庙不仅在精神方面给了埃及人很大的鼓励和支持，而且为帝国的政权提供了强有力的宗教保证。神庙也因此得到了丰厚的经济回报，法老们修盖了许多建筑，举办盛大的宴会，向神庙捐赠大量的土地和农奴，以此来感谢神灵的庇佑和帮助；对以前的神庙进行了扩修，劳动力队伍壮大了，土地和财产也得到了相应的增加。这样，神庙逐渐成为埃及政治和经济生活里的统治因素。估计在埃及帝国发展了300年后，每五个埃及居民里就有一个人隶属于神庙，而且全国可耕地的三分之一都归神庙所有。[39]自然而然，强大的祭司阶层要不遗余力地维护和巩固他们赖以生存的神庙制度。他们积极呼吁全民族团结一致，共同维护国家利益，实际上也是保障自己的利益不受损害。最终，全国居民甚至法老都陷入了神庙的巨大包围和控制之中。

再来回顾一下埃及的历史。古王国以后到帝国之前的这段时期，埃及总体来说呈分散的、自我主义的发展趋势，美好生活只是建立在个人需要的基础之上。而帝国时期，埃及的发展潮流走向了聚合、团结，美好生活是全体居民的共同愿望。同时，社会号召个人要服从整体，以整体利益为重。任何尝试性的自我主义意识都被抵制了；埃及社会本身就是一个完整的价值实体，这也是一个最基本的信条。

这种从精神和心智的变革不是由什么会议发表声明决定的。它由浅入深地进行着，因此在今后的几百年里，这种迹象一直保留着，即使像阿玛尔纳改革（Amarna Revolution），虽然在基本原则及权力技巧上对以前的变革予以否定，但它终归是一次不成系统的失败尝试。有几个世纪，埃及的铭文一直重复着古老的模式，坟墓里依然颂扬五彩斑斓、热情洋溢的生活。这就像美国人在面对着社会主义政府及理性主义道德观时，还要继续高呼民主制度和加尔文新教主义一样；事实上，在这种转变生效后的很长一段时期内，他们还根本不知晓它的来龙去脉。

当变革的力量通过文学和艺术日益呈现在埃及人眼前之前，帝国已经存在了几个世纪了，传统的模式就被新的观念和行为方式取代了。人们的生活目的也发生了转变：以前是一种积极进取、奋发向上，但又自我意识十足的人生态度；如今，人们逐渐依附顺从了现世，自我主义也失去了滋生的土壤。埃及人认为，神灵赐福众生，准许人们在来世得到解脱和超度，因此对于现世，除了服从，无须多做。这一时期，不仅个人主义逐渐转变为群体意识，而且人们把对于来世的保证看得比现世的欢愉还重要。本章开始的时候，我们曾对两座坟墓进行比较，古王国时的那座墓里描绘着生机勃勃的生活画面：田间劳作、商店、市场。然而后期中王国的那座墓却注重宗教典礼和来世，格调沉重。我想，以上的论述可以解释这两种迥异风格形成的原因。

让我们从教谕文学中来证明这一点。人们最初的印象是：晚期对于正确行为的指导和早期是一样的；而且人们都是用波洛尼厄斯的论调来教导年轻官员们应该怎样发展自己的事业。有些实际礼仪——就餐时，街上散步时或者在法庭上——同样也是应该予以重视的。但人们渐渐就会看出早期和晚期的差别。早些时候，男人们需要好好看管自己的妻子，因为"她有支配自己主人的优势"；后来呢，男人们被劝建应该牢记自己母亲的耐心和奉献精神,并且要像爱戴母亲那样爱护自己的妻子。[40]早期的铭文中,官员们被告诫在对待贫穷的人时,要公正、不偏不倚;后来呢,官员们的一举一动都代表着贫苦人民的利益。"如果你发现有人欠你一大笔钱,你就让他归还欠债的三分之一好了。"为什么他要做这种无利可图的事情呢?答案是,如果他不这样做,就经不住良心道义的谴责。"你会发现这才是真正的生活方式,健康快乐会永远陪伴在你身边;每天清晨醒来,你都能听到很多好消息。受到别人的称赞歌颂比拥有财富更值得骄傲。而你一旦变得富有,就会遇到许多麻烦,还不如轻轻松松、快快乐乐地生活。"[41]从这些铭文片段中,我们了解到地位和财富现在已经不如良好和谐的人际关系来得重要了。每个人都是社会大家庭中的一员,都有义务维护这个集体的团结。

这一时期人们的精神状态,我们可以用"沉寂"两字来形容,也可以描绘成"平安、顺从、安定、屈服、谦卑、懦弱"。这种"沉寂"是和薄弱、贫穷相关联的,"你是阿蒙神,寂静的主人,你代表着穷人的心声"[42],"阿蒙神,寂静的守护者,你是穷人的救世主"[43]。上面这些谦恭的词语实际上是穷人们的一种宗教信仰。[44]这种逆来顺受一向被看作是优点美德,但我们的观点是:这一时期的埃及人被剥夺了自我表现和自我发展的权利,被迫接受了宿命论的思想,服从集体的利益。需要说明一下,埃及人的这种谦恭态度并不是由于贫穷的打击而造成的,相反地,那些高级官吏还想方设法地把自己吹嘘成"真正的沉寂者"[45],阿蒙神庙的高级祭司们也坚持声称自己是"真正的、体面的沉寂者"[46]。原本活跃、成功的官吏也渐渐认识到了,遵服这种顺服的民族群体意识是必然的趋势。

和缄默的人形成对比的是,文本中所涉的"充满热情的"或"激昂的"人,总是"高声发表言论"。这使人想起了《诗篇》中的第一章,对上述两种人比较如下(另见《耶利米书》17:5—8):

说起神庙里热情洋溢的人,他就像是在野外生长的一棵树。
突然间,树叶落尽,它就会被运往船厂,从此漂流远方;(或者),

无情的火焰将宣告它生命的完结。

（然而），那些真正沉寂的人像在花园里成长的树。它开花、结果，始终（挺立）在主人面前。它的果实香甜，它的绿荫令人无限惬意，它将在这个美丽的花园里度过今生。[47]

在早些时候，人们也主张沉默，但那是争论话题时的缄口：直到你变得足够聪慧时，你才能开口发表言论或做出论辩。[48]的确，在社会的下层居民中间，也有能言善辩的人，他们的这种才能应该受到鼓励。[49]如今，在这个意识转型的时期，沉寂就成了基本的行为准则。当你和优秀的人一起共事或在政府办公室里工作时，你只有保持服从、谦忍的作风才能取得事业上的成功。[50]因为"神灵们偏爱的是那些沉默忍让的人，而不喜欢夸夸其谈的人"。[51]无论是谁，只要得到了神灵的保护，他就会有办法对付自己的敌人。[52]"神灵降临人间时，最讨厌的就是叫嚷和喧嚣。愿你有一颗仁爱的心，把所有的话都掩藏起来。这样，神灵才会满足你所有的要求；同时，他也能听到你的心声，并且接受你的祭品。"[53]但是，那些嗜酒如命的人是得不到这种祝福的；"沉默谦逊的人可以得到神灵的庇佑，而饶舌自负的人根本得不到神灵的保护"。[54]

于是，人们按照神的意志为自己确立了宿命论的哲学思想，这样就可以摆脱从前的无助，"神灵们总是成功者，而人类却总是与失败打交道"。从"人的心志，由天主来决定"的这段早期表述中也同样能看出人们对于神灵的渴盼："人们表达出自己的愿望是一回事，（但）神灵的作为则是另一回事。"[55]如今，人们对于自身的信任和依赖感已经荡然无存了。每个人都必须遵照神的指示，否则就会遭到挫折和失败。

因此，这一时期人们普遍相信命运和自身以外的决定性力量。早期，这种心理也存在，人们对那些神奇的力量也是唯命是从的；卡虽然是和人体相分离的部分，但它可以影响一个人的事业。现在，神灵掌握着人们的命运，在遥远的地方关注着世间的喜怒哀乐。人们要想实现自己的愿望，必须始终如一虔诚地信仰、供奉神灵。"不要让你的心贪图名利，我们的命运都是注定的。不要让你的心太注重外部形式，每个人都应该本分地生活在（被指定的）生活圈内。"[56]人们也不要妨碍神灵的活动，因为神性是控制人们命运的力量。"不要费尽心机地为自己寻求神力的帮助，你的命运和机遇早就是注定的。"[57]

人的命运在这一时期所扮演的角色需要强调一下。对于约定俗成的事物，人们往往还要坚持唯意志论，年轻人则被警告绝不可放弃压制人们才智的宿命论信仰："注意你的言论：'每个人都有不同的本质，愚昧和智慧（只）是差别之一。命运和机遇是神灵亲自为每个人设定的。人人都在一小时内度完今生。'（噢），教导、训诫是很好的育人方式，而且永远也不会使人感到厌倦，晚辈们应该虚心接受长辈的指点。我使你们辨清了是非，这样你们的行动才不致出错。"[58]

如果只有神灵才能拥有成功而人们注定要走向失败的话，那么我们就需要认真地从自身方面找缺点，充分意识到自己的过失。在这一时期，埃及人的确认识到了这一点。可以肯定的是，对埃及人所犯错误的实质我们还未形成定论，不过这些过失多是针对典礼仪式的规范性和合法性，而在伦理道德方面则没有向人们提出严格的要求，从而给了人们稍许放纵的权利。来看一下这两段话："尽管这个仆人（打算）做坏事，神灵们还是（打算）宽宏仁慈地对待他的。"[59]这表明人们对于自己的过失还是敢于承认的。"他让人们及其他的神灵都对我置之不理，就好像我做了恶劣的丑行似的。但是，正义的普塔神啊，你是真理之神，我相信你在教训我时一定是公平的。"[60]很明显，这其中有为自己辩白开脱的意味。

当人们因自我展现的愿望遭到拒绝而被迫选择了顺服时，他们还能得到些什么呢？当然进入来世获得解脱是对人们的保证，而且我们可以看出，埃及人对逃离世俗、摆脱寺庙修道院制度及启示性允诺的确抱有强烈的渴望。但是一天天地，埃及人对进入来世的信仰渐渐发生了动摇；他现在就想获得幸福和快乐，他的负疚感在神灵的宽容仁爱下消除了。群体制度埋葬了个人的自我意识。神灵会保佑他，也会惩罚他的过失，用仁爱的心帮助他改邪归正。在铭文中，神灵一次又一次地被恳求去拯救受苦受难的人们。"我向我的女主人呼唤；（然后）我看见她姗姗向我走来。她对我表示同情和怜悯，（接着）她让我看她的手。她再一次同情我；她让我忘记了从前的伤痛。啊，当一个人向西方之巅呼救时，她一定会慈悲地帮助你。"[61]

虽然个人自愿捐助制度遭到了破坏，宿命论的思想也强加在了人们身上，但是，这时埃及人同神灵之间的个人关系却更为密切了。因此后期埃及被布里斯特德博士称作"个人虔诚的时代"。崇拜者心中充满爱，敬奉正义和仁慈的神灵。这算是对埃及人所失的一点补偿。在埃及人的观念里，美好生活的取得不再依赖于对人性的培养，而在于对一种更坚实、更强大力量的信奉。

讨论一个民族心理发展变化的整个过程需要很长的时间。通过前面的论述我们知道，神灵的仁爱逐渐替代了个人精神所发挥的作用，但结果也没能令人满意。欢乐逐渐远离了人们的生活，埃及人却固守着谦卑、忠诚的信念，这种信念是"对所渴盼事物的保证，对未体验的事物的确信"。人们始终向往着美好，但是对未体验的事物的确信是有局限的。人们认识事物的思维受到了限制，他们只看到埃及的民族之神是富有和权威的象征，而个人神就和自己一样是软弱无力的。埃及祭司阶层的势力仍在不断增强，它要求人们必须绝对遵从能为它带来利益的神庙制度。普通人都被礼仪和义务束缚着，而且也只能得到安慰的话语和来自遥远世界的许诺，原本对现世充满热切憧憬的人们如今只想尽快逃离此生。

在这种厌世思想下，埃及人不仅渴望未来，而且也深深地怀念过去快乐的时代。正如我们在第一章里见到的，埃及人对以前取得的成就、权力和尊严有着强烈的自豪感。他们不断地追忆过去辉煌的历史，无论是神灵统治的神话年代还是法老制下的历史时期。

在本章前面的部分，我们引用了一些不可知论的观点：伊蒙霍太普和哈迪代夫虽然被视作先贤，其言论也被别人征引了很多，但他们也没保护好自己的坟墓和财产；那么，他们的智慧究竟为他们带来了哪些好处呢？后来的人们对这一问题有不同的看法：智慧的确发挥了作用，他们留下的受世人景仰的纪念碑可以为证。"至于那些有学问的书吏，他们的名字自从神话时代以后就一直流传，尽管他们（本人）早已离开了这个世界。……他们没有为自己修筑用石块建成的金字塔，他们也没有留下后嗣……但他们却为我们留下了文字和教谕文学这笔遗产，像金字塔一样世代相传……现在这儿有像哈迪代夫那样的（人）吗？有像伊蒙霍太普那样的人吗？……虽然他们早已离开了人间，但他们的英名将通过（他们的）记录而被人们永远牢记。"[62]

对过去的这股强烈的自豪感可以为如今不稳定的社会带来一丝安慰。最后，这种怀旧情绪终于演变成复古主义思潮，人们无知盲目地模仿一切从前的形式；个人的虔诚已经不足以构成神灵信仰的观念；宗教不再寻求精神上的支持，转而求助于圣谕和对典礼仪式的奉行，直到它变得像希罗多德所见到的那样空洞。在全民族对既定制度的绝对遵从下，即使是神化的国王也变成了法律的傀儡，正如狄奥多罗斯所见到的那样。埃及已经没有能力和机会创造出使神灵和人类都满意的内部关系。对此，希伯来人则更加深入，而直到今天，我们仍在为此挣扎。

埃及人智慧的力量

古代埃及为后来的哲学、伦理学及世界意识的延续和发展做出过贡献吗？不，它并不像巴比伦尼亚的科学、希伯来的神学、希腊或者中国的理性主义那样直接影响这些具体指定的领域。因此，人们就可以评论：古代埃及的横向和纵向发展并不协调，它在才智和精神方面的贡献不是由它历史时间的长短决定的。仅凭初期的辉煌，埃及不可能兼顾所有的领域同步发展。

但是，埃及还是在它的邻国心中留下了不可磨灭的印象，希伯来人和希腊人都深深地为这一庞大国家的实力和稳固所折服。然而，他们却对"埃及人的所有智慧"做出了一种模糊的、缺乏批判的评价。这种高度的赞扬，同时也激励了他们自身思想的进步。在埃及人超越时代的价值观的鼓舞下，希伯来人和希腊人的哲学观、伦理观也都相应地得到了发展。而且他们对埃及的辉煌成就更加好奇：对于几何形式的完美感悟、登峰造极的艺术和建筑、政府的行政组织，都是他们关心的话题。在满足好奇心的同时，希伯来人和希腊人也看到了埃及人的智慧和伦理观念的进步，这些只就他们的经验来说是有效的，因为这种进步早就成为埃及历史中古老的一页了。希伯来人和希腊人必须寻回在埃及文明巨大光环之下丧失的自信。埃及的文化过早地达到了智力和精神上的巅峰，以致哲学思想没能发展成为文化遗产而流传后世。就像摩西一样，她［埃及］本来已经注意到了那片应许之地，然而却是后世人横穿约旦并开始征服。

注 释

1　这两座墓的主人分别是第六王朝的维吉尔美利都卡和第二十六王朝的维吉尔拜奈夫亨利。参考 Porter and Moss, *Topographical Bibliography*, Vol.III: *Memphis*, pp. 140 ff., 171 ff。

2　"Dedication Address," December 5, 1931.

3　Urk. I, 105–6.

4　Ptahhotep, *passim*.

5　Urk. IV, 117.

6　*Ibid.*, 499.

7　Ptahhotep, 42–50.

8　Anthes, *Lebensregeln und Lebensweisheit der altm Aegypter*, pp. 12–13.

9　Ptahhotep, 60–83.

10　*Ibid.*, 119–33.

11　*Ibid.*, 264–69.

12　*Ibid.*, 325–32.

13　*Ibid.*, 573.

14　*Ibid.*, 339–49.

15　*Ibid.*, 84–98.

16　Admon., *passim*.
17　*Ibid.*, 7:2-4.
18　*Ibid.*, 9:2.
19　Khekheperresonbu, 10.
20　Admon., 2:12.
21　Leb., 93-95; 86-88.
22　*Ibid.*, 103-16.
23　*Ibid.*, 130-42.
24　*Ibid.*, 142-47.
25　*Ibid.*, 68.
26　Harris 500, 6:2-9.
27　*Ibid.*, 7:2-3.
28　Merikaē, 36-37.
29　*Ibid.*, 128-29.
30　Coffin Texts, B3C, ll. 570-76; B6C, ll. 503-11; B1Bo, ll. 618-22；参见Breasted, *Dawn of Conscience*, p. 221。
31　TR 37; Rec., 30:189.
32　Coffin Texts, I, 181.
33　Bersheh, II, xix, 8:8-9.
34　BIFAO, 30:425 ff.；在后一个从句中"你"变成了"他"。
35　Peasant, B, 250-52.
36　E.g., Pyr. Spr. 260; cf. Sethe, *Kommentar*, I, 394："铭文中划红线的句子：正义，一生都陪伴在他左右，而且在他死后也关注着他所做的一切。"
37　Urk. IV, 390.
38　Breasted, *Ancient Records*, Vol. II, § 39, n. d
39　Schaedel, *Die Listen des grossen Papyrus Harris*, p. 67
40　Anii, 7:17-8:3.
41　Amenemope, 16:5-14.
42　Berlin 20377; Erman, *Denksteine*,pp. 1086 ff.
43　Berlin 6910, Aeg. Inschr., II, 70.
44　JEA, 3:83 ff.
45　Urk. IV, 993; cf. *ibid.*, 66; BIFAO, 30:504——第十八王朝。
46　*Bibl. Eg.*, IV, 279, 281; Cairo 42155；两位贝肯宏苏大祭司都是第十九王朝的。

47 Amenemope, 6:1–12.
48 Prisse, I: 1–3; 8:11–12; 11:8–11; Peasant, B, 298–99; B, 313–16; Khekheperresonbu, Verso, 4; Sall. II, 9:9–10:1.
49 Ptahhotep, 58–59; Peasant, B, 74–80.
50 Anii, 3:17–4:1; 9:10; Amenemope, 22:1–18; 22:20–23:11.
51 Beatty IV, Recto, 5:8; cf. Beatty IV, Verso, 5:1–2.
52 Amenemope, 23:10–11.
53 Anii, 4:1–4.
54 Sall. I, 8:5–6.
55 Amenemope, 19:14–17.
56 *Ibid.*, 9:10–13.
57 *Ibid.*, 21:15–16.
58 Beatty IV, Verso, 6:5–9.
59 Berlin 20377.
60 British Museum 589.
61 Turin 102.
62 Beatty IV, Verso, 2:5–3:11.

参考文献

第二至四章注释中参考文献的书写形式是那些将对我们的译文进行查验的埃及学家所公认的缩写。这样的参考文献通常是原始文献，而在古代埃及的研究成果上，则几乎没有与本书相似主题的研究成果。为此，我们将列出一些书目，以供进行类似的有价值的讨论。James H. Breasted, *The Development of Religion and Thought in Ancient Egypt* (New York: Scribner's, 1912; now a Harper's paperback, 1972)，是一部开拓性权威著作，始终具有很高的学术价值。关于古代埃及通史类著作，可参阅James H. Breasted, *A History of Egypt* (New York: Scribner's, 1905); Sir Alan Gardiner, *Egypt of the Pharaohs* (Oxford, 1961); John A. Wilson, T*he Burden of Egypt* (Chicago: University of Chicago Press, 1951)，其平装书书名为*The Culture of Ancient Egypt* (Chicago, 1956); G. Steindorff and K. C. Seele, *When Egypt Ruled the East* (Chicago: University of Chicago Press, 1942; rev. ed., 1971); J. R. Harris, ed., *The Legacy of Egypt*, 2nd ed. (Oxford, 1971)。

关于埃及宗教的参考书目有H. Frankfort, *Ancient Egyptian Religion: An Interpretation* (New York, 1948); Jaroslav Černý, *Ancient Egyptian Religion* (London, 1952); Siegfried Morenz, *Egyptian Religion* (Ithaca, N.Y.: Cornell University Press, 1973)。关于埃及和

两河文明统治的功能的参考书目有Henri Frankfort, *Kingship and the Gods* (Chicago: University of Chicago Press, 1948; Phoenix Ed., 1977)。

关于古代埃及文献翻译的参考书目有Adolf Erman, *The Ancient Egyptians: A Sourcebook of Their Writings*, Introduction by W. K. Simpson (New York: Harper Torchbooks, 1966)（更新了1923年德文版译文），以及James B. Pritchard, ed., *Ancient Near Eastern Texts Relating to the Old Testament*, 3d ed. (Princeton, N.J.: Princeton University Press, 1960)。

美索不达米亚

陶克尔德·雅各布森

第五章 宇宙之邦

环境对埃及和美索不达米亚的影响

从埃及走向美索不达米亚，意味着我们正在远离前一个文明，而它那永恒的纪念碑依然矗立，"高傲的石制金字塔宣告了人类战胜物质的无穷力量"。现在我们正在走向另一个文明，它的许多纪念性建筑已经消失。它的城市——用先知的话说——"已经成为一片废墟了"。而在那低矮灰暗的山丘能够代表美索不达米亚的过去，并告诉我们它往昔恢宏与壮观的遗迹几乎荡然无存。

人类文明发展到今天，这两个古老文明的境遇本该如此，因为这完全符合两者的基本精神状态。现在，如果埃及人能够复活的话，毫无疑问，他们一定会为金字塔的永恒而感到无比骄傲和自豪。因为埃及人比其他任何文明的人都要更加重视人类有形的成就。而如果美索不达米亚人能够再生的话，他们不会因为他们自己的成就已成碎片而焦虑不安，因为他们知道，并且深深地理解"人的生命是有限的，无论他们做了什么，他们如同流星，虽然光彩夺目，但却转瞬即逝"[1]。对他们而言，存在的核心和意义已经超越了人及其成就，超越了统治世界的无形力量中的有形之物。

埃及和美索不达米亚文明之所以产生了这两种截然不同的精神状态的原因在于：一个相信人类的力量和永恒的重要性；另一个则不相信，并认为这是一个极难解答的问题。作为人类文明发展的过程，一个文明的"精神状态"是一项错综复杂、极难解决的课题。我们无法对它做出十分精确的系统分析。到目前为止，我们唯一能够肯定的是地理环境是促使古代文明的精神状态形成和演进的决定性因素之一。我们已经在第二至四章中着重阐释了地理环境对埃及文明的形成所起到的积极作用。埃及文明诞生于一块充满矛盾的土地：这里的村庄座座相连，而整个国家则被高山与沙漠包围起来，使之与外界隔绝。在这个与世隔绝的世界里，给人类带来温暖和力量的太阳日复一日地运行着，它在黎明时分把埃及唤醒；给人类带来幸福生活的尼罗河水年复一年地泛滥，灌溉着这片土地，使其恢复地力。大自然似乎有意地约束自己，它似乎将这片安宁的土地保护了起来，以使这里的人类能够毫无顾忌地纵情欢娱。

很显然，一个在这样的环境中崛起的伟大文明肯定会意识到人类自身的力量，并希望他们所取得的成就能够流芳百世。这种情形正好与他们的生活态度相符合。在第四章中，早期埃及人的生活态度被定义为：他们重视可见的成就和在新起点上的首次成功。他们具有开拓精神和朝气蓬勃充满自信的精神面貌，因为在这里人类几乎一帆风顺，他们感到依靠他们自身的力量足以使他们过上富足的生活。那么神的地位又如何呢？他们为埃及人创造了如此美好的生存环境，他们的任务已经完成，于是便悄悄地离去了。

自然界给予他们的丰厚回报使他们的这种心境得以产生，同时也为我们找到了埃及人宇宙观得以产生的直接原因：埃及人的宇宙显然是可以依靠的，是令人感到满意和舒适的。它具有——我们现在引用第二章的话——令人安心的自然规律，它的结构框架为生命的循环与再生提供了有力的保障。美索不达米亚文明是在一个截然不同的环境中成长起来的。当然，我们发现这里同样也有伟大的自然规律——四季的更迭，太阳、月亮和星星的升起和落下。但是我们也发现这里有一种十分强大的力量，而在埃及我们却没有发现这种力量。底格里斯河和幼发拉底河并不像尼罗河那样，它们间歇地暴发无法预知的洪水，摧毁人类建造的堤坝，淹没人们的庄稼；另外，这里还有灼热的风，扬起令人窒息的尘土；还有暴雨把坚硬的土地变成沼泽，让人望而生畏,寸步难行。

在美索不达米亚,大自然无法满足人们的愿望,这使人们表现出对大自然的漠不关心。人类对自然界的态度被集中反映在美索不达米亚的精神状态中。当人们看到暴风雨和每年都要暴发的大洪水这些自然力量时,他们感到自己是那么无助,他们的力量是那么渺小。例如,人们把暴风雨比喻成"一块布,它是笼罩着大地的死亡之光"。[2]而洪水留给人们的印象,我们可以从如下的记述中得出:

> 蔓延的洪水势不可挡,
> 它来势凶猛,撼天动地,
> 人们无家可归,破旧的篮子装着母子二人在水上漂流;
> 洪水吞噬着繁茂的绿色,
> 使得成熟季节的收获成为泡影。
>
> 不断上升的洪水使人们充满了恐惧与悲哀。
> 拥有强大力量的洪水冲击着堤防,
> 成片的树木被摧毁。
> (狂怒的)暴雨,把一切美好的事物都撕得粉碎,
> 以(迅猛的速度)。[3]

置身于强大的自然力量之中,人们感到自身力量的弱小,他们绝望地认识到他们自己被一种巨大的力量所控制,他们的精神变得紧张起来,自身的软弱无力使他们对潜在的悲剧性结果极其敏感。

美索不达米亚人从在自然界的经历中得到了他们对他们周围世界的直观认识。他们对伟大的宇宙规律十分了解,他们认为世界是有一定秩序的,而不是混乱的。但是对于他们来说,这种秩序并不是埃及人眼中的安全与稳定,而是通过它或在它之下,人们感觉到强烈的个人意志,一种潜在的分歧

与争斗，并伴随着潜在的混乱。事实上，人们所面对的是一种强大的、任性的个人力量。

因此，对于美索不达米亚人来说，宇宙的秩序不是被给予的，而是被得到的——通过一系列的个人意愿的综合而得到的。每个意愿都是那么强大，那么令人畏惧，他们对宇宙的了解，倾向于根据各种意志的综合，也就是说，根据社会的秩序来表明自己，即通过家庭、集团，尤其是国家来表明自身。简言之，他们把宇宙的秩序当成是充斥着无数个人意志的秩序，即国家。

在阐述这种观念的时候，我们首先应当讨论这种观念得以产生的历史背景，接下来我们要讨论的则是美索不达米亚人从他们的生活环境中得到了怎样的启示，以便于说明他们是如何把社会领域中的一种秩序——国家，移植到与之迥然不同的自然世界中。最后，我们将详细地讨论这种秩序，并对其中那些起到重要作用的力量进行评论。

美索不达米亚人世界观的形成时期

美索不达米亚人对自己生活的世界的认识形成一种固定的模式，大概是在美索不达米亚文明的早期，也就是原始文化时期，大约在公元前四千纪的中期。

从人类进入两河流域起，史前文化时期便开始了，史前文化一个接着一个，处于不断更新中，它们与世界上其他地区的文化基本相似，没有明显的差异。在人类文明的早期，农业是人们生存的主要手段。人们一般使用石制工具，也使用少许的铜制器具。村庄由一个个父权制家庭组成，这似乎是早期人类定居的典型方式。从一种文化到另一种文化的转变表现得并不十分深刻，它集中表现在陶器的制作和装饰上。

然而随着原始文字时代的到来，事情发生了明显的变化。一夜之间，美索不达米亚文明似乎明朗了许多。美索不达米亚人的基本生活方式，其内部的主要结构成为我们所要阐释的基本问题，随着时间的推移，他们对他们自身和周围世界的看法越来越明确，并形成了一种固定模式。

在经济领域，出现了按计划实施的大规模水利灌溉工程。这是美索不达米亚农业的一个独具特色之处。与此同时，人口也处于急剧增长之中。原有的村庄延伸到了城市，新的定居地遍布旷野。在村庄成长为城市的同时，这个新兴文明的政治模式——原始民主制也登场了。在新的城邦里，最终的政治权力属于所有自由人组成的公民大会。一般来说，社团的日常事务由长老会处理。但是在危机时刻，比如说，存在战争的威胁时，公民大会就会把绝对的权力授予他们的一个成员，并宣布他为王。这样的王只是特定时期内的一个职务，公民大会可以任命他，而当危机解除的时候，公民大会也可以罢免他。

也许是中央集权这种新型的政治模式与其他的因素一起，促使美索不达米亚出现了真正的纪念碑式建筑。现在，壮观的神庙开始拔地而起，它们通常建在由土坯构成的巨大人造山上，也就是著名的金字形神塔（ziqqurat）。如此浩大的工程明显地表现了这一地区的社团已经达到了一种高水平的组织和领导能力。

伴随着经济和社会领域发生的诸如此类的变化，人们在精神领域也取得了很多新的成就。文字也随之产生。它最初出现于丈量和计算不断扩大的城市和神庙经济收入与支出的过程中。最终，它成了最重要的文学作品的载体。进而，在美索不达米亚名副其实的艺术作品也诞生了。这些早期的艺术作品丝毫不逊于中晚期最好的作品。

无论是在政治、经济还是在艺术上，美索不达米亚人在其文明的早期就奠定了人的领导地位，并创造了一些方法来应付人类所面对的种种问题。于是，当我们发现美索不达米亚人将宇宙当作一个整体的观念恰恰是在这一时期得到阐释并最终形成时，我们丝毫不感到吃惊。正如我们已经提到的，美索不达米亚文明将宇宙解释为一个城邦。然而这个城邦并不是历史时代的城邦，而是出现于史前时代的城邦——一种原始民主制度。因此，我们可以假设：当原始民主制成为城邦的主要政治形式时，宇宙之邦的观念就已经明朗化了，而事实上，这一过程是与美索不达米亚文明的发展同步的。

美索不达米亚人对自然现象的态度

现在我们已经假设美索不达米亚人对世界的看法是与这一文明的发展同步的。接下来,我们将着重讨论美索不达米亚人关于世界的看法是如何得来的。当然,对于我们来说,无论把宇宙说成是城邦——包括石头、星星、风、水,还是把它说成是公民或法律意义上的公民大会,都是毫无意义的。我们的宇宙被许多无生命的东西填充起来,它们没有生命,也没有意志,这就使我们禁不住要问,美索不达米亚人从他们周围的现象中,从他们生活的世界里,究竟看到了什么?

读者可能还会记得第一章所阐述的"对于原始人来说,世界既不是无生命的,也不是空无的,而是充满生命的"。"原始人所面对的任何现象对于他们来说不是'它',而是'你'。在人与自然现象相互面对的时候,'你'揭示出了其本身具有的个性、品质和意愿。"从不断重复的"我—你"关系出发,我们便得到了一个较为系统的人格化的观点。如此,人类生活环境中的物体和现象在不同的程度上被人格化了。它们是有生命的,它们有自己的意志,每一个都有独立的人格。为此已故学者安德鲁·朗(Andrew Lang)曾写道:"在那种纠缠不清的混乱状态中,人类、动物、植物、石头和星辰都处于人格化和充满生机与活力的同一层面上。"4

一些例子可以表明,朗的话恰当地道出了美索不达米亚人对周围现象的态度。通常,厨房里的盐对我们来说只是一种无生命的物质,是一种矿物。但对于美索不达米亚人来说,盐是与人类等同的。当一个人受到巫术伤害的时候,他可以从它那得到帮助。受害者可以说下面的话:

啊,盐,你生自一个纯净的地方,
恩利尔(Enlil)指定你为神的食物。
没有你,埃库尔(Ekur)的食物没法做出来,
没有你,神、国王、大臣和王子都闻不到香味。

> 我是某某人，是某某人的儿子，
> 我被魔法所俘获，
> 陷入了巫术带来的狂热之中。
> 啊，盐，请你打开我身上的魔法，解开我的咒符！
> 让我远离巫术！——就像我的创造者一样。
> 我要赞美你。⁵

盐是人的同类，具有超凡的力量，它可以被直接获得，谷物也是如此。当一个人向一位愤怒的神供奉面粉以平息他的怒气的时候，他也许会这样说：

> 我要把你献给我那愤怒的神，愤怒的女神，
> 她的心中充满了对我的愤怒，
> 愿你将我的神，我的那位女神心中的怒火平息。

盐和谷物都不像我们想象的那样是无生命的物质。他们是有生命的、有个性的，并且有他们自己的意志。任何现象，当它们不是存在于单调实用的日常事务中，而是存在于精神领域的魔法、宗教、推想中的时候，它们都会成为有生命的物质。很明显，古代人类的这种观念要比我们的更加符合当时的实际：他们把自然现象间的关系当作一种社会关系，他们把生活于其中的自然秩序当作一种由个人意志形成的秩序，即一个城邦。

当我们说自然现象在美索不达米亚人看来是有生命的时候，它们就已经被人格化了。如此，我们使事情变得比它们的实际情况更加简单了。但是我们却忽略了一个潜在的差别，而令人高兴的是，美索不达米亚人却感觉到了这种差别。每一种自然现象都是一个人的说法是错误的；我们应该说每种自然现象都有一种意志、一种个性，而意志和个性既存在于现象之中，也存在于现象之外。因为一个具体的现象并不能完全地限定和穷尽与它相关的意志和个性。例如，一块特定的燧石有着它本身所固有的个性与意志。在匠人

工具的加工下，燧石的黑暗、沉重、坚硬的个性显露了出来，并显示了一种特别的愿望，尽管那工具只是用牛角制作的，而且比石头软许多。现在，这块特定的燧石表现出很有个性的人格。我们还会遇到另一块燧石，它好像在说："这又是我，燧石，黑暗、沉重、坚硬，并想成为碎片。"不管一个人在哪里遇见它，它的名字都是"燧石"，并且它可以让自己很容易地成为碎片。因为它曾经与尼奴尔塔神（Ninurta）战斗过，作为惩罚，尼奴尔塔使它裂成碎片。[6]

我们还可以举出另外一个例子：在美索不达米亚的沼泽地带生长着茂密的芦苇。从教科书中我们十分清楚地知道，它们从来未被神化过。任何一支芦苇只被看成一种植物，一件东西，所有的芦苇都是如此。然而，具体到每一支芦苇，我们会发现它有许多令人敬畏的优良品质。在沼泽地里，一种十分神秘的力量在芦苇的身上迅速地增长，牧羊人可以用它吹奏出优美的乐曲，书吏们用它书写出美妙的故事和诗歌。这些力量来自每一支芦苇，并且每一支的力量都是等同的。这样，在美索不达米亚人的心目中就形成了一个神的形象——女神尼达巴（Nidaba）。正是女神尼达巴使沼泽中的芦苇生长得十分繁茂；如果她不在附近，那么，牧羊人就不能用芦管吹奏乐曲来安慰自己的心灵；当书吏用芦苇制成的笔完成了一件高难度的作品并且自我感觉良好的时候，他就会由衷地赞美这位女神。因为芦苇所具有的力量皆源自她，是她把芦管和笔制作出来的，并把自己神奇的品质赠予它们。她把她自身的生机和特性传给了所有的芦苇，但她并未因此而失去她自身的具体形象，也没有被任何一支或全部的芦苇限制住。[7]当美索不达米亚的艺术家们描绘这位芦苇女神时，他们认为女神与芦苇之间的关系是显而易见的，但又是颇具影响力的。她被表现为一位可敬的农家妇女，并同芦苇一起出现：它们从她的肩膀上长了出来，成为女神身体的一部分，并直接从她身上汲取营养。

在许多个体的现象中，像单个燧石或芦苇，美索不达米亚人认为他们面对的是一种单一的品质。他们感到它们似乎有一个共同的力量中心，这个力量中心有一个特殊的个性。它遍布于所有的个别现象之中，并使它们看上去具有一定的特色：燧石和燧石堆具有同样的品质，尼达巴和所有的芦苇也具有同样的品质。

然而，较为奇特的事情是：一个个体的特性可以加入到其他不同的个体之中。在这种部分相同的联系里，一个个体把它自己的特色传递给其他的个体。我们可以用美索不达米亚的一段咒语来说明这一问题。这段咒语说的是一个人想使自己与天地等同：

> 我是天，你不能触摸我，
> 我是地，你不能蛊惑我！[8]

事实上，这个人正努力地把他身上的巫术驱逐出去，他的注意力在天与地共同的特性上，即它们所共有的神圣不可侵犯的个性。当他使自己与天地等同起来的时候，天地的这种特性就会进入到他的体内，从而使他安全地躲过巫术的攻击。

另外，还有一条与之非常相似的咒语，在这条咒语中，一个人努力使自己身体的各个部分免遭伤害，其方法是通过神和神的象征物来表示他自己。咒语的内容如下：

> 恩利尔是我的头，我的脸是白天；
> 乌拉什（Urash），无敌之神，是保护我，并指引我前进的精神。
> 我的脖子是女神宁利尔（Ninlil）的项链，
> 我的双臂是西方月神的镰刀，
> 我的手指是柳树，是天空之神的骨头。
> 它们把我的身体从巫术的缠绕中解脱出来，
> 鲁伽尔-艾迪纳神（Lugal-edinna）和拉塔拉克神（Latarak）是我的乳房和膝盖，
> 姆哈拉（Muhra）是我四处漫游的双脚。[9]

在这里,人与神只是部分地等同起来。这些神的品质和个性被注于人体之中,使其不受伤害。

对于一个人来说,得到各种神的部分特性被认为是可能的。所以一个神也可以与其他神部分地等同起来。于是他们的性情和能力也就有了共同之处。例如,我们被告知尼奴尔塔的脸是太阳神沙马什;尼奴尔塔的一只耳朵是智慧之神埃阿(Ea)。尼奴尔塔身体的其他部分也是如此。[10]这些稀奇古怪的表述也许是说尼奴尔塔的脸分享了太阳神那独具特色的光芒。同样地,他的耳朵——美索不达米亚人认为才智表现在耳朵上而非大脑上——分享了智慧之神埃阿高深莫测的智慧。

有时,这种关于部分相同或类似的表述以不同的形式出现。例如,我们知道当神在统治和采纳意见上出现问题的时候,马尔杜克神就是恩利尔神。当马尔杜克神在夜晚扮演一个照明者的角色时,他又成为月神——辛(Sin)。[11]很显然,一方面,当马尔杜克在实施统治和做出决策时,他便具有了与恩利尔相同的人格、品行以及实施良好统治的能力。另一方面,作为照亮夜空的木星,马尔杜克又具有月神所特有的力量。

对于美索不达米亚人来说,周围世界的任何事物都是生机勃勃的。它们具有人类的个性与意志,并具有十分清晰的自我。但是它们表现出来的自我,举例说明,存在于一堆特定的燧石中,可又不局限于这堆特定的燧石。自我在这堆燧石之中,可又不在其中。自我使所有的燧石具有了个性。既然这种"自我"可以通过许多个别的现象表现出来,那么,它也可以把它自己独有的特性赋予每一个个别的现象,并使它们在自己原有的特性上又增加新的特性。

了解自然,了解环绕着人类的种种现象,就是了解存在于这些现象中的人性,就是了解它们的特点、它们的意愿、它们的权力范围。这与我们了解一个人没有太大的区别。因为对于我们来说,了解人,主要是了解他们的性格,他们的意志,他们权力的大小以及他们的影响力。我们感到美索不达米亚人把在人类社会中的经历,强加到了自然现象身上,并且用人类社会的术语来解释自然。一个特别具有暗示性的例子可以说明这一点，可以说，在美索不达米亚，我们眼里的客观事物正以一种社会形态存在着。

在美索不达米亚人的观念中，一个受了诅咒的人可以通过燃烧施咒人的雕像来消灭他。施咒人强烈的自我从雕像里盯着他，伤害施咒人的雕像，就等于伤害施咒人本人。于是他一边把雕像扔进火里，一边咏念道：

> 能够烧焦一切事物的火啊，上天尚武的儿子，
> 你的喘息是如此猛烈，
> 就像太阳和月亮最英明的判决一样，
> 你裁断我的案子，并书写下判词：
> 烧掉诅咒我的男人和女人，
> 啊，火，请你烧掉诅咒我的男人和女人；
> 啊，火，请你烧焦诅咒我的男人和女人吧；
> 啊，火，请你烧掉他们；
> 啊，火，请你烧焦他们吧；
> 啊，火，请你逮住他们；
> 啊，火，请你吃掉他们吧；
> 啊，火，请你彻底地毁灭他们。[12]

很显然，这个人使用火是因为他知道火的毁灭力量。从火这一方面说，它自有它自己的意志，它要烧掉雕像以及存在于雕像中这个人的敌人。然而只有当火也做出了如此选择的时候，它才会去执行这一行动。在决定是否烧掉雕像的问题上，火变成了这个人和他的敌人之间的法官，于是这件事便变成了一桩诉讼案。在这一案件中，这个人向火呈递上他的诉状，并请求火来为他主持公道。火的力量在此有了明确的限定，而在人类社会中，它就充当了法官的角色。

像火在此时成为一名法官那样，其他的力量在类似的环境中也具有同样

的功能。雷电是武士，他投掷死亡的火焰；人们能够听到他战车的车轮所发出的轰鸣声。大地是女人，是一位母亲，每年她都使新的生命诞生。在这些事件中，美索不达米亚人只是在做其他人世世代代都做的事情。这正如亚里士多德所说的："人不但把神的样子而且把他们的生活方式都想象得与他们自己的一模一样。"[13]

如果一定让我们挑选出美索不达米亚人的典型特征的话，那么我们也许要指出，这个民族在发现和强调他们所认识的各种力量间的关系时所呈现在人们面前的种种表现，是美索不达米亚人的主要特征。尽管所有的人都倾向于把非人性的力量人格化，并把它们描绘成社会的形式，但是美索不达米亚人却能把潜在的社会与政治间的关系提炼出来，并使之系统化到一个非同寻常的程度，而且他们还将它们拟定成一套完整的社会机构。这一特殊性似乎与美索不达米亚人生活其中并占有一席之地的社会密切相关。

我们已经提到，当美索不达米亚人的宇宙观形成之时，他们正生活在原始民主制下。所有的重大活动以及所有的重要决策，都产生于一个由全体公民组成的具有普遍意义的公民大会；这绝不是某件个人事物。相应地，当他们试图了解宇宙的重大事物是如何出现的时候，他们的注意力自然而然地集中到宇宙中的各种个体力量上——它们是如何联合起来使这个宇宙运行的。因此在他们的宇宙观中也就自然而然地展现出了宇宙的种种结构，而宇宙的结构又清晰地表现了一个城邦的结构。

宇宙之邦的结构

美索不达米亚人的宇宙之邦包括了整个现实世界，事实上，它包括了任何能够被想象成实体的事物：人、动物、无生命的物质、自然现象，还有诸如公平、正义这样的观念。我们已经阐述过所有这些东西是如何被看作宇宙城邦的成员的：他们都具有意志、性格和力量。尽管以上所有的事物皆可被想象为宇宙之邦的成员，但是他们却并非处于相同的政治地位，而产生这种差别的原因就是权力。

在尘世的城邦里，有大部分人是不能享有统治权的。奴隶、儿童，也许还有妇女，在公民大会上没有发言权。只有成年自由男子才有集会及处理公共事务的权利，因此只有他们才是真正意义上的公民。宇宙之邦的构成与此十分相似。只有那些强大得足以引起美索不达米亚人敬畏的自然力才能被列为神，才能被当成宇宙的正式公民，也才会被认为具有政治权利和政治影响。于是宇宙之邦中具有普遍性的公民大会事实上就成为一个由众神组成的大会。

我们经常从美索不达米亚的文学作品中看到有关这种众神大会的描述。我们也大体了解了它的运作方式。它是宇宙中最高的权力机构。关于所有事情的进程以及所有生物命运的一切重大决定都出自这个机构，并要经过众神会议的成员同意。而在此之前，提出的建议要经过讨论，也许在赞成者和反对者之间会有十分激烈的争论。众神大会的主席是天神安努。在他的身边站着他的儿子——暴雨神恩利尔。通常，先由一位神向大会提出将要讨论的事情，然后众神开始进行讨论。在讨论过程中（美索不达米亚人把这种讨论称作"互相询问"），被提出的问题变得明朗起来，于是众神之间便达成了一致。在讨论中，一小部分最伟大的神——决定命运的七神——他们的意见十分重要。通过这种方式，最终达成完全的一致，所有的神都以一句十分干脆的话——"就这样"——来表示赞同，然后由安努和恩利尔宣布会议的决定：现在，"决议，即众神会议中诸神的判决，安努和恩利尔的指令"。执行权（实施大会决议的任务）似乎属于恩利尔。

宇宙之邦的主宰

我们已经知道组成众神会议的诸神就是美索不达米亚人从各种各样的自然现象中认识到的力量。那么，究竟哪些力量在众神大会中扮演了最为重要的角色，并对宇宙的发展进程最具影响力的呢？对于这个问题，我们可以这样的回答:"那些在宇宙中被视为最伟大和最突出的力量在众神大会中拥有至高的地位。"

安努是最高的神——天空之神,它的名字是"天空"的代用语。天空在宇宙的构成中——即使在最简单的空间意义上讲——扮演统治者的角色,它拥有十分突出的地位,在其他事物之上,我们很容易理解为什么安努应该被列为宇宙最重要的力量。

恩利尔,地位第二高的神,是风暴之神。他的名字含义是"风暴之主",他表现了风暴的本质特征。没有任何在空旷平坦的美索不达米亚经历过风暴的人敢去怀疑这种宇宙现象的威力。风暴,所有地方的统治者,自然被列为宇宙第二重要力量。

宇宙的第三个最基本的组成部分应是大地。大地,距离人们这么近,在许多方面对人类有着生死攸关的重大意义,它很难用一个单一的概念来概括。我们把它看作"大地母亲",赐福于人类的神,看作"众神之女王"和"山之圣母"。但大地也是孕育生命之水——河流、运河和水井的源头,是汇入大海的小溪的发源地。作为这些水的源头,大地又被认为是男性,如恩齐"大地之君"(lord of the earth),更原始的称呼大概是"地君"(Lord Earth)。位列第三位和第四位的美索不达米亚神就是大地的两种形式——宁胡尔撒加和恩齐。至此,我们就把宇宙中最重要的要素讲完了,它们的地位很高,施加的影响也很大。

1. 天空中的力量:权力

如果我们只是从大小和位置上来考虑这些问题,那么我们几乎很难表明世界上被假想存在的这些力量的详尽特征和功能。美索不达米亚人认为无论是特征还是功能,当它们显示出自己或是深深地影响美索不达米亚人的时候,会和现象密切对应。

当一个人怀有一种几乎无法接受的心境时,天空会引起他的烦恼。天空从各个方面包围着一个人,可能会令他感到不知所措和恐惧,仅仅是它的存在就足以把这个人吓倒。天空使人产生的这种感觉可以被解释和定义为：它生自威严。其中含有伟大甚至巨大无比的意味。相对于天空而言，人们敏锐地认识到了自身的渺小和难以克服的与之遥远的距离感。当美索不达米亚人说"恐怖之神的头颅像遥远的天空，像广阔的大海"时，就表现了这种思想。但是，这种距离感并不只意味着绝对的分离，它含有强烈的同情和不可接受的味道。

然而，超乎一切的对威严的经历实质上就是对权力的经历，它更接近于巨大而静止的权力，然而静止的权力并不是有意识地实行它的意志。威严背后的力量是如此之大，以至于它并不需要展示自己。对它来说，只凭它的存在就可毫不费力地使人对它效忠。对于一个旁观者来说，一种发自灵魂深处十分明确的义务感促使他绝对服从这种力量。

这种人们认为天空怀有的威严感和绝对权力，美索不达米亚人称之为安努。安努具有天空的那种威力无比的人格，他是透过天空这个"你"，并由天空而使人感觉到他的存在。如果天空被认为与他分离开来，这是可能的，而那样的话，天空也就降低了自己的身价，变成了神的一个居所而已。

当美索不达米亚人面对天空时，他们所遇到的这个"你"被人们如此强烈地感觉到了，以至于它被认为是一切权力的核心和来源。无论他们在何处感觉到的威严和权力，他们都知道它来自天，来自安努。的确，他们在其他地方也发现了这种权力，它能使人们自动地接受和服从，它是构成所有组织的人类社会的基础。如果没有对于习惯、法律以及那些"内在权威"的无条件服从，社会就将陷入无政府状态。在那些权威存在的人类群体中也是如此——家庭中的父亲、城邦的统治者——美索不达米亚人认识到了一些有关安努和安努本质的东西。作为众神之父，安努是所有父亲的原型；作为"原始的王和统治者"，他是所有的统治者的原型。象征王权的标志——权杖、王冠、发带，还有牧人的杖——都属于他，由他将这些赐予人们。在王被指定以前，这些标志已经存在，它们被放在天上，放在安努面前。这些王权的标志是由安努授予给人类的：当人世的王发出旨意，他的旨意被立即无条件地执行时,当这一旨意被"实现"时,这说明安努显示了自己的特性。因为这是通过这位国王的嘴而发出的安努的旨意,正是安努的力量使它立即生效。

但人类社会在美索不达米亚人看来只不过是更大的宇宙社会的一个很小的部分。美索不达米亚人的宇宙——因为它不是由无生命物质组成的,每一块石头,每一棵树,每一件可想象到的事物中都有一个生命,都有自己的一个意志和性格——同样建立在权威之上,它的成员都自愿并自动地服从命令,这些命令要它们做该做的事。我们称这些命令为自然法则。所以整个宇宙都显示了安努力量的影响作用。

在巴比伦尼亚的创世神话中,马尔杜克被授予了绝对的权力,宇宙间所有的事物,所有的力量都自动地服从他的意志,以使他的任何命令都能立即被执行,于是他的命令在本质上也就等同于安努的命令,众神高呼:"安努之谕。"

现在我们看到无论是在人类社会还是在宇宙这个更大的社会中,安努都是所有权威的来源和活动的原则;他是使社会免于混乱和无政府状态,使社会成为一个井然有序的、有组织的整体的力量;他是确保社会中的命令、法律、习惯以及物质世界中的自然法则,简单地说,也就是世界的秩序能够被自愿地遵循的力量。就像一座建筑物被它的地基所支持,并且它的结构显示出地基的轮廓一样,美索不达米亚人的宇宙是由一位神的意志支配,并且在它的结构中显示出这位神的意志。安努的命令就是天地的根基。

我们在这里讲了这么多关于安努作用的话,美索不达米亚人自己却说得言简意赅。在"伊南娜升空的神话"中,当众神向安努献词时,他们高呼:

> 您所要求的已(成为)现实!
> 王子和大臣们所说的(正)是
> 您所要求的,正是您所同意的。
> 啊,安努!您伟大的旨意最先得到执行,
> 谁敢(对它)说个不字?

啊，众神之父，您的旨意，

就是天地的根基，

哪个神能够藐视（它）？ [14]

作为世界的绝对力量，宇宙的最高权力，人们用以下这些话来描述安努：

权杖、年轮、帕鲁（palu）的行使者

召唤王权，

众神中的最高地位者，他的话

在由各位大神组成的众神会议中分量最重，

您是光荣王冠的主人，您的魔法

使那些王冠令人惊奇，

您是风暴的驾驭者，有着至高无上的权威，

惊人的帝王气派——

伊吉吉（Igigi）对您所说的话

十分留心，

安努那基（Anunnaki）在您面前诚惶诚恐地走过，

像风暴扫过的芦苇一样，所有的神，

都对您的命令俯首帖耳。[15]

2. 风暴中的力量：暴力

当我们从天神安努转到风暴神恩利尔，我们感到后者与前者略有不同。正如他的名字恩利尔"风暴之主"所暗示的，他在某种意义上就是风暴本身。因为毋庸置疑，风暴是天地间一切事物的主人，因此，恩利尔就是宇宙中居于第二位的伟大力量，他只在天空之下。

活动于风暴之中的就是恩利尔神本身，在风暴中他"显示出"自己，并表现得十分残酷。所以我们通过风暴的残酷和暴力来了解这位神及其在宇宙中的作用。

乌尔王朝统治了巴比伦尼亚很长时间后，被来自东部山区的阿拉伯部落无情地击溃了。我们认为乌尔城完全是被野蛮的埃兰民族所摧毁的。但是如果按照美索不达米亚人的宇宙观，事情就不一样了：在这次进攻中恩利尔的毁灭性被强烈地显示了出来。敌对的游牧部落只是一种掩饰，只是一种表面现象，它隐蔽了恩利尔的残暴本性。从更深刻、更真实的意义上讲，野蛮部落就是风暴，而恩利尔就是风暴，他只不过是在执行众神会议对乌尔城和它的臣民做出的判决，作为一场风暴，敌人的进攻是这样被描绘的：

> 恩利尔唤醒了风暴，
> 人们在呜咽。
> 他从地上卷起狂风，
> 人们在呜咽。
> 他从苏美尔拿走了和风，
> 人们在呜咽。
> 他汇集了所有的恶风，
> 人们在呜咽。
> 他把他们抛给暴风看管人金加卢达。
>
> 他唤醒的风暴将毁灭大地，
> 人们在呜咽。
> 他唤起了灾难性的风，
> 人们在呜咽。
> 恩利尔——选择了吉比尔做他的助手——
> 他唤起了天空中强大的飓风，
> 人们在呜咽。

（盲目的）飓风怒号着席卷天空，
　　——人们在呜咽——
　　残酷的风暴呼啸着席卷天空，
　　——人们在呜咽——
　　无情的风暴如巨浪一般，
　　打翻、吞噬了城邦之船，
　　他把所有这些在天上收集起来，
　　人们在呜咽。

　　他点起了（大）火宣告风暴的来临，
　　人们在呜咽。
　　他点燃了狂风的双翅，
　　沙漠里使万物干枯的灼热，
　　像正午耀眼的光芒烧焦了一切。[16]

这场风暴是城邦陷落的真正原因：

　　出于仇恨，恩利尔唤起了风暴，
　　这场风暴使整个城邦遭到毁灭，
　　它像一块布覆盖住了乌尔，像一块亚麻布将这座城市裹起。[17]

它是这场灾难的根源：

　　那一天风暴离开了城市。
　　城市变成了废墟。
　　啊，父亲，纳那，那座城市只留下一片废墟。

142

人们在呜咽。
那一天风暴离开了城市。
人们在呜咽。

（死）人，而非陶片，
堆满了城市的入口。
城墙在开裂，
高大的城门和通道上，
堆满了死尸。
在宽阔的街道上，往昔集聚在一起娱乐的人们，
如今已变成了死尸。
所有的大街小巷都死尸遍地。
在人们曾经跳舞的旷野中，
现在也堆满了尸体。

城市的每一个洞穴里都注满了鲜血，
像金属在模子里一样；
死尸熔解了，就像阳光下的膏油。[18]

恩利尔，这位风暴之神的本性在这场史无前例的巨大灾难中表现得淋漓尽致。他的力量就存在于众神会议投票决定的毁灭性打击中。他就是暴力，就是诸神判决的执行者。

然而，恩利尔之所以活跃，是因为他是神圣的司法长官，是宇宙之邦中一切惩罚决定的执行者。他还参与了所有正当的暴力行动。在战斗中，他是诸神的领导。伟大的美索不达米亚创世神话《恩努马·埃里什》(*Enuma elish*)，在结构上十分混乱，因为我们发现它的主人公有时是一位神，有时是另外一位神。但是毋庸置疑，神话的基本内容是围绕恩利尔展开的。如

此，史诗描绘了诸神在面临混乱力量的威胁时所采取的行动：恩齐和安努的指令被众神会议所采纳，但是他们却不能使混乱的形式得以平息。于是众神集会选举恩利尔作为他们的王或首领，接着，恩利尔利用风暴的力量，利用表现出他本性的那些残暴的力量，来征服他的敌人提阿玛特。

这样，在美索不达米亚人宇宙社会的结构中，安努代表了权力，而恩利尔则代表了暴力。如我们所看到的那样，天神安努要求人们对他无条件尽忠，因为他具有绝对的权力。人们遵从他，并非是由于任何外在的压力，而是出于一种发自内心的绝对需要。风暴之神恩利尔却不是这样。他也有一种力量，但这种力量是暴力，具有十分明显的强迫性。反抗的意志要被镇压下去，被压制住。在宇宙的统治机构——众神会议中，安努主持并引导了他们的行动。他的意志和权力被人们自觉自愿地接受，他指导众神会议就像一部宪法指导立法机构的活动一样。的确，他的意志就是美索不达米亚宇宙城邦的不成文的、活的宪法。但是当暴力出现，当众神会议强化了他的意志以反对他的反抗者的时候，恩利尔就成了中心人物。他执行了众神会议做出的决定，他在战争中领导着众神。于是安努和恩利尔就在宇宙的秩序中体现了两种不同的力量，他们是构成任何城邦的基本要素：权力和合法的暴力。因为，虽然仅靠权力就足够确保一个集团的团结，但只有当他建立起一套支持他的权力的暴力机构时，只有当这个集团的成员，在此引用马克斯·韦伯的话，"表现出心甘情愿地服从于他时"，这个集团才能成为一个城邦。因此，我们可以说，正是安努的力量使美索不达米亚人的宇宙成为一个有组织的社会，而只有恩利尔的力量作为补充，这个社会才能成为一个城邦。

因为恩利尔是暴力，所以他的个性具有一种十分特殊的性质：他是让人们既信任又恐惧的对象。他是合法的暴力和城邦的支持者，即使对于众神来说，他也像一块坚硬的岩石。人们为他做了这样的献词：

　　啊，正是你包围了整个的天空和大地，飞驰的神啊，
　　你是人类智慧的导师，

> 你观察世界上的每一个角落,
> 王子和臣僚以及所有人的话,你都十分留心,
> 你说的话……众神不能改变,
> 你口中发出的声音没有哪位神能够藐视;
> 伟大的神,你是天上诸神的统治者,
> 地上诸神的顾问,贤明的王子。[19]

但是恩利尔是暴力,因此,在他的阴暗的灵魂深处隐藏着残酷和野性。在一般的情况下,恩利尔作为宇宙的支持者,确保秩序战胜混乱,但是在偶然的情形下,隐藏在他身体中的不可预见的野性也会爆发出来。恩利尔的这一面使人们感到十分的恐怖,这种力量足以毁灭一切有生命和无生命的事物。所以,人们永远不能对恩利尔感到完全放心,他们内心深处的恐惧常常通过流传下来的圣歌表现出来:

> 他想干什么?
> 我的父亲心中在想什么?
> 在恩利尔神圣的思想中都有什么?
> 他那神圣的思想打算如何对待我?
> 网张开了,那是敌人的网,
> 陷阱布下了,那是敌人的陷阱。
> 他将水搅动,想要将鱼儿捕获,
> 他撒开了网,想要将鸟儿(打)落。[20]

同样的恐惧也表现在对恩利尔的其他描述上,他可以使他的人民在无情的风暴中被毁掉。这位神的愤怒几乎是病态的,内在的神经错乱使他丧失了理性,一切的恳求将不能打动他:

啊，我父恩利尔，您的双眼怒目而视，

要多久，它们才能平静下来？

啊，有多久，您用布蒙住了火？

啊，有多久，您把火置于膝盖之上？

啊，有多久，您像一只泥盒子一样封闭了自己的心灵？

啊，有多久，强悍的您用手指塞住了耳朵？

啊，我父恩利尔，如今他们已经毁灭了。[21]

3. 大地的力量：生殖力

宇宙中的第三位成员就是大地，美索不达米亚人把它当作宇宙中的第三位重要力量。像天空和风暴那样，人们对这种力量及其获得方式的了解来自它内在意志和现实直接的经历。相应地，这位神的名字齐（Ki），即大地，很难保持自己的独立性，而常常被其他的名字所取代，这些名字都是建立在伟大的个性基础上的。对美索不达米亚人来说，大地首先展示了自己"大地母亲"的一面，她是新生命的伟大而神秘的源泉，是万物中的生殖力，每年她都给花草树木以新的生命。一夜之间，干燥的沙漠变成一片翠绿，牧人放牧他们的羊群。雌雄交配生出羊羔。万物都生机勃勃，长势喜人。在苏美尔美丽的田野里，"谷粒像绿色的少女，在田野里抬起了她的头"；很快地，丰收的果实便塞满了谷仓，溢出了库房。丰富的啤酒、面包和牛奶使人们得到充分的营养，使他们的身体健康，精力充沛。

促使所有这一切产生的力量——表现为生殖力、出生和新生命的力量——就是大地的本性。大地，作为一种神圣的力量，被称为宁-图（Nin-tu），"给予生命的女性"，她是"所有地方的所有新生命的创造者"（Nig-Zi-gál-dím-me）。在浮雕中她的形象是一位正在哺乳婴儿的妇女，其他的孩子则藏在她的裙子下四处张望，在她的周围，环绕着胚胎。作为宇宙中一切再生力量的化身，她是"众神之母"，也是人类的母亲和创造者，的确如铭文所说，她是"所有孩子的母亲"。如果她愿意，她可以禁止一个恶人有后代，甚至使大地不再诞生新生命。

她保证了出生和丰产，植物的更新，谷物的生长，牧群的繁殖以及人种的延续。因此她是一种当之无愧的统治力量，在众神会议这个宇宙的统治机构中，与安努和恩利尔坐在一起。她是宁马（Ninmah），"不可替代的女王"；她是"众神的女王""国王和他的臣民们的女王""决定命运的女神"和"制定一切天地决策的女神"。

4. 水的力量：创造力

然而，正如我们所指出的，大地离人类很近，它具有多样的特性，所以不易作为单一实体被人类所了解。它过于丰富和多样，是单一概念所无法全面表达的。刚才我们已经阐述了它的一个主要的方面：肥沃的土壤，出生和生长的特性，即大地母亲的形象。而大地中还有赠予生命的甜美之水，如井水、泉水、河水，等等，在人类文明的早期，这些水就在大地上流淌着，似乎已被看作大地的一部分，这也被当作是它的特征之一。而如果真是这样的话，那么这种力量就自我揭示出其男性的特征——恩齐（En-ki），"大地之君"。在历史时期，只有恩齐的名字和他在神话故事中所扮演的角色，表明他和他所代表的甘甜之水，这曾经只是大地的一个特征而已。水以及水的力量已经解放了自己，它们自有它们独立的个性和特殊的品质。从美索不达米亚人对水的主观经验来看，这种力量具有产生新生命、新实体和新东西的神圣意志。在这一方面，它与大地的力量极其相似。但是也有一个区别，即消极与积极之间的差别。大地，如齐、宁胡尔撒加或其他任何名字，都是静止不动的，它的力量是被动地生产、繁殖。另一方面，水却是流动的，它流过田野，并进行灌溉，然后又流走。好像它自身具有意志和目标一样。它代表主动地生产，有意识的思想以及创造力。

而且水的行进路线是迂回曲折的。它躲避而不是克服障碍，拐弯抹角地走向目的地。利用它进行灌溉的农夫把它从一条运河导向另一条运河，他知道水是一种较为圆滑的事物，它很容易流走，并意外地转向。这样，我们就可以把有关狡猾和聪明过人的观念与恩齐联系在一起。他的这种个性可以通过幽暗的、深邃的和令人捉摸不透的沉思得到进一步的发展；这也许暗示了更为深刻的智力、智慧和知识。在宇宙的运行中，恩齐经常在不同的地方显示出它特有的力量。它们是来自各处的水所扮演的角色：当它作为雨水从天而降时，当它汇入河流时，当它通过运河流过田野和果园时，它为人类滋养庄稼，以保证人民的繁荣幸福。但是恩齐的特性也表现在所有的知识领域中。它是思想的创造性因素，它能够产生新的有效的行动方式，如明智的建议（恩齐赐予统治者以广博的智慧，它"开启了理解之门"），或者生产出新的东西，如工匠的技艺（恩齐是手工业者的保护神）。但是它最伟大的特性和力量则存在于祭司有力的魔咒之中。正是它那强有力的命令形成了祭司的咒语。这些命令使反对者的愤怒得以缓解，或者能够将这些恶魔赶走。

我们已经知道恩齐各种力量的范围，它们在宇宙所处的地位以及恩齐的职责。他是努，也就是说，他是经验和智慧的国土上的贵族——议员，这就像盎格鲁-撒克逊时代的咨议，只不过他不是国王，不是使用他自身的权力进行统治的。他在宇宙之邦中占有的位置是通过任命而获得的。他的权力得自安努和恩利尔，他是他们的大臣。用现代的术语讲，也许该称他为宇宙农业部部长。他负责管理河流、运河和灌溉，并组织城邦的生产活动。他通过明智的建议、公断和调停来克服可能发生的困难，我们以引用一篇苏美尔赞美诗来准确而清楚地描述他的职责：

啊，主人，你有魔法师的眼睛，即使当思想被束缚的时候，
它们是不动的，但却能洞察一切，
啊，恩齐，你无所不知，是安努那基的
高级臣僚，
你知识渊博，当人们将智慧用于和解和决定时，
他们就是在遵从你。

148　　　　你平息法律上的争吵，
　　　　　　从日出到日落，
　　　　　　你是忠告者，
　　　　　　啊，恩齐，慎言的主人，
　　　　　　我要赞美你。
　　　　　　我父安努，
　　　　　　原初世界的王和统治者，
　　　　　　赋予你的权力，在天空和地下，去指引和塑造，
　　　　　　高贵的你，去做人类的主人。
　　　　　　去明确底格里斯河和幼发拉底河泛滥的月份，
　　　　　　让那里充满葱绿，
　　　　　　让云朵变得更密，
　　　　　　并赐予耕地足够的水分，
　　　　　　让田野中的谷物昂起头，
　　　　　　让沙漠中布满绿洲。
　　　　　　让农场、果园中的幼苗
　　　　　　长成茂密的森林——
　　　　　　这些活动，是众神之王安努让你做的；
　　　　　　当恩利尔赋予你他那强有力的、令人生畏的名字……
　　　　　　作为一切有生之物的统治者，
　　　　　　你就是小恩利尔，
　　　　　　你是他的弟弟，
　　　　　　你是天地间唯一的神。
　　　　　　像他那样，你决定着南北两方的命运，
　　　　　　他的确授予你权力。
　　　　　　当正义的决定宣布，让荒芜的城市再现生机时，
　　　　　　啊，萨巴拉，无数的人已住满了乡村，

你关心他们的饮食,

你,实际上,是他们的父亲。

他们赞美他们主人和神的伟大。[22]

小结:宇宙之邦及其结构

叙述至此,我们可以停下来详细地介绍一下在美索不达米亚热闹的宇宙中的各种难题及力量。这个序列很长,有些力量存在于自然的事物和现象中,而另一些——至少从我们的思维方式来看——代表着抽象的概念。他们中的每一个都以一种特定的方式,在一个明确限定的活动领域内影响着世界的进程。他们都从构成宇宙的权力等级中的最高层那里取得了自己的权力。在一些情况下,像恩齐那样,他们是由最高神安努或恩利尔授予权力的。被授权者往往在这个权力阶梯中处于较低位置;因为正如人类的城邦那样,它包含了不同层次的辅助结构——家庭、庄园等——每一个都有它自己的组织,它们联合起来又构成了一个更大的结构——城邦。宇宙之邦也是如此,它也有这些小的权力群体:神圣家庭、神的家业、神的领地,那里也有管家、监工、仆人以及其他侍从。

然而,我们希望对美索不达米亚人的宇宙观做出明晰的界定。我们可以总结如下:美索不达米亚人的宇宙并不像我们的那样显示了基本的两个部分——有生命的和无生命的,活着的和死了的事物。它也没有现实社会的不同层面:任何能被感觉、被经历、被想象到的东西都可以被确定为是实实在在存在的,成为宇宙的一部分。因此,在美索不达米亚人的宇宙中,一切东西,无论是生物、非生物,还是抽象的概念——每一块石头、每一棵树、每一个观念——都有自己的意志和性格。

世界的秩序,宇宙中的规律和系统,在一个纯粹由个体组成的宇宙中,相应地可以被认为只有一种形式:一种关于各种意志的秩序。宇宙作为一个有组织的整体,是一个社会、一个城邦。

进而，在美索不达米亚人的宇宙观中，城邦的形式是原始民主制，在其文明诞生的时代，这似乎已成为城邦的普遍形式。

在早期的美索不达米亚原始民主制中——像在古典世界的高度发达的民主制中一样——大部分人参与了城邦的统治，但绝不是所有的人。城邦成员，像奴隶、儿童和妇女在民主的雅典就不能分享统治权，这些群体在美索不达米亚城邦的普遍性的公民大会上也没有发言权。相应地，在宇宙城邦中也有很多成员没有政治影响，不能分享统治权，这些群体包括，举个例子说，人类。人类在宇宙城邦中的地位恰好等同于人类城邦中的奴隶。

在宇宙中，政治影响力控制在那些天生有权的、能够被列为神的成员手中。只有他们才是真正政治意义上的公民。我们已提到了其中几个最重要的：天空、风暴、大地和水。而且，每一位神都被看作是一种意志和力量的表现或证明，例如，恩利尔是风暴和愤怒的意志和力量，也是在一次山地蛮族的进攻中摧毁一座城市的意志和力量，风暴和毁灭都被看作一种意志和力量的证明，它们具有相同的个性。但是这些意志的实现并不能产生无政府状态和混乱。每一种权力都有它的实施范围，都有它要履行的任务和职责。它的意志要与其他的那些力量结合在一起，形成一个总的行为模式，即宇宙形成一个结构、一个有组织的整体。

力量的结合是由安努完成的。其他力量自愿接受他的权威。他在宇宙之邦中给他们每一个分配任务和职责，因此他的意志就是宇宙的"根基"，并反映了它的整体结构。

但是，像任何城邦一样，美索不达米亚人的宇宙是运动的，而非静止的。只有任务和职责的分配是不可能形成一个城邦的。一个城邦应该通过各种承担职责的意志的相互合作来组成。这种合作建立在它们彼此进行再调整以相互适应之上，建立在它们在固定的条件下合作采取共同的行动之上，建立在对普遍问题的共同关心之上。为了这种所有意志的合作，美索不达米亚人的宇宙中产生了一个由所有公民组成的具有普遍性的公民大会。在这个大会上，由安努支持和引导会议的进程。某一成员提出问题，所有成员将围绕这一问题进行讨论，直到可以达成一致为止，当最伟大的七神表示赞成时，天平就向赞成的一方倾斜，七神中就有安努和恩利尔，宇宙中所有重大的事件以及任何人的命运都由这七位神来统一决定——同意或反对，并由恩利尔负责实施。这样，宇宙就运行了起来。

早期神话所反映的世界观

　　我们上面所阐述的在城邦的层面上将现实理解为一个整体的哲学，是与约公元前四千纪中期诞生的美索不达米亚文明同时产生的。

　　这种所谓的哲学作为一个整体，作为一个民族世界观的基本内核，在很大程度上带有公理的特点。然而就像数学很少关注公理一样，因为公理不是问题而是专利，它自始至终显示出明显的多样性，所以公元前三千纪的美索不达米亚人的思想也对它的哲学基础没有特别的兴趣。毫无疑问，我们没有发现任何苏美尔神话是将下列的基本问题作为它所要揭示的主要内容：为什么宇宙是个城邦？它是如何成为一个城邦的？与之相反，我们却发现这个宇宙城邦是美索不达米亚人想象出来的。它包括了其他故事的基本内容以及已经被人们所接受的情节，但它们却从来不是主题。主题是更为详细的东西：关于使一种或一群单一的个体形成一个总体的模式，这一问题由神话提出、由神话回答。我们所要处理的作品属于一个解决重大问题的时代，属于一个对细节问题感兴趣的时代。只是到了文明的晚期，当"宇宙之邦"不再那么令人相信时，存在于这种世界观中的基本问题才开始被人考虑。

　　公元前三千纪丰富多彩的神话文学所提出和回答的问题很大一部分可概括为以下三个方面。第一类是关于起源的神话。它提出的问题是有关宇宙中一些特殊的实体，或是这类实体中的某个群体：神、植物、人的起源。问题的答案是根据事物的原生地，或者是根据经过创造和加工后所具有的特性得出的。第二类是组织的神话。这类神话提出的问题是现实世界秩序中的某一领域是如何产生的：神是如何获得他的任务和职责的，农业是如何变得有组织的，人类群体是如何出现的，他们的地位是如何被指定的。这类神话的答案是："出于神的旨意。"第三类是评价的神话。在某种意义上，它是关于组织的神话的亚种。它提问的是什么样的权力使一种或其他事物在世界秩序拥有了一定的位置。这类神话认为农民优于牧人，或者在同一问题的不同方面，认为谷物优于羊毛；它们会质疑黄金为何如此昂贵，而更为实用的铜却那么不值钱，等等。这类评估暗含在现存的秩序当中，并为神所确认和阐明。现在，让我们首先转向有关起源的神话上来。

1. 起源的细节

我们只能对几个有关起源的故事中的典型事例做出评论。在概括一般的事例时，我们将再次引用一些前面已经提及的故事。

"恩利尔与宁利尔的神话"：月神和他的兄弟

"恩利尔与宁利尔的神话"回答了如下的问题：月亮是如何诞生的？这个明亮的天神缘何有了三个兄弟？他们与阴间世界有何联系？这个神话把我们带到巴比伦尼亚中部的尼普尔城，这座城市在初创时期，是以它古老的名字都尔兰基（Duranki）和都尔基什马尔（Duryishimmar）命名的。我们可以看到经过它的河流是伊达萨拉河（Idsalla），它的码头是卡尔基什提那（Kargeshtinna），港口是卡尔鲁萨（Karusar），它的水井是普拉尔（Pulal），它的运河是南比尔都河（Nunbirdu），所有的地方存在于历史上的尼普尔城，它们对我们来说都很熟悉。这个神话让我们看到了这座城市的居民。他们是恩利尔、宁利尔和宁什巴古努（Ninshebargunu）。

> 我们住在那城里，（在）都尔兰基，
> 我们住在那城里，（在）都尔基什马尔。
> 这河，伊达萨拉河，是它的纯净的河流，
> 这码头，卡尔基什提那，是它的码头，

这港口，卡尔鲁萨，是它的港口，

这口井，普拉尔，是它充满甜水的井，

这运河，南比尔都河，是它闪闪发光的运河。

量一量它的可耕地，每一块至少有十伊库，

那年轻的小伙是恩利尔；

那年轻的姑娘是宁利尔；

那母亲是宁什巴古努。[23]

宁什巴古努警告她年轻的女儿不要孤身一人去运河里洗澡，一双窥探的眼睛可能盯上她，一个青年男子可能侵犯她。

在那些日子里，生她的母亲教导那年轻的姑娘，宁什巴古努教导宁利尔：

"在那纯净的小溪里，哦，女人，不要在那纯净的小溪里洗澡！

在那纯净的小溪里，哦，宁利尔，在那纯净的小溪里，哦，女人，不要洗澡！

哦，宁利尔，不要爬上南比尔都运河的堤岸。

主人用他那明亮的眼睛，那明亮的眼睛，

将看出你；

那大山，父亲恩利尔，

他明亮的眼睛将看出你；

那……牧人，那命运的决定者，

他明亮的眼睛将看出你。

他会立即拥抱你，亲吻你！"

但宁利尔年轻而任性。

> 她听从了她的教导吗?
> 在那条小溪,那纯净的小溪里;在那小溪,那纯净的小溪里,
> 那(年轻的)女人洗了澡,
> 宁利尔爬上的河岸,南比尔都运河的堤岸。

事情如宁什巴古努所担心的那样发生了。恩利尔看到了宁利尔,试图引诱她,当她拒绝时,就强行将她带走,他使她怀上了月神辛。

恩利尔的罪行并未逃脱人们的注意。在他返回城市,穿过广场时——我们一定注意到了库尔,神庙中的露天大法庭——他被捕了并被带到当权者面前。由五十位大神和七位决定命运的神组成的众神会议以强奸罪判处他放逐。(我们用来翻译"强奸犯"[ravisher]的这个词有更普遍的意义:"一个被禁止从事与性有关的活动的人。")

> 恩利尔走进了库尔,
> 当恩利尔通过库尔时,
> 五十位大神
> 以及另外七位大神,他们的话是决定性的,
> 恩利尔在库尔被捕了:
> "强奸犯恩利尔必须离开城市;
> 这个强奸犯努那姆尼尔(Nunamnir),必须离开城市。"

恩利尔接受了对他的惩罚,离开了尼普尔,离开了他生活的土地走向了冥府(Hades)邪恶的王国。但宁利尔跟随着他。

> 恩利尔,作为对施予你的判决的(遵从),
> 努那姆尼尔,作为对施予你的判决的(遵从),你走了。
> 宁利尔跟随着你。

但恩利尔确实不愿意带着她一起走，他开始害怕路上的其他人也像他一样对这个无助的女孩非礼。他遇上的第一个人是城市的守门人。于是恩利尔停下来，他取代了守门人的位置并扮成了他的样子，他告诉守门人在宁利尔走来问他话时，一声也别吭。

恩利尔对守门人喊道：
"哦，守门人，哦，管门闩的人，
哦，管锁的人，哦，管圣闩的人，
女王宁利尔要来了，
如果她向你问起关于我的问题，
你不要告诉她我在哪儿。"
恩利尔对守门人喊道：
"哦，守门人，哦，管门闩的人，
哦，管锁的人，哦，管圣闩的人，
女王宁利尔要来了，
那姑娘这么可爱，这么美丽，
哦，守门人，你不要拥抱她，
哦，守门人，你不要亲吻她！
宁利尔这么可爱，这么美丽，
恩利尔已向她示爱，他用那双明亮的眼睛，
注视着她。"

于是，当宁利尔来到时，她看到了伪装的恩利尔。她没有认出他，以为他就是守门人。他说他的王恩利尔已把她托付给他，她回答说，因为恩利尔是他的王，她是他的王后，她已怀上了恩利尔的孩子月神辛。扮成守门人的恩利尔假装——这似乎可以理解——想到她正带着他主人的明亮的后代去冥府，就会感到深深的不安，并建议让自己与她结合生下的一个儿子，送这个儿子去冥府，以取代他的王的儿子，那明亮的月神。

> 让（我）王显贵的儿子上天吧；
> 让我（自己）的儿子下到阴间。
> 让我（自己）的儿子下到阴间去（替代）
> （我）王那显贵的儿子。

于是，他拥抱了宁利尔，又给她留下了一个儿子，麦斯拉马提阿神（Meslamtaea，我们知道他被认为是月神辛的兄弟）。恩利尔继续向冥府前进，宁利尔继续追随他。他又停下了两次，第一次他遇上了"冥府河上的人"，他做了相同的表演，宁利尔生下了尼那苏神（Nianzu），他也是冥界的一个神。第二次恩利尔遇上了冥府河的摆渡人，恩利尔又扮成了摆渡人的模样，宁利尔又生下了第三个冥界的神，但是，在铭文中他的名字已经损坏，他是谁我们已无从考证。在这里——对于我们的思维方式来说显得很突然——故事以一篇赞美恩利尔和宁利尔的很短的颂歌结束了：

> 恩利尔是主人，恩利尔是王。
> 恩利尔的话不能更改；
> 恩利尔鲁莽的言语不能改变。
> 赞美你，母宁利尔，
> 赞美你，父恩利尔。

我们认为这里讲的故事绝不会让人高兴。尽管把我们的道德标准应用到如此久远的时空中的文化和人类上的做法总是极其危险的，这个故事所讲述的内容似乎仍特别令人生厌。但是，我们绝不可忘记两件事情。第一，这个故事来自这样一个社会，在那里尊重妇女的观念还未形成。强奸一个未婚妇女被认为是对她监护人的亵渎，而强奸一个已婚妇女则被认为是对她丈夫的亵渎，总之，都不是对妇女本人的亵渎。她和她的感情从来就不被考虑。因此当恩利尔违反社会的法则强奸宁利尔时，他就卷入了一场道德冲突。在此以后发生在他身上的一切，都只能使恩利尔的尊严受到伤害，他则通过尽力处理她所遇到的男人的方法来避免这种伤害。第二，更重要的是，我们必须使自己清楚，宁利尔的苦境虽说令我们深表同情，她似乎是个核心人物，但讲故事的人对她几乎毫无兴趣。他关心的只是她要生下的孩子——月神和他的三个兄弟的起源问题。对他来说，宁利尔只是作为三个孩子的母亲而存在，并不是作为一个令人关心的人而存在。正是由于这个原因，故事才以在我们看来似乎有些突然的方式结束了。但对于讲故事的人来说，他没有兴趣去讲在最后一个神诞生之后发生了什么。只有我们才会去关心宁利尔和恩利尔之间究竟发生了什么事，我们喜欢被告知恩利尔最终接受了宁利尔作为他的妻子。

这个神话要从几个孩子的角度上理解和解释。为什么天上明亮月神的三个兄弟都是冥界地狱中的力量？为什么恩利尔，风暴之神，天界宇宙中的力量，他的儿子会属于冥界阴间？神话用心理学的语言回答了这些问题。它主要是从恩利尔自身性格中那种古怪的阴暗和猛烈的张力的角度出发的。当他强行带走宁利尔并生下了辛时，正是他性格中的这种野性和残酷的因素使他违反了天界社会的法则和禁忌。其结果是被放逐，受到了维护世界及其基本秩序的力量和众神会议的惩罚。

恩利尔后来的孩子都是在他已离开了光明世界、走向冥府之后，在他那邪恶的阴影下出生的。所以，现在这几个孩子就属于冥府，他们之间地狱般的密切关系由恩利尔劝诱宁利尔与他结合的话得到了证实。因为恩利尔语言的力量就在于它是有约束力的，无论他是如何说出、何时说出的，它都将变成现实。于是，这个神话非常聪明地以一篇赞美恩利尔的话不可变更、不可改变的颂歌作为结尾。

这个神话所提出的问题和对它的直接回答不能令人满意。我们要从它的背后寻求直接的答案：是什么事情以及在何种条件下使恩利尔说出了他所要做的事情。我们看到这些事情绝不是偶然的，而是恩利尔自身性格基本矛盾的爆发。神话的背景就是把宇宙看作一个城邦。在这个故事中，恩利尔、宁利尔、辛和所有其他的人物都是自然中的力量。但是，既然神话的作者把这些力量看成是"你"，把他们看成是社会的成员，神话的作者就努力地通过对他们性格的心理分析和对统治宇宙城邦法律的一致的反应来理解他们。

提尔姆恩神话：宇宙中大地与水的相互作用及其结果

另一个关于起源的不同性质的神话，在某种意义上更简单一点，是提尔姆恩神话（Tilmun myth）。[24]

恩利尔和宁利尔的神话是与一个单一的、似乎反常的事实联系在一起：恩利尔诸子性格的不同。这篇神话追寻他们的起源，这样才能找到这种基于恩利尔自身性格矛盾的根本差别。提尔姆恩神话却不是在一个问题上纠缠不清。它努力在许多毫无关联的现象之间寻求一种因果的统一，在这种互相矛盾的特性——男性和女性中，显示他们共同的起源。它讲述了一个诸种意志在相互吸引和相互对抗中不断斗争，关于不变的大地母亲——宁胡尔撒加，以及易变的水神恩齐的故事。

故事发生在提尔姆恩岛——现今位于波斯湾的巴林（Bahrein）。当初诸神分割世界时，这个岛分给了恩齐和宁胡尔撒加。恩齐依照宁胡尔撒加的建议，为这个岛提供了淡水后，便向她求婚。起初她拒绝了，但最终还是接受了他。他们的女儿宁萨（Ninsar）是植物神，她是地神宁胡尔撒加和水神恩齐结合而生的。但是，美索不达米亚每年泛滥的洪水在植物长出以前就退回了河床，所以恩齐不能作为丈夫和宁胡撒加住在一起，而是在植物神出生以前就离开了她。当晚春河边的植物郁郁葱葱时，宁萨就出现在河边恩齐所在的地方。但恩齐把植物神看成了其他女孩并与她结合了，但没有与她同居。植物女神生下了一个女儿，她代表着——我们可以猜测——一种用来纺织亚麻的植物纤维。这种纤维可以通过如下方式获得：将植物在水中浸湿，直到软的纤维腐烂，只剩下粗硬纤维。因此，它们在某种意义上是植物与水的孩子。接着故事又开始重复；染料女神出生了，她是用来染布的，她生下了布和织物的女神乌图（Uttu）。但是，宁胡尔撒加现在已认识到恩齐是个善变的家伙，于是就把乌图置于自己的监管之下。尽管乌图被预先警告，但她还是坚持要结婚：恩齐必须拿出黄瓜、苹果和葡萄作为礼物——显然是习惯上的聘礼——直到那时她才会属于他。恩齐顺从了，当他作为一个循规蹈矩的求婚者提着彩礼来到门口时，乌图高兴地请他进去。恩齐用葡萄酒把她灌醉，趁机占有了她。故事在这个地方有个缺漏，因此事情的进展变得含糊不清了。八种植物已经长出来了，宁胡尔撒加尚未确定它们的名字、特性和应有的品质，但恩齐已自作主张地给它们定好了，并且吃掉了这些植物。这最后的把戏令宁胡尔撒加暴跳如雷，她开始诅咒水神。在她可怖的诅咒中——这诅咒明显地表示在夏季淡水都流到地下，井和河都干涸了——所有的神都无一幸免地受到妨害。这时，狐狸出现了，它保证把宁胡尔撒加带来见他们。它很好地履行了诺言，宁胡尔撒加来了，她宽恕了恩齐，并最终治好了他的病。治病的方法是帮他生下八个神，每个神都是他身上一处病痛的原因。这已经暗示了这些神就是恩齐吃掉的植物，它们已经在他的身体里了。最后，神话以指定这些神在生活中的地位结束了。

  正如我们所说，这个神话努力在许多毫无联系的现象之间寻求一种因果的统一，但这种因果的统一只是在神话编撰意义上的。当那些植物被看成是土和水所生时，我们还能找到这种统一，尽管是有保留的。但是到了神话的结尾，恩齐生下这些神却与土和水没有任何实在的联系。而她们的名字却恰好含有某些因素，使人想起有关人体的某些部分，那是恩齐的身体被治愈的部分。例如，阿兹姆阿神，她的名字可以解释为"胳膊长得直"，生下她是为了治愈恩齐的胳膊。这里就有了联系。我们必须记住在神话编撰的思维中，一个名字是推动一个人向一定方向前进的力量。因为阿兹姆阿神的名字可以被理解为"胳膊长得直"，尽管这个神——就我们所知——与胳膊没有任何关系，问题就出现了："这个神使谁的胳膊长得直？"神话为这个问题准备了答案："是恩齐的胳膊。"这就满足了建立联系的需要，它不再探求这其中两种力量、两个神的特性之间更深刻的关系。

然而，从它自身的语言，以及从神话编撰的逻辑的观点看，这个神话使我们对于宇宙中两个伟大的力量，大地和水的理解大大加深了；因为在美索不达米亚人的宇宙中，理解意味着心理的洞察。我们开始知道自然界中许多相互作用的力量的深刻对比，我们在它达到顶点时，也就是在公然威胁要永远使水消失时找到了它。最后我们在宇宙的协调中感到放松了。在这一系列力量的相互作用中，我们了解到它们作为生命源泉的重要性，由它们产生了植物，产生了织物和布。从它们中产生了生命中无数强有力的、有益的事物——无数的小神。宇宙的一个领域变得可理解了。

在我们离开这个神话以前，我们应该把注意力转向这个神话中一个有趣的情景，那是一幅关于世界的青年时代的图画，世间万物明确可见的特性很晚才出现。在文明的黎明时期，世界是充满希望、含苞待放的，并不是以特定形式安排的。动物和人都还没有形成其习惯和特性，也还没有确定的特点，只是有可能具有现在的形式。渡鸦还没有咕咕叫，狮子还没有伤人，狼还没有抓小羊羔。疾病和衰老并不像今天一样存在着，它们尚没有显而易见的特征，所以还不能被看作是"疾病"和"衰老"，只是到了晚些时候，它们才具有了确定的形式。

神话开头的几行直接献给恩齐和宁胡尔撒加——文中的"你"，然后故事就转入了通常的叙述形式：

> 当你（与你的神伴一起）分割这处女地，
> 你——提尔姆恩的土地是块纯洁的地方；
> 当你（与你的神伴一起）分割了这纯洁的土地，
> 你——提尔姆恩的土地是块纯洁的地方。
> 提尔姆恩的土地是纯洁的，提尔姆恩的土地是清新的，
> 提尔姆恩的土地是清新的，提尔姆恩的土地是明亮的。
> 当他们都躺在提尔姆恩的土地上时——
> 因为恩齐和他的妻躺着的地方，

是个清新的地方，是个明亮的地方；

当他们都躺在提尔姆恩的土地上时——

因为恩齐和他的妻躺着的地方，

是个清新的地方，是个明亮的地方——

提尔姆恩的渡鸦不咕咕叫（像渡鸦现在做的那样），

公鸡不报晓（像公鸡现在做的那样），

狮子不伤人，

狼不抓羊羔，

狗不知道（怎样）使小孩蹲伏下来，

小驴驹不知道（怎样）吃粮食，

……

眼病没有说："我，眼，病。"

头痛没有说："我，头，痛。"

那老太太没有说："我，老太太。"

那老头子没有说："我，老头子。"……

2. 世界秩序的细节

在下一组神话中，将要讲述的是世界许多方面的建立而不是事物和力量的来源。我们将只举两个例子。第一个是个神话，但不幸被损毁了许多，它将告诉我们美索不达米亚的自然经济是怎样组织起来的。

恩齐组织世界采邑[25]

这个神话的开头部分现在已经丢失了，也许是讲安努和恩利尔怎样任命恩齐。文中可以开始阅读的一部分讲的是恩齐正在他的领地内视察，他的领地包括当时已知世界的绝大部分，他也参观了大型的管理单位。

恩齐在每个村都停下来，为它祝福。通过祝福，恩齐赐予它们繁荣兴旺，并指定它们的特别功用。接下来，他又组织了所有的水体，并打算好怎样处理这些水。他用水去填充河道，清澈的水在幼发拉底河和底格里斯河流淌。他还派了一个神去监督它们。然后恩齐又使河中有了鱼，并布下了水草。为了照顾这些东西，恩齐又任命了一些人做监督。恩齐又调整了大海，并任命一个海神去监督它。他从大海转向，带来雨水的风，又转向了农业耕作。他照管着犁，犁开田畦，让谷物在田野生长。他将谷仓一个个排列。他从田野又来到城镇和乡村中，他任命砖神去看管造砖，他打基修墙，任命建筑神姆什达玛（Mushdama）做监工。最后，他把沙漠中的野生动物组织到苏木罕神（Sumukan）的管理下。他还为已经驯化了的动物修了圈和栏，让放牧之神杜姆姿（Dumuzi）来管理。恩齐设定了美索不达米亚经济生活中的每一项重要功能。并使它们运转起来，还任命神来保持它们的运转。由于自然规律被发现并得到了准确的解释，宇宙就好像被能干的组织者管理着的顺利运转着的巨大庄园。

恩齐和宁马：古怪事物的结合[26]

宇宙的秩序在人类大脑中是明显的，并普遍地被人所接受的。但这个秩序并不总是在每个细节上都令人满意。甚至乐观的亚历山大·蒲柏（Alexander Pope），如读者想的一样，也认为他对这个世界的赞美也只能是"这个可能最好的世界"，这显然距离高呼"这个理想的世界"还很遥远。古代美索不达米亚人同样也发现世界上有他们认为是不幸的，或至少是奇怪的事情，他们为诸神做出这样的安排而感到困惑。我们现在所要谈到的神话就是关于处理这类问题的。它给出的答案与美索不达米亚人在社会和心理上与宇宙中的各种力量相适应，诸神有力量，也有人性。他们的冲动，尤其在啤酒喝多了以后，可以战胜他们的判断力；而且，当这种事情发生时，他们很可能被他们自己的力量和命令的约束力所羁绊。

像很多苏美尔神话一样，这个神话是关于淡水之神恩齐和大地女神宁胡尔撒加的。在这则神话中，我们用宁马，"高贵的夫人"，来称呼她。我们在讲这个故事时将一直使用这个名字。我们又要从世界的青年时代开始说起：

在往昔的白天里，在天空已和大地分离的白天里，
在往昔的夜晚里，在天空已和大地分离的夜晚里。

在那遥远的年代，诸神也必须为了生活而劳作。所有的神都不得不使用镰刀、斧头及其他农具去挖运河，用他们额头上的汗水去换取面包。他们非常痛恨这种生活。他们当中非常聪明的一个，就是见多识广的恩齐，躺在他的床上长睡不起。诸神开始向他抱怨他们的痛苦。恩齐的母亲，深水女神那姆（Nammu），把他们的怨言讲给她熟睡的儿子。她的行为奏效了。恩齐要那姆去为生产"阿婆苏（apsu）之上的泥土"以为生命做好准备（"阿婆苏之上"是指位于地下而又在深水层之上，这里深水层或多或少是与女神那姆本身等同的）。这块泥土被从那姆身上分离出来，就像从一位母亲身体里分离出一个婴儿。大地女神宁马站在她身上——深水层之上的大地——帮着她生产，其他八位女神也来帮忙。

我们猜测，阿婆苏之上的泥土就是以这种方式产生的，并且人类就是由有这块泥土造就的。但铭文在此中断，我们无法知道到底人类是怎么产生的。当铭文再次可以阅读时，恩齐正在为宁马、他的母亲准备一桌筵席，大概是庆祝他们大功告成。所有的神都被邀请，所有的神都高度赞扬恩齐的聪明。但是，当晚会正在进行时，宁马由于嫉妒对恩齐提出了挑战：

当恩齐和宁马喝了很多酒，他们的心开始兴奋起来，
宁马对恩齐说：
"（实际上）到底人类的身体怎样才能好，怎样才能坏呢？
当我的心鼓动我时，我可以（决定）他们运气的好坏。"

恩齐毫不迟疑地接受了挑战："你头脑中所想的人类的运气，不管是好是坏，我一定都能平衡它们。"

于是宁马拿起阿婆苏之上的泥土，做出了畸形的人，每个都有生理缺

陷:一个男人小便失禁,一个女人不能生育,还有一个人不男不女没长生殖器。在她手下总共产生了六个这样的生命,但恩齐为他们每一个都准备了特别的运气和命运。他为他们所有的人在社会上找了一个位置,使他们可以维持生存。没有生殖器的人可以做一个太监,恩齐令他去侍奉国王;不能生育的女人被派去侍奉王后,等等。这几乎是毫无疑问的,宁马创造的这六个畸形人正对应了苏美尔社会的一个特殊阶层,这些人由于某些身体构造上与常人有些不同,结果就带来了社会问题。

比赛仍在紧张进行。恩齐已显示出他的敏锐足以对付宁马所能想象出的最坏的情况。现在他建议让他俩换个位置,恩齐造畸形人,宁马要指出该怎样安顿他们。于是恩齐开始了。我们不知道恩齐第一次的努力是怎样的,因为铭文在这个地方损坏了。但我们知道第二个。一个叫作乌木尔——"我的日子在很久以前"的人,也就是一个非常老的人,很不幸害了眼病,他的生命正在衰老,他的肝脏和心脏给他带来疼痛,他的手在发抖,而且这还只是他身上的几处毛病。恩齐造了这样一个人给宁马。

恩齐对宁马说:

> 你造的人我决定了他们的运气,
> 使他们可以生存。
> 现在我造了一个人,你也决定一回他的命运,
> 使他可以生存吧。

然而,这完全超出了宁马的能力。她走近这个人,问了他一个问题,可他不能回答。她给他一片她曾吃过的面包,但是他太虚弱,不能伸手去拿住面包……宁马生气地指责恩齐:他创造的这个生命根本就不是一个活人。而恩齐则羞辱宁马说他是如何解决了她所提出的难题的,自己是如何为她所创造的生命找到一条生路的。

铭文的另一处中断使我们无法了解他们争吵的细节。当铭文再次恢复

时，争吵已达到白热化。在恩齐创造的第二个生命身上，他把世界上的疾病和痛苦都集中到这个老年人身上。毫无疑问，虽然关于他所创造的第一个生命的描述已缺失，但他也应该是背负了人类的苦难。宁马一个也处理不了，她不能够把他们和世界秩序结合到一起，不能为他们在社会上找到用武之地。但是他们仍然带着不可缓解的苦难生存着。可能是生活在宁马的土地上和城市里的这些苦难的人（这个老年人的和前一个身份不明的）使得宁马感到绝望；也可能是，宁马仍然感到恩齐进一步的羞辱，所以她抱怨道：

> 我的城被毁了，我的房子被拆了，我的孩子被俘了。
> 我已经被迫离开埃库尔，作一个逃亡者；
> 即使这样我也不能从你手中逃脱。

于是她诅咒恩齐："从今往后你将不能再在天空居住，也不能在大地居住。"这句话使得恩齐这位淡水之神要住在地下黑暗的地方。这条诅咒不禁让我们想起在提尔姆恩神话中宁马说恩齐的另外一些话，而且这条诅咒恰好能够解释宇宙的一个令人迷惑的特性：为什么慈善的淡水之神要居住在地下永远的黑暗之中。因为人如果挖得足够深的话，就能在那儿找到淡水。诅咒一出口，恩齐也无能为力。因为它背后有一个来自大神命令的决定性力量。他答复宁马："你已经说出了你的要求，谁又能改变它呢？"

不过，看起来这场争斗到后来缓解了，像在提尔姆恩神话中一样，一次调解出现了。记载神话的铭文变得特别不完整，读起来很困难，所以我们还不能完全确定。但是以下事实却是存在的：这个神话又继续了一段，表明宁马的诅咒并不是这场争斗的最终结果。

我们所讲的这个神话解释了许多令人困惑的社会秩序的特性：奇特的变态的人群——太监、圣役等——构成了美索不达米亚社会的一部分；令人不快的、似乎也不是必需的苦难陪伴着老年人；等等。但是在叙述过程中，这个神话并不仅仅做说明，而且做判断。这些特征并不属于这个世界的秩序，也不是计划中的东西。它们的出现源于众神在自己命运中的不负责任,它们出现在神暂时屈服于嫉妒和卖弄的渴望中的时候。而且神话分析并评价了各种不同的特征。当宁马所造的畸形人不是特别严重时,聪明的恩齐还可以将他们与社会生活融在一起,但恩齐聪明的大脑所做的恶作剧却是没有任何希望可以挽回的。

在有关这些特征的起源的叙述中,已暗含着评价,这样,这些神话就与下面的第三组神话发生了联系,这组神话的主题就是关于宇宙秩序特性的评价。

3. 评价的细节

这一组的许多神话很像赞美诗。它们与世界中某个具体的因素有关——神、一件物体或其他什么东西——通过对它特征的简短分析去赞美它的品质。例如,有这样一个关于"鹤嘴锄的神话",它讲述恩利尔怎样制造了这样一个不可缺少的工具,并解释它的性质和用途。这一组的其他神话讲的却是两种宇宙的实体,以及通过合理的努力去权衡两者以理解和判断它们在现存秩序中的相对位置。这种神话经常采取两种物质争论的形式,每一个都极力自夸直到争吵,最后由于某个神的裁定而结束。以下的一段文字可做很好说明。它来自这样一则神话:青铜,实用但没有得到太高价值,它就同白银争吵,争吵的中心是后者在王宫中受到臣民的喜爱。青铜讲述白银的"无用":

> 当天气变冷的时候,你不能提供一把可以砍柴的斧子;
> 当收割季节到来时,你不能提供可以收割谷物的镰刀。
> 所以,人们将不会对你感兴趣……[27]

在像美索不达米亚这样的地方,主要的产业就是牧羊和耕作。很自然地,对这两种生活方式就有了比较和评价。哪一个更好?哪一个重要?哪一个更有用？我们至少有三个神话是以此为主题的。一个讲的是羊和谷物的起源，当时诸神只喜欢这两样东西，还详细叙述了两者之间因为谁比另一个更好而进行的一场很长的争论。另一个神话讲的是两位神，他们是兄弟——埃吞（Enten）和埃摩什（Emesh）之间的争论。他们是恩利尔的儿子，其中一个好像代表农夫，另一个则代表牧羊人。他们的争吵最后由恩利尔裁决，农夫获胜。然而关于这个主题的最生动的神话是一个叫作"向伊南娜求婚"的故事。

"向伊南娜求婚"：牧人和农人的相对优势[28]

这篇神话讲了两个神，农夫恩齐牟杜（Enkimdu）和牧羊人杜姆姿，都向伊南娜求婚。这里伊南娜并没有被视为安努的妻子和天后，而是一个年轻的可以结婚的女孩。她的哥哥兼保护人乌涂（Utu）比较喜欢牧人，所以他想说服他妹妹。

> 她的哥哥——武士、英雄乌涂对神圣的伊南娜说道：
> "牧人应该娶你，我的妹妹。
> 为什么，哦，少女伊南娜，难道你不愿意吗？
> 他的黄油那么好，他的牛奶也那么好；
> 牧人所有的产品都是上好的。
> 杜姆姿应该娶你，伊南娜。"

但伊南娜没有听她哥哥的话，她已打定主意，她选择了农人：

> 牧人永远也不会娶我，
> 他永远也不会使我穿上他那衣裳，
> 他最精细的羊毛永远不会碰到我。
> 只有农夫可以和我结婚——

农人可以种下豆子，
农人可以种下谷物。

于是，农人成了伊南娜的丈夫。可怜的牧人感到非常沮丧，但他没放弃求婚的希望。他被喜欢农人的伊南娜拒绝，这大大伤害了他的自尊。所以他开始把自己与农人比较。对于农人生产的每一样东西，牧人都找到了在价值上可以与之相较的东西：

在什么方面农人能超过我呢？我和一个农人、我和一个农人！
在哪些方面农人，恩齐牟杜，修堤坝开运河的人
……可以超过我呢？
如果他向我展示他的黑衣服，我就给农人拿出我的黑羊毛；
如果他向我展示他的白衣服，我就拿出我的白羊毛；
如果他给我拿出他最好的酒，我就给他拿出我的黄奶作为回报。

神话继续描绘着草原和农场上的各种物产，用奶来比酒，用小奶酪来比大豆，用有蜜的大块奶酪来比面包。后来，牧人感觉到他甚至会有剩余的黄油和奶。

牧人在这想象的这种情况是典型的东方式的比较。谁给得最多谁就更好，他不欠别人任何东西，而别人却欠他的。所以当牧羊人进行独白的时候，他感觉越来越好以至于情绪高涨。所以，他厚着脸皮赶着羊去了通向耕作区域中心地带的河岸。突然，他看到了农人和伊南娜在一起，由于对自己的行为感到羞愧，他拔腿就向沙漠跑去。恩齐牟杜和伊南娜跟在他后面，伊南娜朝他喊道：

为什么我要跟着你，哦，牧人，我跟着你，牧人，
我跟着你？

> 羊可以在河岸上自由地啃青；
> 羊可以在我收过庄稼的大田里自由吃草。
> 它们可以在乌鲁克的田野里吃谷物；
> 小羊羔可以在我的阿达卜（Adab）运河中喝水。

虽然她更喜欢一个农人做她的丈夫，但她对牧人的感觉也并不坏：

> 当你，一个牧人，不能成为我的丈夫，
> 不能变成我喜欢的那类人——农人，
> 不能成为我的朋友，
> 我仍要给你麦子，我要给你豆子……

于是故事在和谐的气氛中结束了。它比较了农人和牧人，但更倾向于农人。因为女神嫁给了农人。但是认为农人优于牧人只是一种个人的好恶，只是一个年轻女孩的任性的表现。实际上农人和牧人是一样的，两者都是社会中不可缺少的组成部分，他们的产品同等重要。虽然两者之间存在竞争但他们却不是敌对的。农人知道伊南娜喜欢过牧人以至于允许牧人在收割过的庄稼地里放牧，允许他在农人的运河里饮羊。农人和牧人，应该和睦地生活在同一片蓝天下。

依据这些，我们大致可以了解来自美索不达米亚神话故事的一些情况。我们所掌握的成堆材料只是公元前三千纪末二千纪初的复制品。但是神话本身毫无疑问会更古老。它们很清晰地显示了自己的特征：对细节问题的回答。它们处理的是诸如宇宙中所有的特殊实体及群体的起源、位置和相对价值这类问题。事实上，它们就是人们所持的基本世界观。神话也存在于他们处理这些问题的方法中。那是一种心理学的方法：要了解一个人在自然界中遇到的种种力量，关键在于了解它们的性格，正如了解人类的关键在于了解他们的性格一样。

后来的神话对世界观的反映:《恩努马·埃里什》

虽然把宇宙看作城邦的观点是所有的神话的基础——或者准确地说,它构成了神话,它是神话生长的土壤——但是它并未认真地从整体上阐述这种观点。关于宇宙的基本问题,就是美索不达米亚人的头脑中所思考的——它的起源以及它所展示的宇宙秩序的起源——时间是公元前二千纪前半期。它在一部宏大的创作《恩努马·埃里什》(其时居于上之物)[29]中反映出来。《恩努马·埃里什》有一段长而复杂的历史。它用阿卡德语写成[30],大概是公元前二千纪中期的阿卡德语。那时,它大概已形成我们现在见到的样子。它的主角是马尔杜克,巴比伦的神,这与当时巴比伦是美索不达米亚的政治和文化中心的事实相对应。后来,在公元前一千纪,亚述的势力上升为近东的统治力量,亚述人的书中显然用自己的神阿淑尔取代了马尔杜克,并对故事做了些许改动以与故事中的新主角相符。我们已从亚述神话的手抄本中知道了后来的版本。

以阿淑尔代替马尔杜克成为英雄和故事中的主角并不是唯一的一次,也不是第一次发生的现象。在我们现在拥有的马尔杜克版本的背后,毫无疑问还存在一个更早的版本,不是马尔杜克而是尼普尔的恩利尔在扮演中心角色。这种更原始的形式可以从神话本身的许多迹象中推演出来。其中,最重要的一个事实是:虽然恩利尔是美索不达米亚第二位最重要的神,但在我们所读的神话中几乎不起作用,而其他比较重要的神却扮演着适宜的角色。同样,马尔杜克所扮演的角色也与神的特性没什么关系。马尔杜克原本是农神或太阳神,而在《恩努马·埃里什》中,他所扮演的却是风暴之神,类似恩利尔的角色。实际上,故事中所描绘的马尔杜克的最大功绩——分开天空和大地——正像其他神话材料中描写的恩利尔那样利用他的权力将风填在天空大地之间,使它们分开,就像充了气的布袋的两面。于是,恩利尔好像是故事中最原始的英雄。而在为我们所知的公元前二千纪中期形成的最早的版本中,马尔杜克已取代了恩利尔的位置。究竟这个神话能够回溯多久,我们无法确定。其中还包括公元前三千纪的材料,也反映了当时的思想。

1. 起源的基础

现在我们可以把目光转向神话的内容，它粗略地分为两部分：一部分解决了宇宙的起源；另一部分则叙述了宇宙秩序的建立。但是，这两个方面又不是截然分开的。神话的第二部分是同前一部分的事件结合在一起的。

这部史诗是以描述世界最初的样子为开端的：

> 头上的天空（从未）被提及，
> 坚实的大地的名字也（从未）被想起；
> （那时）只有原始的阿婆苏神（Apsu），他们的祖先，
> 姆木（Mummu）和提阿玛特——阿婆苏神给他们以生命——
> 把他们的水合为一体；
> 那时没有形成沼泽（也）找不到岛屿；
> 那时没有神出现，
> 也没有被一个挨一个地命名，并决定（其）命运，
> 后来神在他们之中形成了。[31]

它把宇宙的最早时期说成是水的混沌。这混沌由三个搅在一起的部分组成：阿婆苏神，代表淡水；提阿玛特，代表大海；姆木，虽不太确定，但也许是代表云雾。这三种形式的水混合为一个巨大的不可分割的团。根本就没有上面的天和下面的地的概念，一切都是水，甚至不存在沼泽，更不用说岛屿了，也没有神。

后来，在这团水质的混沌中两个神出现了：拉荷姆（Lahmu）和拉哈姆（Lahamu）。文本清楚地告诉我们他们为阿婆苏——淡水神和提阿玛特——海神所生。好像他们代表的是在水中形成的淤泥。接着，从拉荷姆和拉哈姆中又产生了两个神：安沙尔（Anshar）和克沙尔（Kishar），代表"地平线"的两面。神话的作者显然把地平线描写成既是男性神又是女性神：环绕天空的圈是男性神；环绕大地的圈是女性神。

171　　安沙尔和克沙尔生出了天神安努，安努又生出了努地姆特（Nudimmut）。努地姆特是淡水神埃阿或恩齐的另一个名字。然而，在这里，努地姆特显然被表现为他的最古老的形式——大地，他是恩齐，"大地之君"。据说是安沙尔按照自己的样子造出了安努，因为天空和地平线很相似，并且都是圆的。安努据说又按照自己的样子造出了努地姆特——大地，因为在美索不达米亚人的观念中，大地的形状是一个圆盘或者像一个圆碗：

> 拉荷姆和拉哈姆出现并被命名：
> 随着年岁的增长，他们越长越高。
> （于是）安沙尔和克沙尔被造了出来，正在超过他们；
> 他们生活了许多日子，一年又一年。
> 他们的儿子是安努，他和他的父亲们一样。
> 安沙尔按照他自己的样子造出他的第一个孩子安努，
> 安努又按照自己的样子造了努地姆特。
> 努地姆特优于其他神，优于他的父亲们，
> 长着大耳朵，英明、强悍，
> 比他的祖父安沙尔还要强壮，
> 在同辈神中再也找不到对手。

　　我们在此遇到的景象是古代美索不达米亚人用以解开隐藏在宇宙起源中奥秘的方法，很明显，它是以观察新土地在美索不达米亚形成的方式为基础的。美索不达米亚是块冲积平原，历经千百年，由两大河——幼发拉底河和底格里斯河携带的淤泥在河口的堆积沉淀所形成的。现在这个过程仍在进行，日复一日，年复一年，这一地区在慢慢成长，一直向外延伸到波斯湾。正是这一景象——河里的淡水与海里的咸水混合并搅在一起，而云低低地浮在水面上——这使人想起了人类最初的时代。这儿仍然是最初的混沌之水，其中淡水阿婆苏和咸水提阿玛特搅在一起；淤泥——第一个神的表现形式，

拉荷姆和拉哈姆——从水中分离出来，变成了可见的沉淀。

拉荷姆和拉哈姆生出了安沙尔和克沙尔：这就是产生于原始的水质混沌中的淡水和咸水边缘的巨大圆周——地平线沉积下来。安沙尔从圆的上半部分，克沙尔从圆的下半部分经过日复一日、年复一年的沉积产生了天空安努和大地努地姆特。根据《恩努玛·埃里什》的讲述，天空安努最先形成，他又生成了地神努地姆特。

这里的表述打断了成对出现的规律——拉荷姆和拉哈姆，安沙尔和克沙尔——在这之后我们希望能出现第三对，即安和齐，"天空和大地"；但我们先有了安努，后有了努地姆特。这种反常意味着我们正在处理一篇最原始故事的改编版，在这篇故事中巴比伦的马尔杜克是神话的主人公。它也许想强调一下大地埃阿/恩齐男性的一面，因为在巴比伦尼亚的神学体系中，后者是马尔杜克的父亲，所以在原版中，在安沙尔和克沙尔之后的是安和齐，"天空和大地"。这一推测受到了一个非常重要的美索不达米亚神表，即安—安努神表，所讲的一个有差异的故事的支持。我们找到了一个更早更完整的版本：从地平线，从安沙尔和克沙尔这一对统一体中产生了天空和大地。天空和大地被清晰地表现为两个巨大的圆盘，圆盘一直由沿着地平线的内环沉积的淤泥形成，像"生活了许多日子，一年又一年"的表述一样。后来，风把圆盘吹成几部分，最后形成一个巨大的袋子，我们就生活在里面，它的下半部分成为大地，上半部分成为天空。

在关于宇宙起源的思考中，美索不达米亚人表述了他们所知道的关于事物的变化情况，也表明美索不达米亚人对他们自己生活的地区的地理状况的了解。他们的大地，美索不达米亚，是在淡水和咸水汇合的地方由淤泥沉积而成的；天空好像同大地一样是一块固体，它以与大地相同的方式沉积而成，后来上升到现在极高的位置。

2. 世界秩序的基础

美索不达米亚人关于宇宙基本特性的思考源自他们对本国物质起源的基

173　本构成的认识，以此类推，他们从自己的政治组织的起源中所获得的知识也决定了他们关于宇宙组织的起源的思考。关于世界秩序，存在两种本源，它们皆存在于积极的力量和消极的力量的持续不断的冲突之中。积极的力量压倒消极的力量，只要通过权威就可以做到；而消极的力量压倒积极力量，则要通过权威与暴力的结合。一方面，这种转变反映了一种历史发展：一种从原始社会组织到一个真正的城邦的发展。在原始社会组织中，只有习惯和权威，而不需要暴力的支持就可以确保集团的一致行动。另一方面，它也反映了在有组织的城邦中常规的统治方式。因为在那里，人们也是首先使用权威的方式来统治，而暴力作为一种针对肉体的强制性手段，只有当权威的力量不足以产生预期的行为时才会被使用。

让我们回到《恩努马·埃里什》，随着在混沌中产生了神，一个新的本源——运动或行为——出现在这个世界上。新生命向消极、静止的混沌势力提出尖锐的挑战。这种以典型的神话方式展开的积极和消极间的思考冲突，在一种意味深长的情景中出现：诸神聚在一起跳舞。

> 神祇聚在一起，
> 不停地来回游走，他们打扰了提阿玛特，
> 影响了提阿玛特的胃口，
> 在她的（深处）跳舞，那是天空产生的地方。
> 阿婆苏神没法制止他们高声说话，
> 但提阿玛特保持沉默，
> 但她也痛恨他们的行动，
> 他们的做法是不好的……

现在冲突明显了。混沌中第一个公开反对神和他们的新行为的力量是阿婆苏神。

> 然后，阿婆苏神，诸神的创造者，

> 呼喊他的仆人姆木,对他说:
> "姆木,我的仆人,有人在使我的心不快,
> 来,让我们去找提阿玛特。"
> 他们去了;坐在提阿玛特面前,
> 他们开始讨论作为长子的神。
> 阿婆苏开始说话,
> 对着纯洁的提阿玛特:
> "他们的所为已让我痛恨,
> 我整日整夜不能休息,无法入睡。
> 我要废止,是的,我要毁灭他们的行为方式,
> 平静会重新出现,我们(又)可以睡觉了。"

174

这个消息在诸神中引起了恐慌,他们毫无目的地跑来跑去。后来他们冷静下来,因绝望而默默地坐着。只有一位神,明智的埃阿/恩齐,能应付当时的情况。

> 他有极高的智慧,有能力,又敏捷,
> 他就是埃阿,他知道所有的事情,看穿了他们的计划。
> 他决定反对它。
> 宇宙的构造,巧妙地造出了他的功力极大的神咒。
> 背诵着它,埃阿将神咒丢在水上(阿婆苏上),
> 使他熟睡,结果他沉沉地睡去。

这里,埃阿背诵他的神咒,他的"宇宙的构造",是水,是阿婆苏神。阿婆苏神屈服于魔法而进入沉睡状态。然后埃阿从他那儿取走了他的王冠并穿上了阿婆苏神那由火光所制成的外衣。他杀死了阿婆苏神,并在他的身体上建立了居所。之后他又锁起了姆木,用一条绳子穿过姆木的鼻子,再用绳子的

末端拴住了他。

所有这些表象也许都很不明显，然而我们仍可体会得出，埃阿控制阿婆苏神并使之屈服于一条符咒，也就是一句有力量的话——权威式的命令。因为美索不达米亚人把权威看作是在命令中产生的力量，这种力量使得命令被遵从，使它去充分地意识自己，并使之变成事实。权威，埃阿命令中的力量，强大到足以使要求的情形出现。因为当这种情形被称为"宇宙的构造"时，就暗示了它是现在所呈现的那个样子。埃阿要求事物应该是它们自己的样子，于是它们就变成了这样。阿婆苏神，淡水之神，陷于沉沉的睡眠中，现在只能保持地下静止的淡水的形式。就在他们之上建立了埃阿的住所——大地在阿婆苏之上升起。埃阿把俘虏姆木的穿鼻绳握在手中——如果我们对这个奇怪形象的解释是正确的话——云低低地浮在大地之上。不管解释的细节是什么，很明显神对于混沌的力量、积极的力量对于消极的力量的第一次伟大胜利，是通过权威而非通过肉体的暴力得来的。它是通过在命令中暗含的权威，通过符咒中的法术得到的。另外很明显的一点是，这次胜利是通过一个单独的神力得来的，而不是通过诸神的协作。神话沿着原始的社会组织向前发展，团体所面临的危险是被个人的单独行动所解决的，而不是社会团体作为一个整体的共同行动。

现在让我们回到故事中：在埃阿建立在阿婆苏之上的居所中，马尔杜克出生了，他是我们所知道的神话中的真正的主人公。但是在更古老的版本中，这个时候讲述的应该是恩利尔的降生。文中是这样描述的：

> 宏伟的形象，闪着光辉，
> 步伐强健，他是个天生的领导者。
> 埃阿，他的父亲，看着他非常高兴，
> 心中充满了欢乐和喜悦。
> 他强壮起来，是的，他给他注入了两倍的神性。
> 他非常高，超过了一切。

> 他的判断力敏锐得难以想象,
> 不可理解,让人见而生畏。
> 他有四目四耳。
> 他动一动嘴唇,大火就会燃烧。

但当马尔杜克在众神中成长时,混沌的力量中又产生了新的危险。众神不无恶意地对提阿玛特说:

> 当他们杀死阿婆苏神,你的丈夫时,
> 你没有与你的丈夫并肩前进,而是安静地待在一边。

最后,他们成功地激怒了她。很快众神就察觉到了在混沌中,正酝酿着与他们进行战斗的力量的存在:

> 愤怒、阴谋,日夜不息,
> 它们决意战斗,像狮子一样愤怒和徘徊。
> 议事会中开始制订进攻的计划。
> 母亲胡布尔(Hubur)——一切形式的创造者——
> 增加了不可抵御的武器,生出了巨蛇,
> 牙齿尖利,毫不留情;
> 身体的血液里充满了毒汁。
> 她已挂起了恐怖而凶猛的巨龙,
> 戴上火焰的王冠,像众神一样,
> 任何人见了它们都会被吓死,
> 它们的身体升起便不会回头。

面对着难以对付的敌人,提阿玛特抬出了她的第二个丈夫,肯古(Kingu),

并授予他全部权力和代表着宇宙最高力量的"命运泥板"。她的势力已准备就绪,即将去进攻诸神。

埃阿总是能得到事态发展中的第一手情报。最初,他的第一反应是晕厥过去,过了一段时间他才醒转过来开始行动。

> 埃阿听到了这些事情,
> 沮丧地坐在黑暗中,一言不发。
> 经过深深的思考,他的内心才安静下来。
> 他站起身去见他的父亲安沙尔。
> 在生身父亲面前,
> 他详细地讲述了提阿玛特的所有阴谋。

安沙尔陷入了深深的烦忧之中。他在烦闷时就击打自己的腿,咬自己的嘴唇。他实在想不出比让埃阿迎战提阿玛特更好的办法。他提醒埃阿他以前是怎样战胜阿婆苏和姆木的,似乎是建议埃阿采用他过去所使用的办法。但这一次埃阿没有完成使命,他神咒的威力再大,恐怕也不是提阿玛特和她主人的对手。

于是,安沙尔去求助于安努,请求他前去。安努用比埃阿更大的威力把自己武装起来,因为他被告知:

> 如果她不遵从你的命令,
> 对她说出我们的命令,她会平息下去的。

如果提阿玛特没有被任何一位神的权威击倒,所有神的命令,即他们背后联合的权威,一定会被用来对付她。但这也失败了;安努不能够面对提阿玛特,于是他回到安沙尔那儿,要求将他的任务减轻。无助的权威,即使是众神最高的命令,也是不够的。众神现在正面临着他们最危险的时刻。一直远远地引导着事情发展的安沙尔也陷入了沉默。

> 安沙尔沉默了，双眼盯着大地，
> 他摇摇头，又向埃阿点点头。
> 所有的安努那基排成行，
> 闭着嘴，一言不发地坐着。

最后，尊贵的安沙尔站起来，推举埃阿的儿子，年轻的马尔杜克，"他的力量是强大的"，他超过了他的众神父亲。埃阿给马尔杜克提建议，马尔杜克欣然接受了，但是需要一定条件：

> 如果我将成为你们的斗士，
> 去征服提阿玛特，拯救你们，
> 你们必须高兴地聚集在乌巴舒基那，
> 宣布我的最高地位，
> 让我可以像你们一样用言语来决定命运，
> 这样我的决定才不会改变。
> 我说出的命令不应被（反）驳或改变。

马尔杜克是个年轻的神，他有着青年人的勇气和无穷的力量，他有足够的信心面对这场肉搏。但是，作为一个青年，他缺少影响力。他要求享有与集团中那些有权的年长成员平起平坐的权力，前所未有的权力的结合在此拟构出来了：他的要求预示着城邦中体现在王身上的暴力和权威的结合即将到来。

号令发出，众神在乌巴舒基那一个叫尼普尔的会场相聚。他们一到，就忙着去会见那些参加会议的亲戚朋友，大家相互拥抱。众神在遮阴的会场坐下来，享用奢侈的美餐、葡萄酒和其他烈酒。他们心情舒畅，无忧无虑，恐惧和烦恼消失了。但会议要决定的是非常严重的事情。

> 他们呲舌落座，享用盛宴，
> 他们大吃大喝，
> 甘甜的美酒排解了他们的恐惧。
> 他们放声欢歌，痛饮烈酒，
> 他们变得无忧无虑，得意忘形，他们兴高采烈。
> 他们决定着他们（的）斗士，马尔杜克的命运。

这里提到的"命运"就是与那些高级的神平起平坐的权力。众神会议先是给了马尔杜克一个荣誉的座位，接着又授予他新的权力：

> 他们为他搭了一座王者的高台，
> 他作为一个议员，面对着他的父亲落座。
> "你与年长的众神比，地位举足轻重；
> 你的地位无与伦比，这是安努的命令。
> 从今天起你的命令不能更改；
> 一切的废存——都在你的权力范围之内。
> 你所说的要变成现实，而绝不是无用的，
> 所有的神中，没有哪个能侵犯你的权力。"

在这里，众神会议授予马尔杜克的是王权：权威与强制实施的权力相结合；和平集会中的首要发言权；战争时期军队的领导权；惩罚作恶者的警察权。

> 我们授予你王权，超乎一切的权力。
> 你在会议上占有的座位，胜过所有的言语。
> 让武器不要屈服，让它们去打击敌人。

给予信赖你的神以生命的活力,

如果哪一个神心怀邪恶,你就可以结束他的生命。

授权给马尔杜克以后,众神想知道他是否真正拥有了它,他充满魔力的命令能否真的实现。于是,他们做了一个测试:

他们在大厅中央放了一件长袍,
对他们的长子马尔杜克说:
"哦,主,你的地位在众神中是最高的。
愿你生杀予夺的命令都能实现。
让你说出的话毁了这件长袍,
然后再让这长袍完好如初。"
他讲话了——那袍随着他的话毁掉了;
他又讲话了,那袍又出现了。
他的众神父亲见到了他言语(的力量),
心中欢喜,并向他表示效忠:"马尔杜克就是王。"

然后,他们授予他王权的标志——权杖、宝座和王袍——将他武装起来以投入即将来临的战斗中去。马尔杜克的武器是风暴雷电之神的武器——当我们想起这个故事起初是关于风暴之神恩利尔的时候,这种现象就可以理解了。于是,他拿起了彩虹、闪烁着电光的箭和一张用四种风织成的网。

他造了一张弓作为他的武器,
让箭紧紧地绷在弓弦上。
他用右手举起他的权杖;
并紧抓住弓和身旁的箭囊。
他向前投出闪电,

> 他的身体着起了火。
> 他制了一张网去罩住提阿玛特，
> 使她不能逃脱；
> 南风、北风、东风、西风，
> 那是他父亲安努的礼物，他将它们置于网的边缘。

此外，他还造出了七种风暴。他举起权杖，于是洪水登上了他的战车，那是"不可抵敌的暴风雨"。马尔杜克驾车与他的军队一起去迎战提阿玛特，众神成群地挤在他周围。

马尔杜克到来时，肯古和敌军都失去了勇气，陷入了完全的混乱之中。只有提阿玛特稳若泰山，向这个年轻的神提出挑战，马尔杜克接受了挑战，战斗继续进行。马尔杜克打开他的大网，将提阿玛特包在里面。她张开大口想吃掉他，马尔杜克则将风灌进她嘴里，使她的嘴合不上。风充满了提阿玛特的身体，马尔杜克向她张开的嘴里射了一箭，刺穿了她的心脏，将她杀死。当提阿玛特的追随者看到马尔杜克践踏着他们保护者的身体时，他们转身想逃，但都被马尔杜克的网罩住，他折断了他们的武器，俘虏了他们。肯古也被抓住，马尔杜克从他那儿取走了"命运泥板"。

取得了完全的胜利后，马尔杜克回到提阿玛特的尸体前，用权杖压她的头盖骨，割破了她的脉管，用风吹干她的血；然后他把她的尸体截为两半，将其中的一半举上去形成了天空。为保证其中的水不会流掉，他给它上了锁并指定卫兵看护。他认真地量了他刚刚造出的天空，之后，就像埃阿战胜了阿婆苏神以后在敌人的尸体上建立了居所一样，马尔杜克也在提阿玛特形成天空的那一部分尸体上建立了居所。通过丈量，他确定了自己的居所直接对着埃阿的居所。

这里我们又可以停一会儿，问问所有这些究竟意味着什么。马尔杜克或恩利尔与提阿玛特的战斗也许起源于一种对春季洪水的古老阐释。每年春天，洪水在美索不达米亚平原泛滥，于是世界回到一个——或者说"那个"——原始瀛水的混沌中,直到风战胜了水,把水吹干,使地面也重新变干。这种观念的残余也许可以从风吹干提阿玛特血的细节中看到。但这种古老的观念很早就成为宇宙学上思考的工具。我们已经提到过这一观念的存在:天地是在水质的混沌中,由淤泥的沉积形成的两个巨大的圆盘,后来被风强行分开了,所以现在的宇宙是由上下两层水环绕着的一种充气布袋。这种思考在苏美尔神话中的安—安努神表里留下了明显的踪迹。这里,在《恩努马·埃里什》中,我们得到了它的一种变化了的形式:原始的大海,提阿玛特被风吹干并杀死了。她的一半——现在的大海——被留在那儿,另一半则形成了天空,并且上了锁以使其中的水不致逃掉,除非作为雨水落下。

于是,通过这些材料的运用,《恩努马·埃里什》讲述了天空形成的两种方式。首先,天空的形成体现在安努神身上,他名字的含义就是天空,他是天神;之后,天空又由风神用海的另一半身体造了出来。

然而,时代不同了。人们关注的重心已不是宇宙中那些可见可感的方面,而是那些活跃并贯穿其中的某种力量。安努,作为天空背后的力量,已被感到足以与天空本身区别开来。这样,这个固有的矛盾就不至于太尖锐了。

但是,与这些事件的参与者在宇宙秩序中的直接身份同样具有重大意义,这些事件在宇宙秩序的建立中所起的作用。在严重的危机、战争的威胁下,一种近似原始的社会组织终于发展成了一个城邦。

如果用现代的语言来评价这项成就,且允许主观臆断的话,我们可以用"活跃的和积极的力量"来形容众神最后决定性地战胜了静止的和惰性的力量,为达到这一目的,他们必须采取极端的方式。他们找到了一种方法,一种组织的形式,这种形式可以让他们充分发挥自己的力量。由于社会中的积极力量为了能应付混乱和惰性的不断威胁,已经完全构成了城邦的形式,所以在美索不达米亚人的宇宙中,积极的力量通过这种同样的形式——城邦——克服并战胜了混乱、消极和惰性的力量。但是,无论如何,这一点是十分肯定的——这次危机已把一种原始民主制形式的城邦加诸诸神。所有重大的问题都在一个普遍性的众神会议中得到处理,在那里,命令被确认,设计被构想,判决也在那里宣布。每个神都被指定了一个席位,最重要的席位属于五十位大神,他们之中有七位的意见是具有决定意义的。除了这个立法和司法会议外,现在还有了一位行政首脑,年轻的国王,他与众神会议中最有影响力的成员具有同等的权力;他是战时军队的领导者,而在和平时期他则是坏人的惩罚者,经过众神会议同意,他通常管理内部组织的事务。

马尔杜克在取得胜利后马上承担起管理内部组织的任务。首先是编订历法——这永远是美索不达米亚统治者的一项重要工作。他在自己造出的天空上建立了星座,通过它们的升降来确定年月日。确立木星的"位置"是为了让人们知道日期的"职责",每一天什么时候必须出现:

> 为了让人们认清它们的职责,
> 谁也不犯错误或不负责任。

他又在天空上放了两条带子,名为恩利尔和埃阿的"道路"。在天空两侧,太阳早上升起、晚上落下的地方,马尔杜克做了大门并且上了大锁以保证安全。在天空中央,他放置了天顶,让月亮照耀前方并给它下了命令:

> 他让月亮升起,把黑夜交给她;
> 使她成为黑暗中的生物,让她计算时间;
> 每月都定时给她戴上王冠。
> "每月的开始,当她从地面升起时,
> 你闪亮的角计算出六天的日期;
> 第七天,(你)一半的王冠(出现了)。
> 在满月的时候,你将面对太阳。
> ……
> (但)当太阳开始逼近天空的深处时,

你的光芒减弱并回到了它初升时的样子。"

文献还讲了许多详细的命令。

这个年轻的精力充沛的统治者还进行了许多进一步的改革,由于铭文在此出现了一个巨大的裂口,我们已经见不到原文了。当铭文变得可以重新阅读时,马尔杜克——似乎是对他们请求的反应——正在准备实施一项计划使众神从辛苦而低贱的工作中解脱,并把他们分成两大群:

> 我要使脉管打结,让骨骼产生。
> 我要造出路鲁(Lullu),他的名字是"人",
> 我要造出路鲁,人。
> 让他承担众神辛苦的工作,
> 以使他们能自由地呼吸。
> 接下来,我要的处理众神的问题;
> 真的——他们聚在一起像个球,
> 我要让他们分开。

分开,意思是说,分成两组。根据他父亲埃阿的建议,马尔杜克召集众神开会。现在大会行使司法职能,在会上,他让众神说谁该对这次进攻负责,是谁煽动了提阿玛特。众神在会议上指控肯古。肯古被捆绑起来处决了。在埃阿的指导下,用肯古的血造出了人。

> 他们将他捆绑,带到埃阿面前。
> 判了他的罪,割开他的脉管。
> 用他的血造出了人类。
> 于是,埃阿让人承担繁重的工作,解放了众神。

他造人的非凡本领引出了如下的赞美诗：

> 这件工作不是（人类）所能理解的，
> 而是根据埃阿所创造的马尔杜克巧妙的建议（来做的）。

马尔杜克马上将众神分开，把他们派到安努那里去，让他们听从安努的指示。他指定了300位神在天上各就其位，做保安工作，另300位则在地上各司其职。这样，在整个宇宙中，神的力量被组织起来，并且他们被分派了适合的工作。

众神对马尔杜克的决定表示衷心感谢。为表达感激之情，他们做了最后一次选择，为他建立了一座城市和一座神庙，神庙中每一位神都拥有高台宝座，这样他们集会时就可以在此就座了。第一次会议是在神庙的祭祀中举行的，像往常一样，众神先坐下用餐；接着讨论和决定城邦的事务；然后，当一般事务处理完毕时，安努就站起来确证马尔杜克的王者地位。他决定马尔杜克的武器和弓箭的不变地位；他决定其宝座的地位；最后，他召集众神会议，确认和决定马尔杜克自己的身份以及他在宇宙中的作用。安努列出了他的50个名字，每一个都显示了他存在的一个方面，每一个都说明了他的一项作用。史诗就以这些名字的目录作为结尾。这些名字概括地指出了马尔杜克是什么样的神，他代表着什么：他最终战胜了混沌，建立了有秩序、有组织的宇宙，美索不达米亚人的宇宙城邦。

在《恩努马·埃里什》这里，我们看到了美索不达米亚文明的又一个阶段，此时，古代的世界观已经为每个人的思考构筑了一个下意识的、能被直觉接受的框架。这一时期本身也开始形成一个有意识探索的主题。更古老的神话回答了关于起源、秩序和评价的细节问题，而《恩努马·埃里什》回答的则是关于基础的问题。它将宇宙的起源和秩序作为一个整体来处理。但它并未涉及评价的问题。评价的基础问题涉及宇宙秩序的公正性。这一问题被提出，但不是从神话学的意义上提出的。我们给出的答案将构成第七章的主题，它讲的是"正当的生活"。但在这以前，我们应当考虑一下美索不达米亚人关于世界秩序的观念在社会和政治生活中的反映。我们将转向城邦的功能的问题。

注　释

1. Gilgamesh Epic, Old Babylonian version, Yale Tablet IV, 7-8.
2. *CT* XV, 15.12.
3. Reissner, *SBH* VII, rev. 17-24. 在这一部分里，洪水被用作神意裁判的一种隐喻。这几章中的诗歌是由法兰克弗特夫人翻译的。她在充分运用英语的语言特点来最大限度地表达原文的韵律上，取得了非凡的成绩。
4. "Mythology", *Encyclopaedia Britannica* (11th ed.), Vol. 19, p. 134.
5. *Maqlû*, Tablet VI, 111-19.
6. Verdict on Flint in *Lugal-e*.
7. Cf. the Nidaba hymn, *OECT* I, 36-39.
8. *Maqlû*, Tablet III, 151-52.
9. *Ibid.* VI, 1-8.
10. *KAR* 102.
11. *CT* XXIV, 50, No. 47406 obv. 6 and 8.
12. *Maqlû*, Tablet II, 104-15.
13. *Politics* 1252^b.
14. *RA* XI, 144 obv. 3-5.
15. Thureau-Dangin, *Rit.acc.*, 70 obv. 1-14.
16. Kramer, *AS XII*, 34 and 36, ll. 173-89.
17. *Ibid.*, p. 38, ll. 203-4.
18. *Ibid.*, pp. 38 and 40, ll. 208-18.
19. *KAR* 25. iii. 21-29, and 68 obv. 1-11.
20. *KAR* 375. ii. 1-8.
21. Reissner, *SBH*, pp. 130ff, ll 48-55.
22. *CT* XXXVI, Pl. 31, 1-20.
23. Kramer, *Mythology*, nn. 47 and 48.
24. *Ibid.*, nn. 54 and 55.
25. *Ibid.*, n.59.

26　*Ibid.*, n.73.
27　Chiera, *SRT*, 4 obv. 17-22.
28　*Ibid.*, 3.
29　最新译文：Heidel, *The Babylonian Genesis*，参见此处引文。
30　此为一种闪米特语，在美索不达米亚，很长时期内与苏美尔语一起使用。到公元前三千纪末期，它完全战胜了苏美尔语，成为这一地区的唯一语言。
31　即在阿婆苏神、姆木和提阿玛特之中。

第六章　城邦的功能

我们要谈的第一个问题是"城邦的功能",也就是说,人们认为美索不达米亚人城邦的特定功能是让作为一个整体的宇宙正常运行。在往下进行以前,我们最好还是先考虑一下现代的"国家"一词,以防止我们在将它应用于古代美索不达米亚人的观念中时出现差错。我们提到的国家,通常是指其内部的主权不受任何外来势力的控制。进而我们认为国家统治一块特定的领土,它把保护它的成员以及为他们带来幸福作为它的首要目标。

在美索不达米亚人的世界观中,这种特性不是——的确不是——属于任何一个人类组织的。唯一真正不受外来势力控制的主权国家是宇宙本身组成的国家,是由众神会议统治的国家。而且,这个国家统治的是美索不达米亚这块领土:众神在乡间拥有土地和大庄园。最后,因为人类是为了神的利益才被造出来的,其任务就是为神服务。所以没有哪个人类的组织结构是以其人类成员的幸福作为首要目标的,它必须首先为众神谋求幸福。

但是,如果我们恰好要把"国家"一词应用于由美索不达米亚人的宇宙之邦中的话,那么我们就要问了,贯穿于美索不达米亚人的历史,被历史学家称为城邦和国家的人类层面的政治单位是什么呢?答案似乎是:它是某个大神的采邑、庄园。民族国家也是一个次级权力结构,但它有一项政治功能;它也许可以被看作是世界国家的行政机关的一种延伸,一种政治力量。

在对我们所要论述的实体做了一般的限定之后,我们现在可以更详细地探讨它们在宇宙及宇宙之邦中所实现的功能了。

美索不达米亚城邦

在整个公元前三千纪,美索不达米亚是由被称作"城邦"的小政治单位组成的。每一个城邦包括一座城市以及它周围的领土,这块领土由城市中的人们耕种。有时,一个城邦包括不止一座城市,也许是两三个城镇和许多村庄共同依附于一座城市,由城市进行管理。偶尔,一些征服者成功地将大部分城邦统一起来,在他们统治之下形成一个巨大的单一民族国家。但是,这些民族国家通常只能维持较短的时间,之后,这个国家就重新分裂为城邦。

城邦的中心是城市,城市的中心则是城市之神的神庙。城市之神的神庙通常是城邦中最大的土地所有者,它使用奴隶和佃农来耕种它的大块地产。其他神庙属于城市之神的配偶、子女以及与主神相关或相似的拥有大块地产的神。所以,据估计,大约在公元前三千纪,美索不达米亚城邦的大部分土地都属于神庙,大部分居民都相应地以做佃农、奴隶或神仆为生。

这种经济和政治的现实情况反映在美索不达米亚的神话中,就是宣称人是为了把神从辛苦劳作中解放出来才被造出来的,他们要在众神的地产上劳作。因为美索不达米亚城邦就是一块地产,或者——如我们做过的比较那样,更像中古的采邑庄园——以一块地产为基础。这块基本的地产,主神庙及其土地都由城市之神拥有和管理,城市之神发出所有重要的命令。

为使这些命令得以贯彻执行,城市之神要支配一大批神职人员和人类仆人。人类仆人在家中和田地里工作,并被相应地组织起来。神仆、小神做监工。每个小神在地产的管理中都有自己特定的一块领地;在那里,他将自己的神力注入其人类仆人的劳动中,以保证这块地物产丰富、五谷丰登。

我们知之甚多[1]的是关于拉格什城邦神庙的组织情况。它的主神神庙属于一个叫宁吉尔苏(Ningirsu)的神,所以这个神庙可以作为一个例证。

首先是宁吉尔苏的神仆和属于其家庭及其周围的小神,他们分成两组:一部分在庄园的房屋,也就是神庙本身中工作;另一部分则在神庙的土地和田野中工作。

在庄园房屋里的众神中，庄园主的儿子伊加利马神（Igalimma）是至圣之所的守门人。他负责接待那些等待宁吉尔苏接见的来访者。宁吉尔苏的另一个儿子——丹沙加纳（Dunshagana），是首席管家。他监督饮食的准备和布置，他要保证牧羊人为众神的餐桌贡献羊羔和奶制品。还有两位兵器修造者，他们负责照管宁吉尔苏的兵器，在战斗中他们作为执兵器者跟随着他。在缔造和平的事业中，宁吉尔苏得到了一位神界顾问的支持，他与宁吉尔苏一同讨论城邦的需要。他自己，则由一个贴身仆人——沙坎尔巴神（Shakanshabar）来照料，他负责为宁吉尔苏跑腿送信。内侍乌鲁兹（Urizi）负责宁吉尔苏的起居，他要保证宁吉尔苏的床完好无损，并在每天晚上将床铺好，等等。在庄园的马厩中，我们能见到车夫恩西哥南（Ensignun），他为宁吉尔苏驾战车，照管他的驴和战车。还有安路里木（Enlulim），神的牧羊人，他照管神庙的羊群，保证足够的羊奶和羊油。

回到起居事务中来，我们注意到宁吉尔苏的乐师，他负责管理乐器，他的演奏要使庄园充满欢笑。还有一个鼓手，他主要是在宁吉尔苏心烦意乱的时候进行表演，深沉的鼓声才能使这位大神的心情平静下来，止住他的眼泪。宁吉尔苏的妻子芭芭（Baba）为他生了七个女儿，她们都在庄园里做侍女。

在庄园房屋外的田野上，宁吉尔苏的管家基什巴尔神（Gishbare）负责土地的生产事务，以及使运河的水位上涨，填满神庙的谷仓。此外还有渔场看守人，他往池塘里放鱼，照管芦苇丛并随时向宁吉尔苏汇报工作。庄园里的野生动物归猎场看守人或护林员管理，他们要让鸟安静地产蛋，幼鸟和小兽能顺利地成长。

最后还有一个警长，城镇的执法者，他在城墙上放哨，手持棍棒巡逻。

尽管这些神界的监督者使宁吉尔苏庄园中的工作神圣化了，但是低贱的工作还是由人来做的。这些人类苦力，无论是佃农、奴隶、还是神庙的仆人、牧羊人、酿酒人或厨师都被一群位于人类神仆等级最高层的人类监督者组织起来，这就是恩西（ensi），神的领地的管理者及其城邦的管理者。

我们称恩西是神的领地的"管理者";他在神面前的位置实际上就像一个地产管理者、一个管家在主人面前的位置。一个被指定管理庄园的管家,首先要维持和确保庄园中已确立的秩序;其次,他要执行主人发出的关于变更、革新或处理突发事件的方式之类的特殊命令。与此非常相似,恩西一般要维持神庙和城邦所确立的秩序,他要辅助神并贯彻执行神所可能希望给予的任何特殊命令。

恩西的首要任务是管理神庙及其他地产。他全权负责所有的农业事务,包括神庙的树林、渔场、杂木林、织布机、磨坊、酿酒坊、面包坊、厨房,等等,这些构成了神庙产业的一部分。一群书吏对所有这些进行详细记录,这些记录要送交恩西,由他批准,因为他主管城市之神的神庙,所以他的妻子要管理城市之神配偶的神庙,他的孩子要管理城市之神子女的神庙。

除了这些任务以外,恩西还要负责维持国家的法律和秩序,以保证每个人都受到公平对待。于是我们听说一位恩西说他"与宁吉尔苏约定他绝不把孤儿寡妇交给强悍的男人"[2]。所以恩西又享有最高司法权,但是他还有其他职责:他是城邦军队的总司令,他代表自己的主神与其他城邦的代表及其他神的恩西谈判,他有宣战、媾和的权力。

这些功能使我们接触到了恩西职能的另一方面,即执行神的特殊命令,因为战争与和平的问题需要超出一般命令的决定,那是只有神本身才能做出的决定。在城市之神必须做出决定的问题中,其中一项是是否重修主神的神庙。

恩西要采用几种方式来探明他主人的心思。他也许通过自然界中所发生的异常事件以及不吉利的现象来得到一项命令,一个征兆的意义可以由祭司根据有关这类征兆及其意义的一串长长的目录做出解释。但他也可以向一位神献祭一只动物,通过这只动物肝脏的形状来了解神意的办法和寻求一个特定问题的答案。如果一开始答案不清楚,他可以重复这一过程。另一种与神联络的最直接的方式是通过梦来进行的。恩西在夜里去神庙献祭、祈祷,然后躺下睡觉。在梦里神向他显现并发出命令。

我们有几个关于这些命令如何从神那里传给其人类管家的详细说明。其中的一个例子是宁吉尔苏给他的管家古地亚——拉格什的恩西[3]下的命令。这一命令是有关重修宁吉尔苏的埃尼努神庙的。首先，古地亚注意到了一个异常情况：由宁吉尔苏控制的底格里斯河没有像往常一样上涨淹没田野。古地亚马上去了神庙，在那里他得到一个梦。梦里，他见到一个巨人戴着神的冠冕，还长着一对像大鸟一样的翅膀，巨人身体的末端是洪水的波浪，他左右两侧站着两只狮子。这个人要古地亚给他修庙。然后，天亮了，一个女人出现了，她着手实施一项建筑计划，她手持金笔和泥板，泥板上刻的是星座图，她在研究这些东西。又有一个手持天青石板的武士，他在上面画了一座房子的草图。古地亚的面前有一块砖模和一个篮子；一群鸟首人身的神在不停地向水槽里灌水；在那神的右侧，一只公驴在不耐烦地搔抓着地面。

尽管古地亚了解了这个梦的大概意思是要为宁吉尔苏重修庙宇，但他还不清楚有关细节的含义。于是，他决定去请教南什（Nanshe）女神，她住在一个小镇子里，尤其擅长解梦。他的行程花了很长时间，因为他经过路上每一座庙宇都要停下来祈祷，以寻求帮助和支持。但最后，他还是径直来到了这位女神的庙宇向她提出了自己的问题。她欣然给出了答案（她如何将答案传递给宁吉尔苏我们不得而知，我们只知道答案）：那头戴冠冕的有翼的人是宁吉尔苏，他要古地亚为他重修神庙。曙光是古地亚自己的神，他将活跃于世界的每一个角落，他可以保证古地亚派出的为神庙购买建筑材料的商队取得成功。那研究泥板上星座的女神正在决定在哪一颗星星之下修庙才是吉利。那个神勾画的蓝图就是神庙。砖模和篮子是制造神庙的圣砖用的；那些不停工作的鸟首人身的神表示古地亚在完成他的任务以前不能让自己睡觉；那不耐烦地搔抓地面的驴则表示恩西本人要迫不及待地开始工作。

但是这个命令还没有被解释清楚，宁吉尔苏要的是哪一种神庙？它应该包含什么？南什建议古地亚去向这位神得到进一步的信息。他要为宁吉尔苏造一辆新战车，要装饰华丽，然后在鼓声中把战车送到宁吉尔苏那里。然后，宁吉尔苏，"喜爱礼品的神"，将注意到古地亚的请求，告诉他如何正确地修建神庙。古地亚听从了这个建议，他在宁吉尔苏的神庙里毫无成果地待了几夜以后，终于见到了宁吉尔苏。宁吉苏尔告诉古地亚新神庙必须包括哪些东西。

> 古地亚醒来了，他已睡过了；他摇晃着身躯，那是一场梦。
> 作为接受的表示，他对宁吉尔苏的命令点了点头。

现在古地亚可以行动了。他召集他的人民，告诉他们神的旨意，向他们分派这项建筑事业的税款，派出商队等。现在他发布命令，他知道该怎么做了。

我们已经在此说明了神的关于修庙的命令。而以相似的方式，通过神的直接命令，可以着手进行所有重大活动。神可以要求进行战争、缔结和平、引入新的法律和习惯以对社群进行规范。

城邦在一个由宇宙构成的更大的国家中所扮演的角色已经很清楚了。它是一个私人的组织机构，它的主要功能是经济方面的。它属于宇宙国家的一个公民，一位大神；并由他统治；那是他的采邑。作为一个采邑，他为这个神提供生活的一切必需品：吃的、穿的和住的。这些东西十分丰富，配得上这位神的身份，让他过着被大群的仆人、随从和物质财富所包围的贵族式的生活，这样他就可以自由自在，无拘无束地表现自己。

正如我们已经看到的，每个大神都存在于自然界的一种伟大力量之中，或在它的背后——天空、风暴或是其他什么东西。通过供奉一位大神，向他提供经济基础，使他能够完整而自由地表现自己，城邦就维持了宇宙中一种伟大的力量，使它能够自由地发挥正常的作用。这就是宇宙中的人类城邦的功能。以这种方式，宇宙的秩序及其力量就可以得到维持，并得以永恒存在。

美索不达米亚的民族国家

与城邦的功能不同，美索不达米亚的民族国家主要是在政治层面而不是在经济层面上活动。无论城邦还是民族国家，都是从根本上高于单纯的人类层面之上的权力结构；每一个国家都有一位大神高居其上。但是，城邦的界限集中于大神作为宇宙国家的公民的能力范围之内，而民族国家的界限集中于一个大神作为宇宙国家的官员的能力范围之内。所以，民族国家就成为一个真正的主权国家的统治机构的扩展。

我们记得，宇宙国家的统治机构是众神会议。在这里，安努是辩论的领导者，恩利尔则代表警官和军队总司令的执行权力。但是，虽然恩利尔代表的是世界政府的暴力因素，但他却不是唯一的代表。众神会议可以选择它的任何一个成员来维持内部秩序和领导军队，并宣布他为王。众神选定的这个王就在众神中执行这些职能，而他实际上是通过他的人类管家，他的城邦的统治者进行活动的。这个人类管家相应地统治着美索不达米亚的其他统治者，并通过他们统治着那些城邦。例如，约公元前二千纪中期，当伊南娜的城邦基什和阿卡德相继在美索不达米亚取得支配地位时，这一时期就是伊南娜的"统治时代"。后来，当乌尔居于统治地位时，它的神纳那就取得了众神之王的地位。

然而，恩利尔与这些统治职能的关系如此紧密，以至于王权经常被直接看作是"恩利尔的职能"，而那个占据王位的神则被认为是在恩利尔的引导下活动的。

王权的职能是两面的：惩罚作恶者，维持内部的法律和秩序；指挥对外战争，从外部保护美索不达米亚。以下两个例证可以使这一结论得到证明。

当汉谟拉比在巴比伦的一个小城邦统治了30年之后，成功地征服了整个美索不达米亚南部，他的成功意味着——用宇宙的语言讲——巴比伦的城市之神马尔杜克，已被众神会议选出，并通过其领导人安努和恩利尔，执行恩利尔的职能。相应地，马尔杜克的人类管家——汉谟拉比已经在凡间被授权实施这些职能。汉谟拉比对这件事的说法是：

> 决定宇宙命运的高贵的安努，安努那基之王，以及恩利尔，
> 天地之主，

> 指定恩齐的长子——马尔杜克在全体人民中间执行恩利尔的职能，
> 并让他成为伊吉吉的伟大者，
> 呼唤着巴比伦高贵的名字，使它成为世界上最（伟大）的名字。
> 为了他在其中建立永恒的王权，它的根基（如）天地一样牢固，
> 安努和恩利尔让我为人民谋幸福，
> 我，顺从的汉谟拉比，敬神的王子，为这片土地带来了正义，
> 毁掉那作恶者，禁止强者欺凌弱者。
> 我像太阳一样升起，升到众人的头上，照亮大地。[4]

马尔杜克，正如我们在这段文字里见到的，马尔杜克是恩利尔的执行者，汉谟拉比是马尔杜克的执行者。由于这段文字选自汉谟拉比法典的序言，所以很自然地，恩利尔的那些有关维持法律和秩序的职能是被特别强调的。

在恩利尔的职能转到马尔杜克和巴比伦以前，把持在伊新城和它的女神尼宁西娜（Nininsina）手中。我们可以引用一段文献，在此，这位女神讲到了她的职责，她着重指出了她领导对外战争的职能：

> 当伟大的山峰恩利尔的心变得狂躁不安时，
> 当他对着一块外国的土地皱眉，要决定叛乱国家的命运时，
> 我父亲恩利尔派我前往那个他为之皱眉的国家，
> 于是，我，女英雄；我，强壮的战士，就前去攻打它！[5]

她接着提到了她的军队施予这块外国土地的惩罚以及她如何向尼普尔的恩利尔汇报这一情况。

因为人类管家是代表城市之神活动的，甚至当这位城市之神已被选定为王并执行恩利尔的职能时，人类管家的任命就再也不是城市之神个人的事情了，它需要众神会议的批准。相应地，我们看到了，当乌尔的神纳那成为众神之王时，他必须去尼普尔求得对他的管家舒尔吉的任命。在尼普尔，纳那

在恩利尔面前被当众接待,他的建议被采纳了。恩利尔说:

> 让我的牧羊人,舒尔吉,为叛乱的国家带去痛苦;
> 让他的嘴里说出正义的命令。[6]

他提到了这一职务的两个杰出方面:战争的领导权和维护正义的权力。然后,纳那把这个令人振奋的消息带给了他的人类被保护者:他的候选资格已被接受了。

在伊新的统治者伊什米-达干的一份请求书中,我们能看到关于对这种任命批准的更完整而详细的表述。首先,他请求恩利尔给予他对北部和南部的领导权,然后请求安努根据恩利尔的建议给予他"所有牧人的棍杖"。之后,其他的大神也都被请求给他增加一种特性,以特殊的方式来帮助他。当这种任命以及他的职权都讲完了,这位国王又请求道:

> 愿恩齐、宁齐、埃努尔、宁努尔和安努那基的那些决定命运的神,
> (还有)在所有的大神中,那尼普尔的神(和)埃库尔的神,
> 让他们说出已经决定的关于命运的事情,
> 他们那句永远不变的"就这样吧"。[7]

这就是说,让众神会议以投赞成票的方式批准这项任命。

美索不达米亚人的宇宙被想象为一个国家,拥有和统治着众多城邦的众神在一个更高级的统一体——众神会议——中被集合在一起,它拥有一个执行机构,它既要施加外部压力又要强化内部的法律和秩序,这一事实对于美索不达米亚人的历史以及他们看待和解释历史事件的方式产生了深远的影响。它大大加强了这一地区政治统一的趋势,甚至认可使用最残酷的办法来达到这些目的。对任何一个征服者来说,只要他成功了,他就被认为是恩利尔的代理人。它也提供了——即使是当民族统一体已经衰落,而很多城邦出

于所有实际目的都已是独立的单位——一个国际法得以运作的背景。我们看到，在历史的黎明时期，一次在相邻的城邦拉格什和乌马之间的边境争端已被看作是两个占有这两块土地的神之间的争端。宁吉尔苏是拉格什的神，沙拉是乌马的神。这类事情可以提交法庭，由尼普尔的恩利尔做出裁决。恩利尔通过自己当时在人间的代表——基什王迈西里姆来贯彻自己的意志。迈西里姆丈量了有争议的领土，根据恩利尔的指示划定了边界。[8]

美索不达米亚的其他国王作为恩利尔的代表履行他们的职责也以相似的方式调停和裁决城邦间的争端。于是乌鲁克的乌图赫加尔在解放并统一了苏美尔后，又解决了拉格什和乌尔的边界争端。[9]乌尔第三王朝的第一个国王乌尔那木把一个类似的争端交给太阳神乌涂来裁决，"根据乌涂的公正裁决，他澄清了模糊的事实并（由证人）予以确证"[10]。

这种趋势，用纯属人类的表达方式来说，把明显的暴力冲突看成是众神在国家中的法定程序，看成是神意裁判的实施。这一点在乌图赫加尔的一篇铭文中有明显显示。这篇铭文讲述的是他如何将苏美尔从库提人的压迫中解放出来的故事。[11]序言里讲的是库提人的苛政，然后乌图赫加尔讲述了恩利尔如何命令他去荡平他们。接下来是恩利尔向乌图赫加尔授权，一位神的代表被指派给他，陪伴他并认可他作为法定的全权代理人。最后，我们就看到了他的战斗和胜利。

民族国家实施的作为宇宙国家执行机构的延伸职能并不是不可或缺的。曾有一段时期王权留在天上的安努面前，并未下降到凡间，而且，历史上有很多时候众神并未在凡间指定人类的王，宇宙仍按照自己的方式运行。正如民族国家的王权本身不是不可或缺的一样，这一职务的任何特定的担任者就更不是必不可少的了。有时，被授予王权的神或者城市被认为不称职，这是因为众神会议要求一种改变，于是这座城"受到兵器的打击"，王权不是转到其他神或城市的手中就是被搁置起来。

当这类重大事件开始出现时，王权开始感到自己的权柄不牢靠了，职能的运转不灵了。所有的征兆和迹象都变得混淆不清，神对于人的问题不再给以明确回答,没有任何命令被传达。恶兆出现了,人们怀着恐惧和不祥的预感等待着大祸临头。

注定要遭劫的城市之神也要忍受这一切。例如,我们知道当乌尔城陷落的日子临近时,当即召开的众神会议将决定剥夺乌尔持有的王权,并让这座城在恩利尔可怕的风暴中毁灭时,乌尔的女神宁加尔的感觉就是这样的,女神亲自讲述了那些日子:

> 我为那天的风暴而伤心,
> 那天的风暴,压在我身上的命运,令我泪如雨下,
> 那天的风暴,压在我身上的命运,令我泪如雨下,
> 压在我身上,一个女人——
> 尽管我为了那一天的风暴而战栗,
> 那天的风暴,压在我身上的命运,令我泪如雨下,
> 那天残酷的风暴就是我的命运——
> 在那天的厄运来临之前我无法逃离。
> 突然间,我发现,我统治的地方再也没有欢乐的日子了。
> 尽管我为那一夜而战栗,
> 那一夜辛酸的泪水就是我的命运。
> 在那天的厄运来临之前我无法逃离,
> 对风暴的恐惧就像洪水一样压着我。
> 突然,夜晚,我躺在床上无法入眠,
> 突然,我躺在床上无法把厄运遗忘。
> 因为(这)悲哀的哭泣已是我城邦的命运,
> 我不能,尽管我遍地搜寻——像一头母牛寻找她的牛犊——
> 找回我的人民。
> 因为(这)哀痛已是我城邦的命运,
> 尽管我,像一只飞鸟,张开了双翼,

197

  像一只鸟，飞向我的城市。
  但我那城市的根基将要被毁，
  乌尔将在它建起的地方死去，
  因为那日的风暴已举起了手，
  尽管我高声尖叫，号啕痛哭：
  "回去吧，那日的风暴，（回）到沙漠去。"
  那向我压来的风暴却不会离我而去。[12]

尽管宁加尔知道这一切毫无希望，众神决心已定，但当命运的判决下达时，她仍尽最大的努力去打动众神，首先是请求众神的首领，安努和恩利尔，哀求不成又试图在众神会议做最后的努力——一切都毫无结果。

  的确，参加会议的众神尚未起身，
  他们仍坐在那里发誓要坚持他们的决定。
  我拖着沉重的脚步走入，张开双臂，
  的确，在安努面前，我泪流满面，
  的确，在恩利尔面前，我悲哀呜咽。
  我的确对他们说："愿不毁掉我的城市！"
  我的确对他们说："愿不毁掉乌尔！"
  我的确对他们说："愿让它的臣民不被杀死！"
  但安努对这些话无动于衷，
  恩利尔也从不说："那好，就这样吧。"
  以使我的心情平静。
  （看！）他们坚持让那些城市被毁，
  （看！）他们坚持让乌尔被毁，
  它的居民注定要被杀死。[13]

于是，乌尔在蛮族的打击下毁掉了。这是众神的决定——如另一首赞美诗对此事的叙述一样：

> 几天前实施了一项毁灭的计划，
> ——当风暴像洪水一样泛起时——
> 苏美尔全都毁了。[14]

我们引用这几行诗句是因为它们概括了国家王权所涉及的内容。国家王权是"苏美尔之路"的保证（这也是文明的美索不达米亚之路），是一种有序的、合法的生活方式。它在世界上的功能就是抵御内外敌人，确保统治人类事务的正义和公平。

国家与自然

通过对城邦和民族国家的讨论，我们已大致说明了在美索不达米亚人的宇宙中人类国家的一般功能。城邦具有一种经济职能，它为一个大神及其随从提供基本的经济支持以使他们能过一种充实的生活，实现自己无拘无束的个性。民族国家具有一种政治功能。它是宇宙国家执行机构的一种延伸，在人类层面上强化了神的意志，为众神的领地提供武装保护，维持公平和正义，提供人类仆人以及与人类交往的基础。

但我们不能偏离国家的功能这一主题。我们要注意到那奇怪而有趣的一面，当我们从宇宙国家的观点来看人类国家时，它在某种程度上并未显现出来。这就是人类国家与自然的关系。

我们已经谈到了城邦为神提供经济支持，以使他们过上充实的生活并自由地表现自己。这种自我表现因神而异：每位神都有独特的生活方式、习俗和仪式。这种情况明显存在于伟大的祭祀节日中，它有时以婚礼为核心，有时又以战斗或死而复活的表演为核心。这些祭祀节日都是国家的事务：国王或城邦的统治者经常在祭祀的表演中扮演主角。但为什么要说这些是国家的事务呢？

我们可以详细研究一下这些祭祀节日中的一种。大约在公元前三千纪末期，伊新是当时美索不达米亚南部居于统治地位的城市，它每年都要庆祝女神伊南娜和杜姆姿的婚礼。可以理解，婚礼应该是年轻女神一种典型的自我表现形式，而且——从宇宙作为一个国家的观点来看——只有她的仆人和家臣作为客人和观众主持婚礼并参加庆祝活动才是合理的。因为女神是自然界多产的象征，她的丈夫，牧羊神杜姆姿是春天创造力的化身。那么，可以理解，这对男神女神一年一度的结合就表示春天大自然的复苏。婚礼中，这些代表自然界丰产和创造力的神本身就变得明显了。但是，我们也许要问，既然人是神的仆人，那么为什么人类的统治者——似乎还有——女祭司，却超越了他们人类的身份，在整个婚礼中扮演了杜姆姿和伊南娜的角色呢？因为这都是在仪式上出现的事情，对这个问题的回答要追溯到把世界看作一个国家观念形成以前的时期，回到遥远的史前时代。那时，神尚未与国家和城邦的统治者同形同性，他们只是直接的自然现象。那时人类的态度并不只是被动地服从，他们也要求积极地介入，今天的很多原始部落仍是如此。相似性与身份等同性的结合是神话逻辑的信条之一；"相像"并不等于"就是"。所以，通过相像，通过扮演一种自然力、一位神的角色，人可以在祭祀仪式中进入并把自己装扮得与这些力量或神相同。而且，当他与神等同时，他可以通过自己的行动使那些介入其中的力量按照他所希望的那样行动。国王把自己打扮成杜姆姿，那他就是杜姆姿了；同样，女祭司也就是伊南娜了——文献很清楚地说明了这一点。他们的婚姻是春天创造力的结合。通过人有意识的行动达到了一个神圣的结合。在那里，广泛散布着能赐予生命的再生力量，正如铭文告诉我们的那样，取决于"一切土地上的生命"，也取决于岁月的不断流动，以及新的年份中新的月亮的更新。[15]

像在婚礼仪式中一样，其他形式的祭祀仪式也是如此。在死而复活的表演中，人成了植物神，那是在干旱的夏季和寒冷的冬季消失的草和植物神。变成神以后，人要让自己被发现，这样就使神返回，也就是春天来临时，到处都有新的植物长出了。这些仪式通常也包含一个哀悼仪式，哀悼那消失的神，然后再搜寻那个神，找到他之后与他一同返回。[16]

同样的方式也存在于战斗的表演中。每到新年，当洪水的威胁把世界带回到原始的水质混沌中时，众神就有必要重打那场他们已经取得最初胜利的战斗。所以，人要以一个神的身份出现：在祭祀仪式中，王要成为恩利尔、马尔杜克或阿淑尔，作为神与混沌的力量开战。到了美索不达米亚文明的最后，在我们之前的几个世纪，在巴比伦，每到新年，国王都要扮成马尔杜克去消灭提阿玛特军队的领导者肯古，办法是烧死一只代表肯古的羊羔。[17]

这些节日都是国家的节日，人类的国家要控制自然，维持宇宙的秩序。在仪式中，人类要确保春天大自然的复苏，赢得抵御混沌状态的宇宙战争，并且每年都要从混沌中造出一个有序的世界。

尽管人类国家的这些功能在某种程度上与把宇宙作为国家的观念结合起来，尽管这些祭祀仪式被看作是高贵的神的活动和自我表现——神的婚姻、战争、死亡和复活——人类作为仆人参与其中，将存在于他们主人的重大事件中，但是，这些仪式更深刻的意义及内在的含义却不存在于把宇宙作为国家的观念中，也不建立在其上。于是，无疑地，这种观点的陈述不能展示真正的远景，而是代表了"思辨思维"更古老的层面。

根据把宇宙看作国家的观念，人类是宇宙伟大力量的奴隶：他为它们服务并听命于它们，他对它们施加影响的唯一方式是祈祷和献祭，也就是说，通过说服和礼物。根据创造出了这些节日的古老的观念，人类自身可成为神，可与环绕在他周围的宇宙中的伟大力量等同，从而可以通过行动而不只是通过恳求祈祷来影响他们。

注　释

1　大部分来自 Gudea, Cyl. B 的描述。

2　Urukagina Cones B and C XII, 23–28.
3　Gudea, Cyl. A.
4　*CH* I, 1–44，并非原始断行。
5　Chiera, *SRT* 6, iii, 32–37.
6　*TSR* II. 86 and *BE* XXXI, 24, i, 22–23.
7　*PBS* X_2, 9, rev. i, 16–20.
8　Entemena, Cone A.
9　*YOS* IX, Nos. 18–20.
10　Umammu Clay-nail B.
11　Utuhegal inscription, *RA* IX, 111 ff., and X, 99 ff.
12　Kramer, *AS* XII, pp. 26 and 28, ll. 88–112.
13　*Ibid.*, p. 32, ll. 152–64.
14　*BE* XXXI, 3, 1–3.
15　Cf. Chiera, *SRT* 1, V, 14 ff.
16　Cf., e.g., De Genouillac, *TRS* I, No. 8.
17　*CT* XV, Pl. 44, ll. 8' ff.

第七章　正当的生活

首要的美德：顺从

在一个将整个宇宙视为国家的文明中，顺从必然是首要的美德。因为一个国家是建立在顺从之上和对权威无可争议的接受之上的。于是，毫无疑问，我们发现美索不达米亚的"正当的生活"就是"顺从的生活"。个人处于一个越来越大的权威圈子的中心，而这个圈子限制他的自由和行动。由权威组成的最近和最小的圈子是他的家庭：父亲和母亲，哥哥和姐姐。我们有一首赞美诗讲述了即将来临的黄金时代，我们发现那个时代是以顺从为特征的：

> 那时人们之间互相谦让，儿子尊敬他的父亲，
> 这土地上人们相互尊敬，低贱者尊敬高贵者，
> 弟弟……尊敬他的兄长，
> 大孩子教导小孩子，而他（也就是小孩子）遵守他的决定。[1]

美索不达米亚人总是被告诫："注意你母亲的话，就像注意神的话一样"；"尊敬你的兄长"；"注意你兄长的话，就像注意你父亲的话一样"；"不要惹你姐姐生气"。

但是对家庭中年长成员的顺从只是一个开始。在家庭以外还有其他的圈

子、其他的权威：国家和社会。在一个人工作的时候，有监工；在一个人耕田的时候，有管庄监督他；还有国王。所有这些都能够并且肯定要求绝对顺从。美索不达米亚人是以不以为然、怜悯而且恐惧的态度来看待那没有领导者的群体的："没有王的士兵就是没有牧羊人的绵羊。"[2]

一群没有领导人组织和指挥的人是迷途而不知所措的，就像一群没有牧人的绵羊。而且那也是危险的；那将是毁灭性的，就像运河没有巡查者使堤坝经常得到维修，水就会冲开阻挡它的堤坝，淹没农田和果园一样——"做工者没有监工就像运河的水没有巡查者一样"。[3]

没有领导和组织的一群人是无用且一事无成的，就像一片农田如果不加以耕作就什么也长不出来一样，"没有管庄人的农夫就像一片没人耕种的农田"。[4]

所以，有序的世界中没有一个高级的权威实施他的意志，这是不可想象的。美索不达米亚人相信权威总是正确的："来自王宫的命令就像安努的命令一样不可改变。王的话总是正确的：他的话就像神的话一样，是不能改变的！"[5]而且，就像在家庭、社会和国家中人类权威的圈子限制个人自由一样，神界也有不可侵犯的权威。这里，我们又发现了更直接和更遥远的忠诚的纽带。因为个人与神之间的联系——至少是在公元前三千纪——在某种意义上是一种遥远的形式。人是作为集团中的一个成员而不是作为个人为众神服务的。他在众神的地产上劳作，他与他的邻居和同胞一起遵守神的法律和命令，并且作为观众参加每年的节日。但是，正如农奴与庄园领主之间很少有亲密的个人关系一样，美索不达米亚人把大神看作遥远的力量，只有在遇到重大危机时他才通过中间人向神求告。亲密的个人关系——就像自己与家庭中的权威，父母兄姐间的关系一样——只在一个人与一位神之间存在，那就是他的个人神。

个人神在诸神谱系中通常处于次要地位，他对一个人的家庭有着特殊兴趣，或是喜爱这个人本身。在某种意义上也许这是他原始的一面，个人神是作为一个人的幸运和成功的化身出现的。成功被解释成一种外在的力量进入人的种种行为之中,使他们产生成果。成果不是一个人自己的能力带来的,因为人是软弱的,他没有力量在任何可估计的程度上影响宇宙的进程,只有神才能这样做。所以,如果事情的结果正如一个人所希望的一样,甚至更好,那肯定是某位神对他和他所做的事产生了兴趣并给他带来成功,他必须以美索不达米亚人的方式说成功是"赢得了一位神"。个人神作为一个人成功的背后的力量,这一原始层面在如下说法中表达得很清楚:

> 没有(个人)神人则无法谋生,
> 年轻人则无法在战斗中勇敢地挥动他的兵器。[6]

个人神还与预谋和计划联系在一起:

> 当你事先计划时,神就是你的;
> 当你事先不做计划时,神就不是你的。[7]

也就是说,你只有事先计划,才有成功的机会,只有那时你的神才与你在一起。

由于个人神是使一个人行动成功的力量,所以很自然地,他或她也应当对这些活动承担道德责任。当乌马的统治者卢伽尔扎吉西进攻并摧毁了部分拉格什城时,拉格什的人民毫不犹豫地诅咒卢伽尔扎吉西的神:"让他的神,尼达巴女神,在他的脖子上承担罪责!"[8]就是说,让统治宇宙的正义的神的权威为她所受到的帮助和教唆负责。

一个人对他个人神的崇拜和顺从要超过对其他任何的神。每家都为个人神设个小祈祷室,在那里,户主每天都要对神膜拜献祭。

> 一个人必须真心地宣告他的神的伟大;
> 一个年轻人必须全心全意地遵守他的神的命令![9]

顺从的奖励

现在，如果这个有关对家庭、统治者和神顺从的单调的题目就是美索不达米亚的幸福生活的本质，也就是正当的生活的本质的话，那么我们也许要问，过这种正当的生活，人们能得到什么呢？答案最好还是根据美索不达米亚人的世界观，以及人在宇宙国家中的地位给出。你会记得，人被造出来是要给神做奴隶的，他是神的仆人。一个勤勉顺从的仆人可以从他的主人那儿寻求保护。而且，一个勤勉顺从的仆人可以指望被提拔，可以从主人那里得到宠爱和奖赏。而相反，一个懒惰违拗的仆人则不要指望得到这些。于是，这种顺从的方式，这种尽职和崇拜的方式，是取得保护的途径，是通向尘世的成功的途径，是实现美索不达米亚生活最高价值的方式。这些价值包括：长寿、在集团中的荣誉地位、多子和财富。

当我们从个人可以为自己求得什么的角度来看待美索不达米亚人的宇宙时，个人神就成了关键的角色。他是个人与宇宙及其各种力量相联系的纽带，他是阿基米德的支点，从那里世界可以被撬动。因为个人神并不像其他的大神那样遥远而威严，他更加亲近，他更加体贴。一个人可以与他交谈，向他请求，在他的怜悯下工作——总之，可以使用所有孩子与父母交往的方式。这种关系的特点可以通过一个人写给他的神的信表现出来，因为美索不达米亚人常给他们的神写信。也许他们认为当他们呼唤神时，他们也不能保证总能在家里找到神，但神也愿意看他的信。也许还因为写信人病了，不能亲自前往拜谒，只好写信。而就我们将要引用的这封信而言，作者不亲自前来似乎是因为他不高兴了。他的感情受到了伤害，因为他认为他的神忽略了他。他暗示了这种忽略对这位神来说是很不明智的，因为真诚的崇拜者是很难得到也很难替代的。而只要这个神顺应了他的希望，他就会马上去他那里膜拜他。最后，他要在神的怜悯下工作：神必须考虑到不仅是他自己还有他的家和可怜的小孩也在跟他一起受苦。信的内容如下：

> 我，拉皮拉达德，您的仆人，对神——我的父亲讲：
> "您为何（如此）忽略我？
> 谁将给您一个人来替代我的位置？
> 写信给马尔杜克，他喜欢您，
> 他也许会打破我的桎梏；
> 那时我要看到您的脸，吻您的脚！
> 也想一想我的家人，成年的和未成年的；
> 为了他们，怜悯我吧，帮助我吧！"[10]

这封信里所说的桎梏是一种病。任何一种病都被看作是受害者被恶魔抓住并俘虏。实质上，个人神对这种事情是无能为力的。个人神可以在一个人做事时帮助他，可以在集体中给他地位和尊严，但还没有强大到能把他从一个邪恶的、无法无天的魔鬼手中解救出来的程度。不过，这是与那些地位高的神建立联系的最大好处——个人神有一些极具影响力的朋友，他在大神的圈子里活动，跟他们很熟。所以当他所保护的人被恶魔抓住时，他就要运用他所具有的一切影响力去开动神界公正行为的笨重机器，"给马尔杜克写信，他喜欢您"，信上这样说。

如今，我们生活在现代国家的人想当然地认为正义的机器——法庭、法官、警察——会为任何认为自己受到不公正对待的人做主，但这是一个非常现代的观念。我们只需回到中世纪的英国就会发现，要让国王受理一个人的诉讼是很困难的。而按照宇宙国家模式建立的早期美索不达米亚国家则比中世纪的英国更加原始。在这里，还没有发达的执行机构来执行法庭的判决，而是把执行权留给胜诉的一方。因此，除非在原告的背后确实有一个力量，一个强大的保护者能确保判决被执行，法庭是不会去接触一桩诉讼的。相应地，个人神所要采取的第一个步骤就是在大神中找到这样一个保护者。通常淡水之神埃阿非常愿意承担保护的责任。但是埃阿是如此威严和遥远，个人神无法接近他，他将去埃阿的儿子马尔杜克那里，马尔杜克将督促他父亲采取行动。如果埃阿同意行动的话他就派出一位特使——一个人类的念咒祭司——与个人神一起去往众神的法庭，这位特使代表埃阿请求太阳神（正义之神）接受和审理这桩案子。这项请求是在神庙中一个令人印象深刻的典礼上直接向升起的太阳提出的。他先是赞美太阳，称其是法官，能依法解除所有恶造成的危害，治愈那些受苦的人，然后他继续说：

> 太阳神，解救他们是您的力量所在；
> 您使互相矛盾的证言得以纠正，并以一个声音发布。
> 我是埃阿的信使；
> 他为解救那受苦的病人把我派到此地，
> （而）我已向您重复了交给我的信的内容。
> （至于）那病人，他是神的儿子，您要审理他的案子，为他宣布您的判决，
> 从他的身体中驱走病魔。[11]

通过太阳神的决定，由强大的埃阿保证，恶魔被迫松手了。

个人神被请求运用他的影响力来促成神正义的判决，这是这位神最典型的作用之一，但是，他也会被请求促进一般的幸福和进步。他要在任何可能的时候为他的被保护者说好话，例如统治者恩提美那就请求允许他的神永远站在宁吉尔苏大神面前，为自己的健康长寿祈祷。[12]

如果我们要概括一下，文献告诉我们"正当的生活"的奖赏是什么，我们就会发现生活是很专横的。通过顺从和服务，人也许能赢得他的神的好感。他的神也许会利用自己对更高级神的影响，从他们那里为自己的被保护者谋得好处。甚至正义都是这样一种恩惠，但是它不能被要求，而只有通过个人的关系、个人的压力、个人的得宠来得到。甚至最完美的"正当的生活"都只是提供一种承诺，只是一种靠不住的个人奖赏，而非一种必然。

基础评价：对公正世界的要求

当公元前三千纪，当宇宙国家的观念相当牢固地存在的时候，真正的人类国家也有了很大发展。中央的权力越来越强，公正的机器变得更有效了，对罪犯的惩罚比以前更规范化了。有关公正——人们对某种东西享有权利的观念慢慢形成了，到了公元前二千纪——正是著名的汉谟拉比法典的时代——公正是一种权利而不是恩宠似乎以成为普遍的观念。

然而，这种观念必须同已经确立的世界观做斗争。这里就出现了一些基本问题，如人为什么要死和有关正义的受难者的问题。这两个问题并不是同样清晰地出现，但人们都同样迫切地需要做出回答。

1. 与死亡抗争：《吉尔伽美什史诗》

这两个问题中，更模糊、更不合理的也许是与死亡抗争的问题。我们看到它是一种潜在的愤恨，一种深藏在心中的罪恶感觉，与其说它是一种思想不如说它是一种感情。而无疑这种感情是以新的人权观念，以要求宇宙中的公正为基础的。死亡是一种痛苦，它与任何惩罚方式一样严酷，实际上，它是最高的惩罚。为什么一个无辜的人必须忍受死亡的痛苦呢？在古老专横的世界中，人们对这一问题并未感到苦恼，因为无论好事坏事都是专横的。而在一个新的将公正视为一种权利的世界里这一问题就变得紧迫了。我们看到了《吉尔伽美什史诗》对这一问题的处理。这部史诗一定是成形于约公元前二千纪中期。它以更古老的资料为基础，但古老的故事被编成了一个新的整体，围绕一个新的主题——死亡，组合起来。

在巴比伦尼亚南部，年轻气盛的乌鲁克统治者吉尔伽美什残酷地压迫他的人民。人民向众神求助，要求给他造出一个对手，使他们互相斗争，而使人民可以得到喘息。众神同意了，并造出了恩齐都，他成为吉尔伽美什的同伴和朋友。他们一同出发去冒险。他们穿过西方的"雪松林"，在那里，他们杀死了为恩利尔看守树林的可怕的怪物胡瓦瓦。在返回的时候，伊南娜

209　女神爱上了吉尔伽美什,当他拒绝她时,伊南娜派出了可怕的"天上的公牛"。他们并肩战斗,杀死了公牛。他们的力量似是无穷的,甚至最可怕的敌手都在他们面前倒下去了。他们能够以最傲慢的态度对待一个强大的女神。接下来恩利尔决定让恩齐都死去以作为对杀死胡瓦瓦的惩罚。于是不可征服的恩齐都染疾而死。直到现在,死亡对吉尔伽美什来说都没有什么意义。他已经接受了通常的关于一个大无畏的英雄的标准以及关于他(所达到)的文明的标准:死亡是不可避免的,对死亡充满担忧是没有意义的;如果一个人必须死,那么就让他死得光荣,面对一个值得尊敬的对手,这样他的美名才会永存。在与胡瓦瓦战斗之前,当恩齐都一度失去了勇气之时,吉尔伽美什严厉地责备他:

> 我的朋友,谁能够如此高贵?
> 升上天空,永远与沙马什在一起?
> 只有人,他的日子是被计算过的。
> 无论他是什么,他都只是一阵风。
> 你,现在已经怕死了。
> 你那勇气中的卓越力量哪里去了?
> 让我前去,
> 你对我喊:"逼近他,别怕。"
> 如果我倒下了,我将确立我的美名。
> (人们会说):"吉尔伽美什在与可怕的胡瓦瓦的战斗中倒下了。"

他继续说恩齐都将给吉尔伽美什的儿子讲述他父亲的勇敢。这里,死亡并不可怕,它只是游戏的一部分,美名在一定程度可以减轻死亡对他的影响,因为一个人的声名可以世代长存。

但那时吉尔伽美什只是对死亡有抽象的了解,他还没有直接接触到死亡的赤裸裸的现实。当恩齐都死去时,他接触到了。

> "我的朋友,我的兄弟——与我一同
> 在山脚下猎取野驴,在平原上猎取黑豹;
> 恩齐都,我的朋友,我的兄弟——与我一同
> 在山脚下猎取野驴,在平原上猎取黑豹;
> 你与我一同,攀登峭壁,
> 抓住,杀死天上的公牛,
> 打倒了住在雪松林里的胡瓦瓦。
> 现在——这抓住了你的睡眠的是什么东西?
> 你的眼前变得漆黑,你的耳朵听不到我的话。"
> 他的眼睛没有睁开。
> (吉尔伽美什)触摸他的心脏,它已不再跳动。
> 他将他的朋友盖起,像个新娘一样……
> 他高声呼叫——像头狮子……
> 一头母狮在追寻他的幼崽。
> 他一次又一次地转向他的朋友,
> 抓住他的头发,一束又一束地散开,
> 从他的遗体上剥下了华丽的衣服。

210

这个损失对他来说大得无法忍受。他实在不愿接受这个现实。

> 他与我共渡艰险——
> 人类的劫数已降到了他身上。
> 我日夜为他哭泣,
> 不愿将他埋葬——
> 我的朋友也会在我的呼叫中站起,

> 七天七夜——
> 直到蛆虫从他的鼻孔中爬出。
> 他去了,我再找不到安慰,
> 我像平原的猎手一样不断地游逛。

死亡的思想继续困扰着吉尔伽美什。他只有一个想法,一个目标,就是求得永生。于是他出发踏上求索的旅程,在世界的尽头,越过了死亡之水,那里住着他的一位祖先,他已得到了关于永生的秘密。吉尔伽美什将到他那里去。他孑然一身徘徊于通往群山的长路上,那是太阳落下的地方,他沿着太阳在夜间穿过的黑暗的通道前行,几乎对重见光明丧失希望,终于,他走出来了,来到一片广阔的大海岸边。在途中,他逢人就问如何找到乌他那皮西提母的道路和有关永生的问题。所有的人都告诉他,他的追求是毫无希望的。

> 吉尔伽美什,你要往何处去?
> 你寻求的永生,你永远找不到。
> 因为当众神造人的时候,
> 他们把死亡给了他,
> 而把生命留在自己的手中。
> 吉尔伽美什啊,填饱你的肚子——
> 日夜寻欢作乐,
> 一天到晚欢笑,跳舞,奏乐。
> 穿新衣服,洗头洗澡,
> 望着抓住你手的孩子,
> 拥抱你的娇妻,让她得到快乐,
> 只有这些事,才是人应该关心的。

但吉尔伽美什不死心,他不能把自己拱手交给一般的命运。对永生的渴求占据了他的思想,促使他走下去。在海边他遇上了乌他那皮西提母的船夫,找到了渡过死亡之水的办法。最后他终于找到了乌他那皮西提母,问他如何获得永生。但乌他那皮西提母爱莫能助。他的永生完全取决于不可复制的机会。在很久以前,众神在恩利尔的带领下准备毁灭人类,他们放出了洪水,只有乌他那皮西提母和他妻子得救了。乌他那皮西提母事先得到警告;他造了艘大船,救了自己和妻子以及每种生物中的一对。后来,恩利尔对自己一时冲动放出了洪水感到后悔,于是他赐予乌他那皮西提母以永生作为对他救出了地球上的生物的报答,但显然这种机会再也不会出现了。

但吉尔伽美什仍试图与死亡抗争。乌他那皮西提母让他先与睡眠斗争,具有魔力的睡眠只不过是另一种形式的死亡而已。吉尔伽美什很快就挺不住了。当他不再清醒时,乌他那皮西提母的妻子出于怜悯唤醒了他。他的追求落空了。吉尔伽美什满怀失望地启程返回乌鲁克。此时,乌他那皮西提母的妻子劝丈夫给吉尔伽美什一份临别赠礼,乌他那皮西提母告诉吉尔伽美什有一种生长在海底的植物可以使持有它的人返老还童。吉尔伽美什的心情又振奋起来。在乌他那皮西提母的船夫乌尔沙那比的陪伴下,他找到了那个地方,潜下水去,手持那宝贵的植物从水里出来。他们向乌鲁克返航,到了波斯湾沿岸,继续向内陆前进。但是天气炎热,旅途疲惫,当吉尔伽美什看到一片诱人的凉爽的池塘时,便脱下衣服跳进去游泳。他把那株植物留在岸上。而当它被放在那里时,一条蛇闻到了它的味道,从洞里爬了出来,把它取走了。

于是,因为蛇吃了那植物,所以它们是不死的。当它们变老时,它们蜕去老皮重新获得青春的活力。而如果是人类骗取吉尔伽美什的植物,则不能返老还童;吉尔伽美什满怀痛苦地思考着自己求取永生的讽刺性结果。

> 于是吉尔伽美什坐在那里哭泣,
> 泪水从脸颊滚落。

> ……
> "乌尔沙那比,我为谁扭伤了肌肉?
> 我为谁耗尽了心血?
> 我没有给自己带来祝福——
> 却使地下的蛇得到了好处。"

《吉尔伽美什史诗》没有达到一个满意的结局,其中狂热的激情尚未平复,那里也没有悲剧的净化意义,对于任何不可避免的事情没有基本的接受。那是一个嘲弄的、不幸的、不满的结局。一个留待人们去发泄愤怒的内在混乱,一个找不到答案的重大问题。

2. 正义的受难者:"LUDLUL BEL NEMEQI。"[13]

对世界普遍不公的反抗越清晰、越理性,则其在表达上就越无力。但是,如我们已提到过的(第208页)——也有从"公正就是恩宠"向"公正就是权利"的基础的转化引起的对死亡的反抗。

随着人类的国家变得更加中央集权化,组织变得更加严密,组织行为也变得更加有效。一直存在着的盗贼和强盗的威胁现在已不那么严重了,也已不再是日常生活中的重要因素。这种人类的强盗和盗贼力量的衰落似乎影响到了宇宙中的盗贼和强盗——恶魔的评价,他们在宇宙国家的地位不再显赫。冯·索登(von Soden)指出,在公元前二千纪前后,个人神的概念发生了微妙的变化。此前,个人神被认为是无力的,无法抵御恶魔,从而需要向大神求助。但到了公元前两千纪,恶魔丧失了力量,个人的神完全能够保护他的人类被保护者,去对付恶魔。现在如果恶魔的进攻得逞,那是因为个人神生气了,他抛弃了他的被保护人而让他自己去设法应付。而且,冒犯了个人神的行为包括几乎所有伦理道德上的过失。

随着这种尽管也许是微小的变化,整个世界的面貌的确改变了。人类不再允许他的世界在本质上是专横的,人们要求一个坚实的道德基础。恶行、疾病和被恶魔攻击，不再被看成是意外的偶发事件：允许它们发生的众神，只有当个人神被冒犯而生气，抛弃了他的被保护者时才对这些事情的发生负最后的责任。所以人类已在自己的道德价值理论中建立了一种理论标准，人们大胆地用它去衡量众神和他们所做的事情。一种矛盾马上明显地表现出来。神的意志和人的伦理没有了共同的尺度，关于正义的受难者这个棘手问题出现了。

我们看到美索不达米亚人对这一问题有几种处理方式。但我们这里将只讨论其中最广为人知的一种，这段文字叫作"Ludlul bel nemeqi"（我们要赞美智慧之主）。它相当于《约伯记》，尽管要差得多。诗歌的主人公认为自己是公正的，并过着正当的生活，但对生活价值的怀疑困着他：

> 我只注重祈求和祷告，
> 我的思想就是祈祷，献祭是我的习惯。
> 当众神被崇拜时，我的心里就感到快乐。
> 跟随女神前进是我的收获和利益。
> 对王的崇拜是我的快乐，
> 为他奏乐是我快乐的源泉。
> 我要我的庄园谨守众神的祭奠，
> 我要我的人民尊重女神的名字。
> 我把重大的事情比作众神之事，
> 我教战士们尊敬王宫。
> 我知道这些事情都是众神所喜欢的。

尽管他行正义之举，最大的不幸还是降临到他头上：

> 阿鲁（Alu）病像一件袍子一样盖住了我的身体；
> 我睡在一张将我缠住的网中；

> 我的眼睛睁着但看不见，
> 我的耳朵张着但听不见，
> 衰弱已抓住了我的身体。

他哀诉道：

> 鞭子落在我身上，我恐惧；
> 我被别人用刺棒驱赶。
> 整天都有个迫害者在追赶我，
> 在夜里也让我不得安宁。

他的神已抛弃了他：

> 没有神来帮助我，来拉住我的手，
> 我的女神不怜悯我，不救助我。

所有的人都因为他的死而抛弃了他，并做出了相应的举动：

> 坟墓依然敞开着而他们已强掠了我的财富，
> 在我还没死的时候，他们就已停止了哀悼。

他所有的敌人都欣喜若狂：

> 希望我倒霉的人听说这些后喜形于色，
> 他们把这令人高兴的消息带给那希望我有祸的女人，
> 于是她感到非常快乐。

问题清楚地提出了，一个一贯公正的人却被统治生命的力量当作最邪恶的罪犯来对待。他的虔诚之举却得到了应属于对不敬神者的报复，他受到的待遇就像是针对：

> 一个没有低头下拜的，
> 没有说出祈祷的话的人。

这一问题的现实性是无可辩驳的。正义的受难者的事例也许很少这么极端，但谁也不能对它的普遍后果视而不见。公正且正当的生活并不能保证健康和幸福。而事实上不正当的生活却似乎是通向成功的更好的道路。

这个问题有答案么？这段文字给了我们两个答案：一个是思想上的，主要着重于智力方面的问题；一个是心理上的，是对这种特殊的正义的受难者所犯错误的思考而激发起的冲动。思想上的回答，是否认人类的价值标准可以应用于神。人类看上去太渺小，太有限。他不能对神圣的事物下判断。他无权以自己的价值观去对抗神的价值观。

> 对人来讲似乎值得赞美的东西，在神的面前则是可鄙的，
> 在人来看似乎是坏的，在神看来则是好的。
> 谁能理解那远在高空的神的思想呢？
> 神的思想像深水一样，谁能摸得清？
> 头脑糊涂的人类，怎么能理解神的思维方式呢？

人类的判断不是真正的判断，因为人是短暂的生物。他不会有长远的观点，他的态度随时都在变，他不可能对那不受时间限制的永恒的神的动机有深刻的理解。

> 他昨天出生，今天死去。

> 一会儿工夫,他就被投向阴暗,突然间就被压碎。
> 只有一会儿的时间,他可以高声欢歌,
> 很快他就要号哭——变成一个哀悼者。
> 从天亮到天黑,人的情绪都在变
> 饥饿的时候他们变得像死尸,
> 吃饱了就背叛他们的神,
> 情况好的时候他们胡说要升上天去,
> 情况糟的时候他们大吼着要下地狱。

如此看来,人类什么样的判断可以被认为能与神的判断相抗衡呢?

但是,尽管这个严酷的未许可以使思想得到满足,也可以显出它的问题是不被允许的,但它不能使心理得到满足。深深的情绪已被激起,一种冤屈感出现了。出于心理上的目的,我们的诗提出了对于希望和信任的职责的回答。正义的受难者并不总处于苦难之中。当一切希望似乎都已消失时,他会时来运转;在他最失意的时候众神发了慈悲,使他的生活充满幸福和阳光。马尔杜克使他重获健康和尊严,为他涤罪,一切又好起来了。所以我们的诗是对信任和希望的鼓励。神的思维方式对人来说似乎是无法理解的,但那是因为人类缺乏对神的动机的深刻理解。尽管人类可能陷入深深的绝望之中,神却不会抛弃他,他应该而且必须相信神的慈悲和善良。

3. 种种价值的反面:一段悲观主义的对话[14]

一个众所周知的事实是,当一个文明衰老时,它基本的价值观就难以在组成这个文明的人们中继续保持了。怀疑主义、不信任和冷漠开始侵蚀构成这一文明的精神结构,这种怀疑主义针对各种价值观,对"正当的生活"的可能性的极端不信任在公元前一千纪出现于美索不达米亚。它在一长段主人与奴隶的对话中表现出来,这段对话被称为"悲观主义的对话"。

对话的形式极其简单。主人对奴隶说他想做一件事情,奴隶列举主人建议中种种好的方面来鼓励他。而这时，主人又厌倦了自己的想法宣称他不会再做他们谈的这件事了。这也得到了奴隶的赞许，他又列举了主人建议中种种坏的方面。以这种方式，所有的美索不达米亚贵族的典型活动方式都得到了评价，并都被发现是不足的。没有什么东西天生就是好的，没有什么事情是值得做的，不论是在法庭上为自己求得好处，在餐桌上满足自己的口腹之欲，在沙漠中袭击游牧民族，还是进行激动人心的反叛、掀起一桩法律诉讼，或是其他什么事情。我们将在此引用其中几节，首先是有关爱情的：

"奴隶，赞同我！""是，我的主人，是的！"

"我要爱一个女人！""那么，去爱吧，我的主人，爱吧！

爱上一个女人的男人会忘记穷困和悲伤！"

"不，奴隶，我不会爱一个女人！"

"别去爱，我的主人，别去爱！

女人是陷阱，是圈套，是暗坑；

女人是把锋利的铁剑，

她会割断小伙子的脖子！"

关于虔敬：

"奴隶，赞同我！""是，我的主人，是的！"

"去给我要点洗手水，

把它带到这儿来，我要奠酒祭神！"

"去吧，我的主人，去吧！那奠酒祭神的人，

他将心情舒畅；

他将大把地放债！"

"不，奴隶，我不会奠酒祭神！"

> "别去了,我的主人,别去!
> 让神像狗一样追着你,
> 当他向你提出要求时,你就说,'那是我的事',
> 你就说,'你以前没说过',或其他的什么话。"

换句话说,就是"对神的傲慢",让他感到他依赖于你的服务、祈祷和其他许多事情,所以他要追着你,请求你去崇拜他。

行善也不比虔敬更好:

> "奴隶,赞同我!""是,我的主人,是的!"
> "我说,我要在我的土地施恩!"
> "那么干吧,我的主人,干吧!
> (那)救济您土地上的人,
> 您的施舍已被放到了马克尔杜克神的手掌心上。"

就是说,好像马尔杜克接受了施舍,并会给施予者以报答。

> "不,奴隶,我不会在我的土地上施恩!"
> "别干,我的主人,别干!
> 登上那古城的废丘,四处漫步;
> 拾起那早期的和晚期的人们的骨头。
> 谁是恶人,谁是善人?"

这是说不论一个人行善还是作恶,在死后没有人会记得,我们不知道古人中谁好谁坏;他们躺在被遗忘的城市之下,他们自己也被遗忘了。

于是这种观点可概括为:没有什么真正是好的,一切皆空。

"奴隶，赞同我！""是，我的主人，是的！"
"那么，什么是好的？
折断了我的脖子和你的脖子，
跳进河里——这就是好的！"

世界上一切皆空，似乎只有死是具有吸引力的。奴隶用一句古代谚语以禁欲主义的方式表示了屈从的态度：

"谁能高得碰到天？
谁能大得包住地？"

寻求绝对的好是徒劳的，我们最好还是屈从、放弃，我们不能做不可能成功的事。但主人再次改变了他的主意：

"不，奴隶，我只要杀了你，让你比我先死！"
"难道主人还想比我多活三天么？"

奴隶如此问道。如果生活没有益处，没有什么是好的；如果一切皆空，主人苟延残喘能得到什么好处呢？他如何能再多忍受三天呢？

随着对所有价值观的否定，对"正当的生活"的存在的否定，我们结束了对美索不达米亚人思辨思想的讨论。美索不达米亚文明及包括在其中的价值观将不再为人们所接受。它已走完了它的历程并将让位于新的、不同的、更具活力的思想方式。

注　释

1　*STVC*, 66 and 67; *TRS*, 15, 11th KI-RU-GÚ.

2   *RA* XVII, p. 123, rev. ii., 14'-15'.
3   *Ibid.*, 16'-17'.
4   *Ibid.*, 18'-19'.
5   *Ibid.*, p. 132; K4160, 1-3.
6   *STVC* I, i, 15-18.
7   *RA* XVII, p. 122, iii and iv, 5-8.
8   Urukagina, Clay Tablet.
9   *STVC* I, i, 1-4.
10 *YOS*, 2, 141.
11 *Bit Rimki* Tablet III.
12 Entemena, Brick B.
13 Langdon, *Babylonian Wisdom*, pp. 35-66.
14 *Ibid.*, pp. 67-68.

参考文献

Dhorme, Édouard. *Les Religions de Babylonie et d'Assyrie,* Paris, 1945.

Edzard, Dietz, "Mesopotamien," in H. W. Haussig, *Wörterbuch der Mythologie.* Stuttgart: Klett, n. d.

Falkenstein, A., and von Soden, W. *Sumerisch und Akkadische Hymnen und Gebete.* Zurich, 1953.

Frankfort, Henri. *Kingship and the Gods.* Chicago: University of Chicago Press, 1948; Phoenix Ed., 1977.

Hehn, Johannes. *Die biblische und die babylonische Gottesidee.* Leipzig, 1913.

——. *The Gilgamesh Epic and Old Testament Parallels.* Chicago, 1946.

Jacobsen, Thorkild. "Sumerian Mythology: A Review Article," *Journal of Near Eastern Studies*, V (1946), 128-52.

——. *Toward the Image of Tammuz and Other Essays on Mesopotamian History and Culture.* Edited by William L. Moran. Cambridge, Mass.: Harvard University Press, 1970.

——. *The Treasures of Darkness: A History of Mesopotamian Religion.* New Haven: Yale University Press, 1976.

Kramer, Samuel N. *Sumerian Mythology: A Study of Spiritual and Literary Achievement in the Third Millennium B.C.* Philadelphia, 1944.

Langdon, Stephen. *Babylonian Wisdom*.... London, 1923.

Pallis, Svend Aa. *The Babylonian Akitu Festival*, Copenhagen, 1926.

Pritchard, J. B., ed. *Ancient Near Eastern Texts Relating to the Old Testament.* 3d ed. Princeton: Princeton University Press, 1969.

von Soden, Wolfram. "Religion und Sittlichkeit nach den Anschauungen der Babylonier," *Zeitschrift der Deutschen Morgenländische Gesellschaft*, Vol. LXXXIX(1935).

Speiser, E. A. "Some Sources of Intellectual and Social Progress in the Ancient Near East," *Studies in the History of Culture*. Philadelphia, 1942.

另参见发表于Journal of Cuneiform Studies 2 (1948):37-70的关于这一部分的评论文章。

希伯来

威廉·A. 欧文

第八章 神

以色列是近东文明的后来者。当公元前14世纪希伯来部落入侵巴勒斯坦时,即他们的民族形成之时,埃及已经开始走向衰落。此时,埃及帝国的辉煌和充满智慧的创造力早已成为明日黄花。苏美尔人灿烂的成就早已归入闪米特语系的巴比伦,这一时期它也仅仅是被遗忘的一个历史回响。而巴比伦文明,汉谟拉比统治时期的辉煌也早已过去,即使这辉煌被后来的尼布甲尼撒短暂地复原。直到以色列的第一个具有思辨力的伟大的先知时代,亚述的强盛达到了顶峰,但却很快步履蹒跚地走向衰落。以色列文明的成熟期也往往被轻描淡写地视为来得太晚,一方面她与阿黑门尼德王朝的鼎盛期并存,另一方面则与伯里克利时代的雅典的繁荣期同时。繁荣的雅典后被亚历山大帝所取代,继而整个近东进入希腊化时代。

很明显,以色列人有意识地继承了东方文明的成就,并将她的活力延续到我们通常所说的古典时代,故而以色列人的智慧是东西方文明的融合。她的原始主义是显而易见的,并且这个最显著的特征很有可能是近百年对其批判性研究的产物。如果在以色列人的世界观中原始主义不是直接留存下来的,那么继续对此进行讨论是没有必要的,只要前面章节探讨的大部分概念在此找对应就足够了。希伯来民族的创立者们以及他们的后代和继承者始终保留着他们的思想,并继续保留在他们那个时代普遍存在的思想中。

然而如果这是希伯来思想的全部,或者甚至是她最有意义的部分,那么在这部著作中我们将没有机会对其进行讨论了。以色列是一个人数较少的民族，因此相对而言，在古代近东历史上相对来说并不十分重要；如果以色列与其同一时代思想模式别无二致，那么作为一种思想，她现在就远远没有比以东、摩押、大马士革更能吸引我们的注意了。的确，我们缺少对历史真实性的正确判断，如果因此我们不能认识到她与她的邻居以及与她同时代的大小不一的民族之间的本质区别，那么我们就无法对以色列的成就有一个完整系统的理解。即使以色列根植于古代东方文化并由其塑造，但是她却远远超越了它，并拥有了与当下的我们相类似的思想和观念。无论在时间还是在空间上，我们与以色列思想之间的差异远远小于她与当时密切联系的民族之间的差异。或者换个角度说，如果我们追溯古代与现代之间的分水岭，那么它不在爱琴海和地中海中部，而在《旧约全书》之中。在《旧约全书》中，我们将发现以色列的成就不仅表现在思想领域，而且也表现在文学作品、深奥的宗教洞察和以色列个人与社会的伦理道德之中。

尽管是老生常谈，但是以色列人的伟大成就，很显然是一神论，并因此改变了人类历史的进程。毋庸置疑，我们今天受益于一神论是显而易见的。然而将一个历史事实的影响勘定到这种高度是有风险的，因为人们势必要问，在现有的自铁器时代以来的文献和考古资料中是否还有另一个成就如以色列这样，无论是通过基督教和伊斯兰教，还是直接通过犹太教本身，能够对历史进程产生如此深远的影响？另一方面，在古代世界以色列人在宗教思想上的独一无二已经在这部著作的前几章中得到充分的讨论。与巴比伦的多神教自然主义和埃及混乱的多神同质完全相反，以色列人强调，"我主，上帝，是唯一的"，"各民族所有的神都是不足轻重的，只有我主创造了世界"。传统教条通过神圣启示论剥夺了希伯来思想家应有的地位，把以色列的成就排除在人类思想的范畴之外。在此，我们的目的不是质疑传统，而是展示后来者的影响，并对以色列的思辨思想做一评述。

以色列人的这一成就是其历史中的一个有争议的问题。亚伯拉罕是一神论者吗？或者说一神论思想是随着摩西进入希伯来历史的吗？撒母耳、大卫和阿摩司的信仰是什么？关于这些问题，《旧约》的学者们分成不同的阵营。当然，这里不是一个对这些问题进行解答的地方，我们需要的只是一些通常的评论，以及一个明显的教条式的决定。古代东方逐步走向一神论信仰已经被广为认可，这也便证实了我们所认知的以色列的成就和她的历史关联，进而我们相信从一开始以色列的思想家们就或多或少地知晓东方思想的演进。承认以色列的一神论在某些方面建立在传统信仰基础之上既不令人震惊也不新奇。可是另一方面，即使是这些传统中最优质的那些部分也远远不能企及以色列的信仰。我向威尔森教授保证，不管人们对埃赫那吞所宣称的一神论这个尚未解决的问题有什么看法，它肯定与以色列的信仰有着本质的区别，或者可以说，不如以色列的信仰。即使我们接受一个中间路线，并且无论有怎样的质疑，我们都假设摩西缔造了以色列的一神论，并且他对这个埃及强大的异端宗教有着清醒的认识。即便如此，两者之间的差异也让我们不得不得出这样的结论：摩西带来的是人类历史的一种新事物。当然，如果我们倾向于接受学者们普遍持有的批评观点，即一神论是先知时代的最高成就，这个观点就不会被弱化。当亚述势力野蛮地横扫世界，希伯来民族几近灭绝时，一神论产生了。

然而，即使我们不得不对这一信仰形成的时间进行限定，至少在《阿摩司书》的开篇预言中，我们实际上看到了以色列的一神论正以新生事物的形式出现在我们面前。下面这段话揭示了一种思想，这种思想在某一特定的时期催生了以色列的伟大成就。事实上，这段话我们早已熟知：

> 耶和华如此说，
> 大马士革三番四次地犯罪，
> 以铁的打谷机击打基列，
> 我必不撤销对它的惩罚。
> 我要降火在哈薛的王宫，
> 吞灭便哈达的宫殿。（《阿摩司书》1:3—4）

这段文献进一步声明了先知挥舞着命运之刀,从大马士革到加沙、推罗,再到以东、亚扪和摩押,最后到达他自己的人民那里。人们普遍接受的批评观点是,自阿摩司时代以来,这份清单有所扩大;这里的清单却被削减了,但并不影响这段话的基本意义。目前两个问题亟须我们思考,一个是先知时代的思想局限是如何被忽略或者被超越的。这里,很少有国家的神会介意把他自己的威名严格限制在本国国内,或者至多限制在他的军事力量所及的范围之内。的确,人们可以推测阿摩司的立场是荒谬的,因为在他同时代的人看来,尤其是那些被信奉这位小神的农民所严厉斥责的异乡人,一定会这么认为。以色列的上帝与大马士革有什么关系?在过去的一百年里,各种势力一直在蹂躏他的土地,奴役、掠夺,并残忍地虐待他的子民。与此同时,他却显得是那样无能为力,而被当时那些"讲求实际"的人所嘲笑。但阿摩司对所有所谓的缺乏现实主义和逻辑的态度漠不关心,他在以色列的土地上大肆抨击以色列的所有邻国和敌国。在此,这就是我们的第一个思考:"国家神"的概念是为了被蹂躏和荒废的以色列所设定的。以色列的上帝是一个拥有权力和责任的存在,并在以色列所有邻国的土地享有权威。但是我们也必须承认这份清单中存在着例外,就是这段话既没有提及埃及,也没有提及亚述和乌拉尔图。而在阿摩司生活的时代,它们中的任何一个都是具有威权的国家。事实上,这份清单仅仅关注了以色列周边的国家,但先知已经走得太远了,而无法就此止步;他开始了一条没有边界的思想之路,除非将其归于耶和华的普遍法则。在《阿摩司书》的神谕中,阿摩司介绍了他那个时代的一些无名的国家在神谕审判中扮演的角色,从而揭示出主的威名已经传播于那个时代的强权之中。

但是,这一点本身可能比前面提到的东方的一神论趋势更没有什么意义,因为一神论本身可能只不过是宗教上的专制。因此以色列的伟大成就并不是它首先宣称了世界和上帝的唯一性,而是勘定了上帝的特性。阿摩司的思想不仅仅暗示了上帝的至高无上,而且暗示了上帝对即将到来的对以色列邻国的惩戒是出于道德的原因。为此,大马士革和亚扪在战争中遭到了屠戮，推罗和加沙的全部居民沦为奴隶；并且杀戮继续进行。在公元前8世纪，上述所有杀戮都是被普遍接受的。于是嘲笑者又找到了可以让他们讥笑的地方：这个普通农民为人们所做的事感到兴奋！然而，对我们来说，阿摩司思想的独立性并不重要，重要的是他的道德判断，即这些国家因道德败坏而受到谴责，并且他们是以以色列的上帝之名而被定罪的。他的公义，尽管这公义只是被观察到的，而不是他的力量或荣耀，也不是在当时被称赞的其他神圣品质，但却为他的至高无上创造了条件。在此，我们可以看到这句话在希伯来历史研究中经常使用：以色列的一神论是伦理上的一神论。

那些曾聆听过詹姆斯·H.布里斯特德历史课的人将回忆起他对公元前14世纪埃及所谓的太阳一神论的讲述，他指出，埃及的太阳一神论是埃及持续了一个世纪的帝国主义的顶峰。他进而认为："一神论就是宗教上的帝国主义。"那些来自狭长尼罗河谷的太阳崇拜者发现太阳不仅照耀在叙利亚和巴勒斯坦地区的山巅上，而且也照耀着埃及尼罗河谷地南部传统疆域之外的土地。据此，他不得不得出结论，这世界上只有一个太阳，也就是太阳神。由此，我们看到了以色列的信仰似乎与埃及太阳崇拜者有着相似的认知过程，这信仰首先在阿摩司的心中，然后成为所有先知所接受的信仰，后来成为整个民族的信仰。巴勒斯坦小规模社区中的个体所珍视的体面、荣誉和人类同情心的标准，并没有在他跨过边界进入叙利亚或非利士时停止对上述标准的要求。但同样，人就是人，有人的需要，因此也有人的标准。阿摩司会断然否认在我们这个时代某些人随意做出的道德主张，即所谓的"苏伊士以东地区"不在"十诫"范围之内。在一个著名的段落中我们再一次见证了这位淳朴的农民难以置信的思想活力，阿摩司不仅是暗示，而且是明确无误地断言在远古各种族之间有着共同的人类思想。

> 耶和华说："以色列人哪，
> 我岂不是看你们如古实人吗？
> 我岂不是领以色列人出埃及地，

也领非利士人出迦斐托，

领亚兰人出吉珥吗？"（《阿摩司书》9:7）

非洲中部的黑人，以及以色列两个传统的敌人，一边是非利士人，一边是叙利亚人，作为人类，他们与"选民"站在同一片土地上。这段话是对《阿摩司书》第1、2章中关于判决的一种有价值的评论，由此可以断言，其中至少有一些人的动机不纯，对此阿摩司进行了猛烈的谴责，因为他的人民是受难者。但是，即使在神圣审判列表中，也有一些是不能轻易处理的问题；这句关于上帝眷顾非利士人和叙利亚人的话，证实了我们的推断。阿摩司道德思想的基础是人类所共有的人性。

我们还将看到，这一点出现在上帝的本性的概念中：上帝对残忍和非人道做出判决。这是一条思想之路，随着时间的推移，得到了显著的发展，并为希伯来提供了一个对世界的独特看法。尽管我们提到了一些值得注意的段落，还有一些同样值得注意的段落，但在我们现有的记录中，在某种程度上阿摩司是一位严苛的道德家。他是末日来临的预言家，他将上帝的审判运用到那些漫不经心并自私的人身上。他的声明中只有一两处留有争论的余地，即在他心中他对他的人民的改革和拯救抱有深深的希望。但当我们转向他的直接后继者，如果没有同时代年轻人，一切就都变了。虽然何西阿对社会的冷漠给国家带来的毁灭同样感到忧虑，但他是感性的，而不公正的。他是个感情丰富、温和并有行动力的人。于是，上帝给我们留下了一幅动人的画面：慈爱的父带领他的子民，好像握着一个蹒跚学步的婴儿的手，扶着他迈出蹒跚的第一步。

我曾教导以法莲行走，
我用膀臂抱起他们……
他们却不知道是我医治他们。
我用慈绳爱索牵引他们……

> 以法莲哪，我怎能舍弃你？
> 以色列啊，我怎能弃绝你？
> 我怎能使你如押玛？
> 怎能使你如洗扁？
> 我回心转意，
> 我的怜悯燃了起来。
> 我必不发猛烈的怒气，
> 也不再毁灭以法莲。
> 因我是神，并非世人。（《何西阿书》11:3—4, 8—9）

我们还记得《约拿书》结尾的著名段落。这位脾气暴躁的先知想要毁灭这座伟大的城市，只是为了作为预言者要"保全他的面子"；主就责备他："何况这尼尼微大城，其中不能分辨左右手的就有十二万多人，还有许多牲畜，我岂能不爱惜呢？"（《约拿书》4:11）由此，我们也想到了下面这句话：

> 父亲怎样怜悯他的儿女，
> 耶和华也怎样怜悯敬畏他的人！
> 因为他知道我们的本体，
> 思念我们不过是尘土。（《诗篇》103:13—14）

而这一切的推论和补充被一段同样著名的段落所揭示，"你要尽心、尽性、尽力爱耶和华—你的神"（《申命记》6:5）。在这里我们可以看到以色列一神论成就的顶峰，宇宙中唯一的神是公义的神，但更重要的是他是有爱心的神："耶和华善待万有，他的怜悯覆庇他一切所造的。"（《诗篇》145:9）在后续很长一段时间的历史中，这一意义得到了证明。以色列成就的革命性特征在威尔森教授和雅各布森教授的章节中已经得到充分证明；在他们对埃及和巴比伦的研究中，关于神对人类的态度，他们指出，虽然有时可能是最仁慈的,但总的来说,他们与人类的关系是并没那么好。他们有他们自己的关注,只有经过特殊努力,他们才能把注意力转移到那些扰乱世俗事务的问题上。这是一个困扰了人类思想几个世纪的问题。据说,上一代的一位宗教思想家曾被问及,如果确信斯芬克斯只能回答一个问题,他将问他什么,他回答说:"宇宙对我友好吗?"这是一种深刻的洞见。从古至今,人类最深刻的问题是:"在这个伟大而似乎冷酷无情的世界上,我的地位是什么?"以色列的伟大成就是我们可以像儿子在父亲家中那样自信地行走在他的土地上。

一神论隐含着一种超越的运动。因此在以色列的一神论中,这是不可避免的。以色列人所设想的神必须在神圣的品质上被尊崇,远高于弱小的人,高于这个地球,高于一切地球上粗俗的事物。贯穿《旧约》的足以揭示这一点的生动的象征就是《以赛亚书》中的伟大异象:"看见主坐在高高的宝座上。他的衣裳下摆遮满圣殿。上有撒拉弗侍立,各有六个翅膀:两个翅膀遮脸,两个翅膀遮脚,两个翅膀飞翔,彼此呼喊说:'圣哉!圣哉!圣哉!万军之耶和华;他的荣光遍满全地!'因呼喊者的声音,门槛的根基震动,殿里充满了烟云。"(《以赛亚书》6:1—5)以色列人对神的典型思想是:他神圣得可畏,公义得可怕。在把他和上帝隔开的那巨大鸿沟的这一边,站着一个人,一个脆弱的凡人,罪孽深重的人,他的正直表现在他那纯洁脸上的光里,但他"却像是肮脏的抹布"。这就清楚地表明以色列人憎恶神化的一个原因,无论是国王还是其他的人;对于希伯来思想家来说,上帝在天上,人在地上。这也为他们构建罪的概念提供了前提,关于这两个问题,目前还需进一步讨论。

这就是希伯来人对世界本质的看法。在他们的思想中坐着一个不可言传的伟大和神圣的存在,他是它的创造者和维持者。但是以色列人从来没有把这个神圣的人抽象到一个冰冷而遥远的地步。希伯来人认为上帝是一个人,这是其最本质的思想。先民们看到的自然环境的"我—你"关系不是被保留了下来,而是在以色列的信仰中得到了升华:世界应该从个性的角度来理解。它的中心和本质不是盲目的力量,也不是某种冰冷、无生气的现实,而是一个有人格的上帝。对他们来说，人格意味着他们和我们，反过来，也适用于人性。

现在，这样理解，一个人在任何限定的时间只能在一个地方。然而，我们对于超感官感知的不确定的观点为以色列人的思想提供了一个类比；因为神有其神格的延伸，他能延伸到许多地方。他真正的处所，至少后来是这样认为的，是在天堂，他坐在一把威严的宝座上，周围是一群侍从。但从他身上散发出来的能量，可与后来的"放射"概念相媲美。通过他的精神或言语，他达到了他的目的。随着时间的推移，他的行动还孕育出了其他的媒介。

然而，即便如此，宗教对上帝无所不在的要求也没有得到满足。在早期，人们相信上帝在不同地方有不同的表现。这样，押沙龙在基述的同时，又在希伯仑向耶和华许愿（大约是为了作为背叛耶和华计划的一部分），过了些日子，他就离开耶路撒冷的神殿前往希伯仑还他所许的愿。"凡在我叫你记念我名的地方，我必到那里赐福给你。"（《出埃及记》20:24）这句话似乎也是保证的含义。很难想象，在那个时代神的这种地方性表现怎么可能不被认为具有各种品质。这些品质又取决于这种表现的性质，也因此几乎具有了独立人格的地位。我们似乎也要在《以西结书》第1章著名的异象中找到对这个问题的处理。它描述了一个引人注目的安排，以色列的上帝从北方降临，沿着他的子民被掳之路降临；而他也来到那里，寻找孤独的、伤心的流亡者。

就这一点而言，它表明以色列人解放了有固定住所的上帝：他可以离开他的家去任何需要他的地方。但很明显，这样的解释并没有考虑到以色列人的全部思想，因为到后来希伯来民族遭受灭顶之灾的时候，神仍在他的圣殿里，他仍然能，也愿意听见他的子民在巴勒斯坦或离散之地的祷告。显然，这在很大程度上是通过神格或神的力量的扩展而实现的，这样神就能在遥远的地方听见、看见和行动了，这对人来说则是完全不可能做到的。而就宗教信仰的实际目的而言，其结果与后来关于上帝的内在性的概念并无不同。

然而，那些赋予这个宇宙之人的实体和特征并没有被清楚地阐释出来；事实上，很可能是希伯来人的思想回避了这个问题。然而，这似乎又是肯定的，即这个人被赋予了一个准人类的形态。毫无疑问，这就是创世故事的意义，在这些故事中，人是按照上帝的形象被创造的；其他大量的段落也证实了这一观点。其中许多段落富有诗意，因此在它们的细节描绘上仅仅具有象征意义，仍然是不可约的最小值，但是神圣的实体却无法确定。后来的宗教宣称"上帝是灵"，然而，这种信仰与《旧约》的信仰并没有什么不同。但是什么是灵呢？它可以在这儿飞来飞去，可以突然出现或消失，可以表现出超人的能力；但这些都不是决定性的，因为我们发现某些人也可以做到这些，例如，人们会想到以利亚和以利沙的故事。我们这个时代的普遍观点认为，灵大概是一种没有物质躯体的人格。但是，这是否是一个古老的概念我们还无法勘定。我们回想起保罗对属灵身体的讨论，显然它是由一些非现世的物质组成的（《哥林多前书》15:35—58）。因此，希伯来人是否把精神看作是一种更好的物质，就像某些希腊思想一样，我们也不甚了了。我们发现大量火的意象的使用与上帝的个人和外貌有关。但要断言以色列人认为上帝拥有由某种天火组成的身体却是很大胆的。为此，我们必须剔除这个问题。

然而，在这一点上还有一个问题需要考虑。神的圣洁和能力越是被尊崇，他就与人的距离越远。如果我们将其与早期人形神的概念进行比较，就会明白这一点。上帝来了，走到花园里，和这对有罪的人说话。一天下午，他在穿越犹太山时受到了亚伯拉罕的款待，于是他把洪水即将到来的消息告诉了挪亚。当挪亚按照神谕的安排走进方舟时，他关上了门。类似的事还有许多。在短暂的时间里上帝离我们那么近，那么触手可及，我们不知道在什么偶然的时刻，他突然就从一个角落里走出来，与我们面对面。由此，宗教信仰的意义是显而易见的。事实上，超凡的上帝是远离人的，他只关注于重大事件的发生。脆弱的人怎么能指望这样超凡的他会关注这弱小的人的需要、希望和恐惧呢？更高级的宗教在其发展过程中隐含着一个问题，即当人在提高上帝的卓越品质的同时，也在不断地推动上帝远离人类的需要。认识到这个问题是基督教三位一体教义的功能之一,这将有助于我们定位方向。显然,这不是古代以色列人的解决方案。然而,在某种程度上,以色列人在上帝和世界之间设置了中间人,即在后来宗教思想中高度特征化的天使。

但就其历史意义而言,更为重要的是圣人们使用了神的智慧的概念,上帝通过这种智慧创造了世界,并通过这种智慧与他们打交道。关于这个问题我们需要长时段的思考,就目前而言,我们只要对与之相关的部分进行讨论就可以了。然而,很明显,希伯来人对待这个问题的典型做法只是肯定神的超然存在和高高在上,但神离每一个虔诚的灵魂很近,关心他子民的需要。这样,祈祷者就可以直接向主呼救帮助,并为他们的祷告得到应允而欢欣鼓舞。他们不需要求助于中间人——无论是牧师、天使还是神圣的存在:主是一位充满慈爱和慈悲的神。他把永恒的守望置于自己之上:"他不叫你的脚摇动……保护你的是耶和华……你必不怕黑夜的惊骇,或是白日飞的箭。"(《诗篇》121:3,5;91:5)

在人类思想史上,这些都是革命性的。然而在审视它时,我们将意识到有些我们在讨论中所面临的基本问题亟待解决。以色列人是通过怎样的思维过程得出这样的观点的? 以色列的思想根植于过去,她与古代文化密不可分,她是古代文化的继承者。显然,这样广泛的分歧一定会隐含着大胆而有力的思想,不是来自少数人,其发展有着长期连续的过程,贯穿于国家历史进程。我们继承下来的神圣思想的教义掩盖了这个必然的结论。我们必须注意到以色列自己的思想家对他们神秘思想的理解,我们将看到这一思想成功跨越了这个两难困境中看似不可调和的对立面之间的鸿沟。以色列可以成为上帝启示的媒介,但同时也可以保持它的内在独立。的确,只有实现了后者才能实现前者。然而就目前而言,最重要的问题是以色列对从她的世界中激发出来并与之分享的思想进行了尖锐的批评。创造性怀疑主义在笃信宗教的人身上很常见,这是一个看似矛盾的现象。一个被认为是古代世界至高无上的宗教民族,同时在他们批判性知性主义的力量和范围上没有人能与之匹敌。但这也并不矛盾,因为没有受到批评的宗教很快就会堕落成纯粹的迷信。只有凭借怀疑精神，希伯来的思想家才能创造出一种世界观，一种仍然影响着我们的世界观。

235 以色列人的这种批判精神很好地体现在他们对异教神及其象征的态度上。尽管与他们同时代人的神话有着密切的关联，希伯来的思想家们却开始否定象征，这些象征包裹在世界的物质现实的表面。我们对这个故事所知甚少，毫无疑问，这是一个旷日持久辩论，是以色列在古代世界获得独特性的原因。我们有理由相信，它最终取决于一种深刻的道德信念。迦南的宗教，就像他们在大众崇拜中与私人神殿都有神的象征一样，在很大程度上具有所谓的自然崇拜的特征。每个人都知道这会带来了什么。迦南对生命力量的崇拜意味着公众的不道德是一种神圣仪式，通常是一种令人憎恶的堕落。

的确，以色列人在一定程度上，在一段时间里全身心地投入其中，这是一种被普遍接受的确保土地以及羊群和牛群增加的途径。我们记得他们一再抱怨说他们"忘记耶和华他们的主，而跟随了巴力和亚斯他录"。然而，在早期就有这样的一些人，经过几个世纪的发展，越来越多的人站在一起对她的堕落加以谴责。正是基于这种道德上的批判，在预言性的警告和谴责中，我们经常遇到对整个宗教体系的严苛评价："你在各高岗上、各青翠树下屈身行淫。"(《耶利米书》2:20)显然，这种深刻的道德动机现在终于发现其被表达在熟悉的教条并极端的激进主义的文化环境中："不可为自己雕刻偶像，也不可做什么形像，仿佛上天、下地和地底下水中的百物。不可跪拜那些像，也不可事奉它们。"(《出埃及记》20:4—5)要注意，有一段是这样说的，"因为我耶和华—你的神是忌邪的神"。这一切都集中在以色列的神学独特性以及她对这种独特性的感知中。上帝的公义和圣洁赋予以色列人严格的行为和思想标准，反过来，也揭示了异端宗教的堕落，无论它是多么的华而不实或古老。

236 这种思想在以赛亚所使用的一个术语中得到了充分体现。外邦的神在他看来为"虚无"——所以我们将他藐视的话献上。但从它最初的形式来看，它似乎有一种更深层次的力量，他称之为"偶像"。据说，这只不过是古老苏美尔伟大的神的名字在希伯来语中的变体，他的力量和属性被带到了闪米特人的巴比伦。恩利尔被以色列胆大的思想家所蔑视，被视为微不足道和不存在的象征和本质。但这个观点隐含在以赛亚对一个术语的选择中，并且流亡的伟大先知对其进行了充分发挥，由于缺乏更多的信息，我们权且称之为第二以赛亚。他带着辛辣的机智，让卢西恩感到自豪，他嘲弄巴比伦的众神，观看了神圣的新年游行队伍。当马尔杜克和纳布前往阿基图庙进行庄严的朝圣之旅时，他看到了在旁观者的眼皮底下发生的事情。在那里，他们决定了未来一年的运程。他亲眼看见了马尔杜克在一年一度的庆典上战胜了所有的敌人，包括宇宙中的和地球上的，而他自己为了可以再次回到这个世界而死去。但是，这个带有批判眼光的犹太人看到的并不仅仅是古代弥撒的神秘，而是一出庄严的闹剧：两艘巨大的死亡之船几乎把那些被判罪而背负所谓神之重担的受苦的野兽的脊背都压断了！

> 彼勒叩拜，尼波屈身；
> 巴比伦的偶像驮在走兽和牲畜背上。
> 你们所抬的成了重驮，
> 使牲畜疲乏。（《以赛亚书》46:1）

再一次，他以讽刺的口吻嘲弄了偶像崇拜和潮流：人们砍一棵树当柴火，用来取暖和做饭，但仍剩下了很大的一块，后来这块木头被交给了一个木匠，木匠花费大量的时间和精力把它雕刻成一个人形雕像——然后人们在他面前低下头说："来拯救我，因为你是我的神明！"（《以赛亚书》44:9—17）他好像在说，一根木头是多么有用啊！你可以用它做饭，可以给房子取暖，如果还有剩下的，你还可以雕刻出一位神，向他倾诉你灵魂深处的愿望！所有木头！

然而，所有这些思想很可能看起来不过是一种升华了的民族偏见。关键的问题是，以色列的思想家们是否能够将严格的批判标准同样应用到他们自己继承的教条上,尤其是那些关于耶和华自身的本性、属性和行为的教条。作为被要求的证据,只有当我们完全承认希伯来宗教实现了从偶像崇拜(使用一个通用的术语)中的脱离时,他们的思想成就才将被认识。这种偶像崇拜类似于其他古代东方的偶像崇拜——耶和华通过早期在巴勒斯坦的生活而受到物质形态的崇拜,正如马尔杜克神或阿蒙神或这块土地上的任何其他的神一样。它见证了一代又一代不知名的希伯来思想家的思想活力和独立性,在这个国家的历史上,对耶和华的忽视已经成为正统宗教的一种教义。在对象征的力量和神秘现实主义的否定中,《申命记》的作者认为即使在他们的上帝面前,在西奈山上的神的显现中,也显然没有有形的形式,在力量和宗教感知中只有一种无形的存在:

> 耶和华从火焰中对你们说话,你们听见说话的声音,只有声音,却没有看见形像。他将所吩咐你们当守的约指示你们……所以,你们为自己的缘故要分外谨慎;因为耶和华在何烈山,从火中对你们说话的那日,你们没有看见任何形像。惟恐你们的行为败坏,为自己雕刻任何形状的偶像,无论是男像或女像……又恐怕你向天举目,看见耶和华——你的神为天下万民所摆列的日月星辰,就是天上的万象,就被诱惑去敬拜它们,事奉它们。(《申命记》4:12—19)

以色列宗教的这一特点是如此突出,以至于以色列的力量有被削弱的危险。但在当代世界,这却是首要的异端邪说,事实上,它使希伯来人成为一个特殊的民族,在某种意义上,与他们自己的思想家所吹嘘的完全不同。这一点被后来的一个戏剧性事件所揭示。公元前63年,庞培攻下耶路撒冷,他强行进入至圣之所,令犹太人惊恐万分,他想亲眼看看这个不寻常的宗教的最大的秘密是什么。在那儿他发现——我们都知道:除了一间空房间什么也没有!站在一个他始终无法探知的神秘宗教面前,这位来自充满偶像的西方的领袖感到困惑,然而这就是以色列在古代世界地位的真实写照:在现代世界,她也同样因之而具有独特地位,除了我们本身对以色列有所亏欠之外。

但以色列的异端还不止于此。她的上帝是否真的存在,就需要接受严格的检验。似乎只有这样,人们才会看到,他们将获得正统的信念。当有关他的真实性和本性的问题得到诚实的回答时,那时,也只有那时,最优秀的思想家才能断言:"因万民的神明都属虚无;惟独耶和华创造诸天。"(《诗篇》96:5)这种关于思想探索的完整故事并没有被保存下来,我们在很大程度上依赖于零散的故事片段,但幸运的是,关于这个问题我们也有一些较为正式的讨论。怀疑主义的一个共同的表达揭示了一群思想家的结论离题太远了。正统派一如既往地鄙视怀疑主义,认为他们是"傻瓜";因为我们读到了:"愚顽人心里说:'没有神。'"(《诗篇》14:1,53:1)对于这种大胆的否定,我们所接受的解释是,它只意味着对世俗事务中的神圣活动的否定,因为据说希伯来人从未怀疑过上帝的存在。但这样的推理不足以证明智力的完整性,那么还有比过早判断问题更糟的事情吗?无论是英语还是希伯来语,都尽可能清楚地表达了:"上帝不存在。"

这些大胆的异教徒之所以得出这样的结论,很可能是因为他们没有看到任何神参与时事的证据。他们断然否认上帝的存在,可能是因为他们预见到了不需要上帝的现代无神论思想,他们认为即便为没有上帝,世界也照样运转得很好。事实上,这就是《诗篇》中虔诚的作者对他们的批评:当上帝向下看人间是否有智慧时,他将发现那些"一无所知"的不信神的压迫者,因此"吃掉他的人民,就像他们吃面包一样"。尽管如此,作者继续说到,虽然这些人受到极大的惊吓,但他们缺乏智慧——他们不能从他们令人不安的经历中读出其中的含义。然后他似乎在思考上帝存在的确凿证据,最后以一个虔诚的愿望结束,希望上帝的救赎能从锡安降临。

与这种异端邪说可比较的是一位思想家的沉思,他将自己寻找证据的过程与主题宏大的正统思想的基础联系起来,然而他所发现的只是虚无以及他自己的沮丧。要理解他那带有讽刺意味的玩世不恭的妙处，我们必须注意他的简介部分，在他的简介中，他装模作样地嘲笑预言：

> 雅基的儿子、玛撒人亚古珥的言语，是这人对以铁和乌甲说的。
> 我比众人更像畜牲，
> 也没有人的聪明。
> 我没有学好智慧，
> 也不认识至圣者。
> 谁升天又降下来？
> 谁聚风在手掌中？
> 谁包水在衣服里？
> 谁立定地的四极？
> 他名叫什么？
> 他儿子名叫什么？
> 你知道吗？（《箴言》30：1—4）

在阐述这一段落时无须多言，很明显，作者不仅嘲笑那些胆敢宣称了解未见之物的先知，而且也嘲笑那些宣称精通神圣事物的祭司，以及对思想和"智慧"充满信心的智者。通过对比，我们看到他所主张的只是他的人性，而事实上更糟的是，他恰恰缺少的就是人性，因为他对所有的自我吹嘘的成就一无所知。但是他却问，这种说法的经验证据在哪里？是谁升到天上亲眼看见这一切的呢？然后他列出了正统思想用来强化上帝力量的宇宙因素，提出了一个棘手的问题："这种令人信服的信仰（或轻信）形成的客观证据在哪里？"带着辛辣的讽刺，他转向虔诚的现代人，让他们完全占领了争论领域，并假装谦卑地向他们鞠了一躬，我们可以想象，然后他只是简单地问道："你知道答案，难道你不想告诉我吗？"

尽管一再强调作者没有质疑上帝的真实性，但是无论如何，他的确忽视了关于上帝的任何真实的认知。他要求为目前的信仰提供信得过的证据,这正如D. B.麦克唐纳所言,他"在最纯粹的理性主义传统中占有一席之地"。也许他的思想太过唯物主义;就像门徒多马那样,他似乎在说只有感官的证据是有效的。但是无论我们对他的观点有什么质疑,我们都要承认他的标准是重要的,即关于宗教的思考必须是诚实的,并与其他任何可信的思考过程相同,都遵循一种严格的标准。

但在所有这一切中,我们绝不能轻视影响我们目的的因素,即在以色列,无论上帝实际上是多么真实,被描述为实践上的无神论都否认上帝关心人类的事务。每个人都熟识这种流传甚广的情绪,对此,先知玛拉基曾进行过批评。在这种情况下,公众的态度表现为在举行公共崇拜仪式时的盲从。因为上帝没有兑现先知们重建犹太国家的承诺,所以耶路撒冷的犹太人经历了从失望到绝望再到丧失信仰忠诚的痛苦过程。但重要的是,这绝不是什么新鲜事,犹太人流亡前的先知们也有相类似的愤世嫉俗的思想。有一段简短但引人注目的段落与耶利米的作品有关。这些人说:"他不会的,灾祸必不临到我们,我们也不会遇见刀剑和饥荒。"(《耶利米书》5:12)显然,耶利米警告他们即将来临的灾难,同时争辩说神的不悦是造成目前灾难的原因,但他们否认了这种肤浅的解释,因为事物的发展是要遵循自然规律的,真正的灾难是巴比伦的暴虐和它的侵略性——什么才是主需要思考的呢?对于这样的因果,先知不得不做出回答。公元前8—前7世纪,先知之间的巨大分歧也有类似情形,正统的先知谴责那些颇受欢迎的先知是在错误引导,而那些受欢迎的先知又以同样的方式予以反驳。一个典型的例子是耶利米与哈拿尼雅的公义之争(《耶利米书》第28章),它涉及先知话语的权威性和制裁力的问题。所谓真正的先知,在我们看来似乎都是发号施令的人,他们的以神之名的宣告似乎很容易就被推翻。无论我们如何设想这个过程,重要的是,我们认识到在他们敢于公开露面并宣布自己为宗教领袖之前,需要进行认真的思考。就像在其他方面那样,这里所描绘的态度和反对意见表明成为上帝的先知并不是一件容易的事。

但最著名的对《旧约》持怀疑态度的，是一位由于缺乏足够的信息我们只能以他的书名《传道书》称呼他的人。不可否认，《传道书》承认上帝的存在，但这有意义吗？对于这样一个上帝——遥远、自私、冷漠、嫉妒地注视着一个麻烦缠身之人的专横跋扈，并且至多给予其某些可怜的恩惠，用来把人类的生命从极端不可容忍的状况中拯救出来！然而，这是偶然现象。我们注意到的是对正统的自由和坦率的怀疑，这一点在其书的每一章中都有所体现。与此相反，他建立了一种宇宙决定论的哲学体系，一种宇宙的时间之轮，生命、自然和历史在上面永远不知疲倦地重复着自己，就像时间的循环再次把过去的事物带回来一样。

现在我们可以清楚地看到，无论我们如何看待这些结论，它们都是充满活力的独立思考的产物。这本书明确地展示了这种思维的特质。《传道书》告诉我们其作者做了一些实验。他试过放荡和愚蠢，他尝过酒给人带来的慰藉，他将自己交托给乐观的人——但在所有事情上他却竭力向我们保证，他的心用智慧来引导。或者用现代的术语来说，促使他这么做的并不是出于放荡的轻浮，而是出于一种严肃的哲学目的。他是在对自己进行科学实验，观察自己的反应，并通过这些经验竭力去寻找生命所具有的永恒价值。而他的进一步研究则基于对经过缜密思考后的继续观察。通过他在最广泛的生活观察中所看到的，他得出了这样的结论："虚空的虚空；全是虚空。"其实这个短语的每一个含义都没有暗示，这只是一种常见的翻译。希伯来语的"全"是有定冠词的。《传道书》说的是，"全"——即事物的整体，宇宙的全部旨趣——缺乏意义或价值。无论我们对这个结论怎么想，虽然肯定不是我们所认识的哲学的全部范围，但它至少说出了哲学这个词的全部意义。但就目前而言，我们更感兴趣的是哲学家的方法，而不是他的成果或他研究的范围。上文已经清楚地表明，虽然他的思想在方法应用上有一些不均衡，但却属于我们现在所说的经验主义，他根据观察到的事实进行推理。

《传道书》成书时间很晚。事实上，对其日期的确定标准缺失。尽管如此，我们还是勘定它的起源时间比较晚，当时犹太人开始与希腊人交往，并且他们中的一些人已经对希腊人的思想比较熟识。那么，在多大程度上我们可以将这本书作为希伯来思想的代表？长期以来我们把这类问题的解答建立在错误的基础上。我们正在逐步了解希腊文明对东方文明的贡献，与此同时，也没有任何人能否认，长久以来我们对反方向影响的肯定，东方思想的伟大以及它对传统的《传道书》深远的影响，从而使他能够较为明智地认识到：在他的精神构造上他是一个彻底的犹太人，尽管可能在某个方面他受到了西方思想的激励。然而他的结论并不符合正统犹太人的传统，但他的思维方式和方法却是以色列数百年来特有的质疑精神的一部分。

这也许足以说明以色列的精神思想具有显著的现代特征，尽管事实上，随着我们讨论的进行，更多的相关内容将出现在我们面前。然而我们现在要讨论一个我们无法规避的问题。有什么证据足以让这样一个具有明显批判倾向的民族来支持我们刚才所描述的他们独特而惊人的宗教信仰呢？

令人遗憾的是，正是出于这一目的，希伯来的思想家与希腊人不同，通常没有留下太多关于他们的思想过程的记录，他们留下的大多是关于他们思想的结论。尤其是那些我们可以称为正统神学家的人。例如，关于亚伯拉罕信仰的基础，或者关于《摩西五经》的作者，这些提供了什么信息？而先知们特别关注的是将他们的谴责和布道用生动的语言来表达，比如恶行可能带来的罪，而不是用理性的过程来引导他们的听众以达到预期的结论。因此，对以色列信仰的认知不要停留在表面。如果再深挖一点，某些事实马上就会显露出来。

我们必须记住，以色列是古代一个东方的伟大国家。他们的文化是塑造她的母体。我们还记得关于埃及和巴比伦的章节是如何解释人们生活的自然环境是这两个地区的宗教基础的，阳光普照的尼罗河山谷和古代的苏美尔平原都对古代先民世界观的塑造产生了深远的影响。对他们来说，埃及或巴比伦就是他们的整个世界，他们的力量就是古代先民指导自己生活的准则。因此，对以色列的宗教采取类似的做法很可能是卓有成效的。位于阿拉伯西北地区崎岖的山地中的叙利亚和巴勒斯坦地区有时可能被视为是仅有的最大和最富有的绿洲，这里重峦叠嶂，是远古时代火山活跃的见证，广布的沙漠和天气的不确定性导致这片土地只能靠天吃饭，所有这些以及其他的自然条件同样也反映在以色列宗教中。关于她最早的信仰，我们可以肯定地说，是从那些祖先的原始信仰中不加批判地继承了下来，而祖先的这些信仰已经达到了第一章所述的高度。正是在这样的背景下，她后来的所有思想都得到了解释。不管是世俗的还是客观的，我们都在试图对自然和人类社会进行探寻，都要经过很长时间才能完全接受人类关于世界的解释。那么对以色列人来说，就像对我们一样，问题不在于她如何开始相信神的存在，而在于她是如何塑造了这种信仰，以及她的人民在他们拥有了某种思想的自我意识时是如何支持这种信仰的。

以色列信仰的基础是物质世界。但是在这里我们看到这个国家和她的邻国之间的一个主要区别。因为以色列的神源于并超越自然神。正如巴比伦人和埃及人所相信的那样，神和自然是紧密相连的，然而对于以色列来说，它们仍然有本质区别。如此，我们可以说是对自然的贬低，因为它不再是神圣的。然而，实际的以色列思想却恰恰相反。在古代东方，我们找不到像以色列那样给予自然的崇高概念和描述了。更准确地说，上帝的升华和自然的升华是神圣力量和活动的表现。事实上，以色列的邻居们（埃及和巴比伦）所使用的最高观念是如此充分，以至于人们很容易混淆情况，把耶和华视为山神、地震之神、风暴之神和生育之神，就和其他神一样。他的声音在雷声中被听见；他在地震中震动世界；他的雨落在干渴的地上；他在雷电中四射；他生老病死。但是一位希伯来作家提供了本质上的区别，他虽然谈到了一个突发事件，但却使用了象征一切的语言：

> 看哪，耶和华从那里经过。在耶和华面前有烈风大作，山崩石裂，耶和华却不在风中；风后有地震，耶和华也不在其中；地震后有火，耶和华也不在火中。（《列王纪上》19:11—12）

这不过是:"我们听见他的话,是何等细微的声音!他大能的雷声谁能明白呢?"(《约伯记》26:14)这一点很明显,对以色列来说,上帝是至高无上的,他利用自然来达到目的。无论上帝与自然现象有多么密切的联系,他都不仅限于自然现象,而且与自然现象截然不同。因为"大火之后"传来"一个平静而细微的声音"。

然而,上帝与自然的力量和现象之间的密切关系,使后者具有一种人们无法得到的品质,而这一品质远比18世纪英国浪漫主义者赋予它的描述,美丽、崇高和威严等,还要难得。人们可以大胆地判断,它能与任何时代最好的诗歌相媲美。在希伯来语中也是如此,

> ……感到
> 打扰……的存在与快乐
> 高尚的想法;崇高感
> 它的栖身之处是落日的光芒,
> 是圆圆的海洋,是充满生机的空气,
> 是蔚蓝的天空,是人类的心灵。

事实上,华兹华斯之所以能够提出这样的概念,是因为他与我们西方文化中悠久的希伯来传统有着深厚的渊源。一段描写大海的力量和威严的段落很好地说明了以色列对大自然的奇妙感觉,这段文字描绘了大海的力量和威严,希伯来人对这一敌人充满了怀疑和恐惧,但在这里升华为上帝力量的表达:

> 那些搭船出海,
> 在大水中做生意的,
> 他们看见耶和华的作为,
> 并他在深海中的奇事。
> 他一出令,狂风卷起,

波浪翻腾。

他们上到天空，下到海底，

他们的心因患难而消沉。

他们摇摇晃晃，东倒西歪，好像醉酒的人，

他们的智慧无法可施。

于是他们在急难中哀求耶和华，

他就领他们脱离祸患。

他使狂风止息，

波浪平静，

既平静了，他们就欢喜，

他就领他们到想要去的海港。（《诗篇》107:23—30）

《诗篇》第65章中引人注目的描述也有类似的意境，如果我们用较少的篇幅来说明他的神迹，那就是我们优美的题为"献给那些在海上遇险的人"的赞美诗：

拯救我们的神啊，你必以威严秉公义应允我们；

地极和海角远方的人都倚靠你。

你既以大能束腰，

就用力量安定诸山，

使诸海的响声和其中波浪的响声，

并万民的喧哗，都平静了。

住在地极的人因你的神迹惧怕，

你使日出日落之地都欢呼。（《诗篇》65:5—8）

并且一个人还能找到一些比简单的希伯来诗句更能有效地表达出山的威严的诗句：

地的深处在他手中；

山的高峰也属他。(《诗篇》95：4)

为了安静的心情，为了在丰盈的天宇下享受宁静的风景，为了在宁静的秋雨中享受休息和茶点，我们再一次转向《诗篇》第65章；它继续写道：

你眷顾地，

降雨使地大大肥沃。

神的河满了水；

你这样浇灌了地，

好为人预备五谷。

你浇透地的犁沟，润泽犁脊，

降甘霖，使地松软；

其中生长的，蒙你赐福。

你以恩惠为年岁的冠冕，

你的路径都滴下油脂。(《诗篇》65：9—11)

其他章节也有类似的主题，然而在它的节奏（即使在艰难翻译之后）中，在平衡的表达中，在其挥之不去的情绪中，它上升到纯粹的抒情：

耶和华—你的神必领你进入美地，那地有河流，有泉源和深渊的水从谷中和山上流出。那地有小麦、大麦、葡萄树、无花果树、石榴树，那地也有橄榄油和蜂蜜。那地没有缺乏，你在那里有食物吃，一无所缺；那地的石头是铁，山中可以挖铜。(《申命记》8：7—9)

即使是一个对我们来说最平常的话题，用来填补谈话中令人尴尬的场

面,但是对希伯来人来说,也被灌输了崇高的感觉。以下是《旧约》中对天气的描述:

> 你们要过去得为业的那地乃是有山有谷、天上的雨水滋润之地,是耶和华——你神所眷顾的地;从岁首到年终,耶和华——你神的眼目时常看顾那地。(《申命记》11:11—12)

我们可以引用这些章节的所有篇幅来说明以色列人对自然的感受。不过也许我们可以迟些再讨论。希伯来人将自然个人化,并将其融入他的最高宗教体验,这在接下来的《以赛亚书》中得到了很好的体现。从本质上说,希伯来人对自然的态度与第一章中我们熟悉的"我—你"的关系非常相似,这生动地展示了希伯来人的思想历程,他们的思想远远超过了他们的同代人:

> 你们必欢欢喜喜出来,
> 平平安安蒙引导。
> 大山小山必在你们面前欢呼,
> 田野的树木也都拍掌。(《以赛亚书》55:12)

这让人想起《约伯记》中上帝的演说中那句著名的诗句:

> 那时,晨星一同歌唱;
> 神的众使者也都欢呼。(《约伯记》38:7)

但是,如果不对希伯来人对有生命的自然的热爱进行评论,我们将不能否定这一主题,即他们的这种热爱程度不亚于他们对无生命的能够威慑他们的事物的恐惧程度。显然,他们对自然的热爱集中表现在所谓的《雅歌》中。有谁能忘记下面这句充分地表达了"春天,唯一美丽的钟声响起的时间"的诗句的魅力呢?

> 我的佳偶,起来!
> 我的美人,与我同去!
> 看哪,因为冬天已逝,
> 雨水止住,已经过去了。
> 地上百花开放,
> 歌唱的时候到了,
> 斑鸠的声音在我们境内也听见了。
> 无花果树的果子渐渐成熟,
> 葡萄树开花,散发香气。
> 我的佳偶,起来!
> 我的美人,与我同去!
> 我的鸽子啊,你在磐石穴中,
> 在陡岩的隐密处。
> 求你容我得见你的面貌,
> 求你容我得听你的声音;
> 因你的声音悦耳,
> 你的容貌秀美。(《雅歌》2:10—14)

248

从田园诗般的优美,到战马的优雅和力量,似乎存在着很大的飞跃,正如卡莱尔所描述的那样,"在任何文学中,没有比这更崇高的了":

> 它喷气之威严使人惊惶。
> 它用蹄在谷中挖地,以能力欢跃;
> 它出去迎击仇敌。
> 它嘲笑惧怕,并不惊惶,

也不因刀剑退却。

箭袋在它身上铮铮有声,

枪和短枪闪闪发亮。

它震颤激动,将地吞下;

一听角声就站不住。

每逢角声一响,它说:"啊哈!"

它从远处闻到战争的气息,

听见军官如雷的吼声和呐喊。(《约伯记》39:20—25)

从这个简短否定的反面,我们也多少了解了希伯来人对生活的热情和对身体力量的推崇,正如有时我们会把它与希腊人的脾气联系在一起,主"不喜欢马的力大,也不喜欢人的腿快"。

但是我们必须讨论那些看似平淡但却重要的问题,以色列的护教学。所有的自然现象都是上帝的创造,是他的真实、他的力量以及他直接参与世界事务的直接证据。尽管我们不能像我们所希望的那样对这一进程进行全面考察,然而以色列人明显的怀疑主义确保这一结论需要经过反复的讨论,在讨论后才能保持其至高无上的地位。其中的一些我们已经简述过了。

这一思想的重要来源是犹太人被从耶路撒冷俘掠到巴比伦的经历,而在他们的语言叙事中耶路撒冷是世界上最伟大的城市之一,位于巴勒斯坦地区,距离巴比伦并不远。作为流亡者,当最先席卷而来的思乡之苦过去后,犹太人开始认识到巴比伦文明的奇迹和成就远胜于他们带有乡村气息的文化。随着时间的推移,犹太人中那些思想开放的人对俘获他们的巴比伦人的宗教的空前盛况以及至高无上的马尔杜克神的力量有了进一步的认识,在马尔杜克神面前,通过被动接受战争的洗礼,犹太人看到了耶和华的力量无法保护他的子民。于是,一种幻灭的思想开始升腾,犹太人被巴比伦宗教同化的同时也开始了对他们自己宗教的否定,因为他们来到的是一个更大的世界。

从巴比伦帝国开始，密集的交通线路向东延伸至伊朗，这是被俘获的犹太人从未听说过的，然后向西穿过小亚细亚到达希腊世界。在城市里，每天都可以看到来自遥远国度的商人和政府官员。因此在思想开明的犹太人看来，他们的国家和它所代表的一切是那么的落后、狭小和遥远。异域文化的影响正慢慢侵蚀着犹太人的信仰，而此时对犹太人影响最深远的则是巴比伦人的对天空的研究已成为一门真正的学问。在震惊的犹太人面前，这门学问展现了一个无边无际、充满惊奇但却有规律的世界，从而使传统上认为巴勒斯坦这片土地的上帝耶和华不仅创造了太阳和月亮，而且还创造了星辰的说法显得幼稚可笑。

在这里，我们见到的当然不是科学和宗教的第一次联系（因为它们可以追溯到人类思考世界的最初阶段），而是两者之间最早的冲突之一，其形式与我们今天所熟悉的相似。事实上，这些思考也出现在我们这个时代，与最近天文学发现相关。但是在公元前6世纪，科学和宗教又是如何相遇的呢？犹太人为了新发现的假弥赛亚——科学放弃了他们的信仰了吗？他们中的优秀分子当然没有！那么他们是否陷入了思想上的孤立，拒绝承认科学的发现呢？他们是否满足于对古代教义的重申呢？不全是这样。相反，他们的思想活力让他们能够有勇气面对问题，并认识到新知识的有效性和它的破坏性，在接受事实后在新的更好的基础上重建他们比以往更高级的宗教。

幸运的是，在这些困惑的犹太人中却有一位伟大的诗人和思想家，我们称之为第二以赛亚。他意识到苦难是与生俱来的，不是因为耶和华的个性，而是因为他的子民只是获取了他没有价值的思想。他大胆地抓住那些使思想薄弱的犹太人动摇的科学发现，声称这些发现非但没有使以色列人对上帝失去信心，反而证明了上帝的伟大和真实。因为上帝是物质世界的创造者和主人。"你们要向上举目，看是谁创造这万象，按数目领出它们，一一称其名，以他的权能和他的大能大力，使它们一个都不缺。"（《以赛亚书》40:26）

然而，那些业已熟识的宇宙论中的一些元素也得到了第二以赛亚有效的处理。不仅是他那个时代不断拓展的世界给他的意识带来了新的信念，而且在一种与当今哲学家相似的心境中,他引证了这样一种思考,即秩序化的世界揭示了它起源于一个普遍思想。

> 谁曾用手心量诸水,
> 用手虎口量苍天,
> 用升斗盛大地的尘土,
> 用秤称山岭,
> 用天平称冈陵呢?
> 谁曾测度耶和华的灵,
> 或作他的谋士指教他呢?
> 他与谁商议,
> 谁教导他,
> 以公平的路指示他,
> 将知识传授与他,
> 又将通达的道指教他呢?(《以赛亚书》40:12—14)

显然这是对以色列思想的一个真正的贡献,在以后的岁月里它成为教谕作品的作者最喜爱的主题,它尤其成为关于神的卓越智慧的长篇论文的基础,在《约伯记》的后半部分出自耶和华的话语。

> 我立大地根基的时候,你在哪里?
> 你若明白事理,只管说吧!
> 你知道是谁定地的尺度,
> 是谁把准绳拉在其上吗?
> 地的根基安置在何处?
> 地的角石是谁安放的?……
> 你有生以来,曾命定晨光,

> 曾使黎明知道自己的地位，……
>
> 往光明居所的路在哪里？
>
> 黑暗的地方在何处？……
>
> 你能为昴星系结吗？
>
> 你能为参星解带吗？……
>
> 你知道岩石间的野山羊几时生产吗？……
>
> 你能数算它们怀胎的月数吗？
>
> 你知道它们几时生产吗？（《约伯记》38：4—39：2）

因此，这个关于有生命和无生命创造的复杂的相互作用的冗长讨论将继续进行。需要指出的是，在某种程度上，这仅仅是对人类知识的贬低：这个世界所包含的知识远远超过人类的智慧所能理解的范围。但讨论的基础是无限智慧所创造出来的奇迹，它不仅创立了这些奇迹，而且还使它们保持适当的关联。

重要的是要认识到第二以赛亚有意识地写到了护教问题；他明确而有目的地提出了这个问题。他的诗中贯穿着一种潜台词。他将其与同时代伟大的异教神的主张相关联；但这并没有改变最重要的一点，即他是在回答这个问题："人如何理性地知道上帝的存在，以及上帝是犹太教传统所宣称的那种存在？"为了这个目的，他最喜欢的方法是描画出一个宇宙，在这个宇宙中耶和华既是原告又是法官；他提出了自己的观点，介绍了他的证人，然后向被告提出挑战，并让他们陈述自己的论点。但在这个场景中，随之而来的只有沉默；于是，决定权交给耶和华，这不是他们默认的结果，而是因为其他人的无力和怯懦。除了我们已经论及的以外，耶和华的观点在历史中一直是有影响力的，并且他仍然是人类事务的重要掌控者。这些新特征被引入思考，从而使我们认识到在这里第二以赛亚使用了一个以色列思想家的非常古老的观点，这是非常重要的。150年前，以赛亚大胆宣称，以色列的神利用亚述人来达到他伟大的目的。但这并不是只有他有这样的宣称；事实上这是贯穿《旧约全书》"巴比伦之囚"的主题。希伯来思想家以一种可能使后来的一些思想免于最严重的洞察力失误，认识到世界的意义，如果有的话，也只有在人类生命的光芒中，并通过纳入人类生活来实现，这是世界的最高表达。因此，对他们来说，"研究人类的正确方法就是研究人"。

这是专门研究智者的领域，他们主要是从伦理和形而上学的角度研究人类生活。在一代又一代学者所进行的长期调查中，历史和社会提供了某种意义上可与现代科学实验相媲美的条件。可以毫不夸张地说，它们是经验性的，尽管无可否认这种方法还没有达到自我意识的程度，因此很容易被排除在科学的严格性之外，或者让位于传统的教条。尽管如此，他们的活动本身就展示了古代以色列人敏锐的知性主义，以及这个民族在完善的思考方法上所走过的路。智者们寻求进步和提升的准则，这些准则可能有助于人们接受理想的美好生活，但也让人看到每件事情都在不断发展的历史进程中占据了各自的位置，并在神圣目的的引导下获得确定的结果。现在我们暂且放下这个非常诱人的话题，稍后再对其进行深入讨论。本章主题的相关方面虽然已经提到，但需要一些方向上的指导。我们借此机会指出，阿摩司对上帝普遍性的看法在某种程度上是基于他对人类对与错的普遍标准的认识。在适当的地方，我们将提出进一步的证据，证明这实际上就是阿摩司的想法。很明显，这是以色列人相信上帝存在和上帝本性的一个卓有成效的缘由。希伯来人在正义概念中总结出的人类对更高品质的普遍重视在宇宙起源中找到了最合理的解释，一些现代思想家将其描述为一个过程；但对希伯来人来说，这个过程是个人化的。人类为了更好的生活在不断努力，在对卑贱和卑鄙的蔑视中，在对公正、高贵和无私的普遍赞美中，以色列的思想就像我们的思想一样，有一种深奥的神秘，它迫使我们思考那些超越直接的和有形的事物，进而进入因果、自然和生命的领域。以色列的思想家继而得出结论，这是上帝品格的最崇高启示：他就是公义和真理。

除了从世界的奇迹和显著的智慧来论证，从人类历史的进程、过去和未来来讨论，第二以赛亚认为这是经过深思熟虑的，他还有另一个思考，由于这个考虑很简短，因此可能引起人们的误解。在他最喜欢的一个场景中，他让上帝在几个段落中对以色列说，"你们是我的见证"（《以赛亚书》43：10，12；44：8）。在某种程度上，这一表达可能表明他认为以色列是上帝的慷慨和强有力的拯救的接受者，并且这一推论是可以得到证明的。然而虽然这可能是这几个段落中最重要的，但是更深入的思考也不能被忽视，即以色列可以证明自己认识上帝的全部特征。然而，在这些段落中这种情况肯定对犹太人的思想产生了影响。《诗篇》中曾写道："你们要尝一尝，就知道主本为善。"《诗篇》中又写道：

> 耶和华的典章真实，全然公义，
> 敬畏耶和华是纯洁的，存到永远，
> 比金子可美慕，比极多的纯金可美慕；
> 比蜜甘甜，比蜂房下滴的蜜甘甜。（《诗篇》19：9—10）

> 我何等爱慕你的律法，终日不住地思想。（《诗篇》119：97）

这只是一个最简单的例子，我们可以从《旧约》的《诗篇》和其他诗歌中摘取大量这样的句子。虔诚的以色列人感到并知道在他对神的亲身经历中，他拥有一种最珍贵的品质。在这一点上，他似乎找到了证据，证明了他的传统信仰所假定的，在物质世界中心的人是善良的。很明显，这种想法的有效性需要做进一步的探讨。希伯来人是否曾经在他观察和思考后去质疑他们的结局呢？我们可以把这个问题作为以色列对人类生活的整体理解的一部分。

第九章　人

据说古希伯来人有三种现实：神、人和世界。事实上，这句话并没有看上去那么深奥；那么还有更多的吗？作为一个人，他怎么能考虑得更少呢？但无论如何，现在是时候转向这些现实中的第二个了。

以色列人完全意识到了人的思想中最关键的问题——人是属于他自己的。希伯来思想家思考这个奇怪的两条腿生物，他们趾高气扬地走来走去，傲慢地与众神竞争，却深知自己远不如神，他们意识到他们自己与野兽的亲密关系，但又不愿成为野兽，而且即使是在他们最得意的时候，他们也总是有一种不足感萦绕心头，他知道跟随其后的报应最终将追上他。那么他所希望的和所做的又是什么呢？就其本身而言，他们的这种思考并不高明，因为即使是原始人也早已产生了对他们的起源和本性的讨论。但以色列思想的独特之处在于其结论的高度，它是对人的问题的回答，即使在现代，也有人认为它优于许多近代的思想，也优于希腊人的思辨，因为希腊人的思辨在某种程度上是对西方文化的偏离。

如果我们根据频繁而正规的讨论来判断，这个问题在希伯来的思想家中广为传播。其中最引人注目的篇章是《诗篇》第90章，它用庄严的词句描绘了世界的永恒和神的永恒，与之相比，人是短暂的、脆弱的、易犯错误的：

　　诸山未曾生出，
　　地与世界你未曾造成，

> 从亘古到永远，你是神。
> 你使人归于尘土，说：
> "世人哪，你们要归回。"
> 在你看来，千年如已过的昨日，
> 又如夜间的一更。

但是对于人类：

> 你叫他们如水冲去，
> 他们如睡一觉。
> 早晨，他们如生长的草；
> 早晨发芽生长，
> 晚上割下枯干……
> 你将我们的罪孽摆在你面前，
> 将我们的隐恶摆在你面光之中……
> 我们度尽的年岁，好像一声叹息。（《诗篇》90:2—9）

同样值得一提的是《诗篇》第8章中对这个问题的明确表述：

> 耶和华—我们的主啊，
> 你的名在全地何其美！
> 你将你的荣耀彰显于天。
> 你因敌人的缘故，
> 从孩童和吃奶的口中建立了能力，
> 使仇敌和报仇的闭口无言。
> 我观看你手指所造的天，
> 并你所陈设的月亮星宿。

> 人算什么……？

在浩瀚的物质宇宙中，人类是如此的短暂而渺小；然而正如我们将要看到的，这位思想家认为，人类具有独特的意义。

促使以色列对这个问题感兴趣的一个因素是人与动物之间存在的明显相似性。我们听说所罗门在他的三千箴言中"讲论了飞禽、走兽、爬行动物和鱼类"(《列王纪上》4:32—33)。但在东方，这种兴趣由来已久。在那里，现代社会所熟悉的与植物和动物有关的《伊索寓言》(Aesop's fables)，长期以来一直被用于教导和思考人类的本性。《士师记》第9章著名的约坦寓言非常明确地指出，我们从以色列，特别是从《箴言》的某些段落和一些先知中，最重要的是从所罗门的生涯中，看到了希伯来思想家已经认识到我们与低等动物的亲缘关系。然后呢？难道人类只不过是一种聪明的动物吗？鉴于以色列人所秉持的一贯的怀疑主义，这个问题的答案是肯定的也就不足为奇了。我们所熟悉的《传道书》也不会认为这是不同寻常的。为此，他得出这样的结论：

> 我心里说："为世人的缘故，神考验他们，让他们看见自己不过像走兽一样。"因为世人遭遇的，走兽也遭遇，所遭遇的都一样……他们都有一样的气息。人不能强于走兽，全是虚空……谁知道人的气息是往上升，走兽的气息是下入地呢？(《传道书》3:18—21)

这样，我们就彻底地否定了人类更高的要求。我们的生活，就像动物的生活一样，是用纯粹的生物学术语来描述的。当死亡降临时，除了生物和化学溶解，什么都没有发生。但《传道书》的悲观主义表明，希伯来人的共识是反对他的。他显然在努力批评和否定一个已被接受的信仰。

《约伯记》中"朋友"的情绪也与此类似。很明显，他们给人类很低的地位。比勒达确实暗指"如虫的人，如蛆的世人"（《约伯记》25:8①）。而以利法，在一个类似的说法中强调了人类的脆弱以及他们的生活的不科学：

> ……何况那些住在泥屋、
> 根基在尘土里、
> 被蛀虫所毁坏的人呢？
> 早晚之间，他们就被毁灭，
> 永归无有，无人理会。
> 他们帐棚的绳索岂不从中拔出来呢？
> 他们死，且是无智慧而死。（《约伯记》4:19—21）

但我们必须十分谨慎，并且不要从《诗篇》作者的忏悔中得出类似的推论：

> 但我是虫，不是人，
> 被众人羞辱，被百姓藐视。（《诗篇》22:6）

事实上，这与约伯对于朋友的观点正好相反。因为很明显，正是作者自己像虫子一样，不如人——正如他所说的那样。的确，以色列特有的信仰在《诗篇》中找到了最具挑战性的表述，尤其是在我们刚才引用的《诗篇》第8章中。相关段落来自钦定版《圣经》的译文：

> 人算什么，你竟顾念他！
> 世人算什么，你竟眷顾他！
> 你使他比神微小一点，
> 赐他荣耀尊贵为冠冕。（《诗篇》8:4—6）

---

① 此处原著有误，应为《约伯记》25:6。——译者注

但是这里的"天使"是"神",这是对上帝的普遍和常规的称呼。但是事实上没有任何地方能够确定是指天使。在这一点上,没有任何证据支持17世纪译者们的译文;他们的译文仅仅建立在主观臆断的前提之上,这些前提又排除了他们要上升到大胆的希伯来概念。事实上,这段话很清楚地在说:"你使他比上帝低了一点!"

与这个概念中人类生活的基本特征相比,在很少的几个方面,关于希伯来思想的独特性,我们有更多的证据。事实上,直到今天(不仅仅是钦定版《圣经》的翻译者出现之前)我们还没有充分地认识到,人的本性"并不比上帝低多少"。提出这一观点的人不亚于我们这一代,他们深知人心的堕落,而另一方面,他们又对神的超然存在保持着无可匹敌的信念。但矛盾的是——对他们来说,人"只是稍低一点","戴着荣耀的冠冕"。这里没有玷污肉体,没有玷污物质本质的恶,没有玷污世界和它所代表的一切的恶,也没有玷污那些我们错误地把它们强加在东方的观念,这些观念反过来又扭曲了我们的宗教思想达两千年之久。但他们是希腊人,不是希伯来人,不是摩西,而是柏拉图!的确,希伯来人会同意我们所熟悉的赞美诗的说法,"尘土中的脆弱的孩子,与少女一样脆弱";但在这种软弱无力中,却没有原罪的污点。相反,人是高尚的;预示着他的命运同样是庄严的。我们的作者在《诗篇》中重复着创世的故事:"你派他管理你手所造的,使万物……都服在他的脚下。"(《诗篇》8:6)

的确,在创世的记载中,我们找到了希伯来人对人类问题的基本并几乎是完整的回答。上帝按照自己的形象创造了人。或者在另一种说法中,神手捏地上的泥土塑造了他,然后神把生命的气息吹进他的鼻孔,人就成了有生命的生物。人的土性和神性同时存在。但需要强调的一点是,我们提到的这种对立并不是希伯来人的。对以色列来说,这其实是一个简单一致的想法。上帝也创造了世界,在他所创造的一切上,他一步步强化了世界是美好的。世界和人一样,刚从造物主手中诞生出来,拖着荣耀的云彩。这就是希伯来人和犹太人的全部思想。尽管有可能有麻烦,但无论有多深重的黑暗,以色列人的基本信念都是让世界充满他们的神圣起源和崇高目的。

关于物质的最终性质，存在着一个尚未解决的问题。我们的神学假设了虚无创造的教条。但《旧约》却并没有这么这种推论。相反，有人提出这样一个问题，即《创世记》中第1章第1节是否实际上并不意味着相反的情况。这个句子的希伯来语结构很不寻常。为此我们大胆断言芝加哥版本是正确的：'起初，神创造天地。地是空虚混沌，深渊上面一片黑暗；神的灵运行在水面上。神说：'要有光！''也就是说，物质不是被创造出来的，而是早已存在的。世界有双重起源：一方面是一团不成形的混沌物质，另一方面是上帝和他的创造。不幸的是，《旧约》中对世界起源的进一步讨论未能澄清这个问题，所以我们不得不将其留在这种不确定性中。但是这种情况并没有限制我们在这一点上的力求强调的重点。因为即使以色列人真的认为物质是永恒存在的，但仍然没有任何迹象表明世界是物质的。相反，它是上帝创造的主要媒介和对象，所以最终整个创造是"完美"的。

这一推论还有更深远的意义。需要强调的是，人作为一种有肉体的生物，没有肮脏或无用之处。关于人类的罪恶，我们需要进行阐释，并且这对以色列人的思想来说是真实可信的，但却并不是从他的肉体中产生。上帝创造了人，在极乐世界的原初的日子里，他很随意地把我们第一对祖先结合在一起，他们是和我们具有同样天性的人。此外，神又嘱咐第一对夫妇说："你们要生养众多，遍满这地，治理它。"于是，这便成为希伯来生活的一条基本的准则。无论现在和未来面对着多么黑暗的境遇，虔诚的以色列人都不会通过禁止生育孩子和子孙来寻求种族解放。的确，耶利米采用了这种方式，但在某种程度上，他远离了他的人民。神曾吩咐说："要生养众多。"除了一些斋戒仪式和其他约束，在以色列没有禁欲主义。除了艾赛尼派，他们曾在某一时期倡导过禁欲主义，但他们代表不了全体希伯来人。事实上，独身和一种比较特殊的"无沾成胎"来自《旧约》之外的传统宗教的观念。凡以色列人所怀的胎都是洁净的。它是上帝创立的，按照他们简单的科学观念，胎儿是上帝直接赐予的礼物。的确，他们清楚生命成长的过程。然而，上帝给了我们怀孕的机会，他也可以阻止我们怀孕。孩子是上帝的祝福，是上帝恩典的象征。然而，每一位《圣经》读者为此都会想到《诗篇》第51章中的那句悔悟的话：

> 我是在罪孽里生的
> 我母亲怀胎的时候就有了罪。

这是一段话与《圣经》思想相悖。但是，即使我们从个人的角度以及上下文来看这段经文，我们也必须注意到，它在《旧约》中是独一无二的。为此，我们需要把它理解为这是诗歌的一种夸张手法。但《圣经》评论者认识到这一点，进而明智地理解了民族的含义。正如在《以赛亚书》（43：27）中所提到的原罪，"你的始祖犯了罪"，所以在这里，这位虔诚的作者认为自己继承了他的民族的忤逆倾向，正如《圣经》所说的："以色列之母在这里。"

在这些关于人与世界的崇高的概念基础上，我们仍不足以进行结论性的分析。事实上，在这里我们似乎是在分析一种情绪，而不是理性的立场，因为以色列的思想家们深刻意识到人性黑暗的一面。痛苦的经历让他们了解到环境的恶劣，包括他们身体上和种族上的痛苦。尽管如此，他们仍然坚信人在本质上是善的。希腊人以一种人与神平等的关系直面众神，对于希腊人的这种自由平等的思想我们常常给予评论。是什么让希腊人产生了这种思想？是因为他们也是地中海民族，在这片狭长的沿海地区，在明媚的阳光下，他们像以色列人一样，也是山地民族，他们在与世隔绝的山谷里过着种族主义的社会生活？那么，我们是否应该从环境而非种族延续或理性的思维过程中寻找关于上帝和人类的这些思考的来源呢？不管怎样，很明显，在这里以色列的地位是超越希腊的，因为她的神是受人尊崇的，远远超过了希腊神所具有的人类弱点。但是自然环境并不能说明一切，因为在东方以色列是独一无二的。叙利亚人和摩押人也是地中海世界的山地民族，他们宗教成就低人一等，这是没有必要掩饰的。我们不得不认为，希伯来人关于人类的概念不能被孤立地理解，而是要将其作为整个思想体系的一部分。他们认识到人类优于动物——甚至《传道书》中的悲观主义情绪也不能掩盖其对事实的承认。然后，他们认识到人类性格中有一种特性，这种特性不仅是生物学上的，而且对他们来说，正如我们将看到的，完全是一种神圣的天赋。于是，他们带来的结论是，人类的性质介于动物和神之间，并"略低于上帝"。

然而，尽管人类的起源和本性是崇高的，但在希伯来人的思想中，人类仍然是一个罪恶的存在。在这些矛盾的表述中，我们感受到了以色列人的概念的深度。没有任何民族比这个民族更有罪恶感了。而我们也只有根据希伯来传统，才有了类似的观点。如果我们的表述是冗余而晦涩的，罪恶就是神所要超越的对象。这又是一个充满悖论的论题。所有以色列人的思想最终都可以追溯到他们的忏悔上，"主我们的神，主是唯一的"。罪恶的观念在东方由来已久，毫无疑问，早在古老的东方文化兴起之前，罪恶的观念就已经存在于人类生活中了。但这与以色列人的思想之间存在着巨大的差异。其较简单的概念是一种不讨神喜悦的行为。而当神仅仅是一个被放大了的人，并具有许多人的任性时，那么罪恶就几乎与道德没有任何关联了。至多，东方文化已经明显地朝着一种超越罪恶的概念的方向发展了。但对以色列人来说，罪恶违背了神的圣洁和公义，而这圣洁和公义远远超过了我们所达到的最高的理解。诚然，这圣洁就是一个人：对以色列人来说，其他的思想是不可能存在的，因为神那崇高的天性充斥了他们的思想，进而把对个人的侮辱变成了道德上的罪恶。即使在最深刻的个体罪恶的经历中，也存在着个人关系。于是，伟大的忏悔者忏悔道：

> 惟独得罪了你，
> 在你眼前行了这恶。（《诗篇》51:4）

另一位《诗篇》作者表达了人类的弱点，说：

> 你将我们的罪孽摆在你面前,
> 将我们的隐恶摆在你面光之中。(《诗篇》90:8)

与那不可言喻的荣光相比,"我们所有的义不过是肮脏的破布"。

以色列人关于人类的思想就存在于这样的悖论中。人类是照着神的形象被创造出来的,但却比神稍低一些,堪与神做伴,但又离神极远,以致人类的最高成就,甚至最远大理想,都只有通过神的恩典才能得以实现。这个悖论值得去重申,因为毫无疑问,它是以色列最好和最高的思想以及以色列人不断提高道德修养的动力。然而,我们必须对这个概念加以限制和保护,因为对神的超越存在的强调导致神学的发展并不是一帆风顺的,尤其是在我们生活的时代。神虽被尊崇,却没有与人隔绝。上帝和人在本质上是一样的。即使人类的弱点足以使这种相似如一幅漫画一般,但他仍然具有上帝的形象。上帝在天上,上帝与人相差甚远。但是,在陈述中引入近代神学思辨中所青睐的副词,并说上帝作为他者是"彻底地",这是完全错误的。对此,以色列的思想家们将义愤填膺地否定这种想法。当然也有例外,比如《传道书》和《约伯记》中的"朋友"。但前者的愤世嫉俗导致了一幅荒谬的描绘;《对话录》的伟大书写者则认为后者的逻辑欠佳,因此对其进行了适当的批评。

当前的神学致力于将所有的罪解释为人类自傲的表现。无论这对于后来的思想是否正确,只能通过一种理性化的方式,在《旧约》的思辨思想中被假设出来。人们可能认为,脆弱的人类只有通过一种被夸大的自我价值所扭曲的心态,才能故意违背神圣上帝的旨意。但显然,希伯来的思想家们并不这样认为。他们了解人类的自尊心,并适当地贬低它。因此对他们来说,罪主要是反叛,或者是有意的、故意的,或者是无意识的,因为专注于其他的事情而"忘记"了上帝的。

人的本性既然如此,那么以色列人对自己的命运是怎么看呢?我们已经看到了一个答案。《传道书》承认没有结果,只有彻底的绝望。人死得像畜生一样——生命终止！即使人活着，他也一事无成，所以关于人生怎么度过的最好答案是"尽量过得舒服，别想太多"。但很明显，这样的观点不能满足以色列的思想家们，我们可能不承认他们是"正统派"，但随着时间的推移，他们逐渐接受了埃及人长久以来所珍视的，无疑也是全以色列人都知道的观念：死亡不是结束，而是开始。死亡是一个入口，通过它，人们可以进入一个更为广阔的生活。这种观念很晚才出现在《旧约》时代，为此我们几乎没有什么可以讨论的。《旧约》中为数不多的与此相关的主题之一是曾简要地谈到了"永生"(《但以理书》12:2)；另一个相关提及是："睡在尘土里的啊，要醒起歌唱！"(《以赛亚书》26:19)除此之外，如有相关主题的论及皆为后世思想。这是一个很吸引人的问题，就是为什么以色列持续拒绝她早就知道的信仰。对此我们一无所知，但或许与早期以色列人被迫反抗的异教信仰有密切关系。

对以色列人来说，在《旧约》时代的大部分时期，人类的命运是一件世俗的事情。人类的个人利益只能在今生找到，他的成就，无论是什么，都只与现世有关。然而他在家庭里找到了一种生存的方式。因此，以色列的孩子比在普遍人类社会中的儿童更受到重视。在很长的历史时期，部落和国家也成为承载人类生存意义的载体，这样，人类的忠诚就得到了保证。这种观点对我们来说并不陌生，只是提法上的不同而已，因为在我们这个时代，它本质上是驱使人们在战场上甘愿奉献生命的动力：为了人类自由的生存，也就是说，为了我们文化的延续以及由此产生的更美好的文化的可能性。但除了这些希望，以色列人在他自己的生活里寻求意义和自我满足。

以色列思想的整体性保证了人们对美好生活即物质上充足的追求。希伯来人不是饥饿的圣人，也不是肮脏的禁欲主义者。他们对生活中的美好事物充满了热情。先知和其他宗教领袖对无形事务价值的强调让我们不得不关注这样一个事实，即所有人都这样认识到，如果生活要令人满意，合理的物质供应至少是不可缺少的。这就是希伯来人前往的神承诺给他们的应许之地：那是"美地，那地有河流，有泉源和深渊的水从谷中和山上流出。那地有小麦、大麦、葡萄树、无花果树、石榴树，那地也有橄榄油和蜂蜜。那地没有缺乏，你在那里有食物吃，一无所缺；那地的石头是铁，山中可以挖铜"（《申命记》8：7—9）。贫穷和苦难可以因为无视现实而得以承受，但这也确实是人们不想经历的。同样，对巨额财富的渴望也并不受人鼓励。所罗门统治时期的历史学家的热情是将国王的幸福程度与财富直接联系起来。同样，约伯的成功被视为源于他的运气，尽管这里因为文学上的需要而在描述上有所夸张，但在其他地方，我们却发现了一种相对适度的思想。《圣经》书写者既贬低财富也贬低贫穷（《箴言》30：7—9），而刚才引用的《申命记》作者的态度则与他的警告相符："你吃了而且饱足。你要谨慎，免得你忘记领你从埃及地为奴之家出来的耶和华。"（《申命记》6：11—12；参见8：11 ff.）《传道书》表达了理想的幸福生活就是中庸之道，由此我们可以想象《传道书》作者的写作态度并不严肃。

> 不要行义过分，也不要自逞智慧，何必自取败亡呢？不要行恶过分，也不要为人愚昧。何必未到期而死呢？你守持这个，那个也不要松手才好。(《传道书》7：16—18)

在这一点上，较为古老的希伯来思想可能被希腊思想所接受并具体化了。

于是我们看到，对于希伯来人来说，除非他是一个好妻子的丈夫，并与这位好妻子抚养好几个孩子，否则他的生活就不完整。事实上，我们应该说，关于要有很多孩子，赞美诗是这样表达希伯来人的共同的理想的：

> 看哪，儿女是耶和华所赐的产业，
> ……
> 人在年轻时生的儿女
> 好像勇士手中的箭。
> 箭袋充满的人有福了！（《诗篇》127：3—5）

毫无疑问，一个好妻子的品质是明智、勤劳、节俭，是个好的管理者。尤其重要的是，她每天要早起，就是为了让她的丈夫睡个懒觉！（《箴言》31:10—31）在我们所理解的程度上，一位好妻子还要同时是一位好母亲。

一个人获得幸福的最后一个因素是长寿。而上述这一切，被《约伯记》中以利法的第一次讲话所证实：

> 你六次遭难，他必救你；
> 就是七次，灾祸也无法害你。
> 对于灾害饥馑，你必讥笑；
> 至于地上的野兽，你也不惧怕。
> 你必知道你的帐棚平安，
> 你查看你的羊圈，一无所失。
> 你也必知道你的后裔众多。
> 你必寿高年迈才归坟墓，
> 好像禾捆按时收藏。（5:19—26）

但很明显，美好的生活也需要严格的道德标准。对此我们有这样的几个结论，尽管或多或少有些片面。《诗篇》第15章和《约伯记》第31章中的人物都很著名，特别是《约伯记》中的那些人受到了高度赞扬。为此，我们将用简短的语句说明我们的观点：

> 不从恶人的计谋，
> 不站罪人的道路，
> 不坐傲慢人的座位，
> 惟喜爱耶和华的律法。（《诗篇》1:1—2）

运用希伯来伦理学将使我们的讨论更加深入。简单地说，我们可以说好人是诚实、勤劳、慷慨和善良的,因为没有必要列举他的缺点。但我们应该回想一下与他高尚品质相关的话题,即"仁慈的人对野兽也是仁慈的"。这个理想的状态得到了广泛构想和应用,考虑到不会说话的动物忠实地为人类服务,我们注意到,这在以色列文学中多次出现,虽然不引人注意,却意义重大。但是很明显,这个总结,无论它有多紧凑,都没有涉及希伯来伦理的显著特征。这位好人找到了自己作为一个好的社会成员的地位,因为在以色列人的思想中,至少每个个体都有自己的特性,并由此带来了奖励或惩罚。因此,一个人的福祉和幸福与他所在群体的地位息息相关。他自己的长处或短处都与他所在的群体特征有关,因为他的行为是群体特征的力量。然而是社会决定了他的命运,即使杰出人物也不能使自己免于社会衰败而带来的厄运,也不能阻止自己分享社会福利。我们将看到个体如何逐渐走向相对独立,但以色列人的伦理思想却始终处于高度社会化的状态。

  关于思想文化的说法较少。然而如果我们因之得出结论,认为以色列人对此没有想法,那我们就错了。相反,它是一种被高度赞扬的理想。我们想到了所罗门,他思想的伟大在于耶和华赐给他"如海边的沙一般的宽宏的心"。先知和其他宗教领袖往往专注于他们的改革运动,因此他们很少提及这种品质,而这种品质实际上在他们的生活和活动中却占据很重要的位置。但在智慧文学中,人们对学问和精神生活的追求却被清晰地展现出来。这种对知识文化的追求我们已经有所了解,现在需要对其进行深入了解。但我们也许可以用简洁的语句总结世俗的美好生活,以色列人认为美好生活需要有教养的绅士,在很大程度上,我们赋予这一词汇更好的含义:一个生活环境相对容易的人,一定是一个家境优裕、家庭生活良好、品行端正、对熟人和蔼可亲、有机会提升思想境界的人。

  然而很明显,这样的陈述将是对希伯来思想的严重歪曲。因为在希伯来思想中,美好的生活实质就是宗教生活,我们所说的美好生活是宗教生活中的一部分。为此,我们可以再次引用一个著名论断:理想是让人"行公义,好怜悯,存谦卑的心与你的神同行"(《弥迦书》6:8)。那是一种宗教取向,给生活带来了意义和持久的满足。对上帝的敬畏是智慧的开始——生命中最美好的价值观的开始。在对上帝的信仰中,虔诚的希伯来人找到了生命之谜的最终答案:坚信在神的眼中他具有个体价值,因此期待神的指引和帮助,信仰意味着他具有与上帝神秘联系的丰富经验。这也是一种信仰,相信上帝对国家和世界的眷顾有计划和目的,通过这些计划和目的,个体参与到超越他的无常中,并在永恒的宇宙过程中找到意义。当然,我们不应该在每一个我们可以观察到的古希伯来人的思想中寻找这样的信仰,一个居住在山区的无知的以色列农民是不可能被期望以这样的方式塑造他的世界观的。但在这里,我们关注的是以色列人所达到的最佳状态。稍后我们将会看到更多的宇宙景象。

这就是美好生活。在信仰和行为上否认它就是罪;反之,除了它的民族性外,救赎就是获得今生。在希伯来人的大部分思想中,几乎没有基督教思想对救赎的实践所附加的神秘因素。希伯来思想的直接和简单保证了在《旧约》时期的大部分时间里皈依和救赎都是由意志决定的。如果一个人是罪人,那么合理的做法是改变他的行为。"要停止作恶,学习行善。"以赛亚曾命令道(《以赛亚书》1:16—17)。"我断不喜悦恶人死亡,惟喜悦恶人转离他所行的道而存活。"这是后来的相似表述(《以西结书》33:11)。从表面上看,救赎就是这么简单。然而以色列的思想家们充分认识到根深蒂固的习惯的制约力,它就像豹子的斑点或古实人的皮肤一样无法回避,不可改变(《耶利米书》13:23)。以色列人的行为使他们不能归向耶和华(《何西阿书》5:4)。在某些情况下,人"终日心里所想的尽都是恶事"(《创世记》6:5)。犹太人的罪是用铁笔写在了他们的心上(《耶利米书》17:1)。环境和遗传因素都对行为产生影响。当以色列人来到这片土地之时,他们与迦南人的关系遂成为他们参与异教崇拜的强大诱因:当他们吃饱了,他们很可能会忘记主——上帝(《申命记》6:11—12)。

因此,经过几个世纪的发展,以色列的思想家们对人类行为有了更深刻的理解。他们越来越意识到,人类的行为来自他们的人格,绝不是偶然的发生。慷慨的人做慷慨的事,吝啬的人会变得越来越粗鲁(《以赛亚书》32:6—8)。在《旧约》中,这是一个关于人类"心灵"的问题。这个问题的经典表述是保罗在《罗马书》第7章中所写的,一种无谓的自我争斗终于在绝望中表达出来:"我真苦啊!谁能救我脱离这必死的身体呢?"虽然保罗的这番话显然是基于他自己的经历,但却绝不是新奇的。这一方面和在其他许多方面一样,他是犹太血统的直接继承人。漫长的后流放时期的思想家们在不同时代、不同场合都盼望有一天上帝会改变人们的心灵,从而使他们能行正义之事。

> 我必洒清水在你们身上,你们就洁净了。我要洁净你们,使你们脱离一切的污秽,弃绝一切的偶像。我也要赐给你们一颗新心,将新灵放在你们里面。又从你们肉体中除掉石心,赐给你们肉心。我必将我的灵放在你们里面,使你们顺从我的律例,谨守遵行我的典章。(《以西结书》36:25—27)

此时,也有人提出了把律法刻在人们的心里。如此,没有比这更能让人们深刻理解生命往复的了。

> 我要将我的律法放在他们里面,写在他们心上。我要作他们的神,他们要作我的子民。这是耶和华说的。他们各人不再教导自己的邻舍和弟兄说,"你该认识耶和华",因为他们从最小的到最大的都必认识我。我要赦免他们的罪孽,不再记得他们的罪恶。(《耶利米书》31:33—34)

这是以色列关于上帝恩典的教义。在以色列早期思想中,上帝是喜怒无常的,并且他深深地感到尊严受到了伤害,无法安抚,而宽恕只是一种推测。我们熟悉这样的威胁:父辈的罪要加在孩子身上,直到第三代、第四代——尽管公平地说，我们必须记住这些人是不听话的，或者用《圣经》的话说，他们是"恨我的人"。先知们也说过，只要犯罪者还活着，他们的罪就不会得到宽恕(《以赛亚书》23：14)；或者他们认为对悔过者的宽恕是有问题的："或者耶和华—万军之神会施恩给约瑟的余民。"(《阿摩司书》5：15)但随着以色列思想的成熟，他们开始强调上帝的无限恩典。"父亲怎样怜悯他的儿女，耶和华也怎样怜悯敬畏他的人！因为他知道我们的本体，思念我们不过是尘土。"(《诗篇》103：13—14)而且，他不仅准备宽恕忏悔者，而且他自己就是使人忏悔的动力。他把他的人民从罪恶中拯救出来，这正是后期这句话的意义所在。

通过这几条路径，我们找到了以色列关于神的救赎的概念。根据广泛而翔实的概念，我们事实上生活在上帝的恩典中，这种生活在上帝恩典中的体验有着无法估量的可能性。

对这些与父权有关的记录我们非常熟悉。关于被上帝眷顾的人类，他们以某种特殊的方式与上帝同行，并与上帝保持着亲密的关系。亚伯拉罕被称为"上帝的朋友"，摩西与他对话时就好像人与他的朋友在说话一样。但值得注意的是，这种经历仅限于具有传奇色彩的过去。从历史的角度来看，我们面对的却是一个与过去不同的经历。神的灵可能会"遇到"被拣选出来的有价值的人，并帮助他去做值得人们去注意的事。这就是《士师记》中国家最强有力之人的资格，在公元前10—前9世纪的先知相关故事中也有类似的记录，他们是"上帝的选民"，这个称呼在希伯来语中是可行的，在与他们有关的章节中也有证据表明他们的特殊地位。

然而，值得注意的是，这些相关记载也并非没有传奇色彩。更确切地说，在书写先知的生平经历中，我们认识了以色列人对"与神同行"的本质的概念。认识到先知的经验本质上是一种个人与神的关系是很重要的，因为先知在心里安静时，可以听到耶和华的话。通过他职业生涯的日常，我们看到他生活在一种神圣的选择和使命感中，一种亲密的关系给他指引、支持和鼓励。这些描述我们太熟悉了，因此不需要进行过多的考察。我们想起阿摩司的经历，他从他的农耕生活中被"带走"，被派往以色列进行预言。当主对以赛亚说"用大能的手"时（《以赛亚书》8：11），弥迦被主的灵充满。但耶利米的一生在这一方面的经历特别丰富，很明显，从《耶利米书》第1章记载的关于他被呼召担任这一崇高职务的描述，我们看到一个有思想的青年对个人宗教以及在现实生活所担当的任务的觉醒。书中最著名的几段揭示了他内心的疑惑以及在他年富力强时期的思想纠结，这些都与当今的宗教经历密切相关。

简单地说，希伯来人认为最好是每个个体都可以在自己的心灵深处听到上帝的声音，并且可以通过他们未知的神秘媒介与上帝在静默中交流。这显然也是赞美诗作者的观点，在《诗篇》的许多相关段落中，我们只引用《诗篇》第73章中的忏悔。上帝对世界的统治似乎是不公正的，这使他深感困惑和烦恼，狂傲的恶人得利，没遭受惩治，正直的人终日受羞辱。这些对他来说太痛苦了，于是他说："直到我进了神的圣所，思想他们的结局。"（《诗篇》73：17）他得到了令人满意的回答，这答案不是通过听到他的声音，也不是通过仰天的神迹来观察，而是通过安静地沉思关于宗教和生命的实相而获得的。

然而，随着时间的推移，在社会和国家危机的压力下，人们总是期望天启的出现，于是这种期望又使我们回到了在父权的故事中所发现的那些概念上。伪经典文学被认为是在书写那个遥远时代的英雄，并且这并不是偶然的，因为它在很大程度上恢复了被遗弃的但却是超自然的上帝与人同行的概念。我们再一次发现被选中的人与上帝有着特殊的、超凡的关系，天使们将来自天堂的信息传达给他们，传达给他们天堂的愿景和神的计划。这种类型的思考，并不是先知的概念，在后来的宗教思想中，由于缺乏对思想发展历程的认识，或者由于任何其他原因，容易受到神秘信仰及其图像的影响。

以色列人对邪恶的理解仍然是一个值得探讨的问题。苦难和罪恶是如何存在于一个善良和全能的上帝所创造的世界的呢？希伯来人的答案我们很熟悉，这一答案就在著名的人类堕落的故事里。上帝让人类的始祖亚当和夏娃在伊甸园里生活，并给了他们许多特权，但也对他进行了严格限制："园子中间那棵树上的果子，上帝曾说：'你们不可吃，也不可摸，免得你们死。'"（《创世记》3:3）然而他们却吃了！因为他们被那条邪恶蛇所引诱。尽管如此，他们还是有能力拒绝：蛇只是说服了他们。在那里，人类是自由的、纯粹的、原初的。《圣经》告诉我们，由此而来的是人类所有的厄运，以及其他的东西，因为这棵神秘的树是"分辨善恶的树"。

在这里，深入探究这一概念的深奥程度是毫无意义的。很明显，这是一个流传广泛的神话的希伯来版本，即一个关于神的特权被人类偷偷占有了的神话。我们熟悉这个故事的希腊版本：普罗米修斯从神那里盗取火种给了人类，但为此他被锁在高加索山的一块岩石上，一只老鹰不停地啄食他的肝脏。事实上，这一神话并不起源于希腊，而是起源于东方。埃阿对人类的友好，以及奥西里斯作为人类守护神而被塞特神所陷害的神话故事，都是试图在解决同一问题。东方的思想家们，尤其是以色列的思想家们，都在思索人类在万物中所具有的神秘特质。他们拥有众神之火——或者用希伯来语更确切地说，他们掌握了善与恶的知识。他们为此受苦，他们因此而有罪。否则神将不如人类。

作为人类，是需要自由的。我们必须坚持我们的意志和目的，如果需要反对一切造物，我们只说，"这是我的方式"。多么的傲慢啊；并且可笑的、有限的人类声称他们将在一个广阔而神秘的宇宙前行！除了上帝，还有谁能有足够的知识来决定他的行动呢？但正因为这一点，希伯来思想家断言脆弱和有限的人类：他们是按照上帝的形象创造的。他们是自由的，这种有限性和自由的融合带来了错误、罪孽和痛苦。

但事实上，书写了《约伯对话集》的伟大思想家对这个问题进行了更为深入的探究。目前我们对这部书仍然有很多解释不清的地方，关于它的写作意义，学者们也没有达成共识，尤其在上帝和约伯之间的中间人形象上仍然存在许多争议。但无论如何，作者提出了一个大胆的概念，即上帝为了人类而甘愿受苦。痛苦和悲哀是万物最深层的本质，活着就是受苦。一个人越是达到了人生的最高境界,他就越感到痛苦。

然而,能有如此深邃思想的学者只有少数几个。其余的都很清楚地认识到,抹黑人类历史的苦难有多大一部分是人类创造的。某些人由于他们肆意的罪孽或愚蠢,迟早会给自己和他人带来痛苦。亚当的罪殃及他所有的后代;大卫的灾殃临百姓(《撒母耳记下》24:15)。这种后代或他人代为受苦的理念在《仆人之歌》(《以赛亚书》50:4—9;53:2—9)中深深融入到了以色列的宗教思想。此外,人们还认识到痛苦的惩戒作用,事实上它不是用来惩罚人们,而是用来指导人们的行为。对此,以利户第一次演讲的作者在谈到受苦者时表现出了深刻的理解:

> 人在床上被疼痛惩治,
> 骨头不住地挣扎……
> 若有一个作传话的临到他,
> 指示人所当行的事,
> 神就施恩给他……(《约伯记》33:19—24)

然而,这一切都应该被设定在一个宇宙系统中,这个宇宙系统应对一个人格化的上帝的有意识的决定做出反应,这就是它的特征。当一个国家犯罪时,上帝就会带来失败和灾难:《士师记》中明确的教导和先知的警告就是这样的。上帝根据人的行为来斟定善与恶。但是希伯来思想的现实主义确定这种过分简单的划分最终是不充分的。现在人们已经认识到现实生活是如此复杂,任何简单的公式都无法套用到现实生活中。所有读过《旧约》的读者都对这个议题的相关文献十分熟悉。值得注意的是,在《诗篇》中的一些篇章找到了与经验一致的更深层的解读。但这些解读中的一些并没有给我们留下深刻印象,它们只不过是对一种信条的重申,即恶人在现世要遭到报应。它们只承认天网恢恢,疏而不漏。我们已经引用过的《诗篇》第73章的作者的信念是:

> 你实在把他们安放在滑地……
> 他们转眼之间成了何等荒凉！

274 但是，为解决正义的问题而做出努力要更好一些。这位诗人继续说道：

> 然而，我常与你同在；
> 你搀扶我的右手。
> 你要以你的训言引导我，
> 以后你必接我到荣耀里。

众所周知，对这个问题的经典处理出现在《约伯记》的对话中。作者将约伯描绘成在绝望和怨恨中前行，因此对世界上的苦难有了新的认识上的飞跃，这在第23章中有很明显的表述：

> 他知道我所走的路；
> 他试炼我，我就如纯金。

以色列人并没有提出某种可以被视为对苦难的完整解释的逻辑性表述，这是因为他们深信宇宙的道德，认识到生命中看不见但超然的价值。这并不奇怪，在他们思想上的最大胆的尝试中，以色列的思想家应该在这样的价值取向上提出解决方案，即使他们如我们一样，也不可能制定精确的本质的解决方案。更简单地说，以色列的答案是她的宗教信仰。

然而，对人类自由的理解并不像我们陈述的那么简单。我们想起了《出埃及记》中法老的经历，他最终是会释放他的希伯来奴隶的，但在关键时刻，上帝仍总是硬着心肠降灾难于埃及。为了避免对上帝的干涉产生怀疑，上帝有了如下的解释："然而，我让你存活，是为了要使你看见我的大能，并要使我的名传遍全地。"（《出埃及记》9：16）国王并不是自由的，为了最终的神圣计划他要听从上帝的决定。《箴言》的确对这样的思想进行了概括：

> 王的心在耶和华手中像河水，
> 　他能使它随意流转。（《箴言》21∶1）

这与决定论的教义相去甚远。耶利米的窑匠之家神谕也以类似的解释而闻名。耶和华是伟大的窑匠，他按他的意愿塑造了列国（《耶利米书》第18章）。对此，米该雅·本·音拉也有类似的异象。他自称看见有一个说谎的灵从主面前出去，于是他指控说，这误导了亚哈王的官方先知，继而引诱他去死（《列王纪上》第22章）。《传道书》的哲学理论也提及了这一点，他的宇宙中的命运之轮使所有的人和事都按其适当的顺序发生、发展，显然这是一种决定论。然而所有这些，以及其他可能被引证的类似段落都是有限定条件的。当然，《传道书》认为，当他进行有关生命价值的实践时，他是可以自由选择的。事实上，他的论述自始至终都是为了维护人类的自由。但是，无论情况如何，他毫无疑问地认为人在某种程度上是站在宇宙发展过程之外的，因此能够在完全思想自由状态下批判性地审视它。他认识到环境的关键作用，但对他来说，在某种程度上人可以自由选择自己的道路，即使没有达到自己的目的。值得注意的是，关于法老和亚哈的故事也清楚地揭示了君主在正常情况下是拥有自由的。既然耶和华能降旨让亚哈认为往基列拉末去是对的，他又为什么不辞艰难地打发一个说谎的灵去呢？干涉法老的决定显然是一种反常的行为。然而事情的发展似乎自我澄清了：基于他们明显的现实主义，希伯来人认为人类的自由是显而易见的公理。尽管如此，他们认识到他们还没有穷尽这个问题。因为他们坚守着神圣的目标和历史进程。而历史只是人类生活的整体。因此，如果上帝决定了人类的结局，他必须不时地干预他们每个个体的思想和意志。对于其中的一个阶段，已经有现成的解释；先知们因为职业的关系努力使他们的思想服从于神的意志。因此上帝可以通过他们干涉人类事务。至于上帝如何引导历史，则没有给出明确的答案。然而更为重要的是，以色列人在坚定地相信人类是自由的同时，也认识到这是一个复杂而有争议的问题。

但我们认识到，在这一点上，一个更深层次的问题正迫使我们更深入地思考希伯来思想。关于在特定的环境中，为什么思想采取某一路径的原因是通向整个心理问题的关键，我们一直倾向于把这个问题看作是希腊天才的贡献。然而以色列的思想家们却通过自己的思维方式将他们的目光转向自己，探查自己的思想是如何表现的。

以希伯来思想家特有的直接考察现实的方法，他们从来没有怀疑过人类思想的有效性，或者他们理解真理的能力。他们熟悉虚假的现实，既有通常情况下的某些恶毒的人把实际上是虚假的东西表现为真实的那种；也有刚才提到的，被认为是更为阴险的不友好的灵干预的那种。后者将被看作是一种主观经验。我们清楚地认识到，在这方面他们面对的是与我们一样的问题。我们的思想，有时甚至是我们的感官，会对我们开最无情的玩笑，所以有时我们对自己所看到或听到的事情持肯定的态度，但这些事情在现实中却从未发生过。对此，我们可以从心理学中寻求答案，而希伯来人则认为这种情况的发生是外在精神作用的结果。由此可见，对同一现象，不同的人却有不同的解释。在这种程度上，希伯来思想家准备承认一个在人类认知过程中的可疑性。但是在一般情况下，一个人可以相信他的感觉以及他从感觉中推导出概念的心理过程。知识其实就是一个感知的问题。但是，以色列人再次避免了对其过于简单化。先知们说了很多关于上帝的知识——尤其是何西阿的话——但是他们把简单的信仰远远抛在后面，即上帝是由普通的视觉和听觉来体验的。尽管如此，感官连同把经验合成为知识的心理过程为希伯来人提供了对现实的一种不容置疑的正确理解。然而知识是有局限性的，因为出于这样或那样的原因，真理通常在正常的认知过程之外。

我们对希伯来人的思想体系是熟悉的，但这却也是危险的，因为它经常被误解。在《新约》中身体、灵魂和思想有很明显的三重划分，这似乎又回到了《旧约》中，因为我们很容易在创世故事中看到类似的情形。在此，我们只谈这一问题。毫无疑问，希伯来语中有不同的词对应于这些假定的实体。然而《旧约》也经常提到在人类意识和行为中或在某些情况下，相对独立的器官或身体部位被赋予特殊功能。这一观念再次将我们引到《新约》，由此我们看到了在《新约》中保罗关于身体部分重要性的著名论断（《哥林多前书》12:12—26）。但事实上，人格的概念绝不像《新约》所揭示的那样混乱。毫无疑问，人体的所有器官都服从于中心意识，无论那是什么。然而，器官的功能需要引起一些注意。一个值得注意的事实是他们在任何地方都没有提到大脑。在制作木乃伊时头部通常都要被砸碎的时代，希伯来人肯定对填充头骨的奇怪的胶状物质很熟悉。但奇怪的是，他们从来没有赋予它任何功能，甚至认为它配不上一个名字。也许这是因为它似乎是一种完全被动的器官，无论如何，正如一位现代评论家玩笑所言，希伯来人没有大脑！但是他们经常提到心脏，心脏有时显然专指我们所说的器官，但往往只指一个人的内心，并且他们把大脑的大部分功能都归因于心脏了。但肝脏、肾脏和肠道也是人类意识的重要器官。人们普遍认为，其中一些或所有这些都与情绪有关，虽然这其中有一个衡量的尺度，但嘴和肾脏的对比（《耶利米书》12:2）在其他地方与嘴和心脏的对比相似（《以赛亚书》29:13;《以西结书》33:31），从而显示了概念的松散。此外，我们还想起一个熟悉的段落："在夜间我的心肠也指教我。"（《诗篇》7:9①）

很明显，器官的功能没有明确的划分。虽然意识中的情感、理性和意志力的差异在某种程度上得到了承认，但却没有任何明确的分析，即使他们承认了这种分析的可取性。在我们看来，这种缺陷实际上与以色列在理解人格方面的成就有关。如果仔细研究就会发现，人格的三重划分同样是明显而非真实的。诚然，希伯来语中"灵魂"一词的翻译通常指欲望，在其他情况下指物质生活，而"精神"一词的翻译则接近于我们所理解的人格，实际上如果它确实被有意识地使用，这种区别并不总是存在。这些术语至多表示的不

---

① 此处原著有误，应为《诗篇》16:7。——译者注

是不同的实体，而是人格的不同方面。即便如此，它们在后来也被看作是同源的。因此人有两个而不是三个方面：身体是有机体，指人的物理和功能部分；占有其他部分的灵魂—精神包括上升到意识中的事物，对我们习惯于说的潜意识希伯来人有另一种解释。但这两者并没有分离或对立，它们只是一个整体的补充。人格是一个单一的、不可分割的整体。正如人们所说，对希伯来人来说，人不是精神的化身——这是希腊人的一种观念，人是充满活力的。以色列不承认精神和身体的二元论，因为两者之间存在对立和竞争。但人是一个单一的、有机体和人格的统一体。正如我们所看到的，这些古代思想家充分意识到人类意识中存在的永恒冲突，即我们高贵的精神永远与我们天性中的自私和兽性做斗争。后来，善意和恶意这两个内涵模糊的术语在讨论人类本能的矛盾时经常被使用。但是以色列的思想家们却拒绝通过简单的假设来解决这个问题，即假设一方具有神圣的来源，而另一方则是物质的或邪恶的。因为人是一个整体，他的行为，无论高低贵贱，都要由他自己决定，与他整性体天一致。

尽管以色列人深信人的个性是统一的，但我们必须同时认识到，人的心理兴趣没有纳入对有机体反应的研究。他们对神经系统一无所知，对于身心之间复杂的相互关系，他们只给予了基本的关注。我们必须承认，以色列人的思想并不科学。关于古代东方的科学，我们必须提及埃及和巴比伦，以色列从他们那里获得了很多概念，并在宗教方面对它们进行了修订，但在科学上却没有做什么改变。希伯来人在他们自己特殊领域的成就是如此引人注目，以至于最狂热的犹太教徒都会毫不犹豫地承认以色列在很多方面都受到埃及和巴比伦的影响。

然而无论如何，在希伯来人的心理学知识中有一个方面是自创的，这就是他们对人类动机及其在行为中的出现的理解。整体来说，《旧约》的典型态度是，洪水时代邪恶之所以猖獗可以从那个时代人们"内心思想的全部想象"中找到根源。正是由于这一特质，在他们同时代的许多叙述上，基于一种心理上的因素，虽然不如现代作者的表述，但却是值得优先考虑的。希伯来故事中的英雄走到我们面前时，我们发现他们并不具有想象中的完美形象，他们的传记作者甚至无情而坦率地揭露了他们的弱点和自私。有时是通过一件发人深省的事情，但是通常是通过对故事主人公"心中所想"的生动分析。但不管通过什么方式，作者都成功地描绘了男人和女人的最内在的天性，于是在作者的笔下他们的形象便跃然纸上了。

认识到角色的中心地位以及描绘和揭示他们的英雄的能力是希伯来叙事显著的优势之一。约瑟的故事就是一个最好的例证，他似乎是为了复仇而对他的兄弟们进行了严厉惩罚，但随着情节的发展，他的宽宏大量却显露了出来。在反复询问"那个老人，你父亲"时，它还揭示了另一个特征。在他向兄弟们表明自己的那一段令人难忘的回忆时，他说的第一句话是："我是约瑟，我父亲还在吗？"作者还告诉我们，"上帝的王子"亚伯拉罕在危机中是如此害怕，以至于他让他的妻子用谎言来掩饰——或者仅仅是一半的谎言？摩西，这位温柔又虔诚的人发了脾气，因此被禁止进入这片土地。具有独立精神的扫罗王，无论对那些牧师或先知有多崇敬，他都不会屈从于他们，然而他的精神在我们的眼前崩溃恶化。至关重要的大卫，以色列英雄的缺点说得越少越好；浮夸的所罗门；罗波安，他的梦想是让自己成为一个暴君；以利亚，永远的哀哭；专横的耶洗别，始终都目中无人；轻率的耶户，他的杀人冲动在平庸中冷静下来——他们的个性让人印象深刻，因此在书写他们的无名氏的记述中，他们都是引人注目的。

然而，伴随着我们对这种精神的描绘，根据希伯来的思想，人类在生活中不仅有乐趣和任务，而且也要面对生活中的问题。因此，知识是一种直接经验，或者至多是经验的结果，它使个体与客观现实直接接触。认识论上的二元论是不存在的，人类可以而且确实通过直接接触了解现实。然而知识的局限性，即人类知识潜力的局限性却得到了充分的认识。在很大的程度上，显然这只是对当时不够发达的科学的反映。人类被一个广阔而神秘的世界所包围，而他们却没有任何征服这世界的方法和手段，他们对天上和地下世界的种种现象都没有任何解决的办法，只有通过思想的想象来解决，对此，威尔森教授和雅各布森教授在前面的各章中已经有过细致的考察。但以色列人明显厌倦了这种对未知世界的纯粹想象,因为随着历史的发展,这些未知的世界也在不断得到探查。我们在前文已经指出,《传道书》就表现出了一种真正的科学精神,尽管它的思考方式有待于进一步调整。前文我们已经提及了以色列与巴比伦天文学的联系,因此,《传道书》中的思考绝不是第一项具有开创性的科学冒险。但《传道书》更接近于使用经验来解决心理学和哲学问题的方法,尽管这种方法并不完善。

然而,他的结局却并不引人注目;当然,我们可以认为他自己也并不幸福,因为这两件事恰恰证实了他的"凡事都是虚空"的信念。但是,当他试图解决人类和世界的全部问题时,他的处境却并不妙。作为一位思想家,他自称是不成功的。相反,他觉得自己被限制在一个没有退路的知识旋涡里:简言之,他对事物的本质一无所知;他知道这一点,却找不到纠正的办法。他的失败是如此彻底,以至于他开始相信自己受到了某种个人因素的困扰。正是上帝自己,因为嫉妒自己的特权,而忍受着人类对自由的探索。这种情绪与巴别塔的故事非常相似,只是《传道书》没有被他人的虔诚所抑制。他进入进神的住所,只是因为担心自己的安全。他最需要的是了解和理解。可以肯定的是,他的悲观主义情绪很大一部分直接来自智力上的挫败。对于他这一情况的解释,无疑我们要给予一定的尊重。我们不应对他过于苛责,因为像大多数思想家一样,他只是不加批判地接受了他那个时代的思想。对此,便西拉很好地表达了他的态度:"切莫探索那些高深莫测的事务……业已显示给你的事情早已超出了人类的理解力。"(《便西拉智训》3.21—23)"天,是耶和华的天;地,他却给了世人。"(《诗篇》115:16)窥探神的秘密是亵渎神的不敬行为,这种观点是由这样一种信念推动的,即知识在权力中存在着有待神来开发的真理领域,通过这些领域,可以创造出超人的奇迹。但是对于人来说,这样做就是偷窃。出于这种态度,以色列人便产生了不与任何种类的巫术产生关联的觉悟,这种觉悟似乎让人想起了远古的悲剧,那时我们人类的始祖犯下了偷取了知识之树的恶行。

因此，正统观点认为，上帝向人类揭示了对人类有利的事物的终极本质。事实上，即便是像当下关于实际事物的普通科学知识，对虔诚者来说，也是一种神圣的启示。于是我们看到，上帝如何教导农民耕种和照料庄稼（《以赛亚书》28:23—29）。显然，这种观点认为人类在文明发展过程中受到了神的启示，并对神学的基本理论进行了展望，关于这一理论，我们将在以后的章节再谈。然而，我们不应将眼前的问题与这种具有包容性的理论混淆在一起，因为我们现在关注的是如何理解以色列人关于知识演进过程的概念。这一概念的大部分已经通过正常的感觉和智力活动得到验证，但是，根据业已接受的教条，我们关注的是一种超出人类能力的知识是通过宗教的直接干预而获得的。而人类和神之间的媒介，很明显，主要是祭司和先知。

在祭司的职责中，宗教戒律传统不断增强，这些戒律被认为是神的起源和权威。但是，当我们把这个问题回溯到这些戒律产生之时，我们将看到，作为上帝的随从和侍奉者的祭司的基本特征。他与贵族的仆人和侍从的地位不相上下，他也以同样的方式侍奉上帝。事实上，他的主在图画式描述中是最明显的存在，这对关于神的基本概念没有影响。就像古代的侍酒师和其他仆人一样，他与主人的亲密关系使他有机会了解主人的性格和意志。但是很明显，仆人仰仗了主人的权威，他的主人能够而且确实用他听得见的声音对他说话。祭司通常否认这种直接启示上帝意志的说法，他宣称依靠的是一种古老的理论，与我们的格言"行胜于言"相似。他从上帝的所作所为中学习，诸如乌撒触到约柜时突然死亡，或亚伦的儿子献上"凡火"时的悲剧，都是祭司传统发展的有力证据。简单地说，祭司用人类的智慧恰当地确保了他的地位。

这种方法在巴比伦占卜师的占卜程序中有很具启发性的说明，他们似乎设立了一个组织，用来向中央祭司机构报告不寻常的事件。因此，即使是一只狐狸跳进葡萄园这样的小事也会被严肃地记录在案。首先看同一天发生的其他重要事件，然后据此来进行预测。如果我们承认祭司的理论，即"即将来临的事件会有征兆和预兆"，那么占卜师似乎就是古代科学家了。仔细研究这些数据，通过观察发现它们的意义，然后得出结论：相似的现象总会产生相似的结果。巫师的行为进一步强化了这一特征，他就是一个不合法的祭司，通常被认为是现代科学家的祖先。

但是他们自己也承认，从智者那里得到启示的方法是一样的。他们主要研究人类生命历程，他们的观察完全源于正常的人类能力，他们的结论是由普通的思维过程推导出来的。但先知与祭司和圣人不同，他在自己的意识深处接受神的启示，因为对他来说，神启是真正超自然的。他并不反对人类的正常思维；相反，他经常批评人们没有观察和思考。但他坚信在感官经验之外存在一种学习知识的有效方法。诚然，有关预言性的幻象所使用的术语暗示了一种将感官进行升华的信仰，先知通过直接接触无形的精神世界，在那里通过视觉和听觉接受知识，这些是人类感官所无法分辨的。尽管如此，人们还是可以很容易地认识到，如果我们要求一个充满激情的经历作为每一句话的根据，那就是对先知职业的讥讽；并且关于伟大先知的活动资料告诉我们，这实际上是非常少见的，如果不是因为他们中的一些人是根本不存在的话。然而很显然，先知们真诚地宣称他们的信息是从主那里得到的。因此这样的结论是不可避免的，即他们完全相信一个认知的过程，一个完全脱离感官经验的纯粹意识的活动，那是一种我们可以随便就可以谈到思想和感觉，它非常接近现在所谓的直觉。我们已经注意到了它在以色列护教学中的重要性，但同时，从先知的经验演变而来的个人和神沟通的感觉几乎成为犹太宗教的一个标准特征。需要强调的是，在犹太宗教中这种超感性的知识被接受为一种有效的现实经验。

确切地说，这一认识论是约伯和他的朋友们争论的问题之一。无法接受的痛苦和朋友们无关痛痒的建议深深刺痛了他，于是，他以亵渎上帝的方式，要求其为人类的权利标准的确定承担责任。他对正义是否存在感到绝望，为此他质疑道："但神面前人怎能称义？"而从朋友的立场出发，代表着正义公理的琐法反驳道：

> 你能寻见神的奥秘吗?
> 你能寻见全能者的极限吗?(《约伯记》11:7)

这也是耶和华布道时虔诚思考的主题。神圣创造的力量和宇宙规则强烈地吸引了约伯,所以他懊悔于对问题做出的判断。

> 因此我说的,我不明白;
> 这些事太奇妙,是我不知道的……
> 因此我撤回,
> 在尘土和炉灰中懊悔。(《约伯记》42:3—6)

然而约伯与往常完全不同,他展现出勇敢的精神,写出了无与伦比的对话。因为在思想上,约伯是一个自然主义者,他要求与上帝会面,在那里,他只是以人类的智慧,就像一个人与他的朋友交谈一样与上帝交谈。他害怕上帝的力量,希望有一个中间人来主持他和上帝之间的交谈。他对在坟墓的这一边的会面感到绝望,但无论他来到什么地方,迟早他都会相信他所发现的上帝是一个有着理性的存在。

> 他岂用大能与我争辩呢?
> 不!他必理会我。
> 在那里正直人可以与他辩论,
> 我就必永远脱离那审判我的。(《约伯记》23:6—7)

但对他的朋友们来说,这一切都是大不敬。因为对他们来说,上帝的本性是:

> 高如诸天,你能做什么?

比阴间深，你能知道什么？（《约伯记》11:8—9）

尽管如此，他们声称他们对上帝有认识——这种认识是如此强大，以至于他们向约伯提出要求，恢复神对他的恩宠——这种认识的来源是明晰的。就像当今的许多人，他们相信，通过把获取知识的时间设定在遥远的过去，就会增强知识的权威性，同时还能弥合与未知事物之间的鸿沟。因为自古以来人们对神的认识是确定的，他们说，你们应当接受，应当向他学习。然而他们又吹嘘自己是具有独立性的观察者，为此，他们检验了他们传授给约伯的教义，发现这些教义是真实的（《约伯记》5:27）。但是，就像现代权威神学体系的倡导者一样，他们在体系内进行批评，然后声称他们的研究证实了曾经传递给圣徒的信仰。但是约伯并没有接受，因为严峻且无法规避的事实摧毁了他以前的轻信。现在他只凭人类的智慧踏上未知的真理之海。以利法责备他说："你的心为何失控，你的眼为何冒火。"（《约伯记》15:12—13）在这样的自由提问中，他是把自己的精神与神对立起来。而值得注意的是，他基本上就是这样的人：他是巴特神学派，因为他否认人的心智足以获得对上帝的认识。于是，他一直坚守着这种正统学说，拒绝理性的指导，也就无法抵御轻信了。他就像我们这个时代某些教条宗教的信徒一样，在接受超自然的东西时是容易上当的。对他来说，甚至连他那荒诞的鬼故事也不失为一个真理的揭示，事实上这个真理是任何一个走在街上的普通人都可能告诉他的，然而，他认为人类的头脑本身并不能理解这一真理。可以看出，争论的关键在于所谓的"信仰的意志"，从"信仰的意志"到迷信，存在着一个"下地狱很容易"的概念。虽然约伯也是一个有信仰的人，但他需要一个值得让人尊敬的信仰基础。

现在，很明显的是，约伯——不，我们必须说，这位创作了这段对话的伟大的不知名的思想家——他在心态上是一个现代世界的人。他要求思想从事实出发，得出正确的结论：只有这样才能获得知识。实际上，这就是这一原则的表达和它在神学思考中的应用，虽然通常被忽视，但这构成了这首非凡的诗。如我们所见,约伯拒绝接受朋友们过度灌输给他的传统知识。为什么?因为他们没有健全的实践和诚实的思考!对于琐法所提出的认识上帝的问题,约伯回答说:

> 请你们听我的答辩,
> 留心听我嘴唇的诉求。
> 你们要为神说不义的话吗?
> 要为他说诡诈的言语吗?
> 你们要看神的情面吗?
> 要为他争辩吗?
> 他查究你们,这岂是好事吗?
> 人欺骗人,你们也要照样欺骗他吗?
> 你们若暗中看人的情面,
> 他必定要责备你们。

"在暗中",也就是说,在他们自己意识的秘密中,他们披着虔诚的外衣,用拙劣的推理来欺骗自己,这无异于用低级的思想范畴来解决宗教问题。简单地说,在这里我们完整运用了现代宗教批判思想和方法。

但是,如果我们认为用这样的方式就能把问题彻底解决,那我们就错了。相反,有证据表明,人们对宗教思想的健全原则的要求得到了普遍认可,为此,我要感谢多伦多大学的米克教授为我从最正统的文献《申命记》中找到的例证。在我们常用的翻译(美国标准版本)中,这一段是这样的:"你们要谨慎,免得心受诱惑,转去事奉别神,敬拜它们。"(《申命记》11:16)米克教授翻译为"……以免你的思想变得如此开放,以至于你转向了一边……"这是一种有价值的洞察力;虽然动词不是常见的"去打开"(to open),但它是密切相关的,最终的意思是相同的。因此,正如米克教授所表述的那样,这篇文章是对过于开放的思想的警告,这种宽松和轻易容忍无法区分看似相似但本质上截然不同的事物。作者似乎在说，宗教和伦理要求它们的最高表达方式是谨慎和精确的思维习惯。在以色列宗教演进的漫长故事中，有多少是在这短暂瞥见的态度中积累起来的！

但是这个动词的词根就是形容"傻瓜"（fool）的常用词词根。《旧约》中这个著名但不幸的人物，智者们会教导他，他们会从他的错误中警告年轻人，实际上，他只不过是一个头脑简单的人，其最坏的品质是他不知道也没有实践健全的思考。这样的原则在智者自己提出的对立词中得到了很好的体现："无知的人什么话都信；通达人谨慎自己的脚步。"（《箴言》14:15）他思考自己要走的路，思考观察到的生活事实以及所有可以从这些事实中正确推论出目的和方法的东西。因为我们已经了解到，对于以色列的思想家来说，健全的思想方法的第一步是相关事实的积累。的确，他们没有给我们关于正确分析、分类、评价这些事实的方法和从这些事实中适当推论的论述。但很明显，他们知道并实践这些程序，即使他们的方法没有达到自我意识所暗示的完美。

这就是以色列对知识问题的处理，包括世俗的和宗教的。在人类思想史上，有许多是新事物，在其后续中也有不少具有深远意义。然而回到我们的主题，在希伯来人关于人及其在世界上的地位的思考中，仍然有一个方面可以被认为是惊人的，它深远的重要性甚至连《圣经》专家也很少注意到。

长期以来，最初东方一直关注对"智慧"的追求是一种是高度功利主义的实体，而现在已经构成了整个时代的知识文化。智者既博学又有见识。希伯来圣哲们完全意识到他们的同事们的活动及其结果，在以色列人在巴勒斯坦生活的早期历史，我们就开始听说"智者"的重要性，他们在某种程度上必须被视为伟大的迦南文明的遗产。在《所罗门智训》的记述中有一段很有启示意义的文字将他与非希伯来世界的著名圣人进行了比较：

所罗门的智慧超过一切东方人的智慧，和埃及人的一切的智慧。他的智慧胜过万人，胜过以斯拉人以探，以及玛曷的儿子

希幔、甲各、达大。他的名声传遍了四围的列国。(《列王纪上》4:30—31）

然而，以色列的智慧运动经历了一段与"传遍了四围的列国"相似的历史。早期专注实际，由于环境的影响，它不得不考虑更广泛的内涵和价值。然而即使是所罗门时代以来的文化意趣继续发展，但是我们的证据太少，所以只能揭示出，它在很大程度上是功利主义的。离散是犹太人最痛苦的经历，触动并改变了犹太人生活的方方面面，促使他们产生了新的更深层次的智慧观念。对我们来说极具启示意义的是，这一时期后期的一段抒情段落：

> 得智慧，得聪明的，
> 这人有福了。
> 因为智慧的获利胜过银子，
> 所得的盈余强如金子，
> 比宝石更宝贵，
> 你一切所喜爱的，都不足与其比较。(《箴言》3:13—15）

这种思想的显著特点就是否定了早期的智者所接受的作为人生终极美好的事物：金、银、红宝石、渴望之物。从埃及圣人普塔霍特普时代起，这些东西就被视为人生价值的标志和内容。但在这里，一些希伯来思想家——似乎是整个晚期的希伯来圣人学派——大胆地断言，生活中还有别的东西远远超越了这些东西，或者通过它，可以最好地享受这些东西。很明显，为了拒绝这些有形的美好，作者谈到了生活中看不见的、更美好的东西，所有的美、善和智力的提升，它们把我们从野蛮的传统中拯救出来。但是，鉴于这句被强调的警句——敬畏上帝是智慧的开端，作者肯定认为宗教信仰和行为在人类财富中也应该占有——如果不是主要的，也是值得尊敬的——位置。在这一点上，如果我们说这种思想是通过这位希伯来诗人的洞察力首先进入人类思想的,那我们就大错特错了。但这确实有很明显的好处,让它像在这里那样被表述和强调。

然而,我们继续讨论这一主题的一个显著的发展,所有《旧约》的学者都熟悉这些诗句:

> 耶和华在造化的起头,
> 在太初创造万物之先,就有了我。
> 从亘古,从太初,
> 未有大地以前,我已被立。
> 没有深渊,
> 没有大水的泉源,我已出生。

这样,作者就用诗意的眼光来审视创造的奇迹,直到最后的结论:

> 他立高天,我在那里……
> 奠定大地的根基。
> 那时,我在他旁边为工程师,
> 天天充满喜乐,时时在他面前欢笑,
> 在他的全地欢笑,
> 喜爱住在人世间。(《箴言》8:22—31)

是智慧在说话:我们刚才看到的智慧是人类理想的最高成就。但同样的智慧在这里宣称自己是先存的,在创造的过程中与上帝联系在一起,因此就"没有一样不是藉着他造的"。

大量的精力被浪费在猜测上,作者在这里设想一个真实的人在世界之前与上帝联系,以及这样的异端如何能被一个虔诚的犹太人表达。一个虔诚的犹太人怎么能表达这样的异端邪说。但是,在这个诗性的段落中,作者运用意象来表达他希望别人有足够的智慧来领会的一种思想，这一点难道不像脸上的鼻子那么明显吗？这种神秘的预先存在的人格化只不过是上帝性格的一个方面；由于他是这样一个神，他创造了世界。我们可以说，他将这一属性融入事物的本质中，最重要的是融入人的存在中。作者用同一个词来形容人性和超自然的、预先存在的现实，这一令人困惑的事实就有了答案。他强调，它们是同一件事。它之所以是人类的，因为它最初是神圣的，因此成了上帝创造世界的普遍品质。这位古代思想家断言，我们一切最高的成就，一切最好的希望和愿望，一切人的思想和灵魂所达到的，甚至所梦想的，都是符合事物最深层的本质的。因为物质世界的终极实相是上帝的智慧！

现在很明显，在这里我们有一个与普世观念惊人相似的概念在柏拉图的思辨和斯多葛学派关于普遍的神圣理性的思想中占有重要地位。但是这种相似性意味着什么呢？我们已经指出，《圣经》形成的时间比较晚，虽然我们不能确定它是在几个世纪之内完成的，但否认它不早于柏拉图，而且很可能会像芝诺一样晚，也是没有根据的。因此，我们再一次面临着一个令人困惑的问题，即希腊人可能对以色列最著名的成就产生影响。但答案却比我们之前所面临的困境更明确一些，如果借用是必需的——请注意，借用是必需的——那么影响的方向显然是从东到西，而不是相反。因为这一概念深深植根于古代东方的思想中，几个世纪以来，他们一直在思考神的智慧和神的话语，所以毫无疑问，《箴言》中关于这一主题的引人注目的阐述是以色列人自己的。希伯来的思想家们在这里一如既往地升华和超越了他们的东方传统，使之成为他们自己的事物，并在这个过程中使之成为一个新的事物。但他们不需要希腊语，更不需要柏拉图来教导他们关于上帝的智慧。但我们还没有完全了解这个概念。我们再来看看《箴言》中的伟大诗句：

智慧岂不呼唤？
聪明岂不扬声？
她站立在十字路口，

> 在道路旁高处的顶上，
> 在城门旁，城门口，
> 入口处，她呼喊：
> "人哪，我呼唤你们，
> 我向世人扬声。
> 愚蒙人哪，你们要学习灵巧，
> 愚昧人哪，你们的心要明辨……
> 你们当领受我的训诲，胜过领受银子，
> 宁得知识，强如得上选的金子。
> 因为智慧比宝石更美，
> 一切可喜爱的都不足与其比较。"（8:1—11）

我们首先把智慧看作是一种人类的成就，然后是一种内在于世界和人类生活中的宇宙品质。在这里，我们发现了两者之间的联系。用诗歌的术语来说，她站在繁忙的人类事务的中心，无论人们在哪里，她都在那里和所有的人见面。接受教诲，选择生活中更美好的事物，最终的满足不是在物质上，而在未知的、被模糊地称为生命的精神世界。这种无处不在的、内在的生命和世界的品质一直活跃于人类生活中，无论是个人的还是集体的，都在引导、说服和诱导人们走向更高、更好的事物。通过人类内在的神圣智慧的作用，我们从祖先的野蛮状态开始漫长的摸索发展进程，我们缓慢发展文明成就，并且在思想和实践中不断向更好的方向演进。

这就是人类的终极本性，他是照神的形象被造的，不过比神低一点，但他也被灌输、被激励、被上帝的智慧塑造。自然，人可能与野兽有关，但更重要的是他与上帝的亲缘关系，并参与上帝的智慧。这是后来一位思想家引用过的一个概念："我们在他身上生活、活动和存在。"对于希伯来的思想家来说，所有现代神学学派关于人在没有神的情况下迷失的状态的讨论，不过是锅下噼啪作响的荆棘罢了。对他来说，这样的状况从来就不存在。人总是从一开始就拥有神的智慧，人与人之间的区别，聪明人和傻子的区别，正义的人和罪人的区别，就在于个人是否听到了智慧的呼唤，然后心甘情愿地服从。

希伯来人思想的显著优越性高于它在柏拉图思想中表面的平行关系。这是哲学家的理想国，并已经进入日积月累而来的品质优良的民族遗产中。但对希伯来思想家来说，智慧对所有人都有吸引力，无论他们身在何处；尤其是那些简单而愚蠢的人，柏拉图对他们来说只是一个适合的服务场所。

然而，这一概念中还有更多符合我们目标的地方。很明显，这是人类和神之间的桥梁，通过这种方式，上帝和人产生了关系。我们所取得的一切成就，因为我们已经远离了我们原初的野蛮状态，并在文明进程中走向越来越高处，而更高级的文明生活，则是通过神的智慧引导的。需要注意的是，这并不是来自天降的声音，也不是来自可怕的神的显现，而是来自个体意识，因为我们更好的本性由内在的神性智慧组成，与我们野蛮的祖先进行斗争，并不断告诫："你们当受我的训诲，胜过领受白银，宁得知识，强如得上选的金子。"整个历史就这样被希伯来思想家概括在一个公式里，这是神圣启示的教义。这一切都是通过这种安静、不起眼但有效的手段得来的。人只比神低一点，我们内心的神圣已经慢慢地战胜了兽性。

第十章　世界中的人

　　智者的概念，即整个世界和人的内心有一种对美好事物的神秘渴望，他们称之为上帝的智慧，在我们的思想史上一直存在着。《传道书》和《所罗门智训》的作者就采用了这种方法。前者将神的智慧等同于《托拉》（Torah）。在这一点上，我们看到的不是过于墨守成规；相反，是他对智慧的高度评价：智慧包含了人类生活中一切美好的东西；这是上帝的启示。但是，由于后一种智慧的功能是由《托拉》完成的，那么结论就不可避免地是相同的，即二者归一。

　　《所罗门智训》的作者给了这个概念一个不同的转变，这对我们的目的来说意义重大，虽然乍一看，人们很容易不无失望地把他排除在讨论之外，因为他对《箴言》的补充很少，仅仅是把一些斯多葛学派的用语纳入他的讨论之中。然而，这其中的意义将得到承认。这位作者，也许还有当时犹太人的普遍想法，认识到古老的东方思维与希腊思维的密切关系；两者都以不同的措辞表达了一种信念，即人的生命充满一种无所不在的实体，它超越人类，在宇宙的存在中找到它的最终起源和本质。

　　但是，更进一步说，《约翰福音》序言中的思想几乎是《箴言》对智慧的概括。的确，后者并不强调智慧赋予生命的力量，尽管它的思想对此并不陌生，而且有些段落与这种说法相似（3:18, 22; 4:13, 22; 7:2; 8:35）。同样，《箴言》也没有使用光的象征意义；但是当作者在对智慧的描述中主要关注的是人类的启蒙时，这种差别就显得非常微不足道了。当基督教学者宣扬道成肉身的教义时,他便超越了《箴言》,但仍然只是应用了后者所包含的原则。这里没有必要从希腊思想中寻找序言的起源,因为它实际上全部包含在犹太传统中,不管其思想是否受到了希腊思想的影响。但是基督教对《箴言》中伟大的犹太哲学家的感激之情不止于此;其思想已经渗透到基督教神学的核心。当保罗谈到基督作为神的智慧和力量(《哥林多前书》1:24),当他把上帝作为创造的媒介(《歌罗西书》1:16),当他提到智慧、理解和知识是神赐给信徒的礼物,当他宣讲他的教义,即先前就存在的基督掏空自己,住在人中间(《腓立比书》2:6—8)时,很明显,他将《箴言》的思想带入基督有关人的概念中。通过他,它渗透到后来的基督理论中。

然而,很明显《传道书》的观点促使我们面对希伯来思想的一个新发展。稍加思考就可以发现,《所罗门智训》的基调,以及《箴言》这两个著名思想的背后,都有同样的含义。在人类生活中无处不在的一种品质,在所有的人面前都设定了一种更好的行为和理想的标准——这显然是一个以自然法则的名义在西方世界的社会和政治生活中扮演了非常重要的角色的概念。人们普遍认为这是希腊人的思想,毫无疑问,他们对此进行了深入讨论。然而,仅仅是一个纯粹的定义形式就表明它在希伯来人中得到了充分的认可;我们的思考过程已经涉及这个问题,但现在仍需对其进行认真研究。

自然法则被描述为"在整个宇宙中显现的一种最高的统一的、控制的力量"。就人而言,他们具有共同的要素;在他们的政治和社会生活中,这些因素不可避免地出现,并在习惯和法律中得到承认。这种自然法则代表了一般人类法律的永久部分,它先于并优于实证法,而实证法只是一个补充。我们可以观察到,这个思想有两个方向。在"实证法"中根据术语的定义,它包含了所有民族法律中的普遍要素。但包含和超越这一点的是无形的、不成文的法律,它只有在人类思想中才具有现实意义,并且以一种对实证法的判断来表达,同时也以超越法律要求的公正和正确的行动来表达。很明显,《传道书》将神的智慧与《托拉》等同,是对自然法则的前置关系的陈述,它吸收了实证法：以色列的社会和宗教立法所依据的，其实是与普遍原则相同，只要人们注意智慧的引导，这些普遍原则就得到普遍承认。但《箴言》第1—9章、《传道书》和《所罗门智训》都是晚期的文献；即使是第一次出现，也肯定是在模糊地被称为后流亡时期的时候。然而重要的是要记住已经强调的情况——对《箴言》的思考深深植根于东方：它完全是希伯来的。尽管另外两位作家所处的时代，希腊文化正在给犹太人的生活留下深刻的印迹，这一点在《所罗门智训》中表现得十分明显，但他们同样也是希伯来人的天才和思想之源。这里所表达的自然法则的概念是以色列自身的成就；它与希腊的关系，必须从其他方面来寻求，而不是依赖。有大量证据表明，虽然以色列承认并讨论了这个问题，但有时它超出合理考虑，不能假定其来自西方的影响。

以色列很早就对大自然的规律有了深刻的印象，毫无疑问，原始人也是如此。当时个人对普遍存在的世界及其现象的概念似乎削弱了这种信念，引入了一种主观的反复无常的因素。但是，即使以宗教为前提，也不能回避观察到的事实；不管出于什么原因，大自然是明显的常规。在以色列的正统思想中，这是上帝恩典的证据：他为了人类的利益，选择这样来管理他的世界。这应许是神的恩典：

> 地还存在的时候，
> 撒种、收割、寒暑、冬夏、昼夜，
> 都永不止息。（《创世记》8：22）

同样的思想在《约伯记》（10：22）中表达出来，只是因为我们对所看到的文本的准确性有一些怀疑。一些不知名的作者在评论死荫之地时提到，它其中一个最可怕之处在于没有秩序。言下之意很明确：相比之下，已知世界的规律和体系使人类有计划和目标的生活成为可能，而不至于使生活变得非常随意——简单地说，这位作者认识到世界是一个有秩序的宇宙，这一事实使它成为一片生机勃勃的土地。耶利米在他同时代人的规劝中表达了类似的思想：

> 我们应当敬畏耶和华——我们的神；
> 他按时赐雨，就是秋雨和春雨，
> 又为我们定收割的季节。(《耶利米书》5:24)

人们相信，即使是动物，也遵守它们自身固有的规律：

> 牛认识主人，
> 驴认识主人的槽。(《以赛亚书》1:3)

> 空中的鹳鸟知道自己的季节，
> 斑鸠、燕子与白鹤也守候当来的时令。(《耶利米书》8:7)

然而，我们很好地谨慎运用这些话语；因为后两者被用来指责说话者的同时代人，据说他们没有遵循这种内在的原则。耶利米劝诫，把季节的循环归因于神的活动，以一个简单的声明作为前言，他同时代人不理会这个观点。事实上，我们对以色列关于繁衍之源的认识表明，相信耶和华是羊群和田地增加的赐予者和守护者，只有通过一系列先知的斗争才能获得。进入这片土地的时候，人们已经接受了一些迦南人的神学，把这个恩赐归功于巴力。《士师记》的神学框架会让我们相信，预言中对这种不忠的反对是在同一时期出现的——而且这个主张是可信的——但我们可以依赖的真实事件是以利亚在干旱和最终在迦密山斗争中的表现(《列王纪上》第17—18章)。很明显，这个故事的主题是上帝的力量阻止了雨水，然后在忏悔的人认识到信仰巴力是徒劳的时候再给他们。

然而100年后，正如何西阿的观点以及更晚些的耶利米的观点所证明的那样，相信巴力是繁衍之源的信仰仍然是如此盛行，以至于实际上它已成为以色列的民间宗教。鉴于众所周知的巴力崇拜，这种情况对于我们目前所要讨论的问题来说是有意义的。人们普遍认为，每年纪念神的死亡、复活的循环仪式是神奇的。以色列人的这层思想，与上面引用的那些典型段落中所表达的自然的、有序的、规律性的意义，相差甚远。通俗的说法是，这些魔法仪式对于所谓的神的复活，也就是季节规律的循环是必不可少的。人们并不相信自然界有固定的规律，他们认为只有在魔法世界里才存在着固定和可靠的东西，因为他们掌握着魔法世界的某些秘密。从这个意义上说，他们自己就是大自然及其变化的守护者。没有他们的合作，无论是魔法、神还是任何其他可以想象的力量都无法带来生长和繁殖的季节。

这一结论似乎使我们进一步偏离了自然界的秩序。然而只要稍加考虑，就会打消这种幻想。只有当人们自愿选择执行必要的魔法仪式时，才能产生繁衍的结果。但必须牢牢把握的事实是，魔法的世界是不变的，不管人们是否诉诸它，它总是以一种特定的方式对适当的仪式做出反应。事实上，正如人们所相信的那样，这正是反复无常的神所缺乏的恒心和可预测性的根源。此外，这种力量可能被认为是客观的，尽管有一种稳定的趋势，把它与一个或另一个神相提并论——在以色列，很明显是耶和华。它比诸神更伟大，因为埃及的托特和巴比伦的埃阿的区别在于他们各自拥有强大的知识。对于马尔杜克频繁的咨询，埃阿的回答是每个古代东方学的学生都熟悉的："我知道的，你也是最知道的，我的儿子。去吧。"然后按照魔法仪式的具体指示去做。这些神知道如何召唤和激活这个巨大的力量世界，这不是他们自己或其他神的力量，但可以被他们用于特定的目的。

因此，这种观念在以色列的盛行主要体现在繁衍仪式的流行上。但它绝不局限于我们所联想到的普通大众层面的崇拜。它在希伯来思想中广泛传播，甚至在我们所谓的正统宗教中留下了深刻的印迹。一个值得注意的例证就是预言者是魔术师这一概念。这明显地暗示了以利亚在抚养寡妇儿子的行为（《列王纪上》17:21），就像以利沙也有过同样的行为（《列王纪下》4：31—35）。这些程序显然很神奇，这也一定是对耶利米的著名象征的理解，在城里的显要人物被邀请来见证仪式时，他庄严地打破一个罐子，并宣布以这样的方式，主将打击耶路撒冷（《耶利米书》19：10—11）。很难想象，对于他的观众来说，还有什么举动能比这更清楚地宣称他的行动是具有魔力的：这不是一个无辜的人在讲他相信会发生的事情。他在运用神秘的力量，通过他的击碎仪式、他自己的意志，实现了他所预言的城市的粉碎。耶利米本人在多大程度上认同这一观点还很难说。可以举出很多消极的方面；但是，如果他对扮演魔法师一点兴趣也没有，那他在选择象征符号上就会特别困难了。

那么，作为一个整体，先知的象征行为是怎样的呢？经过仔细考察，我们可以确信，这些事例并不像人们通常认为的那样是无辜的。以西结关于被掳之城的故事（4：1—5：3；24：1—11）和他的许多类似的表现，虽然被大众认为只是比较好的娱乐，但对先知，以及古代的一些评论他的作品的评论家来说（如4：4—6），这在实现其预言上有一些积极的意义。亚哈王的臣仆应亚哈王的要求，把米该雅·本·音拉带来，他讲述了王廷的先知们如何开始了他们对基列拉末的进攻，这是一个美好的结局。他接着说："你也跟他们说一样的话，说吉言吧！"（《列王纪上》22：13）现在看来，他根本没想到米该雅用甜言蜜语来欺骗王。相反，他显然是在请求先知说出强有力的话，以确保成功。米该雅不仅是一个预言家；作为先知，他还控制着包围人类生命的强大力量，并能用一句话引导他们达到特定的目的。以赛亚就以这样的角色，向亚哈斯王挑战，要他在天上或阴间多求神迹（《以赛亚书》7：11）。这句话表明，即使国王要求重复约书亚在亚雅仑谷所行的神迹（《约书亚记》10：12—14），以赛亚认为他自己有能力去行这事！这也是后来的一位作者的观点，他叙述了先知与患病的希西家的相处状况：日晷的影子倒退了（《以赛亚书》38：8）。在所有情况下，先知和主之间的亲密关系在故事中是非常明显的，这无疑是正统思想的发展。这些奇事都是主借他所行的，然而，这并不能解释所有的事件。公元前9世纪和更早时期的先知的故事揭示了他们的基本职能，只是后来被简化为主的代言人。按照当时的说法，先知是"神人"；希伯来语习语比英语习语丰富得多，与这些故事的含义相协调的是，先知可以凭自己的能力施展奇迹；他具有超人的力量。

　　这种想法与对眷顾和诅咒力量的普遍信仰之间的密切关系是显而易见的。这些有力的规则通常以上帝的名义被宣告出来，然而它们通过许多章节得到了更遥远的认可。毫无疑问，如果指出在某些情况下没有援引神的行动，那就没有说服力；这很可能是一种暗示。但是同样，如果有人沿着这一方向进行争论，那么当使用这种祈祷时，它可能是次要的，并且仅仅代表后来的用法。然而，像先祖那样的眷顾显然是在以色列历史的进程中"实现"的，并给读者留下深刻印象，因为这就是纯粹而简单的魔法。这位老者正在宣布一些准则，甚至在几个世纪之后，这些准则本身就能决定国家或其各个部落的命运。现在，如果这是正确的，这对我们的讨论是非常重要的，因为除了展示魔法在世界上的力量和普遍性，在某种程度上，也表明它是人类命运的主宰。这几乎等同于一种命运的概念，只是它在控制人的生活时可能没有那么冷酷无情。

　　与妙选和惩戒中的祝福和诅咒密切相关的是誓言。在遥远的年代，它也可以产生后果。从大量的例证中，我们只举扫罗王违背了约书亚对基遍人的誓言（《撒母耳记下》第21章）的可怕后果，以及违背了这个国家的信仰——它拥有这片土地是履行了几个世纪前对先祖的誓言——的可怕后果。但这誓言是指着耶和华起的。这是一个令人吃惊的情况，人与人之间常常以耶和华之名起誓立约，或者有这样的惯例，即他被召唤来守护誓言，确保它的履行。从表面上看，这似乎是在承认耶和华本身就是正义的源泉，同时也蕴含在普遍的正义中。然而即便如此，这一举措显然与宗教无关。在这些情况下，没有祈祷，没有得到神的许可，没有等待神的意志。人说的话，神有义务为其实现。很明显，这是一种魔法，然而它可能被虔诚的话语所掩盖。但在上帝自己发誓的情况下，就根本无法回避这个问题了。当然，这位虔诚的《希伯来书》的作者推断，"因为没有比自己更大的可以指着起誓，就指着自己起誓"；但这和历史上的解释一样毫无意义。更有说服力的说法是，神的誓言不过是人类实践的无意识遗存。然而即使这样也不能令人信服；当然，《圣经》的作者并不像这里所暗示的那样一贯愚蠢。以色列人认为上帝的誓言比他的应许更有约束力，这是无法规避的结论，因为这和人类的契约有着同样的目的：有一种力量在注视着他们，迫使他们履行诺言！显然，这种权力不是个人的；那么这会创造一个关于神的等级制度，而耶和华处于卑微的地位。这是强制力。而耶和华也受制于此。

尽管这个结论很令人吃惊，但还有一件奇怪的事情与之有关，它至少在某种程度上证实了一种信仰，即存在着一个超神的权力世界。当以色列和犹大的联军攻打摩押，把摩押王关在他的首都，并紧逼攻城时，王陷入绝望，"于是他在城墙上，把那应当接续他作王的长子献为燔祭。有极大的愤怒临到以色列，于是三王离开摩押王，各自回本地去了"（《列王纪下》3:27）。这一事件的意义不甚清晰；但是，消除的过程表明了一种理解。

首先，这句话并不是说"在以色列人中有极大的大怒"，以致他们厌恶这事，就回家去了。这样的译文需要一个不同的希伯来介词。此外，令人难以想象的是，他们为什么会因为"极大的愤怒"而回家？这只会引起他们的报复。所以这个降临到以色列人并迫使他们回家的愤怒并不是摩押神所发的，因为他已经被打败了。很明显，他尽了最大的努力来保护他的百姓，然而希伯来的勇士却在继续得胜。此外，这些都是以耶和华的名义进行的；我们完全可以依靠他来有效地对付被打败的基抹的任何报复。正是出于愤怒，耶和华才把他的人民送回家。为什么一个异教徒国王的异教行为会煽动他反对自己的军队？没有确凿的证据可以规避这样一种观点，即"愤怒"有其他的来源，而与神无关。此外，这个来源是如此强大，以至于耶和华的信徒在他的许可下行动（《列王纪下》3:9—20），在最后胜利即将到来的时刻放弃了胜利，回家了。继承人的牺牲是一个强大的魔法仪式，即使是耶和华也无能为力。

但是事实上，所有这些从公认的"批判"观点来看，并不像表面上看起来那么异想天开，因为我们称之为禁忌的概念正是我们一直在描述的东西。在那里，也存在着一种倾向，即把它的运作纳入耶和华的权力范围。耶利哥城以他的名宣告，并由他看守（《约书亚记》6:17，7:11—12）。乌撒的鲁莽受到了耶和华的亲自惩罚（《撒母耳记下》6:6—7）。拿答和亚比户的罪使火从他身上烧出来（《利未记》10:1—2）。然而，学术界的正统观点认为，神圣的领域是一种非个人的力量，它自动运行，独立于神的意志。将这些思想带入祭司立法中，他是神秘概念和处理神秘事物的自然守护者，像母牛犊这样的仪式能很好地说明这一点，在一个未开垦的山谷那里一条小溪在流淌，它的脖子被拧断了，每一个细节都说明了它的神奇之处（《申命记》21:1—9）。但是，正如众所周知，魔法依然能在《诗篇》中找到表达。

总之，有各种各样的证据表明以色列相信存在一种高于神和人的力量，并通过仪式和公式——我们称之为魔法的方式，都可以以某种未确定的方式使用。虽然不是基本的道德准则，但它具有一些类似的品质。它的主要特点是恒久不变。与那些反复无常的神相比，它总是一样的。知道如何使用它的人总是可以依赖它的有效性。它的一个方面近似于道德品质：它是庄严契约的守护者；这暗示了真理的属性，但实际上它可能只不过是前面提到的恒久不变的一种表现。

这就是以色列最简单的自然法则概念。这是一种作用于神和人的力量，它能告诫以真理，使约定能得到忠诚履行。然而，它并没有起到强迫作用，而且据推测，神圣的自由并没有受到损害。人们或许可以随意忽略这个充满力量的世界，并塑造与之无关的行为。但是，就像宇宙中的道德秩序或人类社会中的法律一样，它不可避免地导致了反抗的发生，并通过反抗引发顺从。它与正统信仰的无关性和它与早期信仰的密切关系表明了自己。值得注意的是，神圣的誓言在相对较晚且高度发展的《申命记》中得到了强调。此外，这些信仰的表现形式可以在先知书和仪式文献中找到，贯穿各个时期，直到《旧约》的结尾。因此很明显，某种二元论贯穿了以色列人关于世界的概念。与作为主导的耶和华的普遍法则和不断加强的信仰并存的是，一种存在于他权力之外的魔法领域的信仰。但是事实上,这并不值得关注,因为这种情况一直持续到现在。大量或多或少虔诚的人,甚至某些教会分支,坚持本质上是魔法的信仰和实践,因此否认上帝的至高无上。因此,当我们认识到以色列思想中的矛盾时,我们在这里只能追溯世界上道德秩序概念的表达,而没有试图解决这个问题,即它是如何完全指导了最为优秀的希伯来思想。当然,这种日益增长的政府道德意识是对耶和华作为正义之神统治的普遍性信仰的一部分。

很难说以色列关于政府最初的概念是什么。最早的统治来自社区的长老以及从游牧社会继承下来的原始民主,这似乎暗示了对习俗的尊重,并或多或少保留了原始的正义感。当然,在《旧约》中呈现的传统,作为国家的早期历史揭示了一种法律意识,超越并高于个人的奇想。但这种表述的有效性恰恰是我们所要讨论的问题,它带有一些合理性。但另一方面,《士师记》中较古老的阶层作为是最早的希伯来社会历史的原型之一,却提供了令人不安的因素。后来的一位作者概括了这段时期,"以色列中没有王,各人照自己眼中看为对的去做"(《士师记》21:25;参见18:1,19:1)。在这个语境中,这一解释只意味着社会的无政府状态。当然还有但人在拉亿怎样对待弥迦以及利未人的妾所遇见的一切事,并其后的事(《士师记》第18—21章)有力地说明了当时的以色列社会完全缺乏道德约束。行为的标准是欲望,达到目的的手段是物质的,然后是政治的。强者的生活是幸福的生活,因为它是一种愿望的实现。参孙的故事,无论它最初的意图是什么,确实表达了当时的理想;他是作者所希望的那种人:能够打击他的敌人,嘲笑他们的报复和阴谋,想要什么就拿什么,随心所欲地与妓女厮混。这就是一个人的真实生活!很明显,士师时代的"自然法则"就是丛林法则。

我们可能不会认为,这些英雄自己在经过批判性的评价后带着道德的自我意识选择了这些发展轨迹。但是以色列人在这个问题上的想法可以追溯到远古时代,甚至在这些故事中,特别是在参孙和亚比米勒的故事中,审判是根据其主事人的行为做出的。但直到后来,思想家们才将这种"自然法则"

与公平原则对立起来，并表达了他们的谴责。然而士师时代，我们可以自信地断言，当时流行的思想可能构成了一个社会有效的规范，只受誓言的魔力（《士师记》21:1—7）和某些既定习惯的限制，如血腥复仇，也可能是一些部落和家庭的风俗。我们仍然可能拒绝全盘接受这一观点，毫无疑问，我们对以色列宗教起源的理解迫使我们设定更好的理想，即使是在这个艰难的时期。但是证据如此，我们必须得出结论，它们是一个深奥的概念，实际上对整个社会是无效的。

我们也无法追溯公共法律意识的成因和演变过程，只能指出一些相关的事实。以色列继承了迦南人的法律，她处于在相对有文化的社区中，对原始暴力产生了缓和的影响。尽管受到某些《圣经》作者的抨击，王权还是明确规定了所有人都必须承认的国家法律。这就是刚才引用的关于士师时代的评论的含义；这也是我们从大卫王的司法管理中得的印象。同样重要的是，在这一时期，我们发现社会实践和规范具有一种强烈的约束力："以色列中不可以这样做。"（《撒母耳记下》13:12）

然而，必须承认的是，实证法的至高无上性已深深植根于以色列的君主制概念中。从历史上看，王权是士师统治的一种体现，因此，权力最终的理想必然会体现到国王的行为中。这是人们提出君主制时撒母耳对王室特权的总结；他警告说："他必派你们的儿子为他驾车，赶马，在他的战车前奔跑……他必叫你们的女儿为他制造香膏，作厨师与烤饼的，也必取你们最好的田地、葡萄园、橄榄园，赐给他的臣仆。"（《撒母耳记上》8:11—12[①]）大家都知道，这段文献是晚期的，但它对希伯来君主制特征的描绘却是可靠的，因为这就是所我们所看到的它是如何自己解决问题的。东方的"不会做错事"的专制君主理想在大卫时代入侵以色列的宫廷，如果这在扫罗的统治下还没有显现出来；在所罗门的统治下，它变得高无上；这是罗波安在示剑的愚妄行为中所使用的强有力的原则（《列王纪上》12:14）。尽管它在北方

---

① 此处原著有误，应为《撒母耳记上》8:11—14。——译者注

部落的起义中遭到了严重的挑战，然而，即使是这些反叛的信徒，也很快发现自己处于一个比耶路撒冷的统治者更不负责任的统治之下。在这里，我们只需要引用拿伯事件（《列王纪下》第21章），回想一下公元前8世纪的先知们所说的社会压迫，他们意识到以色列无论是北方还是南方，都正式接受了权力是不负责任的理论。因为它是最终的法律来源。关于这一问题的政治方面以及为建立负责任的政府而进行的斗争，我们必须留待之后讨论；我们现在感兴趣的是，看看两个王国的统治阶级是如何掌握完全实证法的。

列王时期发生的两件大事在当时具有重要的思想上的意义。它们是拔示巴和拿伯的故事。他们对人权的专横漠视和对绝对王权的大胆僭越，使他们被密切地关联在一起。但两者都非常重要，以色列人因此有了对更高级律法的意识，因为两者都有先知以耶和华的名义出面斥责君主。简单地说，他否定了国王的最高权威，取而代之的是宣布上帝意志的至高无上，这是一条对君主的约束不得宽于卑微的臣民的律法。

这就是《阿摩司书》的背景，其对以色列这一思想发展的意义已经被提出。我们看到，他对上帝的本性和权威扩大的概念显然植根于一种共同人权的感觉，这种感觉超越了当时的政治和宗教边界。对他来说，这一原则体现在以色列的上帝身上。但值得注意的是，在至少一个段落中，他暗示了这样一种善的力量的存在于其自身。他说："马岂能在岩石上奔跑？人岂能在那里用牛耕种呢？你们却使公平变为苦胆，使公义的果子变为茵陈。你们这些喜爱罗·底巴的，自夸说：'我们不是凭自己的力量攻占了加宁吗？'"（6:12—13）他说，在日常事务中，某些行为的恰当性可以普遍得到承认的，但在宗教上，他的同代人却以他们道德和宗教上的失常来破坏人类的常识。普通人的良好判断力，他暗示，应该引导一个人的行为和正确的宗教态度。

以色列人的思想基本是高度个性化的，如此完全被一个普世之人的信仰所吸引，他遍及所有人，是所有人的动力，这是很重要的，在我们审视这一观点的意义之前，要充分认识到一种更人道主义的自然法则概念的存在，就像阿摩司在他对神性活动的虔诚信仰中所表现出来的那样。在这方面，更值得注意的是，关于神正论问题的争论，这显然暗示了一个独立于神的标准，并且在某种程度上超越了神——一种神的行为和人的行为都要符合的标准。几乎没有必要提及，《旧约》特别在其后期的表述中非常关注神统治下的世界的公义问题。显然，在奇怪的《传道书》神学中，这是最重要的。他的神被人以正义的标准来评判，并被发现有缺陷。他以极其自私的方式维护着自己的特权；此外，他主要关心的似乎是他自己的快乐，而努力奋斗的人类却处处被宇宙的力量所包围，只给一些小的让步以便让他们忙个不停。与神交往时，最要紧的应该是谨言慎行，因为鲁莽的言语会使人陷入无尽的麻烦。《传道书》在这样一种哲学中找到了伦理理论的基础，尽管经过仔细研究，这一点变得显而易见，却并没有说明。他的思想忠实于智慧运动的传统，具有深刻的人文主义色彩，根植于对美好生活的纯朴性和具体过程的可取性的某些信念。他想知道是否有对人有益的东西；他的结论是，好的东西能带来持久的满足感。因此，他做出了各种各样的行为，不顾虑传统的阻碍。然而值得注意的是，通过这种经历，他在不知不觉中对正义和人性的共同社会理想充满敬意，尽管这段经历似乎被一种愚蠢的利己主义所支配，这种利己主义就像他所信奉的上帝的利己主义一样。他对他那个时代普遍存在的不公正现象感到担忧，虽然他把这件事一拖再拖，心里虽想但却什么也做不了，因为人类的苦难是恒定的。他谈到了官僚机构的等级制度——每一级都掠夺下层官员，最后全都掠夺可怜的农民。他显然是在谴责君主专制，在君主面前，臣民们只能畏缩着，并时时寻找机会为自己谋利。相较而言，他称赞贫穷而聪明的年轻人，尽管他注定要在卑微的状态中走到生命的尽头，但这也比有权势的君主好，因为君主自私自利，死后没有一个人哀悼他。当军事行动可能失败时，这位智者拯救了他的城市：有一些东西是《传道书》能够并且确实尊敬的。他是一个有深厚社会责任感的人，这正是他悲观主义的一个主要来源，因为他对改善现状感到绝望。的确，在这一点上，他面对的是自然法则理论的中心问题，即行为标准的冲突。这些自私的统治者按照人类普遍的行为行事。但是《传道书》并没有在这一点上赞扬他们,也没有纵容他们回到士师时代的状况。在这些生活规范之外,还有一种追求美好事物的本能,一种深深植根于人性中的正义感。如此看来,这些概念几乎是于《传道书》整个思想体系的基础。他的准则是人类对正义的普遍感知,尽管只有模糊的定义。因此上帝自己也必须服从审判。

但《约伯记》对这一主题的处理是值得注意的,因为它将强大力量和权利的对立面投射到上帝自己的行为中。这一点在整本书中都有不同的体现。耶和华的雄辩强调了上帝不负责任的大能。他的力量如此强大,他的工作如此复杂,超出了人类的理解,人类是不可能质疑他的。即使是质疑的精神最终也只能承认人自己的鲁莽:

> ……因此我说的,我不明白;
> 这些事太奇妙,是我不知道的……
> 因此我撤回,
> 在尘土和炉灰中懊悔。(《约伯记》42:3,6)

以利户的说辞也是这样的,神"任何事都不向人解答"(33:13)。然而,这些作者并没有意识到这个问题;他们承诺可以证明上帝不会做不义的事(34:10 ff.),并且震惊于约伯声称他的义比上帝的义更大(35:2)。在这方面,以利户的说辞揭示了他们对众所周知的对话的熟悉。因为约伯的道德独立性激怒了朋友们的传统虔诚。他拒绝向超然的存在低头忏悔;相反,他固执地问:"神为什么要这样做?"对他来说,绝对的力量位于宇宙的中心是不充分的;这种权力本身必须符合普遍的公平标准,它也适用于最低等的人。在此基础上,约伯寻求与他最大的对手会面,在那里他可以论证问题的公正性:

> 看哪,我已陈明我的案,
> 知道自己有义。(《约伯记》13:18)

更重要的是，他对宇宙力量的抱怨和嘲讽，他暗示宇宙力量至少应该和人类一样：

> 你手所造的，你又欺压，又藐视……
> 你的眼岂是肉眼？
> 你察看岂像人察看吗？
> 你的日子岂像人的日子，
> 你的年岁岂像壮士的年岁，
> 你就追问我的罪孽，
> 寻察我的罪过吗？
> 其实，你知道我没有行恶，
> 也无人能施行拯救，脱离你的手。(《约伯记》10：3—7)

约伯屡次诉苦：他虽没有行恶，灾祸却临到他身上。毫无疑问，他大胆的精神在谴责神的不负责任之后，终于收敛了自己的过分行为，他意识到，他的生活并不全是悲惨的：

> 你将生命和慈爱赐给我，
> 你也眷顾保全我的灵。(《约伯记》10：12)

然而，在糟糕情绪的深处，他甚至在谴责上帝的不道德方面超过了《传道书》：

> 若论力量，看哪，他真有能力！
> 若论审判，'谁能传我呢？'

> 我虽完全，不顾自己；

> 我厌弃我的性命。
> 所以我说，都是一样；
> 完全人和恶人，他都灭绝。（《约伯记》9：19，21—22）

但是，《约伯记》和《传道书》之间的最大区别在于，前者坚持自己的信仰，并努力达到一种合适的高度，将它作为人所尊崇的正义原则，相应地支配着上帝的行为。

然而，显而易见的是，无论这些观点多么吸引人，多么能证明智者的哲学性情，如果我们可以从文献中所反映的特性来判断，以色列的大部分思想继续坚信道德源于上帝的本性和意志。而这两种看似矛盾的观点之间的联系，则由一位伟大的思想家所揭示，我们已经多次提到他——《箴言》第8章的作者。在他的观念中，智慧是使人不断追求美好事物的力量，这些美好事物在创世之前就与上帝同在，并被上帝植入事物的本质中，我们已经注意到，有一种清楚的暗示，即在这种智慧中，人可以获得对上帝本质的最真实的洞察。这位希伯来哲学家在回答苏格拉底的著名问题时，一定会由衷地同意他的看法。正确不是因为上帝的意愿而正确；他有志于此是因为它是正确的。因为他的本性是公义的。

因此，沿着不断增长的关于耶和华统治的普遍性的概念以及以色列宗教中伦理思想的扩大，我们要追踪一种普遍的权利标准的发展。这个概念的胜利，在先知们对以色列不公正的谴责中显而易见，在他们对国家侵略行为的不负责任的反感中也得到了最明显的体现。以赛亚对亚述人的夸口嗤之以鼻：

> 我所成就的事是靠我手的能力和我的智慧，
> 因为我本有聪明。
> 我挪移列国的地界，
> 抢夺他们所积蓄的财宝，

> 并且像勇士，使坐宝座的降为卑。
> 我的手夺取列国的财宝，
> 好像人夺取鸟窝；
> 我得了全地。

但是：

> 斧岂可向用斧砍伐的自夸呢？
> 锯岂可向拉锯的自大呢？……
> 因此，主—万军之耶和华
> 必使亚述王的壮士变为瘦弱。（《以赛亚书》10：13—16）

同样有效的是，哈巴谷在他对迦勒底人暴力侵略的叙述中做的简短的注解，其应受谴责的最终对象如下：

> 他威武可畏，审判与威权都由他而出……
> 他背叛，显为有罪；他以自己的力量为神明。（《哈巴谷书》1：7，11）

重要的是要认识到在这些概念中，以色列的自然法则思想具有其特有的形式。普遍的指导力量的概念，也许是客观的，但在任何情况下，不依赖主的力量却是偶然的。对它的强调是必要的，以确保它作为希伯来思想的一个真正阶段得到足够的重视，并显示其最终达到的高度；因为以色列认为世界和世界内的一切都依赖上帝的意志和活动，这种信念在我们的头脑中已成为公理，并排除了其他可能性。这也不是一个严重的错误，因为以色列对世界的思考最突出的方面是它的个人主义；希伯来的思想家不仅在他们的思想中认为普遍法则在人类的生活中是有效的，而且还假定了在上帝的个人行为活动中也有效。在先知中，这种信仰至高无上的地位是显而易见的，但这也是智者的看法。他们所创造的"上帝的智慧"并不是一种超然的、非个人的实体；它来自上帝，简单地说，它是上帝自己在现世的工作。

这的确是以色列思想家对自然法则讨论的独特贡献。对他们来说，这并不是以某种盲目的方式存在的不负责任的力量，不管它多么仁慈地影响着人类的冲动。上帝以他的圣洁和公义向罪人显明他的旨意和他们的命运，只有顺从他才有幸福。由此产生了希伯来伦理学的所有特征：它的白热化的紧迫感，以及它的先验论——设定了远远超出人类所能达成的正义——然而将其视为一种强制性的理想，人们必须为之奋斗。先知们的道德伦理已成为公理；的确，它们关心人类的福祉，这是事实，但这种紧迫感不可能是出于人的考虑。"用大能的手"征服他们的强力是个人神的神圣性，他离人们很近，坐下来审判人的不义。这对以色列人来说是自然法则！它不仅仅是一种"在整个宇宙中显现的至高无上的统一的控制力量"。那是神以其至高无上的圣洁说："这是正路，要行在其间。"

这个概念在形成实证法以及批评现有法律方面的作用是显而易见的。然而，值得注意的是，直到较晚时期，伦理思想以及相应的惩戒才诉诸成文法律。权利和正义的最终来源在于不成文的准则，确切地说，在于人类内心激荡的本能和冲动。毫无疑问，君主和其他务实的人们随时准备征引国家的成文法规，但是对于那些深入思考这个问题的人来说，人类思想的最终束缚深藏在普遍规范里。在先知的著作中，这在以色列法律史上的作用是很明显的。在君主制时期的几次改革中，它也使人良心不安，尽管这些改革与信仰有关。此外，《申命记》本身就是这场运动的真实写照，因为尽管它声称是"第二律法"，但实际上是对古代社会立法的修订，并且相当大的一部分是以色列人从迦南人那里借鉴来的。因此我们完全可以得出这样的结论：一种对国家法律的批评态度在有思想的人中间广为流传。尽管这对于我们目前的讨论来说是有益的，但还有一个问题需要引起了我们的关注，自然法则只有在普遍认同的情况下才可能存在。问题的关键在于以色列的思想家在多大程度上将他们所公认的标准应用于外国的法律，或者相信在这些民族中有一种思潮就像以色列人自己的思想一样。

对这一问题的考察受到一个明显的困扰，即以色列作者主要关心以色列人的标准和行为；对于外国人的生活和思想，他们只给予了很少的关注。但至少《创世记》的前11章可以成为我们研究的材料。故事中的英雄和其他人物在某种程度上可能被视为以色列人远古的祖先，但他们肯定不是以色列人。从这些故事中，一些相关的事实便可析出。作者们丝毫没有怀疑，通过类似于或相同于后来给以色列的启示，这些非希伯来人认识上帝。神的意志是他们最终的法律，也维护了后来在希伯来社会建立的那些标准。该隐不该杀亚伯；大洪水时期猖獗的"暴力"行为呼唤上天的惩罚；挪亚的生平和行为对他同时代的人是一个有力的指责；巴别塔的建造者因傲慢而有罪；等等。此外，地球上各民族的分布被描绘成与神的目的一致；即使这不是道德决定的，至少它是一种推动力的表现，作者认为这种推动力是人类生活的终极目的。

从以色列与其他国家关系的叙述中可以推断出类似的结果。埃及人不应该压迫希伯来人；奴隶们由苦役向上天发出呐喊，这反过来又在瘟疫和出走埃及中带来神的报复。亚述人和迦勒底人无法无天的欺压行为被揭发了出来；这些人违背了人类的规则，却把它变成了一种美德。对于巴勒斯坦附近的小国家来说，《阿摩司书》第1、2章所包含的威胁是对非人类行为的反抗。这些民族对无助的邻居实行暴政，他们忘记了"兄弟之约"，他们奴役了所有的民族，他们之间的仇恨是不可调和的。另一方面《仆人之歌》的含义，以及描述外邦人到耶路撒冷敬拜的伟大运动的段落，《玛拉基书》中称，从日出之地到日落之处，耶和华的名在外邦人中为大。这一切都承认所有民族之间存在着一种人类共同的纽带，这种纽带使外国人能够像当地的希伯来人一样，受到同样强烈的召唤的支配。我们认识到，我们缺乏以色列思想家对基本伦理标准的普遍性的正式讨论；在这种程度上，毫无疑问，我们有理由得出结论，这个问题没有得到充分认识。但至少有一点是清楚的，他们假定，即使不加批判，世界范围内的规则也适用于他们自己所尊重的那些权利标准。保罗的话也可以被引用来表达他的人民的传统思想:"原来,神的愤怒从天上显明在人一切虔不义的人身上……神的事情,人所能知道的,原显在人心里,因为上帝已经向他们显明。"

然而,自然法则的问题还是要朝另一个方向看,因为在巴勒斯坦内部,经过以色列几个世纪的占领,有两个群体提供了测试希伯来语一致性的案例;他们是外国移民和奴隶。对于每一个《旧约》的普通读者来说,两者的弱势状况都是显而易见的。然而对于前者,可以肯定的是,进步的思想不会计他们受到大众的偏见和怀疑。《申命记》的作者的关注对象为"寄居者",这是这本书的一个显著特点。先知们同样敦促给予这些非公民体谅和同胞之情。但正是祭司的文献迈出了最后一步,为基利姆人制定了平等的权利和责任:"本地人和寄居在你们中间的外人当守同一条例。"(《出埃及记》12:49)通常认为这一立法日期较晚,它在流亡后的犹太教中具有很高的权威,因此这一规定具有重要意义。

奴隶的问题就不那么容易解决了;在今天看来,奴隶制广泛而深入于古代以色列社会,是以色列成就上的一个污点。更糟糕的是,没有人对这种制度本身提出抗议,并要求所有人享有平等的自由。例如,耶利米很愤怒,因为刚刚释放的奴隶又被非法收回,但他却没有对此说过一句话,他们失去的自由是他同时代人罪孽的标志(《耶利米书》34:8—22)。然而,事实并不像所有这些暗示的那样可怕。在以色列历史初期,奴隶制具有人文特质。异邦奴隶通常来自战俘,他们的生命都要归于征服国。除此之外,当一个国家的抵抗失败时,它的人民一定会被屠杀。而对希伯来人的奴役则是因为他们经济的破产;一个人在无法维持生计时只好接受被奴役。这种状况至少保证了他的生命安全。因此,在某种程度上,它可以像血仇制度一样,被认为是当时的一种社会进步。

因此,《旧约》中的奴隶制伦理在很大程度上取决于奴隶主的性格;有大量的证据表明,奴隶享有的权利远远高于这个术语给我们的印象。社会差别在简单而直接的农村生活关系中得到缓和。在某些情况下,主人和奴隶的因为某个共同的利益而联合起来，从而形成了某种同志情谊。在研究希伯来奴隶制度的过程中，经常会提到一个很有启示意义的事件，那就是扫罗和他的奴隶在寻找丢失的驴子的几天里进行的商讨；并且是奴隶，而不是扫罗，用自己的财产来支付给"神人"。另一方面，也有一些霸凌的奴隶主，他们有时会把奴隶殴打至死。

但重要的是，在这些条件下，以色列人的道德意识并未缺位。立法是为了保护奴隶，在以《申命记》为代表的重大法律修订中，这些规定得到了明显的强化。但更能说明希伯来人对待奴隶所具有的良知还需从这一方面进行考量："你要记念你在埃及做过奴仆，耶和华——你的神领你从那里出来。""守安息日……使你的仆婢可以和你一样休息。"值得注意的是，这一规定不是专门针对希伯来人的，而是面向所有奴隶。

它存在的理由清楚地表达了一种人类团结意识：简单地说，就是凡属人类都要尊重。除此之外，希伯来人关于奴隶制的思想并没有消失。但必须承认，在这一成就中蕴藏着未来一切进步的前提。在承认以色列没有否定奴隶制的同时，还有三点需要牢记：第一，希伯来的奴隶制是非常人道的；第二，它受到越来越多的人道主义立法的管制和保护；第三，奴隶被认为拥有某些不可剥夺的权利，因为他是人。这种情况使我们必须毫不犹豫地把它归入以色列的自然法则思想中。

随着时间的推移，我们所知道的《摩西五经》的文本体系最终形成，并且在公元前4世纪被"奉为圣者"。也就是说，它被认为是神圣的权威性的起源。在决定其构成的各种背景中，包含一定的社会规范和许多仪式，这两者都有着悠久的历史和运作，但现在它们被赋予了神圣的光环。虔诚的思想认为，所有人都可以成为上帝意志和启示代言人，并因此拥有对人类行为的最高权威。在这一事实中，我们将看到以色列律法的两个组成部分的会合，以及标志着这条思路的对立面的终结。犹太人生活在异邦人的统治之下，还要服从他们的领导者的错误指导，实际上，他们从未逃避过实证法的问题；但是，对于正统思想来说，《摩西五经》中的自然法则吸收并升华了实证法。

尽管如此，不成文法的概念及其权威仍然存在。它在口述传统中找到了表达，最终被编纂在《密西拿》中。持批评态度的人可能对这种明显欺骗的说法抱以宽容的微笑，声称这是在西奈与《托拉》一起交给摩西的，但如果我们读出带有很多修饰词的语言含义，显然，这只是一种普遍的自然法则的意义表达：摩西的名字与宗教的狂热和启示联系在一起，由于太过强烈，无法用书面形式体现出来——即使是《托拉》都表达不出来；但它最终却以神之印记的方式被人类牢记在心上。甚至在《旧约》中，显然从《托拉》在犹太思想中获得神圣地位的时期开始，不成文法的至高无上性就得到了明显的表达。有几个段落表达了对未来的希望，以色列应该被洗清掉罪恶，并转变成一个正义的国家。特别值得注意的是：

> 看哪，日子将到，我要与以色列家和犹大家另立新的约。这是耶和华说的。这约不像我拉着他们祖宗的手……这是耶和华说的。那些日子以后，我与以色列家所立的约是这样：我要将我的律法放在他们里面，写在他们心上。我要作他们的神，他们要作我的子民。这是耶和华说的。他们各人不再教导自己的邻舍和弟兄说，"你该认识耶和华"，因为他们从最小的到最大的都必认识我。
>
> （《耶利米书》31:31—34）

写在心里的法律，而不是外在的法律，应该统治人类的生活。但这将是一个充满仁慈的规则：不是强迫，不是侵犯人的自由，而只是去实践它。人们会做正确的事，因为他们希望这样做。他们会认识到善之美，善之美因其固有的吸引力而赢得人心。这是以色列人的自然法则思考的顶峰：当人类的兽性消退时，光辉灿烂的一天即将来临；当正义在人性深处取得胜利时，人们将在社会的一种"无政府"或"无法律"的状态中追求幸福，因为每个人都愿意通过对它的爱来做高尚的事，服从铭刻在他心中的不成文法！

这一思想仍然存在一个难题。当《托拉》被封为神圣的，上帝的律法因此成为国家表面上的律法,良知和权威之间就不可能发生冲突。然而这种情况显然从来没有在以色列人生活中变成现实。即使在耶路撒冷受大祭司统治的时期,犹太人仍然受异邦辖制;即使我们为了讨证而接受一些明显不正确的事,即神权政治下所有官员都是高尚的,但面对糟糕的法律,人们始终无法摆脱该怎么办的问题。在早期更是如此,一个虔诚的答案就在眼前。用使徒们的话说,面对这样的困境,人"必须顺从上帝,胜于顺从人"。

然而问题并非如此简单。保罗在他看似对立的话语中阐明了这个问题的症结:"掌权的都是神所立的。"很明显,耶稣的话与交纳贡品有相似的解释。"凯撒之物归凯撒",两者都意味着承认政府发挥着不可或缺的作用。没有有序的社会,就不可能有文明的基本要素。即使是糟糕的治理也能提供一定程度的安全性和确定的程序。然后呢?难道我们要通过公然违抗我们认为是错误的法律来削弱社会的支撑力量吗?或者我们应该采取相反的做法,违背良知,为了国家的稳定而支持一个邪恶的政府?有中间路线吗?它的界限在哪里?

先知们发动的起义,特别是一个世纪后罗波安和耶户时期的北方部落的起义,坦然接受困境,并直接行动推翻一个邪恶的统治者,是符合上帝意志的。但值得注意的是,后来的思想否定了这一起义,并在有序的社会中寻求改革。如马加比起义,虽然在我们看来是值得赞扬的,但却没有得到同时代的《但以理书》作者的尊重;这只是"少许援助"。

这个描述可能暗示了希伯来人最终接受的答案。因为很明显,在铲除犹大和不法之徒的威力时,作者更希望得到神的拯救。当然,这与整个末世论,以及《旧约》中所表达的后期大部分政治思想是一致的。耶和华激发起居鲁士要救他的百姓的心。他怜悯波斯王,使他们的心转向犹太人的需要。另一方面,但以理和他在巴比伦宫廷里的同伴们"立志,不玷污自己";三个拒绝崇拜偶像的人被扔进了熔炉。但以理自己在王室禁令面前继续他每天的祈祷;凭着超自然的方法,信徒在任何情况下都能得到拯救和进步。

结论相当清楚。犹太人的思想倾向于诚实地接受政府管理,无论是什么，都忠诚地遵守已颁布的法律，但只是在犹太人良知的范围内。当法律和宗教发生冲突时，犹太人不惜一切代价履行自己的宗教义务，并相信即使从现世的角度来看，这一做法最终也会被证明是最明智的。然而这种对政府统治的遵从并不意味着对公众权利的漠视。但是在那个只有通过暴力才能实现人道主义的时代，改变政府的权力理所当然地被视为掌握在上帝手中。他立王废王都符合他永恒的目的。一个人必须忍受不幸的日子，并坚信这是上帝的意志。而且在最坏的情况下，压迫不过是一件短暂的事情，因为圣徒的王国不久就要建立起来了。

在这一点上出现了以色列文学和思想的一个显著特征，它对历史的处理。只要稍作考虑就会发现，历史是贯穿《旧约》几乎全部的主题：历史从一个确定的角度讲述，有既定的目的，但是尽管如此，历史还是伟大的。即使是像《启示录》这样表面上是预言性的作品，也可能被认为是具有历史色彩的，因为他们关心的是世俗事务的进程。希伯来历史学家确实以以色列人的事业为主题，但这是在一个世界背景下讲述的。希伯来作家以有限的方式向我们介绍了世界历史；事实上，《创世记》的前10章试图记述早期人类的整段历史，最后，他们对所处时代的整个已知世界的人进行了考察，从而达到了高潮。由此开始，故事的范围缩小到以色列，然而，无论是出于叙述的需要，还是出于作者的利益考虑，读者可以随时注意到巴勒斯坦以外世界的时事动向。一大部分的直接背景是埃及的历史；埃及的地理位置和重要性在随后的故事中反复体现。故事中的以色列附近的小邦各有其领土范围。现在亚述成为主旋律，之后是巴比伦、波斯和马其顿王国。最近流行的一种对"历史科学"的论述给出了历史研究方法的三个特点。历史学家致力于"确定事实，解释事实，并通过将它们纳入一个总体框架来赋予其意义"。这第三点在希伯来历史学家中得到了充分的印证。他们的主题是以色列世界中的以色列历史。值得注意的是，在这个阐释过程中，他们创造了一种新事物。只有在某些神话所描述的遥远的过去，文明才见证了这类事情的发生。尽管希罗多德和后来的希腊历史学家声名远扬，人们还是可以到大马士革的尼古拉斯那里去找一些值得与希伯来史学相比较的东西,即使在那时,著名的"普世历史"也鲜为人知,因此我们无法评估它的优势,如果有的话。我们应该记住,尼古拉斯是一个东方人!后人对世界历史的兴趣是否并不来自对《旧约》的直接继承,这是值得考虑的。《旧约》在西方思想中通过基督教这一媒介而获得的重要性为我们提供了一种联系,这种联系提出了荒谬之外的问题。

希伯来人历史书写的局限性,以现在的标准来判断是非常明显的。值得注意的是,它缺乏经济和社会基础。它的视角有时很不稳定,详尽地叙述丰富多彩的个人事件,而对重要事件则有所忽略,甚至完全忽略。但是没有一个人会因为他自身具有历史发展的意识而长期对这些缺点视而不见;相反,他会慷慨地赞扬这些开创了人类文化新篇章并取得了如此卓越成就的人。

也许他们的研究中最薄弱的一环是对资料来源的处理,特别是他们缺乏批判性的评价。有些人写的是自己所处的时代,讲述的大多是他们亲身经历的事件;另一些人则使用文字资料,他们经常提到这些资料的名称;在其他地方,则涉及口头文学,其性质和来源,我们只能推测。尽管效果很好——即使基于传统,也赢得了比之前更高的尊重——但我们没有发现作者对他们资料来源进行批判性判断,并拒绝不可能或未经证实的东西。这可能是由于他们的方法;正如以色列人表达思想的其他方式那样,他们可能宁愿忽略研究过程的所有内容,而把注意力集中在结果上。然而在以利亚和以利沙的故事中,对神话,甚至是传说,不加区分地叙述,再加上如拿伯的葡萄园或基列拉末之战等明显可靠的记载,都表明了一种错误的区分。另一方面,公平起见,我们认识到直截了当的自然主义是其同时代历史的特征,比如《尼希米记》和大卫统治时期的统治记述,它们不受奇幻元素和神话元素的影响,这使它们与许多东方叙事截然不同。很明显,这里的作者把自己限制在他们所知道的、绝对正确的历史事实的范围内。关于王庭历史的《列王纪》的大部分记述显然也采用了这种方法。在这些内容中,我们看到希伯来的历史书写达到了最高境界。

321　　当然,如果有人从科学转向历史学家的艺术,除了前面提到的那种不足——在范围和稳定方面的一些弱点,这些作者必须被给予最高的地位。所有这些都表现出对叙述的高度关注,这是希伯来文学成就的非凡品质。希伯来史学的特点是对人类故事本质的直觉感受和心理上的洞察、戏剧性的感觉,以及对历史发展中的个人的感情的关注,为枯燥乏味的事件注入了一个可以成为好故事的品质。所有这些都构成了历史书写的必要条件!

　　但我们现在主要关注的是历史学家表达其思想的作品,而希伯来历史上也有丰富的相关成果。关于以色列在人类历史上的重要地位,可以确定地指出,保持这种态度就是调查生命亚种。这里没有全神贯注于当下,而是充分认识到人的生命是一条流淌的溪流,现在只是已经到了实现的时刻;它的漫长历程从遥远的过去延伸到永恒的未来。这样一种观念将个人和国家置于一个既谦卑又崇高的视角中。历史上具有最虔诚宗教信仰的民族也是我们第一批伟大的历史学家,这并非偶然。

　　需要指出的是,对以色列来说,历史就是现实,是一个使历史具有最重要地位的全部现实,这似乎是显而易见的。然而,最近的一些思想倾向使这种评论不再仅仅是口头上的。以色列人不知道有一个超自然的层面,在这个层面上,真实的事件正在发生,而其下面的一切都是虚幻的。他们会肯定,有一个超人类的世界,周期性地以引人注目的、较为正常的方式参与到人类事件中,进而塑造它们。但是这一切都因其发生又成为历史;这是人类事业的一部分,而不是上帝和人的故事,因为这是希伯来人对历史的概念。无论是一种不加批判的虔诚态度,认为在这个世界上发生的一切都是上帝干预的事件;还是另一种极端态度,认为是恶人的阴谋诡计——所有这些都是人类漫长发展中所获得的经验的一部分,在人类生命和神的目的的最终塑造和最终意义中占有重要地位。希伯来人头脑中的自然主义,最明显地表现在对历史的现实态度上。

322　　这就是以色列思想的症结所在:历史有其意义。基于这一点,它为当今社会的发展提供了重要的教训。智者从中推导出理论;各种宗教学派的思想家都在讲述国家的过去,他们认为国家的过去对未来的塑造具有重要意义。历史学家在研究方法上的一些缺陷可以追溯到这样一个事实:他的兴趣与其说是记录事件,不如说是解释事件。这种倾向只能说明一件事:希伯来历史主要是一种历史哲学。

对《士师记》的这样的评价我们是很熟悉的。所谓的"申命记框架",在这里,历代英雄的故事都被设定为背景,重申了在那些动荡年代,以色列的政治动荡是由于国家没有宗教信仰直接造成的。但这并不是希伯来历史哲学的全部,甚至也不是其中最重要的部分。很明显,人类始祖的故事、先祖的经历、埃及的情节以及征服等记述一直延续到《旧约》时代的最后几年。当伟大的帝国在对《但以理书》的象征意象进行粗略考察时,当神圣王国的历史发展达到了顶峰时——所有这些都是作者暗示他们已经掌握并且有时不愿意透露的信息。

在本研究中,我们不得不经常评论以色列成就的独特性和独创性。如果这个评论变得枯燥乏味,我们必须首先责备希伯来人,因为他们是一个具有如此强烈的独立性的民族。再说一次,这句话是恰当的。以色列的历史哲学为人类文明加入了一种新的思想,这种思想注定会产生深远的影响,一直延续到我们今天。虽然雅各布森教授曾向我指出,这种思维的起源可以追溯到巴比伦时期,但以色列历史哲学的新颖之处在于它达到了一个不同寻常的高度。但是希伯来人所构想和发展的历史哲学在他们之前的几个世纪的伟大文明中从未为人所知。长期以来,它一直是以色列对人类思想进程的独特贡献,因为希罗多德的尝试并不比巴比伦人的更有影响力;他的希腊或罗马的继任者也没有达到可以与以色列历史哲学竞争的水平。但是,通过优西比乌,《旧约》的这一遗产最终传到了西方世界,并且随着时间的推移,对我们这个时代的利益和思想来说,它的发展是值得注意的。

希伯来历史哲学的目标是发现那些决定事件进程的原则,以便为当时的社会发展提供指导。与对智者的研究的相似之处表明,把希伯来人的知识世界进行划段是错误的。以色列的思想是一体的、不可分割的。

这些历史原则可分为两类。一边是上帝的意志和目的；而与其对立的是具有目标和独立性的人。两者经常冲突，从来没有完全和谐过。因此历史可以从这些势力的起起落落来解释，到目前为止，进展顺利。但是从这场竞争中的人类的角度来看，这句话似乎什么也没说，因为每个人都知道人为自己想要的东西而做出的努力，只是受到一些环境的影响，从而推动了历史事件的发展进程。但是希伯来学者进行了进一步的分析，人类的目的是野心、复仇、权力欲望、经济需求和安全需求的混杂，同时还伴有宽宏大量、道德理想主义、对弱者和弱势群体的保护，以及一系列的欲望和行为，这些都被简单地归结为"正义"。在这种混杂的目的中，产生了个人、自然和社会成就的不确定性，以及整个文明的漫长历史。但上帝的目的是唯一的，而且上帝是正义的，是至高无上的。这是以色列思想家的伟大信念。历史并非看似毫无意义的人类情感的冲突，有时也并非盲目的武力作用下的玩偶，神是一切的统治者，他正在按照他遥远的目的塑造事件。通过希伯来思想家所肯定的人类自由和至高无上的神性的相互作用，他正在按照自己的意志塑造人类的生命。历史是一个进步的故事！今天对于"进步是人类历史的现实吗？"这样问题的回答是迟疑的；而对希伯来哲学家来说，答案却是清楚而明显的。然而历史发展的道路是曲折的；这条溪流常常折回到原来出发的地方，有旋涡，有逆流，有回水，有池塘；尽管如此，小溪还是继续流向它确定的终点。人类的乖僻可能会推迟神圣的计划，但无法打败它。自从有了世界，上帝就一直为他的终极目标而努力；它一定会到来。虽然迟延，也要等待；因为这异象是暂时的，义人必因信得生。

永恒的目的是通过上帝的选民来实现，更严格地说，是那些像以赛亚一样的人听到神圣的话语："我可以差遣谁呢？谁肯为我们去呢？"然后回复："我在这里，请差遣我！"通过他们，神选之国诞生了；但即使在它的历史发展进程中，神也在进行着同样的选择过程，如果没有价值，就会被拒绝。上帝至高无上，他甚至可以利用恶人的计谋来达到他的目的。亚述具有所有的帝国的气派，但也只是上帝手中的一件工具。而其他那些自高自大的势力，一个接一个地吹嘘它们的力量，不管它们的名字是什么，最终却也不得不屈服在上帝的统治之下。历史正走向一个光荣的终点。

这是希伯来人思想中一个令人惊讶的特点：一个遭受苦难的民族，在许多情况下，他们大多死于残暴的征服者和压迫者之下，但他们仍然非常乐观。他们从未失去希望。耶利米在巴比伦人入侵犹大时期买了一块地，并小心翼翼地把地契保存起来，这就是他的人民真正的形象，在困苦的日子里，他们却怀揣着美好的梦想。他们固执地相信，在正义审判之后，耶路撒冷将成为正义之城、忠诚之城，锡安将得到正义的救赎。虽然现实被当时的困境牢牢地控制着，犹如被一只巨兽所控制，然而只要一个人能领悟神意，他就会预见野兽必将被杀，它的身体必将被毁、被烧掉；"他的国是永远的国，所有掌权的都必事奉他，顺从他"。

不可否认的是，许多对未来的梦想都是建立在民族主义框架下的。圣徒王国将成为犹太圣徒的王国。所有历史上的辉煌顶峰，对于大多数古代犹太梦想家来说，就是坚持犹太人对世界的统治。对此，我们必须承认，这是用典型的帝国主义思想构想出来的：

> 你的城门必时常开放，
> 昼夜不关，
> 使人将列国的财物带来归你……
> 不事奉你的那邦、那国要灭亡，
> 那些国家必全然荒废。（《以赛亚书》60：11—12）

然而，我们必须记住两个事实：由于《旧约》的作者形形色色——不客气地说，它的许多章节都是不真实的——它是以色列人全部思想的一个横截面，高低起伏；但重要的不是这些思想家如何遵从他们世界的理想，而是他们中的许多人以惊人的方式超越了它。现在我们将有机会注意到他们的普遍的希望所达到的高度。无论某些段落在其对未来和历史进程的表述中表现得多么特殊，我们必须在其整体背景下阅读它们，并且将其视为由那些有远见卓识的人的理想所启发和升华而来的，这些人在古代以色列是非常重要的。因此，除去它们的意象，并在最真实的以色列背景下进行解读，《旧约》中关于历史终结的梦想仅仅意味着人类生活是向更好发展的一个过程。最终，正义会取得胜利，它将成为全人类的准则和法则。

第十一章 国家、社会和政治

　　以色列人认为自己是一个融合了共同祖先和与上帝立约观念的国家。这两件事都不像看上去那么简单。根据传统，上帝把亚伯拉罕从迦勒底的吾珥召来，带到巴勒斯坦，在那里承诺给他许多后代，他们将组成一个强大的国家，占有他曾作为外族人生活的土地。这一承诺在不同的场合被重申，尤其是在西奈的伟大经历中，它所具有的双重责任的契约性质变得清晰起来。简单地说，以色列是耶和华的子民，他是他们的神。他们的忠诚意味着拒绝所有其他的神，在仪式上、在国家和社会层面只服从他。另一方面，他作为他们的神，有责任履行诺言，给他们土地，使他们成为伟大的民族，并给予他们物质上的馈赠、身体上的健康和精神上的满足。

　　但是，当一个人试图把这些想法追溯到这个民族的早期历史时，困难就出现了。在《士师记》中再次探索古老来源的证据，令人惊讶的是，我们没有发现这些所谓的以色列人日常生活的基本概念。毫无疑问，当时的氏族和部落之间存在着某种团结的纽带；同样，它也与共同祖先和上帝立约有相似之处；然而，对两者来说都远远不够。以色列的共同利益意识使各集团在危险面前团结起来，这显然是一种团结的基本信念，意味着，特别是在当时和当地他们有共同的祖先。但是在任何地方都没有提及，即使是以含糊的方式。这可能是基于环境的原因，使其失去了意义，但事实上，《撒母耳记》中的旧史料也展现了同样的疏忽，并且一直持续到先知的历史。然后再到先知的著作中去寻找关于共同祖先信仰的不容置疑的证据，这加重了人们的怀疑，事情并不是后来的作家想让我们相信的。此外，虽然"以色列"和"雅各"这两个名字经常在谈到这个国家和雅各的后裔时被提起，而在《摩西五经》之外提到亚伯拉罕是非常罕见的，直到相当晚的时间。由于根据正统的批评，旧的叙事文献合并在《摩西五经》中，并通常被指称为J和E，其在先知时代之前就已经存在了，所以奇怪的是，这些作者竟然忽略了亚伯拉罕的令人印象深刻的召唤和对他的应许。这个国家的历史通常可以追溯到埃及的压迫和《出埃及记》，而在某些情况下可以追溯到雅各的事业；但其背后却是一片空白。这种情况的意义很难评价。一种可能的解释是，亚伯拉罕的J-E故事代表了一个鲜为人知的传统，只是通过《摩西五经》不断增长的声望，其在流亡时期才赢得了普遍的接受，但对雅各的故事的熟悉却由来已久。

无论怎样，很明显，雅各的后裔可以像亚伯拉罕的理论一样令人满意地作为民族一致性的基础。即使接受了这种可能性较小的观点，复杂的情况也还没有结束。因为希伯来作家们清楚地认识到，即使是这个理论也是陈腐的；我们被明确告知，这个国家并没有共同的祖先。一大群不同种族的人随希伯来人离开埃及，显然与他们融合在了一起。在征服中，大量的迦南人没有被消灭——甚至没有被征服；但迦南人与各支派同住，直到史学家的时代（《士师记》1:21 ff.）。最终所罗门奴役了他们中的最后一个，但与此同时，他们生活在一起的结果是频繁的异族婚姻，这在法律上是明确的。然而，以色列的这种混血行为并不是对道德意识的蔑视；它得到了宽容和合法化。摩押女子路得的故事是象征性的，而这种交往是古代作家找不到批评的依据的。禁止亚扪人和摩押人进入耶和华的会中直到他们的第十代子孙（《申命记》23:3）得到清楚的暗示，在这个漫长的试用期之后，他们是被接受的，其他的人则更自由地进入，这正如本章后续对埃及人和以东人的描述（《申命记》23:8）。即使是相对较晚的祭司的文献也规定，不仅同意受过割礼的寄居者可以吃逾越节的食物，而且可以接受他们作为本地出生的人的身份。因此，传教的大门敞开了，它在基督教纪元开始的几个世纪里的流行是众所周知的。

其含义显而易见。就像现代历史学家一样,以色列人认识到,作为一个民族,他们是高度综合的;亚伯拉罕或雅各的后裔是一种令人愉快的虚构,并与某些核心现实联系在一起,但这绝不是对以色列成员资格的考验。这主要取决于个人的信仰和行为。接受割礼的外国人表现出对以色列信仰和制度的忠诚,也会成为一个善良的以色列人;借用后来一位作家的名言,即他被嫁接到了亚伯拉罕的血统中。当保罗区分追随肉体的以色列和追随精神的以色列时,他再次阐明了他的子民的最佳思想。归根结底,以色列的成员资格是一个精神上的问题;这是一个忠诚的问题。《底波拉之歌》中有句话表达了以色列民族的最终本质:以色列是"耶和华的子民"。

圣约的问题也是类似的。它在《旧约》的后期文献中变得如此流行,甚至批判学者支持这样一种错觉,即以色列从是第一个在与耶和华立约的基础上塑造其思想的国家。然而,事实是这种想法在早期的资料来源中并不存在。《底波拉之歌》,正如刚才引用的一句话,最多是说"耶和华的子民"(《士师记》5:11)。约(brith)这个字真的出现在《士师记》的早期,这是毫无疑问的;但这是以示剑人的神巴力比利土的名字或头衔命名的(《士师记》8:33;9:4)。然而,这可能不会被援引为以色列宗教盟约的附带支持,因为这个头衔可能仅仅意味着这位神是协议的保护人和监护人。更重要的是,这个字的出现与以色列神圣的约柜有关,在非利士人夺取约柜的记述中(《撒母耳记上》4:3—5),以及大卫统治时期转移到耶路撒冷的记述中(《撒母耳记下》6:17)出现的。然而,对于人们普遍假设的神学观点来说,这是一个微不足道且值得怀疑的证据。以色列与耶和华之约在《何西阿书》中首先出现并被特别提到,其中两个典故显然是真实的(《何西阿书》6:7;8:1)。《以赛亚书》和《弥迦书》中没有这个概念,但在耶利米的话语中被多次提到;然后,众所周知,它成为《申命记》的重点之一。当我们回顾何西阿生活的时期——在J和E文件的确定日期之后不久,情况就比较清楚了。上帝和以色列之间圣约的概念是由这些"先知的历史"介绍的;它被何西阿所认可,被耶利米所采纳,并在《申命记》中成为以色列神学的一个基本元素。

但反对意见却突兀地指出，那些对圣约的具体提及并不是故事的全部，圣约其实隐含在更早期的思想：在士师时代，各部落以耶和华的名义团结起来，他们意识到自己是"耶和华的子民"，以及其他许多类似的东西。对于这一点，我们只能衷心地表示赞同。当然，J和E的作者以及他们的后继者是如此重视这个想法而不是纯粹出于想象。这个概念在很早的时候就隐含了，但是，这种含义使整个概念与通常所认为的完全不同。因为它破坏了以色列主张的独特性，并使圣约的概念成为东方宗教思想的正常特征。据我们所知，耶和华对于士师时代的分散部落来说，纯粹是国家神。在这个时候，没有理由假定以色列对她的神的态度与摩押、亚扪、以东或任何其他国家对基抹、米勒公或任何其他相应的神的态度有本质的不同。而国家神的概念包含了上帝和他的子民之间的契约概念。以色列的独特之处就是将此发展成她的神圣盟约教义的显著形式和宗教价值。这变成了一种非常强大的动力；然而，在以色列的宗教和伦理进化中，圣约是次要的。

在这条发展的路线上，异教的国家神观念发展到圣约的伦理教义中，进入了以色列神的选择的概念，这注定会成为这个国家自身思想的鲜明特征。我们又可以看到，自从最简单的民族之神的信仰形成以来，它就隐含在其中。但是，就像契约理念本身一样，它达到了一种升华，成为一种新事物。对这一教义最简单的陈述，或许也是最原始的陈述，是关于亚伯拉罕神圣召唤的故事（《创世记》第12章）；但总的来说，它最伟大的表述是在《申命记》中，它被描述为上帝自由恩典的行为。出于对以色列的爱，他在以色列人还不多，还是世界上最小的国家的时候拣选了他们——他们没有功绩，他们没有资格向上帝求告；他根据自己的意志，把他的爱赐给他们，拣选他们作自己的子民（《申命记》7:6—8）。必须认识到，这方面不亚于圣约概念中所蕴含的深刻的伦理内容，宗教领袖们毫不迟疑地使用了这些内容，从而使国家和个人的宗教充满活力，他们中的一些人阐明了一个惊人的事实，即以色列是神的特殊财富。

这就是以色列独特本质和存在感。她的神从世界万民中拣选了她，与她建立了亲密的关系，这是其他民族所没有的。这种独特性的意识渗透在《旧约》中。作为巴兰神谕之一，一份相对较早的文件中的明确表达不能不让人印象深刻："看哪，这是独居的民，不算在列国中。"（《民数记》23:9）这里表达的正是这种差异感，反犹主义在其漫长的发展过程中找到了反犹的真正缘由和触怒点，而且直到今天，在无知和偏执的人中，这种差异感仍然使犹太民族成为怀疑和迫害的对象。

但是所有民族在某种程度上都认为自己是独一无二的。所有历史上关于这一点的一些最值得注意的表述已在近代的悲惨事件中表现出来。但是，这些夸张之处也足以暴露我们自己的思想中类似的傲慢。以色列对自己的信心基本上只是这种普遍人类特征的一种表现。她也相信自己有独特的性格和光荣的命运；她抱着成为世界领袖的希望，即使不是真正的政治或军事统治。然而，我们理解希伯来教义"特殊的人"不是根据身份，而是根据其独特特征，这是不难寻求的。最重要的根源，也是希伯来差异的本质，是以色列上帝的独特性。有一位诗人很好地表达了这一点，他这样评价敌对的外邦人："甚至我们的仇敌都承认，他们的磐石不如我们的磐石。"（《申命记》32:31）这是一个深刻的见解。无论对关于神的选择和特殊民族的教条的傲慢态度如何苛评，不可否认的是，我们在这一点上接触到了坚实的现实。以色列的神与其他国家的神有很大的不同，以色列人是神的子民，这是历史事实。以色列人在信仰和敬拜上帝时正确地认识到这种优越性和她自己的独特性，这才构成了她的独立。除了以色列应该"从万民中出来"，并且要独立其外，没有别的道路可走，除非她胆怯于自己的精神遗产，背弃最好的自己。

然而，不管古代还是现代的自由主义思想提供了怎样的解释，"神的选择"的教义实际上确实是一个产生很多国家傲慢自大之感的源泉。希伯来人和我们一样都是易犯错误的人，这怎么可能不发生呢？然而，在一种特殊的责任中，也不乏思想家指出它们之间的特殊关系所具有的更深刻的意义。《阿摩司书》中的一位作者这样警告以色列人：

> 在地上万族中，我只认识你们；
> 因此，我必惩罚你们一切的罪孽。（《阿摩司书》3:2）

以赛亚的呼召揭示了神拣选以色列的意义，更聪明的人已经开始理解。在他最初作为先知的伟大经历中，他听到了主的声音，主不是亲自呼召自己，而是在普遍呼吁："我可以差遣谁呢？谁肯为我们去呢？"以赛亚的呼召，是因他听见了，就回答："我在这里，请差遣我！"耶和华的工作等待完成；谁有能力并且愿意承担这项工作？这就是以赛亚呼召的本质，也是以色列呼召的本质。神的拣选不是为了特权或傲慢的分离，而是为了服务。主的工作正在等待完成！

第二以赛亚的《仆人之歌》在这方面的伟大是众所周知的，所以没有必要再加以说明。以色列被神指定为"外邦人的光"。同样的想法在顽强的先知约拿的故事中也得到了生动的体现。还有许多其他段落也体现了对以色列崇高使命和责任的珍视。她对上帝的认识使她有了一件如此宁静并使其升华的宝藏，她冒着灵魂的危险，把它单独留在自己的身上。她的伟大经历迫使以色列与所有人分享她最好的经历。

外邦在希伯来思想中的地位与外邦的教义是相对应的。《旧约》中记载的仇恨、诅咒和残忍的屠杀，要求的不是重述，而是理解以色列所处的残酷世界。即使是《诗篇》，以色列人最深刻的精神经历和渴望的声音，虽然也有许多章节没有那么强烈，但与那可怕的诅咒有相似的情绪：

> 将要被灭的巴比伦哪，
> 用你待我们的恶行报复你的，那人有福了。
> 抓起你的婴孩摔在磐石上的，那人有福了。（《诗篇》137:8,9）

然而，即使在征服的日子，当约书亚拯救基遍人的时候，更好的事情是显而易见的。国王们很乐意并且经常与邻国建立友好关系。然而，奇怪的是，早在以利亚时代,当先知们谴责并威胁亚哈要对战败的便哈达宽大处理时,宗教经常被用于制造分裂和仇恨。但是,我们的兴趣在于在圣约教义、神的拣选,以及当那些特殊的人牢牢地掌握了他们的思想之后,宗教团体的态度。

在以赛亚的态度中,即使是列王时期一些最优秀的思想家,其宗教信仰也会引发分裂主义,例如,以赛亚肯定害怕与外国的密切关系会玷污耶和华的宗教。《申命记》学派对这一警告的高度强调是每个学习《旧约》的人所熟悉的。即使在那个时候,也存在着一种更自由的情绪,正如阿摩司著名的宣言所证明的:在神面前,非利士人和叙利亚人与希伯来人是平等的(《阿摩司书》9:7)。

这两种态度在后来都有了更明显的表现。分离犹大是尼希米和以斯拉的首要政策,并成为接下来几个世纪思想的一个方面。然而,对形势的充分理解,在很大程度上限制了现代人轻易地对所有这些进行谴责。当然,尼希米和以斯拉,大概也是仪式运动的领导者,同样经历了先知时代的恐惧。埃及象岛犹太团体的异教信仰,很可能是公元前5世纪大多数巴勒斯坦犹太人宗教的一个合理指标——当然,我们不能假定邻近的撒玛利亚人会取得更好的成就——构成了对犹太改革者工作的生动评论。正是在这样的条件下,他们制定了严格的限制。公平地说,还有什么方式是实用的呢?毫无疑问,友好的亲切感会导致他们担心犹太宗教被污染和消散。在基督教出现之前的几个世纪里,犹太教一直与自信的异教徒保持着直接联系,即使是在国家变得强大的时候。如果你以深刻的洞察力来阅读《阿博达·扎拉》这本书,就会明白这个问题的真实性和持久性。然而,值得注意的是,当其本身的存在没有受到威胁时,作为犹太宗教的情绪的症状,祭司派的资料在某些方面是《摩西五经》中最自由的部分。它允许忠诚的寄居者加入犹太教的规定已经被注意到。

第二以赛亚的普遍主义已经在前文提过。尽管这位诗人是一个梦想家,但他能很好地描绘出现实的人只有在时间和环境允许的情况下才能奋斗的光辉理想。当人们认识到他的梦想在当时是不可能实现的时候,其远见的真实性和成就的伟大并不会被贬低。它们就是将来的种子,并且有丰盛的收成。

只是到它们结果子的日子,他不在了。然而,在其话语的指引下,正如希伯来联合学院(Hebrew Union College)院长莫根施特恩(Morgenstern)指出的那样,犹太思想中有明显的普遍主义情绪,在《以赛亚书》和《小先知书》的后几章中,有许多段落体现了广泛的人道主义。这些思想家的研究成果可能会让我们感到惊讶。坦率地说,他们似乎已经放弃了所有犹太人对特权的主张,只坚持对以色列上帝的忠诚。他们相信各国都有人事奉耶和华,他的名传遍天下。这外邦人,就是与主联合,侍奉主,爱主名的,也必来到耶路撒冷的圣殿,并拥有与本地的犹太人一样的权利;在那被称为万民祷告之殿的殿中,人必喜乐敬拜。这场运动似乎在公元前6—前5世纪最有影响力。以斯拉改革的成功改变了犹太思想的面貌;但这并不是它的本质,因为这一扩张时期的理想继续存在,缓和了仪式特殊主义的严格性,并承诺在注定的时刻到来时提供更广阔的视野。

如果不提到智者的工作,对这个问题的讨论就不完整。他们的态度是典型国际化的。他们是古代世界的学者,学问总是大于民族主义。希伯来智慧运动的一神论已经被描述过了。像文艺复兴时期的学者一样,这些人认为要同时作为人文主义者并不矛盾。他们在重新解释正统教义和缓和其僵化方面所做的工作,会让人想起《传道书》《所罗门智训》和斐洛的著作。

但是,尽管这些问题需要解决,希伯来社会生活的其他方面也同样提出了尖锐的问题。这个民族在它的内部,也就是作为一个社会,经历了深刻的变化,这为希伯来思想家们带来了问题。我们不知道参加这场我们最熟悉的约书亚征服巴勒斯坦运动的各部落的文化背景和种族起源。然而,如果我们可以从我们所掌握的,他们在接下来的时期里的社会生活来判断,阿拉伯沙漠对他们的影响是强烈的。当然,游牧给以色列人的生活以持续强大的影响,并通过不断渗透沙漠游牧者强化了这一影响,他们就像进入到亚伯拉罕在许多世纪以前的生活中。这个过程一直持续到现在;游牧民族的黑色帐篷搭在便利地点,向西一直到亚柯平原入口的迦密山肩,对于那些能理解的人来说,它们是现代巴勒斯坦的生动景象之一。

沙漠中的生活由于孤独、人烟稀少和变化无常让人有一种不安全感，并在无漫长岁月中形成了特有的社会形式。生活以部落和氏族为中心：在外面，不安全感很快就会到达灭绝的地步。生存与社会力量有关，其结果是形成了游牧民族特有的生活特征——团结、血战、血仇、好客。许多事件和典故证明，这些现象在以色列人在巴勒斯坦的生活中持续存在，只要提到亚干的罪行和他的整个家庭与他一起被处决的国家后果就足够了（《约书亚书》第7章）；因为扫罗王的恶行，他的七个子孙都被绞死，以解除旱情（《撒母耳记下》21：1—11）。还有无数关于血海深仇（如，《撒母耳记下》3：27—30；14：5—7）或血罪（如，《撒母耳记下》25：33；《列王纪上》21：19）的例子。尽管这些态度一直存在着，特别是在某些群体中，但是巴勒斯坦地区生活条件的改变很快便开始产生影响。这个团结的社会群体不是典型的农民群体，土地的耕种者在本质上是顽固的个人主义者。此外，农业生活以乡村为中心，或在危险时期以城墙围起来的城镇为中心，这更有利于社区而非公共生活，甚至为城市组织出现埋下伏笔。然而，古老的父权制度并非完全不适合土地保有权，在最初的几个世纪里，家族占有土地的观念根深蒂固，以至于被写入了法律，并为耶洗别盗窃拿伯祖先的财产这一事件提供了背景。希伯来的社会革命是由大卫王发起的。当他占领耶路撒冷耶布斯人的堡垒，并将其作为联合王国的首都时，他发动了一场他自己也不太清楚结果的革命。尽管就他本人而言，他很快就接受了其中的某些观点，但他却无法预测这些观点将带着以色列社会走多远。

简单地说，这个过程就是希伯来人的城市化进程。城市化这个词显然是有所夸大的，因为到最后，巴勒斯坦人的生活基本还在农村。然而从大卫开始的这一变化，起先只是局限于耶路撒冷，然后扩展到其他城市和王室驻地，随着时间的推移，它开始改变希伯来社会，最多仅保留了旧制度的一些残余。这种变化始于王庭。国王身边围绕着一群支持者和不断壮大的后宫，后宫吸引了更多的逢迎者——恭敬地说就是朝臣——这些人依靠国王的青睐和自己的精明生活。但是王庭和平民的宿营地并没有与城市隔绝。大卫和他的部下都是顽强的勇武之士，他们对内盖夫的荒野比对城市生活更了解。这座城市的制度和生活习俗早在以色列人来到这片土地之前就已经存在了，但随着改革的成功，他们发现自己在这座古老的城市里成了"上层阶级"。城市生活的奢侈和放纵很快使国王的刚强软化了。当然，公平地说，他的追随者也一样沉迷于奢靡的生活。但这座城市也有自己的贵族阶层和上层阶级。除了耶布斯人的旧军事集团——一个松散的组织，建立在商业、工业，以及宗教基础上的大部分组织已经被希伯来人在占领城市时消灭或吸收。

在所罗门的影响下，宫廷和城市繁荣起来。事实上，人们可以从城市生活的发展来理解他在那个时代的名声。他的庞大的建筑计划为大量的神庙和宫廷服务人员的出现奠定了基础。他的商业活动同样揭示了正在发生的变化；商业活动虽然被王室所垄断，但仍然揭示出在接下来的几个世纪里，它们将以某种形式继续存在。国王在以东的采矿和冶炼活动也同样改变了王国的面貌和社会结构，这是我们从《圣经》历史学家对那个时代财富的详细描述中所推断出的结果。接着必须马上对政治上的变化进行更系统的调查。目前我们主要关注的是对希伯来部落的奴役。我们被告知，他们只是国王所雇用的迦南人，但在其他地方却清楚地表明，他自己的同胞希伯来人也不能幸免。

众所周知，结果就是罗波安领导了人民起义。北方部落要求恢复他们自古以来的权利。被国王拒绝后，他们自行建立了一个国家，这个国家起初似乎实现了他们从城市王庭的统治和压迫中获得自由的目标，但在半个世纪内，北方国家的情况和犹大国一样处于混乱之中。城市生活在两个王国里中发挥着相同的作用。撒玛利亚和耶路撒冷相似。北方和南方相同，古老的社会结构正在瓦解，人们的正在适应新的生活。变革的高潮出现在公元前8世纪，随之出现的最为有力的证据就是与叙利亚的百年战争以及耶罗波安二世统治时期的社会稳定。这个时代的社会特征对于每一位学习《阿摩司书》《何西阿书》《以赛亚书》和《弥迦书》的人来说都是熟悉的。这个社会的一个极端是一群自私、懒惰的朝臣和无所事事的富人过着醉酒狂欢的寄生生活，而另一极端则是农民和贫困的手工业者以及奴隶在温饱线下挣扎，甚至低于法律允许的规定。在社会的上层和下层之间，贪婪的商人们互相欺骗、欺诈，甚至杀害任何可能落入他们手中的人。于是这个时代的那些有思想的人便开始怀念过去的那些简朴的好日子。以色列社会已经远离了父权制度时代的那种粗暴的公平。

东方的宿命论和社会的绝望，如后来的《传道书》所表达的，并没有排除改革的努力。如果在那个时候没有像在每个时代一样，有人主张通过让时光倒流的简单过程来解决问题，那就很奇怪。过去的好时光是乡村的，甚至是游牧的社会；那么，把这座城市以及它所有的改革都带走吧！利甲族运动，虽然不是建立在改革的气氛中，但是对于利甲族本身来说，他们显然是想通过坚决地拒绝文明而摆脱了当前的罪恶社会。"继续做贝都因人。"约拿达·本·利甲命令他的子孙们说。为了忠于父权制度，几个世纪里他们都遵循这个计划。更令人惊讶的是，这种态度甚至在先知中也被接受了。这是以利亚的思想，甚至何西阿提出了一个以色列人应该再次住在帐篷里的理想。在《以赛亚书》第7章中有一些人居然认为只有土地应该回归荒野，居民应该回归狩猎，才能解决那个时代的问题。但是文明的发展是无法被阻止的，随之而来的罪恶也无法逃避。以色列的思想家并不都是甘地，他们中的一些人相信直接的政治行动。然而，值得注意的是，在罗波安时期的人民起义之后，这种方法只被实践过一次。后来耶户的行为，虽然是先知煽动的，却在接下来的社会变革中受到了严厉的谴责。

另外两种解决方式由不同的族群提出。这是以色列人生活的特点，思想自由的人并没有因为绝望而放弃，也没有以假装虔诚的顺从来接受这种情况。他们认为面对这种社会状况需要采取行动。在这方面，他们并非没有先例可遵。几个世纪前，苏美尔城邦的乌鲁卡基那（Urukagina）通过立法寻求改革；600年后，巴比伦王国的汉谟拉比也为立法而做出了努力。埃及先知伊普威尔（Ipuwer）的沉思证明了同样的社会动荡，尽管最后他的预言主要因为他的妄想而没有实现；但是相比较而言，《能言善辩的农民》的作者却更有活力。尽管如此，希伯来先知对社会改革的贡献是将他们分为不同的阶级。他们以其令人信服的热忱、强烈的信念、敏锐的洞察力和崇高的伦理道德，成为古代东方文化发展的顶峰；直到今日，他们在历代先知中仍居重要地位。先知们对这个社会问题的解决方法简单而深刻。社会的改善是由改革带来的。对自私和不诚实的人进行改造，你就会有一个理想的社会：耶路撒冷将被正义救赎，然后成为一个有信仰的城市。

先知们把社会问题推到个人的性格上，这并非偶然。因为他们天生就是个人主义者。他们对以色列思想的一大贡献就是在这方面。他们在努力与以色列脱离游牧社会结构的长期发展成果做斗争的同时，实际上也为产生永远不可能回归旧思维的最终因素做出了贡献。自从最初在这片土地上定居以来，个人就一直在脱离集体的过程中，但是预言性的经验为社会发展提供了新动力。事实上，预言的本质是与上帝的个人关系。先知接受了上帝的信息，所以他被说服了，不是因为法律或传统，而是通过他自己的亲身经历，他听到上帝对自己说话。因此，他站在国王、祭司和人民面前，凭着毫无根据的信念，认为自己作为一个人拥有别人都不知道的宝贵真理，并对公认的准则和行为进行了公然的谴责和批判。由于先知的经验并不比其语言少，它们便成为后来宗教的基础，并随着时间的推移，吸收了其他虔诚思想。《诗篇》中的个人特质使其成为宗教的伟大经典，但这只是每一个虔诚的信徒在个人生活中对神真实体验的延伸。

这就是先知们倡导通过个人再生来改革的意义所在。但它的真正价值仍是我们最能掌握的，也许要通过参考晚期所表达的希望。因为被写在心上的律法（《耶利米书》31:33）将被认为是一种希望，即先知们率先知道的经验最终会被每一个忠实灵魂所拥有的。

这一具有预见性的改革计划的弱点，用现代的话说，就是缺乏有效的手段。他对其受众思想和良知的呼吁，虽然最终是思想或行为的改革的唯一手段，并在随后的几个世纪的宗教发展中被证明是正确的，但这对于先知自己的时代来说，却是徒劳的。正确评价一个背离公认程序的同时代人是不可能的。先知们收效甚微；他们的大多数同胞认为他们是误入歧途的并令人生厌的。他们的改革只是在几个世纪后才得以实现,而且并不完美。但是立法者却采取了不同的路径,他打算并采取措施确保政策得以实施。尽管如此,亚撒、约阿施和希西家的改革并没有带来任何社会意义。他们的目标是宗教的,而不是伦理的,这本身就说明了社会伦理还没有引起统治者的道德意识。但是改革者们却不是这样,我们感谢他们,他们是以色列文学中真正伟大人物,《申命记》,顾名思义是对以色列社会旧有立法的概括——确切地说,是对以色列社会旧有立法的修订。让我们现在感兴趣是,这本书核心部分的日期通常是在公元前8世纪晚期或公元前7世纪前四分之三的某个时期,因此,它的目的是要改善那个时期的社会状况。

这些立法者深刻地意识到这个社会问题。他们对旧法律的修订有利于穷人和弱势群体,并具有许多令人感兴趣的特点。修订的"十诫"(《申命记》5:6—21),虽然可能并不属于原作品,但人们却被它的气势所吸引。这与安息日所遵守的律法不同,因为耶和华在第七日安息,所以将此定为圣日,《申命记》中的律法给出了一个关于埃及奴役的回忆以及对仆人和婢女的顾念,从而使他们和主人同享安息日。在修订的法典中,旧有农业生产作息将休耕年转变为免除债务的一年,或者可能是一年的宽限期。第三年的十一税要被储存在城里,利未人、寄居者、孤儿、寡妇都可以在那里随意享用。在宗教节日和支付十一税的公共节日里,那些穷人,连同男女奴隶将分享欢乐,显然这些是由他们的邻居慷慨提供的。同样值得注意的还有关于奴隶制的新规定。这是希伯来女奴第一次被允许在六年的服务结束后获得解放。更令人震惊的是,奴隶们被解放后,主人的将慷慨地赠送给他们物品。这显然是为了应对现在的处境:从前的奴隶失去人身自由多年以后,一到社会上就会像六年前一样穷困潦倒,因此很快就要失去自由了。重要的是,这种慷慨是不应带有吝啬的,因为"你要记得你曾在埃及作过奴仆,耶和华—你的神救赎了你"。

这些权宜之计在多大程度上缓解了奴隶们的处境是无法估计的,但最坏的结果是,就和我们在经济紧张时期实施的经济救济和发放面包等政策有一样的效果。然而，这种社会困境非常严重，表面的应对措施还是无效的。贫穷有其根源和原因，如果将其孤立来看，也许还可以加以补救。2500年前的社会思想家们认识到这一事实，这是非常令人吃惊的。除了刚才所讨论的缓解措施，《申命记》还触及问题的核心，对贫困问题进行了正面抨击。其提供的解决方案似乎来自超自然主义的思想："其实，在你中间不会有贫穷人……只要你留心听从耶和华—你神的话，谨守遵行我今日所吩咐你这一切的命令。"（《申命记》15：4，5）在这一背景下，"这一切的命令"是一个系统程序；这完全是一种社会公平。今天可能很少有人会否认，如果所有人都"谨守遵行"这一命令，那么这个富饶国度的贫困将缩小到用"相对富足"的来描述。问题的关键是如何贯彻这样的原则，作者在反复告诫人们要为弱势群体着想时暗示了一种相对偏激的方法。但是，作者并没有注意到公元前8—前7世纪的状况是对整个社会计划的补充。

很明显，到了这一时期，除了一些残余的思想之外，征服时代的旧的社会组织已经绝迹。因此，宗教中个人责任的概念被明确地表述出来就一点也不奇怪了。首先是耶利米的简短介绍，然后是以西结的详细介绍。看来，以西结在这方面，就像在他的许多预言中那样，直接得益于他的长辈，他自己的贡献仅仅是用抓住普遍思想的形式来表达观点。此时，在这种状况下对教义的阐释是可以被推测出的，即使不能确切地肯定。对这两位先知来说，最迫切的考虑似乎是国家的解体。很明显，这使个人陷入了困境。更具体地说，几个世纪以来对先知们的警告和谴责通常直接针对个人行为，并且已经产生了成果，因为人们认识到，一个人的正义不是取决于他在这个国家的社会地位，而是取决于他对先知教导的回应。先知的一群追随者和朋友，用以赛亚的话来说，是他们的门徒（《以赛亚书》8：61），更古老的"先知的门徒"组织的继承者，在国家内部以一种"教会"的形式体现了这种思想。在这里，明显存在着以个人为中心的社会，它还处于萌芽阶段，耶利米和以西结的教导表明，这是在国家毁灭之后人类生存的希望。他们的思想很可能因认识到这场灾难有不平等的责任而得到充实，这种责任使他们不得不考虑相应的补偿。但最后，这很大程度上取决于这两位先知的性格。耶利米是一个非常敏感的人，他与个人的不公正感做斗争；以西结被个人的感情所感动，因为他的职位对这些人的安全负有责任。

尽管在远古就有先例，以西结在宗教中的个人主义教义的提法仍然是足够新的，也足以引发通常出现在新事物里的过度行为。在他的书中，某些评论已经将其类型化为一种机械的程序，它会自动地根据个人的行为进行惩戒或奖励（《以西结书》18：5—32；33：12—20）。无须考虑其他思想家曾经考虑过的遗传、习惯和环境的制约；但审判是直接的：如果一个人这样做了，他就是邪恶的；他必死！

然而，个人在宗教中居于首位的概念以一种可能比这些段落所揭示的更有道德的方式发展起来。社会和个人的对立以及相互关系的问题，最近在世界政治中是头等重要的，而且会在今后的很长时间里一直伴随着我们，而这个问题在犹太历史的发展进程中得到了合理处理。即使只是作为一种影响，传统上对社会权威的强调依然存在，这也足以确保避免对我们社会的原子论的诅咒。犹太教过去是，现在仍然是一个团体，在社会组织中表达其特有的生活和信念。然而，个体从未被淹没。在犹太历史上，各行各业都有许多杰出人物，这些人物足以证明在犹太教中个体的生命力。然而他们是在犹太社区生活并被培养起来的。他们是它的表达和延伸；反过来，它给了他们一种实实在在的忠诚，一种充满活力的奉献精神和一种超然的目标。

以色列政治的发展与它的社会思想密切相关。在一些情况下，相同的文件或记录的事件跟两者都有关联。

在这里，我们对入侵的哈比鲁人缺乏了解，这就限制了我们对这一问题的研究。阿玛尔纳信件（Amarna Letters）提到了这些入侵者的某些首领，但他们的任命方式和官僚机构的本质我们不得而知。人们可能会援引贝都因人的管理体制作为对比，但更好的做法是放弃这个缺乏证据的问题，转而研究我们最早的关于以色列人在巴勒斯坦定居以后的资料。这些资料显示，是宗族和社区组织的长老在行使司法和行政职能。这是一种不加批判的、毫无意识的原始民主，因为没有理由不这样认为，这个族群中的高级成员都是根据他们的年龄被选拔到管理机构。这些结论显然是通过非正式的自由讨论得到的，波阿斯为赎回拿俄米的财产而谈判的故事描绘了这样一种官僚机构的运作（《路得记》4:1—12）；这段叙述大概发生在一个较晚的时期，但是长老会一直存在于较小的社区中，贯穿《旧约》的历史，所以有理由相信作者将他所熟悉的情况与现实联系在一起。

但周围环境的压力迫使较小的氏族和部落联合起来，形成某种接近国家的政权组织形式。这是一个关于继任"士师"晋升及其统治的故事，他们的当选再次证明了原始的民主。最基本的事实是他们有能力领导和处理当下的危机。这一点很明显，有时因众所周知的名声，如耶弗他的事，在那种情况下，这个从前的农民不再平庸，表现出了权力欲和决心，这无疑使他和他的伙伴们都感到吃惊。也许在某些情况下，体能是人们想要的人格素质。而我们关心的是，无论通过什么手段，"士师"赢得了部族的普遍认可和忠诚追随，因此他们接受了他的命令，在他的领导下对抗敌人。

这些英雄的成功不可避免地带给他们终身的威望，所以他们能做"以色列的士师"10年、20年或40年，但只有两种情况可以揭示将这种状况转变为世袭统治的趋势。有人提议给基甸，但他拒绝了。注意，这是给他的：主动权在人民手中。有关拒绝的段落也令人感兴趣，他回答说："我不治理你们，我的儿子也不治理你们，耶和华会治理你们。"如果我们回避有关这段话的真实性的疑问，我们可以在其中再次认识到这段话是原始民主的表现。这些部落统一的纽带和基本原则是他们对他们的神的忠诚：无论是君主、祭司，还是组织都没有把他们团结在一起，而只有当他们的神为了拯救他的人民通过他所选择的人说话时，所有人都做出回应。基甸很清楚，精神纽带比政治约束更强大，他希望保持现状。他儿子亚比米勒却不受这约束。他是一个典型的自私自利的暴发户，在过去的许多个世纪里，他创造了历史——也制造了麻烦，他的故事符合我们现在所知道的类型。首先，他以似是而非的论据在示剑城赢得了一批追随者，然后用暴力扩大并支撑他的统治——直到最后，暴力反过来又把他赶走。但在这期间，他的冒险行动揭示了他对这种情况的了解。因此，毫不奇怪的是，不久又有了一位民选的领袖，在危机中被成功地把召唤出来后，直接被拥立为国王。这也许是通过他朋友的阴谋而获成功的，但也完全有可能是由于相关部落的自发行动。这些部落实际上感到，正如事后对事件的记载那样，他们在混乱时代的紧急情况中需要像其他国家一样有一个国王。无论如何，扫罗是"最后一个士师，第一个国王"。不管当时这是否是他的计划，他开始相信世袭权利存在于他的家族中。事实上，他的儿子也继承了他的王位。

扫罗在他的首都过着简朴的生活。与其说他是一个国家的君主，不如说他是一个乡下人。他有时高高在上、独断专行，但却并不比大多数父亲在自己家中表现得更过分，而且他几乎没有通过侵犯人民的传统权利来扩大其手中特权的倾向。的确，他拒绝做老"造王者"撒母耳的下属，因而值得大家的尊敬。但是更阴险的是，他试图建立凌驾于祭司之上的王权，他对家族继承权的担忧从他对约拿单与大卫的友谊的指责中就可以看出。但总的来说，他的行为完全符合我们可能有些夸大的所谓的君主制的宪法权利。根据这些发展，我们可以看到，正如一些古代作家（《撒母耳记上》8:10—18）所做的那样，他代表了对以色列政治制度的严峻威胁，他实际上发动了一场革命。但在这一点上，扫罗个人基本上是无辜的。

大卫开了个好头，他同样是一个受欢迎的领袖，由于个人和国家的迫切需要，他变得越发重要，也被授予并接受了王位。来自非利士人的威胁非常严重，基利波山灾难之后，他们几乎无可争议地控制了整个巴勒斯坦西部，以色列人靠他们的恩典生活。一个冷酷的亡命之徒，对他的人民忠心耿耿，大卫自我证明，他是当时最合适的人选。民众的选择是明智的，历史的发展很快证明了这一点。他成功地推翻非利士人统治，征服著名的堡垒耶路撒冷作为国家首都，扩大他的统治影响，直到他成为幼发拉底河和埃及最强大的君主，这不仅改变了希伯来人的文化地位，而且还改变了他们的政治地位。

然而大卫从未摆脱过他的出身——谁又能摆脱呢？他是耶路撒冷的一位伟大的君主，尽管历经沧桑，他仍拥有他的领土和顽强的生命力。他从社会底层崛起，直到最后，他都非常了解他的人民。由于他了解他们对自由的执着，由于依赖于他们的拥戴，他的王权受到了一定的限制。最好从整个联合君主制的角度来看在耶路撒冷的王位上作祟的邪恶势力，因为它只延续到第三个统治期。

当约押指挥作战，大卫放弃了战场上的指挥权留在耶路撒冷时，一个不祥的征兆出现了，而这只有根据后来的历史才可以理解。我们记得，这就是那个与邪恶的拔示巴相关的背景片段。也正是在这一时期，奥斯曼王朝开始出现明显的衰亡。但在历史上的每个东方国家的王庭里，更大的危险来自后宫——滋生叛乱和欺诈的温床，它也是君主生活腐化堕落的根源——由大卫建立，并得到了所罗门的强化。正是一个后宫的阴谋决定了所罗门的继承人，所罗门的儿子最终摧毁了王国。他是堕落的第二代，后宫参政已经在耶路撒冷的宫廷中根深蒂固。

但其他没有被关注到的影响也在威胁着国王。成功考验着每个人的耐力，大卫取得了超出想象的成功。他是否曾在内心深处回想，当他在伯利恒附近做牧童时的简单日子，如果他的父亲现在可以看到他儿子的成就，他会做何感想？无论如何，安逸、奢侈和财富在所罗门时代已经达到了相当高的水平，臣民的尊敬变成了奉承，他有充分的理由可以随心所欲，也就很容易堕落为自我放纵，尤其在国王至高无上的地位上，所有这些结合起来，使现在的国王与之前国家领导者的简朴有着天壤之别。在东方，神圣君主制以各种形式表现出来，从神圣的埃及王权到强大的君主，再到美索不达米亚人心目中的神的宠儿，进而延伸到国王和死亡之神之间的关系，在某种程度上君主就是其人民的生命和本质：当以色列人立她的一个儿子为王时，这些都是相关的。关于国王作为一种本质的概念，在宗教意义上，他远离他的人民，并且高于他的人民。我们有许多典故：耶利米提到了国王死亡时的公众的哀悼，明确地将它们与生育神的仪式联系起来（《耶利米书》22:18）。亚比煞给年老的大卫带来温暖的故事（《列王纪上》1:1—4）是令人怀疑的，这让人想起了当时广为流传的一种做法，那就是老君主正在衰退的男子气概受到了考验，因为在他身上，他就是这个国家生命力的体现。目前十分流行的解读《诗篇》的学派在这些虔诚的诗歌中看到了对国王的考验。显然，这位君主也通过某种神秘方式把自己塑造成一个比普通人更重要的人，因为他是上帝的受膏者。圣膏油的使用使他变成另一个人（《撒母耳记上》10:6），所以他与上帝有了亲密的关系，几乎就是父子关系（《诗篇》2:7），当然也就有了紧密的联系（《诗篇》第110章）。

那么毫无疑问，起作用的不仅仅是个人野心，也不是由于不同寻常的奉承引起的妄自尊大，让这些国王在一步步走向独断专行。这一发生在他们身上的发展趋势几乎是必然的，这是东方王权所固有的。

所罗门王的继位就是一个典型的例子。早期的国王是由人民选出的，即使是篡位者押沙龙也虚构民众选举的情节（《撒母耳记下》16:18）。所罗门是他父亲因妃嫔所逼而立的。老国王40年的统治与他即位时所宣称的原则相距甚远，以至于他要么忘记了，要么忽视了臣民的权利，王位继承已成为王室的特权。然而，对于任何没有被夸大的君权思想蒙蔽双眼的统治者来说，这都是危险的信号。当大卫因押沙龙发动暴乱而从短暂的流放中归来时，不祥之兆又一次出现在以色列的历史危机中："我们与大卫无份，与耶西的儿子无关。以色列啊，各回自己的帐棚去吧！"（《撒母耳记下》20:1）无论耶路撒冷的随从们怎么想，王位落在以色列自由人身上；对此，大卫也知道。他意识到危机的严重性，于是他迅速采取行动遏制了分裂，并推迟了其下一任继承王位的时间。罗波安继承了这一问题，他远不像他的祖父那样适合解决它。然而，即使完全认识到他所表现出的愚蠢，人们还是不能不对他产生一些同情，因为他是政治斗争的受害者。作为后宫及其邪恶政治势力的受益者，他怎么能认为臣民的请求不是对他神圣权利的侵犯呢？在所罗门统治期间，君权神授思想迅速发展起来。这一点从他对国家事务的不负责任的处理中就可以看出来：他对以色列平民征收徭役；以国家财富来维持他那奢侈的宫廷；他不顾传统的部落界线，对土地进行划分。他的全部生活都在宫廷里，因此无视以色列的基本农业经济的现实，他在宏伟的建筑里过着奢靡的生活，有宴会、皇家游行，但却学识浅薄。他的这种奢靡的生活由以色列农民负担，并且有足够多的妇女为他们提供服务。

但是我们要感谢罗波安对这一问题所做的明确说明。他咨询了长者，他们显然还保留了一些对现实政治的关注，即使不是对大卫统治时期留有真实记忆；但他接受了宫廷里年轻人的观点，他的朋友们也和他一样，在后宫的虚伪和阴谋中成长，毫无疑问，他们一直对他的王位充满了期待，期待着他们可以为所欲为的那一天。然而远离耶路撒冷的诱惑，居住在这片土地上的北方人提出了一个严肃的要求："求你减轻你父亲所加给我们的苦工和重轭，我们服事你。"罗波安回答说："我父亲用鞭子惩罚你们，我要用蝎子惩罚你们。"就是这样。人民有权利吗？还是只有国王有权利？北方各部落的起义是普通民众要求主权自由的宣示。国王坚定地维护国王的神圣权利，以他自己的方式统治他的臣民。他凌驾于法律之上：他就是法律，他们没有超越法律的权利。对于今天的许多人来说，这种宣称与英格兰斯图亚特王朝的国王发生了某种联系，但詹姆斯一世在他的《自由君主制新法》中，正如他的后代在他们的官方活动中那样，他也有意识地依赖《旧约》。不管他是否意识到这一点，他都继承了罗波安的精神。然而如果他仔细研究了《旧约》，也许会发现对他的后嗣更有意义的事情，因为这些后嗣中有一个因为他父亲的规则而掉了脑袋，另一个则像罗波安一样失去了他的王国。

因此，出于对大卫家族的忠诚，犹大支持君主专制。毫无疑问，我们有资格阅读犹太历史，因为它与以色列政治的显著区别在于王朝的稳定性。然而这并不意味着仅凭简单的事实就可以说明。北方的君主退位基本不是准民主运动的结果，而受先知启发的耶户起义则是一个有争议的例外。相反，一个新王朝的创立完全是出于个人野心，并通常通过暴力完成。最初拒绝罗波安并让耶罗波安登上王位的争取自由的动力很快就耗尽了。与犹大相比，北方王国更是在无原则和不负责任的统治者的统治之下。到最后，除了耶户推翻亚哈家族这一颇有争议的事件外,没有发生任何与宪法发展有关的事件。同样地,在犹太历史的表面上也很少有这样的记载。子承父位,是用"代替他统治"这样毫无内涵的术语来描述的,只有在亚他利雅篡夺王位的这段时间才被打破;无论什么都有可能是犹大在仪式上对应的"王已死,王万岁",其相关信息普遍缺乏。仅在三个国王暴死案例中,据说是人民把他的儿子抓来,让他坐上了王位(《列王纪下》14:21;21:24;22:30),这完全不符合正常的继位程序;这很容易引起猜测。但至少有一件事是清楚的,即人民拥有选择君主的最终权力的思想一直没被抛弃。如果我们可以确定,在任何情况下它都没有被行使或象征,那么这种权力至多只是被搁置。这个事实意义重大,经过近400年的王权统治,犹太人仍然拒绝被视为权力游戏中的棋子。他们拥有广泛的权利,即使是对抗他们的国王,他们也不会放弃这些权利。人们会发现这些权利意味着他们拥有完全的民主立场。如果人民是决定谁来统治他们的最终仲裁者,那么权力就被掌握在人民,而不是国王的手中,不管这些人有时会顺从王庭。

各种各样的煽动者,尤其是先知,使人们一直对他们的传统特权充满担忧。拿单对大卫的指责,就像以利亚对亚哈的指责一样,是对君权神授思想的直接否定,也是对这样一种原则的大胆肯定,即国王和他最卑微的臣民一样,需要遵循同样的权利标准,以及同样的普遍的自然法则。显然,这也是先知和其他进步思想家对君主制的基本原则:国王统治国家,不是靠神权,而是靠神赋予的责任。他只是耶和华的仆人,奉命牧养神的子民以色列人,他的任务是按照公开公平的准则进行管理。撒母耳反对王权,就像基甸一样,理由是否定耶和华对他百姓的统治,这可能是后来的虚构;但至少它是贯穿整个希伯来国家历史发展的基本思想,这一点却是真实的。在这种前提下,后期的神权政治实际上是贵族政治,是一种非常古老的思想的延续,即以色列是"耶和华的民",他们将由他选出来的人来统治,这个人将因为他的职位而承担了为人民谋福祉的重大责任。

在《撒母耳记》的告别辞中,这种责任感——高度的道德要求落在统治者身上——得到了惊人的表达。一位年老的政治家和先知在他职业生涯的末期，站在部落的集会上，这样报告他的职责："我已年老发白……我从幼年直到今日都行走在你们前面。我在这里，你们要在耶和华和他的受膏者面前为我作证，我夺过谁的牛，抢过谁的驴，欺负过谁，虐待过谁，从谁手里收过贿赂而蒙蔽自己的眼目呢？若有，我必偿还。"众人说："你未曾欺负我们，虐待我们，也未曾从任何人手里收过任何东西。"(《撒母耳记上》12:2—5)简单地说，以色列最优秀的思想家认识到了这一具有深远意义的原则，这一原则在整个以色列的政治发展史中掀起了一场变革。这种权力，特别是政府机构的权力，不应被视为是一种剥削民众的途径：它是在号召为民众服务，统治者必须使用他的职权，不是为了个人的利益，而是为被统治者的利益服务。这是至今所知国家公职人员的最好的传统。它的激进性是显而易见的，哪怕是在我们所炫耀的现代社会，如果它被所有城市、国家和政府所接受，它就会产生积极的影响。然而它对以色列的影响，即使只是作为统治阶级以外的民众的希望和理想，也可以从耶利米在王国历史接近尾声时对约雅敬的谴责中得到证明："你的父亲……也施行公平和公义吗？……他为困苦和贫穷的人伸冤……你的眼和你的心却专顾不义之财，流无辜人的血，行欺压和残暴。"(《耶利米书》22:15—17)以西结也对当时的官僚机构发表了类似的观点："祸哉！以色列的牧人只知牧养自己。牧人岂不当牧养群羊吗？"(《以西结书》34:2)此外，这一主题的受欢迎程度可以从许多作家对这一神谕做出的冗长的评论中看出。

在这个问题上，我们看到了以色列王权在东方国家中具有独特性的原因。声称这种理想在其他地方不为人知是一种误解，因为埃及和巴比伦都曾有过类似的关于王权的概念，前者出现在文学作品中，后者出现在律法中。事实上，以色列思想的独特之处在于它的传播和它在这个国家的持久性，以及它在法律中的表达，并且在机构中还有过一段短暂的实施。

在以上所述的政治博弈背景下，公元前7世纪的某个时期，犹大国的进步派在一份文件中阐述了他们关于政府的理论，这份文件全部或部分出现在

《申命记》中。当人们继续研究它对国王权力的规定时，必须牢记它的国家立法——国王应该由人民从他们自己中间选出来，并对他的行为施以一定的约束。然后文档继续写道：

> 他登了国度的王位之后，要在利未家的祭司面前，将这律法书为自己抄写一份在书卷上。这书要存在他那里，他一生的年日要诵读，好使他学习敬畏耶和华——他的神，谨守遵行这律法书上的一切话和这些律例，免得他的心向弟兄高傲，偏离了这诫命，或向右或向左。（《申命记》17:18—20）

在其历史背景和文学语境中，这样的声明可以毫不夸张地被认为是以色列的《大宪章》（Magna Carta）。国王的权威不能超过他的臣民；他应该努力遵守《申命记》中的所有文字及其丰富的社会内涵。除此之外，这本书应作为王国的宪法保存在手边，它将引导和限制君主的统治。它同样是民众对抗君主专制的工具，并且宪法对王权的限制在18世纪后的著名英国文献中也提到过。

申命法典（the Deuteronomic code）是在公元前621年约西亚国王的改革中制定的国家法律条文，在他接下来的十几年统治期间他都忠实于法典的指导，遵守法典的规定。经过四个世纪的斗争，自由派取得了胜利，他们的人权原则和他们对国王不端行为的约束体现在国家宪法中。如果人们再次犯了某种程度上的过度现代化的错误，以使本质意义得到体现，我们可以断言，希伯来人民的伟大成就在于他们在古代就实现了无与伦比的有限的君主制。

但约西亚的继任者是专制的约雅敬，而西底家则软弱无力，对政治没有任何影响。改革很快就结束了，改革所确立的政治原则没有收到任何立竿见影的成效。不过，在评判其历史意义时我们必须记住，在《大宪章》的不情愿的代理人约翰之后，出现了亨利三世，他的武断和废除宪章的决心无疑是约雅敬行为的转世。这是一场长期的争斗,在宪法最终确立之前,除了有关民众的固执和独立的特性外,大多数情况都无法确定结果。回顾斯图亚特王朝的野心和乔治三世的专断,让我们真正认识到,1215年6月的那一天,在兰尼米德开始的事情达到了顶峰,这是多么令人瞩目。直到政府的建筑被纳粹炸弹炸毁,英国下议院的议员们都自豪地指着他们会议厅门上的凹痕,那是由国王派来召集他们听国王演讲的使者手指上的戒指造成的;国王是不能进去的,因为这是普通英国人的领地;他只能站在门口恭恭敬敬地邀请他们。

但犹大并没有得到这种民族生存和宪法成熟的经验,而这一原则在约书亚统治时期的立法中得到如此大胆的肯定。至于后续,我们必须指望地方长老会和公民大会,《圣经》中一些过分热情的作者将它们夸大成"全体以色列会众"。从出现的频率上可以清楚地看出,这两个组织构成了古代以色列真正的地方政府。事实上,最近一位历史学家声称,国王的权威在很大程度上仅限于首都和一些重要的城市,而在国王统治时期的那些小社区仍然服从于他们的公民大会以及长老会,除了偶尔要求其提供军事援助和缴纳某些税款之外,中央政府几乎没有权力干预它们的地方事务。最后,我们的资料不允许我们对这一说法做出推断,但至少可以清楚地看到,地方组织始终存在于以色列人的生活中,公民大会是表达民众共同意志的有力工具。

因此在这个机构中,从巴勒斯坦最早定居时期开始,民族历史的兴衰孕育了一种独立精神,这种精神贯穿于希伯来人一生,当自由受到侵犯时,他们便很容易发起暴力行动。这也证明了在古以色列存在着一种真正的政治民主,即使是不固定的。在君主制被摧毁后,无论是在巴勒斯坦,还是在流亡的那部分人中,这样的地方集会都成了犹太人集体生活的一种表达。接下来的犹太人政治发展的故事是可以追溯的,并不主要是在巴勒斯坦犹太教的统治阶层的恢复和哈斯蒙家族的傲慢中,而是在由长老继续统治的公民大会中与当地的变化相适应,这是真实的,但在本质上是一致的,在经历了漫长的几个世纪的离散后,进入我们的时代。地方的学校教育和机构在古巴勒斯坦的山丘和山谷中发展起来,这便给了被驱逐的犹太人一个能够承受流放命运的社会组织,并使这个群体在一个陌生的环境中得以生存。犹太人在对待政治上通常是认真的,其原因似乎在于他们个人参与公共事务的经验。这一经历在《旧约》中被具体化为永久的形式,构成了源自古代世界的最卓越的治国理论,同时也是对我们引以为豪的现代民主制度的那些令人痛苦的缺陷进行谴责和批判。

但国王绝不是唯一威胁民众自由的人。除了从那时到现在的一系列事件之外,埃及帝国的崩溃以及促成居鲁士占领巴比伦的外部环境表明,虽然看起来很奇怪,但有组织的宗教,对社会和政治发展的阻碍丝毫不低于既得利益政治或经济利益集团的反动政策。教会对自由的威胁和王权一样明显。

教会和国家的亲密关系贯穿于人类社会始终。早期人类依赖于神的意志,相信神会直接干预人类事务,因此在集体讨论和行动中,信仰占有很高的地位,因为理论上,精神导师是神的代言人。把这种特殊的威望转移到古代东方的政治中,是一个熟悉的故事。通常而言,君主要么留用一批随时可以顾问的精神导师,要么按照等级制度,将大祭司提升为国家的重臣。在以色列,先知作为王室顾问的角色在上文提到的许多事件中都表现得很明显;值得注意的是,在亚哈的宫廷里有400名先知,以及撒母耳与扫罗王的亲属。然而这种情况在其合乎逻辑的发展过程中,可能意味着国家统治者的服从,这样他们就可以被适当地描述为是在受先知指导来治理国家。毫无疑问,这就是大多数以色列人所推崇的理想——对他们来说,这种对神的卑躬屈膝是虔诚的表现;这是对上帝意志的服从。这就是我们在《列王纪》中对君主的某些评论所表达的意义,这在很大程度上是编年史家的观点,这一点在《以西结书》预言的章节中得到了充分表达,在这些章节中,"王子"的作用只不过是祭司主持仪式时的领袖之一。此外,它在《旧约》时代后期被实践成实际的政治制度,大祭司的统治代表了教会凌驾于国家之上这一主张的彻底胜利。事实上,它比该理论的某些现代表达更为极端,因为它并没有把世俗统治者置于有组织的宗教之下,相反,等级制度将两者的功能集合在一起。教会已经吞噬了国家。

对于这种情况所提出的反对意见在文学作品中几乎没有回声。我们必须记住,这些回声都是由准牧师或职业牧师传递的。《诗篇》中有些是奇怪的非仪式的集合,被公认为是"第二圣殿的赞美诗"。其中的第51章中的一段很有名:

> 你本不喜爱祭物,若喜爱,我就献上;
> 燔祭你也不喜悦。
> 神所要的祭就是忧伤的灵;
> 神啊,忧伤痛悔的心,你必不轻看。(《诗篇》51:16—17)

在许多地方,圣殿也作为礼拜者的祈祷场所出现,独立于祭司的劝诫。然而,所有这些表达并没有掩盖这样一个事实:总的来说,《诗篇》是忠于仪式和等级制度的。有时它甚至在极力颂扬祭司制度,如《诗篇》第119章。但是另一方面,在以斯拉改革的记述中,有一段翻译得可疑的段落,应该提到了两个人的名字,他们抵制了提议的措施(《以斯拉记》10:15)。但是以斯拉的活动与强权政治是如此紧密地结合,如果他的反对是真实的,人们也不可能从他的反对中得出太多的结论。同样从《路得记》和《约拿书》中得出的结论也不能被认为是反等级制度的。稍早时期,先知玛拉基强烈抗议祭司的不当行为,并表达了对责任的崇高理想:

> 现在,众祭司啊,这诫命是给你们的。万军之耶和华说:"你们若不听,若不放在心上,将荣耀归给我的名,我就使诅咒临到你们,使你们的福分变为诅咒;其实我已经诅咒了你们的福分……我曾与他〔利未〕立生命和平安的约……真实的训诲在他口中,他的嘴中没有不义。他以平安和正直与我同行,使许多人回转离开罪孽。祭司的嘴唇当守护知识,人也当从他口中寻求训诲,因为他是万军之耶和华的使者。(《玛拉基书》2:1—7)

然而，这些都没有给我们带来我们所要的东西。

在王国时期，祭司通过其司法职能享有世俗权力。事实上，《申命记》的立法将祭司们提升到了最高法院的地位，但也可能有一位世俗的法官与他们在一起。法官和官员将被派到每个地方，但是

> 你城中若有难以判断的案件……你就要起来，上到那里，耶和华—你神所选择的地方，去见利未家的祭司和当时的审判官……他们必将判决指示你……他们指示你的判决，你不可偏离左右。若有人擅自行事，不听从那侍立在耶和华—你神那里事奉的祭司，或不听从审判官，那人就要处死。这样，你就把恶从以色列中除掉。众百姓听见了都要害怕，不再擅自行事了。(《申命记》17:8—13)

立法中有明文规定：对不服从祭司的人处以死刑！这条规定在几个世纪后对托尔克马达（Torquemada）来说，毫无疑问，不那么合适了。

然而，事情绝不像所预示的那么糟糕。相反，扫罗对先知和祭司撒母耳的大胆挑衅已经获得成功，撒督、亚比亚他和他们的儿子似乎已经完全臣服于大卫和所罗门。耶何耶大推翻亚他利雅及其多年作为摄政王的统治不能被用作等级制度上升到世俗权力的证据（《列王纪下》11:4—12:16）。这是一场由祭司长领导的群众运动，由于他强悍的个性，他具有很强的领导力。事实上，到最后君至上的地位似乎是无可争议的，甚至守法的约西亚也吩咐祭司长并让他听从了（《列王纪下》22:3—7, 12）。先知们也支持这种情况。除了少数几句话，主要是何西阿的那些话可能很好地与暂时的情况有关，而不是与君主政体本身有关，先知们认为国王是他们势力范围内至高无上的合法首脑。他们只是要求国王的统治必须符合上帝的意志，但他们并没有建议或暗示等级制度拥有与君主制竞争的世俗权威。相反，他们严厉谴责祭司们的卑贱行为，他们对仪式的蔑视暗示着在国王和祭司之间，他们宁愿放弃后者。刚才我们发现，即使《申命记》中的立法对祭司有明显的偏袒，

但它也承认王权是一个有效的制度。王必须遵守神的律法；他将接受来自"在祭司面前"的申命律法副本作为国家的宪法，但除此之外，他的统治不受等级制度的干扰。

这就是我们证据的有限性。当然，以色列人的思想在这一点上要比在人民权利与世俗统治者的关系的问题上更不明确。看来，在民众的抗议行动将政府从撒母耳的统治中解放出来之后，只要王国还在，神职人员就不会对世俗权力构成威胁。因此，教会和国家的问题不会像以色列的先知们在其他地方所做的那样，成为一个引发思考的问题。君主政体和国家的毁灭及其后不幸的事件，都是历史的偶然，无论它们的细节是什么，都削弱了犹太统治者在大流士一世时期的威望和权力，结果提升了祭司的地位，使其成为巴勒斯坦社区的事实上的领导和统治者。神权政治就是由此自然发展而来，这种情况是对基督教会几个世纪后在罗马获得世俗权力的重要预见。尽管如此，所谓的犹太神权政治，背离了真正的民族天赋和传统。以色列是由世俗统治者统治的，这是正统的教理，上帝自己选择并委托他"牧养他的人民以色列"。在以色列最优秀思想中，宗教标准和限制高于世俗统治者，这是毫无疑问的。但直到所罗巴伯（Zerubabbel）的统治垮台，祭司对国家权力的行使从来都不是一个需要真正考虑的问题。我们可以说，以色列会授予没有组织形式的教会以至高无上的权力，它是这个国家最高成就和最高理想主义的守护者；但是有组织的教会很容易犯错误，所以不能把如此高的责任托付给它。

我们的研究结果已经很明显了，如果可以用一句话来概括的话，就是以色列思想在古代东方有至高无上的地位。

但是，这种至高无上的地位的显著特点是在希伯来人的物质和军事条件低劣的情况下，或者更好的是，通过这种低劣的情况获得的。他们生活在埃及和巴比伦的奴役的阴影中，并被亚述随意践踏。但是在随后的几个世纪里，以色列却一直坚持他们的信仰、思想和行为，这是一份非常丰富的遗产，而她那些傲慢的同时代人已经成了褪色的记忆，只有考古学家和历史学家对他们感兴趣。近年来，我们在某种程度上已经认识到以色列文学的卓越贡献，无论是诗歌还是散文，抑或她本身都属于现代社会。但是以色列在历史上富有创造力的思想领域中占有一席之地却是一个鲜为人知的观点，在这一点上，她远远超过了她同时代的其他东方文明的最高成就。这些成就的卓越之处在于，有时它们带着踏足故土的自信接近那些以色列思想家生活和迁徙的地方。

但是一个值得注意的特点是以色列文化明显而自觉地依赖于其他文化，用否认异邦文化对以色列成就的影响来捍卫《旧约》的独特性的时代已经过去了。相反，这是以色列人的荣耀。他们不是与世隔绝的，他们站在古代世界的十字路口，对其周边国家所取得的一切成就都很敏感。他们向所有人尽情地借鉴。他们的卓越之处在于，他们承认任何具有价值的事物，并为其所用。但在这个过程中，他们又对这些事物进行改良。他们与众不同的天赋体现在他们借鉴的所有事物上，因此在结果上它仍是希伯来人的，因为它与外来母本的区别要比其相似之处更重要。

然而，如果我们不看接下来的几个世纪，我们对以色列的成就的公正评价只做了一半。因为在讨论过程中，我们曾多次提到古代思想对现代世界的影响。他们对世界本质的基本认识，他们对自然和人类地位的看法，他们的社会理想以及他们的政治原则已经成为我们今天继承下来的人类共同遗产的重要组成部分——而且通常是通过直接而明显的继承线索——在充分承认希腊和罗马的重要贡献的情况下，人们完全可以质疑是否有其他文明也如此深刻地影响了人类历史的进程，并对我们这个时代的思想和社会做出了类似的贡献。

参考文献

Albright, W. F. *From the Stone Age to Christianity*, chap. v. Baltimore: Johns Hopkins Press, 1940.

Albright, W. F. *Yahiveh and the Gods of Canaan*. Garden City, N. Y.: Doubleday, 1968.

Anderson, Bernard W. *Understanding the Old Testament*. 3d ed. Englewood Cliffs, N.J.: Prentice-Hall, 1975.

Bertholet, A. *A History of Hebrew Civilization*, Book II. London: Harrap & Co., 1926.

Causse, A. *Du Groupe ethnique à la communauté religieuse*. Paris: Librairie Félix Alcan, 1937.

Eichrodr, Walter. *Theology of the Old Testament*. 2 vols. Translated by J. A. Baker. Philadelphia: Westminster, 1961, 1967.

Eissfeldt, Otto. *The Old Testament: An Introduction*. Translated by Peter R. Ackroyd. New York: Harper and Row, 1965.

Feigin, S. I. "Solomon and Adonijah," in *Missitrei Heavar*, pp. 70-82. New York: Sepharim, 1943.

Gaster, T. H. "Divine Kingship in the Ancient Near East: A Review Article," *Review of Religions*, 1945, pp. 267-81.

Kennett, R. H. "The Contribution of the Old Testament to the Religious Development of Mankind," in *The People and the Book*, pp. 383-402. Oxford, 1925.

Lindblom, J. *Prophecy in Ancient Israel*. Philadelphia: Fortress, 1973.

Macdonald, D. B. *The Hebrew Literary Genius*. Princeton: Princeton University Press, 1933.

——. *The Hebrew Philosophical Genius*. Princeton: Princeton University Press, 1936.

Morgenstern, Julian. "Universalism in Judaism," *Universal Jewish Encyclopedia*, X, 353-57.

Noyes, C. *The Genius of Israel*, chap. xviii. Boston and New York: Houghton Mirffin Co., 1924.

Pedersen, Johs. *Israel, Its Life and Culture*. London: Humphrey Milford, 1926.

Ringgren, Helmer. *Israelite Religion*. Translated by David E. Green. Philadelphia: Fortress, 1966.

Robinson, H. W. "Hebrew Psychology," in *The People and the Book*, pp. 353-82. Oxford, 1925.

Smith, Sir George Adam. "The Hebrew Genius as Exhibited in the Old Testament," in *The Legacy of Israel*, 1-28. Oxford, 1927.

von Rad, Gerhard. *Old Testament Theology*. 2 vols. Translated by D. M. G. Stalker. New York: Harper and Row, 1962, 1965.

Wolff, Hans Walter. *Anthropology of the Old Testament*. Translated by Margaret Kohl. Philadelphia: Fortress, 1974.

结　语

亨利·法兰克弗特
H. A. 法兰克弗特

第十二章　从神话桎梏中解放出来的思想

我们来看一下《诗篇》中的第19章，"诸天述说神的荣耀，穹苍传扬他手的作为"；我们听到了一个蔑视埃及人和巴比伦尼亚人信仰的声音。诸天，对于《诗篇》的作者来说，只不过是上帝伟大的见证者；对美索不达米亚人来说，是众神之中的权威、最高统治者——安努的见证者；对埃及人来说，诸天象征着母亲诞生婴儿的神秘之门。在美索不达米亚和埃及，神圣被看作是内部固有的力量，是一种神性。埃及人认为，置身太阳之中，就会了解创世神的一切；美索不达米亚人把太阳视作沙马什——正义的保护者；但是对《诗篇》的作者来说，太阳是上帝忠诚的仆人，"如同新郎步出洞房，又如勇士欢然奔路"。在《诗篇》作者和先知的心目中，神不是一种自然力量，他超越了自然，也超越了神学意识的领域。希伯来人和希腊人一样，都打破了他们的时代盛行的思辨方式。

这种行为、思想以及对早期人类感觉的主要成因是他们确信神性是自然界内在固有的力量，而自然界和社会的联系又是很紧密的，威尔森博士在称埃及人是一性论派的同时也强调了这一事实。雅克布森博士指出，对于美索不达米亚人的思想他不能做出一个公道的评价，但是他探讨的神话和信仰却可以反映这种思想的各个侧面。从第一章里，我们发现，对人与自然之间基本关系的设想可以奠定我们了解神话思想的基础。它的逻辑性，它的独具特色的结构，都是从对人与社会关系的察觉中演变而来的。在生命充满重要意义的时期，人们面对的不是无生机的、不具人格的自然界，人们也不用

"它"而用"你"来指代这片天地。我们也能看出，这样一种关系不仅包括了人的智力，也涵盖了人的感情、意志和思想。因此，假如能想象到的话，从纯智力的角度来看，早期人类会拒绝对自然的疏离，因为这与他现有的经验不相符。

只要古代近东民族能保持他们文化上的完整性——从公元前四千纪中期到公元前一千纪中期——他们就能维持和自然的紧密关系，而且会始终满足于城市的生活现状。很可能当人们大量地聚集在一起，打算开始自力更生时，埃及和美索不达米亚全盛的文明就产生了对社会分工和生活多样化的需要。但就我们现代人看来，古代城市的规模实在是太小了。而且，居民没有完全脱离田园生活，大多数人还是靠周围的土地来维持生计。人人都崇拜被赋予自然界生成力量的神灵，人人都参加作为一年农事转折点的宗教庆典活动。在巴比伦的大城市里，一年中最重要的活动就是庆祝自然力重生的新年。在美索不达米亚人的城市里，每当月圆的那天或是整个社会基于道义的原则需要正确行为的指导时，人们的正常生活就会受到中断。在埃及也一样，当尼罗河开始涨水，或是泛滥结束，或是丰收完成时，底比斯、孟菲斯以及其他城市都会举办各种活动以示庆祝。在农民心中，这种节日庆典是必不可少的。因此，在城市生活中，人们与自然界相互影响、相互作用的这种关系永远也不会消除。

我们刚才强调古代近东思想的基本观念时，刻意忽略了它本身的丰富性和多样性。在神话思想的视野里，各种各样的倾向和看法都是可能的。在比较埃及和美索不达米亚的具有思辨力的神话时，我们看到两者之间的差异是非常明显的。但是相同的自然现象在这两个国家里不仅都被赋予了人性，而且描绘它们的画像也都大同小异，只是画像的基调、风格及反映的意义有所不同。

举个例子，在这两个国家中，我们生存的这个世界最初都被认定是混沌之水。在埃及，这片原始的海洋就是男性神——努，他被当作是多产的象征，在地下水里，或是一年一度的洪水中，努都是永久性的决定因素。在美索不达米亚，水中多产的象征被拟化成神灵——恩齐或者是埃阿。但他们和原始的海洋没有一点儿关系，因为这片海洋是女性神——提阿玛特，众神的母亲，她不间断地生育也使整个宇宙面临着生存危机。后来，提阿玛特在一场争斗中被马尔杜克杀死了，马尔杜克就在她的身体里创造了世界。由此可见，水对于埃及人和美索不达米亚人来说具有相当重要的意义，它不仅是世界的来源，也是维持生命的力量，只不过这两个国家的人们对这一观念的表述是迥然相异的。

这两个国家在对大地的认识上也存在着可比性。美索不达米亚人崇拜"伟大的母亲"，她不仅创造了大地，而且因为某些宗教上的联系而在人们心中占据了重要地位。大地是与天——安努相对应的部分（也是安努的配偶），或者是水神恩齐的配偶，或者是恩利尔——权威的暴风神的配偶。在埃及，正好相反，大地是男性神——盖博，他是由普塔神创造的。然而，普遍存在的象征母性的女神却和土地没有任何关联，从雕像中我们看到，她的外观是原始古朴的母牛的形象。而且她也像努特一样，踞于天空，在每天黎明和黄昏的时候，把生命赋予太阳、星辰，死者如果进入她的身体就会再生而成为不朽的人。埃及人对于死亡和来世的这种信仰，在美索不达米亚并没有哪一种观念能与之遥相呼应。相反，在那里死亡被当作是人性的毁灭；而且，人们最大的愿望是在现世过上健康有意义的生活，让自己的名字流芳百世，这样就能使自己的生命不朽；天空也不是弯着腰保护孩童的女神，而是难以接近的男性神灵。

我们列举的这些差别并不仅仅体现出各个意象无意义的多样性；其实，它们揭示了埃及人和美索不达米亚人关于世界本质的不同认识。通过美索不达米亚的铭文，我们看到了在他们心中始终萦绕着一股担惊受怕的忧虑感：有一种无法解释的、狂烈的力量随时有可能降灾祸于人世。但是在埃及，神灵被看作是抵制暴力的和平力量。人们面对的自然界是一个有序组织起来的整体，其中的任何变化都是无意义的浮光掠影，或是预先注定的命运展示。而且，埃及的王权向社会保证了它的稳定性，正像威尔森博士阐释的那样，某个神灵实际控制着君权。作为神之子和创世者的化身,法老毫无疑问是神性和人性的统一体,因此他完全可以保证自然界和社会的有机结合。但在美索不达米亚,聚集在一起的神灵决定指派一位人世间的国王来统治人类,而且对他的这种神圣力量的授予随时都可能被收回。人们生活在这种恩赐之下,根本无力左右或改变它。因此,国王和他的幕僚们只有去关注地面上及天空中出现的征兆,认为它们是神灵的恩典,可以预示命运的转变,这样人们就可以提前知晓灾祸并及时地避免它。但遗憾的是,埃及的占星术和预言术始终没有做出令人瞩目的卓著成就。

通过对这两个国家创世神话的比较,我们就能看出这两个民族在整体性格上的差异。埃及人认为,创世是全能的神灵安排天地万物的一次伟大行动,社会按照神灵规划的方式固定而有序地运作着;在两河流域,当面临黑暗和混乱的威胁时,一次神灵们的集会推选出了创世神,他们之中的勇士——马尔杜克。马尔杜克通过创世的行动击败了以前所有的对手。当然,这都是人们主观的想象。总之,人已经被确定为神灵的仆人,而且人世间也不会有永恒的存在。每当新年的那一天,神灵们都要聚集在一起,按照他们的意愿为人类"设定命运"。

埃及人和美索不达米亚人观察世界的方式是如此不同,这些差别所带来的影响也是深远的。然而两个民族对世界的基本认识还是一致的:人是社会的一部分,社会又被固定在自然世界里,而我们生活着的这个自然世界仅仅是神性领域的表现形式。事实上,在古代,除了希伯来人以外,其他的民族都普遍接受了这一信条。

希伯来人登上了历史舞台。他们定居的那个国度深深地受到了毗邻的两种文化的熏陶。而这两种文化也非常希望这些新到来的移民能接受其思维方式,毕竟它们有着如此显赫的声誉。过去,来自沙漠和山区的众多移民是这样做的;事实上许多希伯来人也遵循了外邦人的生活方式。但是吸收外来的思想文化并不是希伯来人的个性特点;相反,他们顽固执拗,拒绝接受邻邦人的聪明才智。虽然在《旧约》中有很多情节都是对埃及人和美索不达米亚人信仰的反映,但是这部文献留给人们最深的印象并不是它的派生,而是它本身所具有的创造性。

希伯来人思想中占统治地位的信条是:上帝的绝对超越性。耶和华并不在自然界;地球、太阳和天国都不是神圣的;即使是最具威力的自然现象,也不过是上帝伟大的显现。甚至要人们准确地给上帝命名都是不可能的:

> 摩西对神说:"看哪,我到以色列人那里,对他们说:'你们祖宗的神差派我到你们这里来。'他们若对我说:'他叫什么名字?'我要对他们说什么呢?"神对摩西说:"我是自有永有的。"又说:"你要对以色列人这样说:'那自有永有的差派我到你们这里来。'"(《出埃及记》3:13—14)

希伯来人的上帝是纯洁的存在,又是不受限制的、不可言喻的,他是神圣的。这意味着他是独一无二的。但这并不意味着上帝就是禁忌或权力,只不过万事万物都是他神性的体现。这样,所有存在的现象都遭到了贬低。在希伯来人的观念里,人和自然只有在上帝面前才会变得软弱无力,正像以利法对约伯说的那样(我们使用芝加哥版本的翻译)[①]:

> 必死的人能比神公义吗?
> 壮士能比造他的主纯洁吗?
> 看哪,主不信靠他的仆人,
> 尚且指他的使者为愚昧,
> 何况那些住在泥屋、
> 根基在尘土里、
> 被蛀虫所毁坏的人呢?(《约伯记》4:17—19)

---

① 中译文所用版本为和合本2010(和修,神版)。——译者注

在《申命记》、《以赛亚书》(64:6a)里，我们也能找到类似的话语："我们都如不洁净的人，所行的义都像污秽的衣服。"看来，与绝对的神相比较，即使是人类最高尚的美德——正义，也会变得分文不值。

在物质文化的领域中，对上帝的这种设想常常导致破除从前迷信谬误的理论的产生。然而在这一时期，尤其是在希伯来人的历史背景下，各地的宗教狂热不仅激发了诗歌和仪式的产生，而且还努力寻求造型和绘画的表达。但是希伯来人拒绝接受这些"应运而生的偶像"，他们认为无所限制的事物不应当被形式束缚，更不该为任何表象所冒犯，不管在这些表象的制造中投入了多少技艺和精力。在上帝的绝对价值面前，每一个有限的实在都是虚无的。

虽然希伯来人和一般近东民族在思想上存在着明显的差异，但是通过他们处理社会不稳定因素的方式，这种差异可以得到阐释。我们见到过很多埃及伟大的金字塔时代之后出现的关于社会动乱的铭文，埃及人把这种混乱看得非常恐怖。涅菲尔胡说：

> 我来向你们描绘一下这片受苦难的悲伤的大地。原来软弱可欺的人现在成了强壮的象征。……我来告诉你们下层人是怎样摇身一变成为上层人的……贫苦的人就要拥有财富了。[1]

这些先贤中最负盛名的伊普威尔，也是比较善于直言的一位。他像描述灾难一样讲述了下面这些事实：

> 黄金和天青石现在挂在女奴们的脖子上。然而贵族妇女却在街上流浪，家庭主妇都在呼救："有什么东西能让我们填饱肚子吗？……看哪，原来拥有舒适床铺的人们现在都躺在了地上。那个身上曾覆满垃圾的睡觉的人正在一个软垫子上。"

结局对所有人来说当然是悲惨的："噢，无论大人物还是平民都在说：'我希

望我能尽快结束生命。'"²

在《旧约》中，我们发现了一段类似的关于社会秩序颠倒混乱的文字。从前，一位叫哈拿的多年不育的妇女向上帝祈愿，希望得到一子。果真，她生下了儿子撒母耳，于是，哈拿非常感激地称颂上帝：

> 没有一位圣者像耶和华，除你以外没有别的了，也没有磐石像我们的神……勇士的弓折断，跌倒的人以力量束腰。饱足的人作雇工求食；饥饿的人也不再饥饿……耶和华使人贫穷，也使人富足；使人降卑，也使人升高。他从灰尘里抬举贫寒人，从粪堆中提拔贫穷人，使他们与贵族同坐，继承荣耀的座位。地的柱子属耶和华，他将世界立在其上。（《撒母耳记上》2:2—8）

注意最后一句话，它清晰地说明上帝创造了有秩序的社会状态。但是非常典型的是，这一秩序并没有从它的神圣起源那里衍生出神圣性或是价值，事实上，神圣性和价值仍旧为上帝独有，社会生活中财富的激烈转变只不过是上帝无限权威的体现罢了。在其他任何地方我们都能看到自然现象和人类的成就在独一无二的神面前遭到贬值的情况。我们也有必要指出，希伯来人的一神论是和他们的上帝有无限权力的特性相关联的。³只有凌驾于自然现象之上的、不受任何表现形式束缚和限制的上帝才能成为一切生灵的主宰。

希伯来人对上帝的观念表明了他们的抽象意识已经发展到了相当高的程度，而且在这一过程中，希伯来人看似已经脱离了神话思想的领域。当我们发现《旧约》里埃及和美索不达米亚的神话类型相当贫乏时，对希伯来人的印象就更深了。其实这种印象需要改正一下。神话思想对于《旧约》的形成具有关键性的意义。举个例子，《箴言》中的几段华丽恢宏的诗节描述了神的智慧，他被人格化了，而且他的行为方式和埃及人观念里的玛阿特是一样的。由此可见，即使是独一无二的非凡的上帝，对他的设想也不会完全脱离神话，因为这种设想不可能是独立思索的产物，而是源于凝聚着充沛情感的生活经历。希伯来人的思想的确没有完全脱离神话传说,事实上,它在原有的基础上创造了新的内容——上帝意志的神话。

尽管希伯来人的伟大上帝超越了自然界的发展,他还是与人们保持着一种特殊的关系。希伯来人已经从奴役的枷锁中逃离出来,悠闲地漫步在"耶和华在旷野之地,在空旷,野兽吼叫之荒地遇见他……耶和华也照样独自引导他,并无外邦神明与他同在"(《申命记》32:10—12)。上帝对人们说:

> 惟你以色列,我的仆人,雅各,我所拣选的,我朋友亚伯拉罕的后裔,你是我从地极领来,从地角召来的,我对你说:"你是我的仆人;我拣选你,并不弃绝你。"(《以赛亚书》41:8—9)

上帝的意志集中在了一群具体人物的身上,尤其是在历史中关键性的时刻,这种意志的体现是十分明显和强烈的,而且它会坚持不断、随心所欲地鼓舞、奖励或者责罚人类。在西奈,上帝说:"你们要归我作祭司的国度,为神圣的国民。"(《出埃及记》19:6)

这是一则关于被上帝选中的希伯来人的生动神话,它包含着一个神圣的允诺,也可以说是一种强加的道义负担,它更为后期来自理想中的应许之地的神话拉开了序幕。从被选中民族的神话里我们看到,上帝的权威和人类的无用相互联系,呈现在一个戏剧性的场景中,并将随着时间而展开。在未来,人类和神之间的深远而相互关联的相似性将无限地相遇。

不是宇宙现象,而是历史本身变得富有创造力而又含义深远了。同时,历史也成了神的意志的动态展现。这些人不像美索不达米亚人那样仅仅作为神的仆人而存在,也不像埃及人在沉寂的天地中间被预先注定了不需质疑也无法质疑的命运。人,在希伯来人的观念里,是上帝的仆人和阐释者;他会因解释神灵的意志而倍感荣耀。当然人也会由于他的不足而受到谴责,尽管付出了努力,但最终注定要走向失败。在《旧约》中,我们发现,人们在拥有自由的同时也要承担应尽的义务和责任,而且,不管是在理性世界还是在感性世界里，幸福、和谐是始终极度缺乏的。

以上叙述恰好可以解释为什么《旧约》中单个人物具有如此鲜明生动的形象。埃及和巴比伦的文学作品也真实地再现了他们的美与丑、荣誉与悔悟、成功与失败：悲剧的扫罗，问题缠身的大卫……我们发现人们在面对万能的上帝时，总是处在孤立的境遇中：亚伯拉罕指引着儿子雅各步履维艰地朝着献祭的地方跋涉，还有摩西和先知们。在埃及和美索不达米亚，人们虽然被超能的自然界统治着，但同时也能得到它的庇佑和扶持。当人们身陷囹圄或者被某种神秘莫测的力量困扰时，神圣的自然力就会降临，抚慰人们心中的伤痛。人们也逐渐被季节更换等自然现象所深深征服。通过古代象征母性的女神雕像我们能看出人们和自然的关系已经更加深入、密切了。但是希伯来人对这样的意象却一无所知，他们只认定严肃的上帝圣父，"环绕他，看顾他，保护他，如同保护眼中的瞳人"（《申命记》32：10b）。

在出埃及的过程中，被选中的民族和耶和华之间的契约终于建立了。希伯来人认为在沙漠中居住的40年是他们的历史中具有决定意义的40年。如果把希伯来人和他们在沙漠中的生活经历结合起来，我们也许就会明白他们思想的创造性和和谐性。

读者们一定还记得在前几章里作者着重介绍了埃及和美索不达米亚的风土人情。但是作者并没有仅仅局限在这种无意义的自然意识里，他们没有宣称文化上的发展演变起源于自然现象。他们只是向人们展示了两者之间存在的联系，当人们发现这片天地被早期的人们亲切地称作"你"时，作者的阐释就更能令人信服了。那么，我们就要问了，决定希伯来人生活经历的自然背景是怎样的呢？实际上，希伯来人不论有什么样的血统出身和家世，都属于游牧民族。自从他们在近东地区开始游牧生活后，不仅栖身在广阔无垠的草原上，而且逐渐学会了如何在贫瘠的沙漠和肥沃的土壤之间开辟生存空间。在近东这个值得关注的地区里，沃土和荒地自古以来就是相互依存的，相信希伯来人的生活经验也如实地告诉了他们在这两种环境下生存的回报与代价。

希伯来人向往在富庶的平原上过稳定的生活。但与众不同的是，他们梦想的是流着牛奶和蜜的地方，而不是埃及人为来世所设想的生机勃勃的土地。看来，赫然出现在希伯来人面前的沙漠使他们的观念蒙上了一层形而上学的色彩。可能在希伯来人的两种价值取向——愿望与实现愿望所付出的努力之间，有一种平衡力能解释他们信念中那些互相矛盾的观点。

古代近东地区统一的、有组织的国家都是农业型的，但是农业社会的社会准则恰恰与游牧民族相反，尤其是和那些在沙漠中生活的游牧民族。定居的人们对于集体权威的虔诚、屈从以及国家强加给人民的束缚力都使得个人自由的缺乏达到了无法忍受的程度。牧人们对于他们周围自然现象的信奉和依赖也促成了整个游牧民族的奴役状态。而且对他们来说，沙漠永远都是纯洁无污的，而生活情景却是腐化污秽的东西。

但在另一方面，游牧民族的自由是要付出代价才能得到的。谁如果抛弃了农业社会的复杂性和对它的依赖，他就会获得充分的自由并且会摆脱有形社会的羁绊。事实上，为了这一切他也要付出相当大的代价。哪里有对于自然现象的虔诚信念，哪里就有对其固有神性及其表现形式的关注。但是在寂寞的沙漠独居时，人们面对的始终是空灵的天地，没有能移动、改变的事物（除了人的自由意志）。这片地貌仅仅作为界石和指示物而存在，就它本身来说，没有多大意义。然而在那里，我们可以期盼上帝的化身超越具体的自然现象。人类虽然不能看到上帝，但是一定能听到他的声音和指示，就像摩西、穆罕默德和先知们那样。

在比较希伯来人、埃及人和美索不达米亚人的起源地时，我们不仅仅关心人们的群体意识和居留地之间的关系，而且也留意人们对原始宗教的体验。我们刚才介绍过的这种特殊的宗教体验可以作为《旧约》中所有重要人物的一个特征。这一点之所以重要，并不是因为它能帮助我们更好地理解《旧约》中的每个人物，而是因为我们认识到是什么影响了他们的思想。他们提出的不是思辨理论，而是一种变革性的动态学说。关于独尊、无限制、超然的神的信仰抛弃了受到尊敬的古老的价值观念，从而为历史和人类的行为宣告和假定了形而上学的重要意义。在无穷的道义力量的鼓舞下，希伯来人崇敬全能绝对的上帝，并把牺牲和谐的生活作为他们的关联信仰来接受。在超越内在神性的近东神话时，正如我们看到的那样，希伯来人又创造了关于上帝意志的新的神话。而拥有智慧胆气的希腊人为了找到一种完全战胜神话的思辨思维方式，而保留了这些新的内容。

公元前6世纪，在小亚细亚沿海城邦里生活的希腊人已经与文明世界的所有统治中心取得了联系：埃及和腓尼基，吕底亚、波斯和巴比伦。毫无疑问，这种联系在希腊文化中扮演了具有一定分量的角色。但是以此说希腊文化受惠于古代近东文明，是不正确的。正常情况下，当文化之间的联系日趋紧密时，它们彼此之间单纯的派生关系基本上就不存在了。希腊在借鉴其他文化的同时，已经对它进行了某种程度的改变。

在神秘的希腊宗教里，我们遇见过很多广为流传的古代传说。得墨忒尔，一个寻找爱子的伤痛欲绝的母亲；狄俄尼索斯，惨烈死去之后，又获得了再生。在宗教礼仪方面，参与者也能感受到与神灵更为亲密的关系。在这点上希腊与古代近东民族有着相似之处。但是要找到神灵拯救个人的先例却是很困难的。奥西里斯崇拜，在埃及是一种颇受重视的信仰，但是正如我们所知道的那样，埃及人在一生当中没有经历启蒙或者分享到神灵的好运。希腊神话则具有一些前所未有的特点，人类和神灵之间的距离日渐缩小。拿俄耳甫斯教神秘的故事来说，他不仅希望能从"生命的轮回"中解放出来，而且因与母神——"冥后"之间的联系而成了神。俄耳甫斯神话包含了对人性本质的推测，这种推测也带有独特的希腊的色彩。据说泰坦巨人消灭了狄俄尼索斯-扎格列欧斯，因而被宙斯——使人从灰烬中再生的神灵——用闪电劈死。人，作为构成泰坦巨人的物质组成的，无疑是邪恶的，而且他的生命必将瞬息短暂。但是自从泰坦巨人进入了神灵的身体，人也就具备了神圣和永生的活力。人类的这种双重性和对生命永恒的认可在除了波斯以外的其他古代近东地区都是不存在的。

与埃及和巴比伦相比，希腊人和神灵更为密切的关系不仅仅体现在神秘的宗教里，在希腊的文学作品中也提到过很多凡间女子为神灵生养儿女的故事。在希腊，最典型的罪人就是那些侵犯女神的人。[4] 而且，奥林匹亚众神，虽然法力无边，但仍然不能像古代近东民族的神灵那样，把宇宙以及人类当成自己的奴隶而永远地占有和支配。事实上，希腊人只是希望拥有和神灵一样的血统，然而由于自身的无能导致了命运多舛、苦难遍生。品达《尼米亚赛会颂歌》其六，就是这样开始的：

> 人类和神灵属于同一种族。我们拥有同一个母亲，我们来自同一个地方，但我们的能力却有天壤之别，彼此间更有一道无法穿越的屏障。这边，一切都是虚无的；那方拥有的却是钢铁一般的力量，在永恒的天堂里有坚不可摧的地位。（参考考恩福德［Cornford］的译本）

希腊这些诗歌的主旨与古代近东民族截然不同。尽管如此，这一时期的希腊还是与东方一起奉守着许多共同的信仰。譬如，人类和神灵共同的母亲，品达称之为大地女神——盖亚；在美索不达米亚，这位伟大的母亲就是地神——宁胡尔撒加；荷马也知道那片原始瀛水："奥克努斯就是众神发源的海洋。"[5] 但是希腊和近东民族的信仰之间最能产生共鸣的地方还是在解释自然的方式上：把万事万物用血缘的关系联系起来，这是认识宇宙最合理正规的方法。在希腊，写于公元前700年左右的赫西奥德的《神谱》记述了这种观察过程。赫西奥德在作品中以混沌之初为序幕，称天、地为人类和神灵的父母。他也介绍了大量人格化，这很容易使人联想起埃及的玛阿特或者在《箴言》中神的智慧。"……接着他（宙斯）娶了光明灿烂的忒弥斯，他们生下了时序三女神——欧诺弥亚（秩序女神）、狄刻（正义女神），还有艳丽的厄瑞涅（和平女神），她们时刻关注着凡人的一举一动。"（ll. 901—903）[6]

在神话时代的思想中，联系和"参与"是经常出现的情况。非常明显的一个例子："黑暗孕育着可恨的厄运，她孕育着黑色的命运、死亡和睡眠，她孕育着梦的聚落,所有这些都是黑暗中的黑夜所孕育的,尽管没有与任何人耦合。"(ll. 211 ff.)自然的创生过程为赫西奥德提供了一个方案,即联系自然现象,并把它们置于一个易被理解的体系之下。巴比伦的创世史诗和安—安努神表里就使用了同样的方法;在埃及,我们也能遇到类似的情况。例如,阿图姆孕育了空气神——舒和湿气女神——泰弗奴特,他们俩又顺次生下了地神盖博、天神努特。

事实上,赫西奥德并没有考虑到东方的先例,他只是出自个人兴趣为人们描述了神祇和宇宙。在近东却从来没有这种随意自由的例子,除了希伯来人当中那个叫阿摩司的牧羊人以外。在埃及和美索不达米亚,研究宗教课题的都是祭司集团中的人物。但赫西奥德却是一个维奥蒂亚农民,而且被缪斯女神称作"经常出现在神圣的赫利孔山下的放牧的人"。赫西奥德却说:"(缪斯女神)把一个神圣的声音吹入我的耳朵,我要去庆祝现在和往昔的一切。她们让我为被赐予终生幸福的家族歌唱。"(ll. 29 ff.)因此一个普通的希腊人可以明确自身的使命,成为一个为神祇和自然尽职尽责的咏唱者,尽管他还因循着史诗传统的创作模式。

同样的自由,同样未受重视的特殊作用和祭司制度,是生活在赫西奥德一个世纪以后的爱奥尼亚哲学家们身上的特点。泰勒斯似乎是一位设计师和政治家;阿那克西曼德,则是一个制作地图的学者。西塞罗曾经说过:"被几乎所有希腊人称作七贤的人,你会发现他们都曾经致力于公众事务。"(*De Rep.* i.7)与近东的祭司们相比,这些人并没有被他们的社区要求去关心他们自己的精神事务。他们按照自己的意愿行动,这样就可以更好地了解人类的本性;他们一有发现,就毫不犹豫地公开自己的成果,尽管他们并不是专业的研究人员。他们的好奇心就像永远也不会受到教义的阻绊一样,总是活跃异常。这群爱奥尼亚哲学家也像赫西奥德那般把目光聚焦在起源的问题上。但对他们来说,这一问题却呈现出了不同的特色。他们也发现了仅仅通过神话故事并不能理解起源问题。于是这些哲人没有向人们描述原始的神性或是祖先,他们也没有在最原始的、后来又为生命所替代的环境中寻找

"起源"的踪迹。爱奥尼亚学派需要的是一片固有、持久的生存土壤。'Αρχή 的含义是"起源",但并不意味着"开始",而是一种"起维持作用的原则"或者"最初的原因"。

观点的转变是令人吃惊的。人类本性的问题因而从宗教信仰和富有想象力的直觉领域转入了智力的研究范围。对每个理论的关键性的评价,以及对于现实本质的持续探究都成为可能。宇宙起源的神话讲述了一系列神圣的事件,其实它已经超越了讨论的范围,人们可以接受这种说法也可以否认它。但是没有任何一种宇宙起源说能成为不断积累、丰富的知识体系中的一部分。正如我们在第一章里谈到的,神话要求得到信徒的认可,而不是在批评者面前辩解。然而,起维持作用的原则或者最初的原因必须是可以被理解的,尽管它是人们的洞察力相互碰撞擦出火花的结果。它没有提出"选择性的接受"或者"抵制"的主张。它可能经过了分析、修改和指正。总之,它必须经受人们才智的评判。

然而早期希腊哲学家的学说没有体现在独立成体系的语言中。他们宣扬的内容听起来就像是受到激励的神谕。他们抱定一种完全不可能实现的设想,从事大胆的反常行为,这根本不足为怪。他们说世界是一个能被理解的整体。换言之,他们假设了在人们混乱的意识之下有一种秩序可以被世人察觉和接受。

爱奥尼亚学派这种思辨的勇气经常会引发后人的异议。事实上,他们的教条注定了要遭到近代或者19世纪学者的误解。泰勒斯宣称水是宇宙起源的最初原因,而阿那克西美尼却认为是空气;阿那克西曼德时常谈到"无限"的物质,赫拉克利特则对水情有独钟;而德谟克利特的原子理论就被当作是这些早期推测理论的产物。实证主义年代的评论家无意地把他们的含蓄本性融入爱奥尼亚学派半唯物主义的学说之中,而且把这些早期的哲学思想者当成最初的科学家来看待。没有哪一种偏见能够损害爱奥尼亚学派成就的伟大。唯物主义者想当然地认为他们的学说是这些古代思想家脑力劳动的结晶——对于主观、客观之间区别的研究。其实,只有在这种研究的基础上,科学的思想才能成为可能。

事实上,爱奥尼亚学派已经走入了一个奇特的领域,他们也预感到了在现象社会里建立和谐、一致性的可能;然而他们依然为人与自然之间不融洽的关系而深深着迷。因此,我们对于爱奥尼亚学派的格言所保留下来的确切含义持有某种不确定的看法。拿泰勒斯来说,他坚持声称水是一切生物最初的本源,但他同时又说:"所有事物内部都充盈着神祇的存在。磁石之所以活力十足是因为它有吸引铁的能力。"[7] 阿那克西美尼说过:"空气就如同我们的灵魂,将我们团团包围,因此它和我们的呼吸就能笼罩整个世界。"

很明显,阿那克西美尼没有把空气仅仅看作是自然界的一种物质形态,虽然他也承认当空气被凝缩变得稀薄之后,性能就会改变。他认为空气和生命的维系之间有种神秘的联系,它是生命的原动力。阿那克西美尼在空气当中辨认出了一些物质,这些物质极易变化,因此它们的表现形式也多种多样,千差万别。泰勒斯钟情于水,但他没有把这些"最初的原因"仅仅看作是一种中性的、无色的液体。他要求人们必须记得,东地中海地区的植物种子和球茎以及昆虫的卵直至雨季来临的时候才能在肥沃的土地上开始新生,而且,人们一定要记住,水这种物质在动物王国生命繁衍的过程之中扮演了多么重要的角色。很可能古代东方人视水为生命繁殖动力的观念为泰勒斯提供了合理的论据,而且,泰勒斯的确赞同一切生命皆起源于原始海洋的观点。荷马,我们前面已经提到了,他称奥克努斯为神灵和人类共同的起源。泰勒斯的学生——阿那克西曼德表述得更为清晰:"一切生物都从潮湿因子中诞生。"还有许多其他的象征性的意义,我们可以归因于泰勒斯的理论。毕竟,直到今天,海洋还在发挥着它的巨大魔力。因此有人(约玛)猜测,泰勒斯把海洋看作是事物变化的缩影,就像从前的诗人那样。

现在我们要讨论的是,所有这些有关水是生命本源的相似的学说,事实上都是以神话为经纬来编撰的思想体系。但要注意一下,泰勒斯偏重于水,不是水神;阿那克西美尼在把空气解释成"最初的原因"时,"空气就如同我们的灵魂,将我们团团包围",还继续阐释了空气作为"起维持作用的原

则"能够发挥多大的作用:"它(空气)由于凝缩和稀薄的缘故而与其他物质产生了区别。"还有更多的论述:

> 当空气膨胀变得稀薄以后,它就变成了亮火一般的光辉;而风,相反地,却是聚缩的空气,云也是由凝结在一起的空气形成的。云再凝结,成了水,水再凝结,成了泥;泥再凝结,就是石头。

这种争论形式没有先例。它也展示了一种双重的创新力。首先,早期的希腊哲学(用考恩福德的话来说)"无所顾忌地漠视了宗教所固有的神圣特性"[8]。其次,它的另一个特点是一种热切的连贯性。希腊人一旦采纳了哪个理论,就会把它运用到底,不管这种理论与已察觉到的现实或能预见到的将来有多么大的矛盾。这两个特点都含蓄地表达了古代希腊人追求思想独立的意识,也突出了早期希腊哲学理论重要的地位。神祇化身的出现,使希腊人的哲学同以神话为脉络编撰的思想区分开来,而且这种理论在追求连贯性的过程中对于经验的漠视也使得它与后来的思想产生了分歧。这种理论的前提不是以系统观察为基础,而是来自深受激励的推测以及对于神圣本质的认识,通过这种认识,希腊的哲学理论就能展示自身的优越性,所有现象与哲学理论之间的和谐关系因而也得到了表现。这种理论也是爱奥尼亚学派、毕达哥拉斯以及早期占优势地位的爱利亚学派学者心目中无可动摇的观念;他们努力寻找通往这一理论的途径,不是借鉴科学家的求学方法,而是采用了西班牙人的征服方式。

阿那克西曼德,泰勒斯的学生,将这一理论发展到一个新的高度。他发现对一切限定现象起维持作用的原则自身并没有明确限制。一切生命赖以生存的大地不得不在根本上与现实因素相互区别开来,它必须具备另一种本质的"本性",即包含所有的特性及与现实的悬殊差异。阿那克西曼德把"起源"叫作"无穷"或是"无限"。而狄奥弗拉斯图却说:"阿那克西曼德认为事物的物质起因及最初因素是它的无限性。……而这种无限的事物既不是水也不是什么其他所谓的因素,而是一种截然不同的物质,通过这种物质,天空以及周遭的世界才开始了运作。"[9]注意,阿那克西曼德把"无限"看作一种物质,因此他倾向于用神话编撰的思想。再来看下面这段引文:"他没有把事物的起源归因于任何方式的转变,而是认为具有无限性的本体的对立面已经完全从本体中分离出去了。"

阿那克西曼德在现实中发现的对立面,实际上也都是约定俗成的事物:温暖和寒冷,潮湿与干燥。他在断定对立面已经从无限本体中"分离出去"时,并没有(像我们期待的那样)参考机械原理的过程。他是这样说的:"在这一过程中,事物总是不断地出现,又不断地消失,这是很正常的;因为它们会随着时间有序地飞转而不断地弥补彼此之间的不公平。"例如,在冬季,严寒不公平地剥夺了温暖存在的权利,等等。接下来,我们将要再一次谈到想象、情感、智力的活力的奇妙混合,它可被视为公元前6—前5世纪希腊的整体特征。甚至是这些信仰中最抽象的概念,"无限"本身,也被阿那克西曼德描述成"永恒和不朽"——这也是荷马描述神灵特性时经常使用的词汇。然而,阿那克西曼德也像泰勒斯和阿那克西美尼那样用纯粹的世俗词语来描绘宇宙。幸运的是,我们得到了他留下的许多关于宇宙的论述,现在让我们引用一段其中比较有代表性的论述:"地球自由地转动,不受任何事物的承载。它就位于它应该存在的位置,因为无论在哪儿,它与其他事物的距离都是等长的。"天体被描摹成"火轮":"它们通过呼吸孔,和管子一样的通道来展现自身。"惊雷和雷电只是阵风一掠——阿里斯托芬的《云》中一种被广泛采用的理论,至于所有生灵,我们也在物种发展史中找到了关于它们的奇特的预期:"当湿润因子被日光蒸发了的时候,生灵就从中诞生了。人就像另一种动物——刚刚出生的鱼。"阿那克西曼德再一次把以实践和观察为基础的理论以及用神话编撰的思想合为一体,并呈现在我们面前。但是,在他的认识中,一切限定事物赖以生存的大地本身却没有受到限制。而且,既不是水,也不是空气或其他因素,而是已经完全从物质对立面"分离出来"的"无限"(起源)。阿那克西曼德向人们展示了他超越自身生活时代的抽象思维能力。

以弗所的赫拉克利特使哲学找到了它的正式地位。"智慧只是一方面。事物之间彼此交错贯穿,它们需要接受思想理论的指导。"[10] 这里,人们第一次将注意力集中在怎样去了解事物上,而不是去关注已经知晓的事物。思想(也可以翻译成判断或理解),当它占据思考者的头脑时,就控制了一切现象。在理解事物本质的过程中遇到的问题又升到了一个新的高度。在古代近东,神话始终保留着它的一席之地。米利都学派的哲学家已经把神话渗入了智力的领域,宇宙因此被哲学家们看作是一个充满智慧的整体。各种表现形式也被理解为源自"起维持作用的原则"或者"最初的原因",只是这一点还需要在各种现象中找到进一步的证实。认知我们身外的世界,这个问题没有被提出来。赫拉克利特坚持声称宇宙之所以能为人们感知,是因为它被"思想"或者"判断"支配着;同样,生命的存在和知识的发展也受到"思想"或"判断"的影响。赫拉克利特意识到了这种智慧已经超越了希腊神话思想中最为高级的观念:"智者只有一个。它既愿意也不愿意被以宙斯之名称呼。"[11]

赫拉克利特把这种智慧叫作逻各斯(Logos),这个名词与其他事物联系得是如此密切,以至于我们无法断定是否应该将它翻译过来。"理性"大概就是最不会引起争议的翻译了。"倾听是明智的做法,但不是听我而是去听'理性'的声音,承认所有事物实际上都是一个整体。"[12] 所有事物是一个整体,彼此相异或者在性质上正好相反的事物绝不会永久存在下去。它们只有短暂的一瞬,接着就要处于持久的变动之中。任何对宇宙静止状态的描述都不是真实的。"存在"实际上就是"变化",宇宙也只不过是动态的"存在"罢了。阿那克西曼德认为的从无限中"分离出来"的两个对立面,在赫拉克利特看来,是被一种拉力所统一的,而且可以向各自相反的方向转化。"人们不清楚变更的事物怎样再与自身相适应,其实那是与对应拉力的一种协调,就像弓箭和弦乐器一样。"[13]

但是如果宇宙以事物对立面之间的拉力张弛为转移而持续变化下去,那么用神话的方式来探寻它的起源就显得毫无意义。没有开始也没有结束，有的只是存在。赫拉克利特曾经郑重其事地说过："这个对所有事物来讲都是一样的世界，并不是由上帝或者人类创造的。但它过去存在，现在存在，而且将来也一定会成为一团火焰，自生自灭。"[14] 火焰就是夹在两个对立面之间的宇宙的象征。正像伯纳特（Burnet）所说的那样："烈火中火焰的数量是保持不变的，这烈火，我们把它叫作'事物'。但是烈火内部的物质是不断变换的，有时它们化烟而去，有时又转化成了燃料中的新鲜物质。"[15]

赫拉克利特煞费苦心地强调只有整个过程才能成为有意义的永恒，"高低起伏的路都是一样的"[16]，"它在变化中享受平静"[17]；或者，更隐喻地说，"火焰既缺乏又过量"[18]；或者，"人不能两次踏入同一条河流，因为河水永远在你身边奔流不息，而且变换不止"[19]。

在永恒变化中没有哪一个短暂的阶段是尤为重要的；所有对立面都是暂时的："火焰从空气的消亡中再生，空气又以火焰的熄灭为生命的开端；水和泥土之间也有同样的关系。"[20] 这一记述片段可能会使我们惊讶，因为火作为"元素"之一，与泥土、空气和水平起平坐，而且我们似乎又退回到泰勒斯和阿那克西美尼的水平。赫拉克利特在这里把火当作传统的四大要素之一来阐述这些要素之间暂时性的区别。所有持续变化的限定性事物又再度被采用而出现在下面这一片段中："所有事物都可以作为火的互换品；相反，火也一样，甚至连金子和一般货物之间也可以进行互换。"[21] 这样，火的象征意义就显而易见了。

在赫拉克利特的著作中，各种意象自身具体有形的特点并没有成为讨论的负担；相反，它们在最大限度上为论述达到明晰和准确提供了有力的帮助。对泰勒斯和阿那克西美尼来说，水和空气不仅仅作为物质世界的组成元素而存在，如果它们可以被看作是生命的原动力，那么它们就拥有了另外一种象征性的含义。但是赫拉克利特却认为火仅仅是不断变化的现实的象征；他认为智慧就是"了解和指导错综事物的那种思想"。

爱奥尼亚学派认为宇宙是一个可清晰理解的整体，赫拉克利特对他们的这一假设做出了最尖锐深刻的论述:既然思想支配着万物,宇宙就是易懂的。宇宙是个完整的实体,因为它永远处于持续的变动之中。然而在这种论述形式下,这一学说就会有自相矛盾的地方:单纯的变化和无法让人轻易理解的转变,必将带来一个混乱而不和谐统一的宇宙。而赫拉克利特通过在事物的变动更新中确认的一种内在的主导办法,解决了这一疑难。我们一定记得,世界是"一团火焰,自生自灭"。事物正是在这种方式的调控下不断地向相反方向转化。这一方式,又如我们所见到的那样,是"与对应拉力的一种协调,像弓箭和弦乐器一样"。因为这个原因,赫拉克利特拒绝了阿那克西曼德的学说,为了维持公正,事物的一方必须向另一方做出补偿。赫氏认为,事物之间不断相互转化也使事物性质发生了改变:

我们必须知道战争对每个人来说都是一样的,彼此间的竞争也是很公平的。事物只有通过竞争才能达到优胜劣汰。[22]

战争作为统治者,是一切生灵之父,它创造了众神和人类,也形成了束缚及自由。[23]

"竞争会从神灵和人类中消失",荷马这样说是错误的。他没有意识到这样做正是在为宇宙的毁坏而祈祷,如果他的祷告真的灵验,那么一切事物都将不复存在。[24]

赫拉克利特并没有把存在看作是反对力量进行的盲目斗争。他认为斗争是生存的动力,而且还具备"隐含的协调性,比公开表现来得更好"。[25]这种协调性正是生命的精华所在,它生效的方式与自然法则是相同的:"太阳绝不会超越自身的行为标准。一旦它违反了,复仇女神——正义的仆人,一定会对它追查到底。"[26]太阳的这个例子表明,天体的运动规律向赫拉克利特暗示了所有变化都服从于"隐含的协调性"。假如这一猜测是正确的,它就会把赫拉克利特同用神话编撰的思想以及柏拉图的哲学有机地联系起来。

赫拉克利特的哲学思想可以与和他同时代而又稍早于他的毕达哥拉斯的

思想进行比较。毕氏同样认为，隐含的准则支配着自然界中的所有现象。然而，当赫氏满足于宣告这种准则的存在时，毕达哥拉斯派的学者们却热切地希望对它施以量的限制。他们认为对质的认识就是对量的认识，而且他们试图去揭示现有世界内部的固有比例。他们的进取意识来源于毕达哥拉斯的一次重大发现：用力拉弦来测量两点之间的距离。在这两点之间，可以听到希腊音阶中的四个主要音调，毕氏发现这四个音调之间的相差比例是6∶8∶12。这种和声比例中还含有八度音阶（12∶6）、五度音阶（12∶8）和四度音阶（8∶6）。如果单纯地去理解这一发现，我们也不得不承认它的确令人吃惊。它与音乐中的和音有着某种关联，而这种具有准确抽象的数字比例的和音属于人的精神领域，且在人的感官意识中也占有一席之地。看来毕达哥拉斯学派期盼这种关联能被发现也是无可非议的，而且本着希腊人那种对思想信奉到底的热情与执着，他们成功地维持着某种运算比例对现实各方面的阐释。赫拉克利特曾经不屑地说："只是学习很多东西并不能教会人理解，否则它就会教会赫西奥德和毕达哥拉斯。"[27]

毕达哥拉斯学派根本不同意赫拉克利特的观点。当赫氏自诩"我正在为我自己而去追寻"[28]的时候，毕派学者纷纷去支持传统的学识；当赫拉克利特宣称所有存在都只不过是变化的形式时，毕派学者却接受了事物对立面的说法，与人们共同分享对光明、静止和统一生命的喜爱，并且把黑暗、变化和多样都归于邪恶的一方。他们学说中的双重性，他们对灵魂轮回的信仰，以及他们从"轮回"种解决放出来的希望，将毕达哥拉斯学说与俄耳甫斯教联系了起来。其实，毕氏的学说主要属于神话思想领域，如果我们还记得他的取向，这一点就不难理解了。毕达哥拉斯并不是为了单纯的个人目的而格外注重知识的，他也不像爱奥尼亚学派那样独立而又好奇，他只是教给人们一种生活方式。毕氏心目中的理想社会应该是一个充满博爱的宗教团体，并且为了每个成员都能达到神圣、圣洁的目标而做着不断的努力和奋斗。在这点上，它与俄耳甫斯观念中的社会相类似，只不过它信奉的神灵是阿波罗而不是狄俄尼索斯，它的方法是理解，而不是狂喜。对于毕达哥拉斯来说，知识只不过是生活艺术中的一部分,而活着是为了寻求拯救。正如我们在第一章里看到的,人一旦和自己的整个生命牵连在一起,那么,他就不可能达到心智上的独立。因此,毕达哥拉斯的理论就充分地徜徉在神话世界里。然而,毕氏学派的一个成员,在变节背叛之后,破坏了神话对毕达哥拉斯理论的最后支持。这个人就是巴门尼德,爱利亚学派的奠基者。

巴门尼德曾经解释过,爱奥尼亚学派把世界推想成一个可以理解的完整实体。但是,像伯纳特说的那样,"他展示了全部,就所有这一切来说,如果你认真地接受了其中一样,就意味着拒绝了其他部分"[29]。巴门尼德看到的,不只是关于起源的理论,而且每个关于变化或者运动的理论也形成了悬而未决的观念。绝对的存在不可能像从虚无转化到有形的存在那样,是可以被人们设想的。

> 那么,正在发展中的事物将来会怎么样呢?或者说,它怎样才能发展成存在呢?如果它变成了存在,或是到了将来,它不仅不再是原来的样子,而且终究会悄无声息地消亡。[30]

巴门尼德的这个理论纯粹是逻辑的分析,不过我们可以说他鲜明地树立了思想独立的典范。我们已经知道了赫拉克利特朝这一目标做了很大的努力,他坚持不断地宣称真理和存在的一致性:"智慧只是一方面。事物之间彼此交错贯穿,它们需要接受思想理论的指导。"

再次论辩这一论题时,巴门尼德摒弃了神话和意象具象存在的最后一抹残痕。这抹残痕曾经驻留在赫拉克利特的学说以及他观念中关于火的象征意象里。巴门尼德说过:"事物是能够被思考的,正是思想存在的原因,因为你不可能发现没有任何内容的思考。"[31]但是自从巴门尼德认为"存在终究会悄无声息地消亡",他就等于采纳了一个全新的主张。米利都学派试图将存在(静态的生存画面)与变化(在现象中可为人察觉)关联起来。赫拉克利特曾经断言,存在作为一种永恒的变化,用它本身所具有的"隐含的协调性"把它和变化这两种观念结合起来。然而现在,巴门尼德却声称,这两种观念之间相互排斥,只有存在才是真实的。

> 来吧,让我告诉你们——你们一定要聚精会神,仔细倾听——关于探寻的两种办法。第一个办法,认为它是,那它就不可能不是,这是一种判定的办法[32],因为真理就是它的伙伴。另一个办法,认为它不是,那它必须不是。这点恐怕是任何人都做不到的,因为谁也不能辨出究竟哪些是,哪些不是,更不能把它讲明;因为能被想到的和能被实现的是同一件事。[33]

他又说道:

> 只有一个办法我们能谈一下——"它是"。在这一办法里有很多特征都是无法创造和破坏的;因为它是个完全的、不可改变的、没有终结的整体。它过去不是,将来也不会是,只有现在才是一个持续的存在。你们会为它寻找一个什么样的起源呢?它又是通过怎样的方式、怎样的开端发展起来的呢?……我不会让你们认为这一办法来源于不存在的事物,因为它们既不能被想象也不能被讲明。[34]

这里,当巴门尼德宣称对"完美真理不可动摇的心"时,哲学的一种绝对意象使我们想起了《旧约》中宗教的绝对意识。在巴门尼德唯心主义的理论中,思想的独立性得到了有力的维护,神话的每个具体形式都被剥夺一空。然而巴门尼德在一方面还是紧紧跟随着他的前辈,他在拒绝运动、变化以及差异的同时,像他的前辈那样得出了一个与经验背道而驰的奇怪的结论。巴门尼德也很清楚这一点,但他没有采用理性的证言,而诉诸以下原因:"但是,你要禁止你的思想,不要以这种方式探究,也不要让习惯以它丰富的经验迫使你以这种方式去看、去听,或去说;但凭理性[35]判断我所说的那些备受争议的证据。"[36]

同样的看法，似明非明地，被公元前6—前5世纪的思想家们所采纳了。因为他们最基本的设想——世界是一个可被理解的完整实体；或者进一步解释——世界充分展示了各个侧面；或者其他论题，都不能被逻辑、经验抑或观察结论所证实。他们满怀信心地提出了许多理论，这些理论来源于直觉的洞察力以及详尽的演绎和推理。任何一种体系的建立都力求以真实的设想为基础，而且在没有任何实际经验的情况下要承受已建好的结构框架。这时，连贯性就比可能性更具价值了。这一事实表明，在整个早期希腊哲学里，理性作为最高的仲裁者得到了广泛认同，即使是"逻各斯"，在赫拉克利特和巴门尼德之前也无人提及。正是这种对理性心照不宣或者直言不讳的呼唤——不亚于从"宗教既定的不可侵犯的神圣性"中寻求独立的呼声——把希腊的早期哲学摆在了与古代近东思想进行鲜明对照的情势之下。

正如我们在前面提过的，神话思想的宇宙论基本上是对人们面临着的浩瀚宇宙空间——"你"的展示。人们不能随意探讨这种启示，它已经超越了理性的领域。但在希腊人的所有体系中，人类的心智能够正确辨认出属于自己的空间，这样它就可以收回它所创造的一切，或者去改变它们，或者去发展它们。这在米利都学派的哲学思想中也是被肯定的，尽管两者在神话方面并没有表现出完全的融合。赫拉克利特的学说，很明显是可靠的，它抵制了阿那克西曼德和毕达哥拉斯的理论，建立了思想至高无上的权威，并且宣告了绝对变化的观点。同样，使赫拉克利特感到迷惑的巴门尼德的学说也很可靠，他提出了绝对存在的理论。

还有一个问题有待回答。假如神话在人与自然不和谐的关系之中得以成形，那么当思想从束缚中解放出来时，这种关系又会变得如何呢？我们将用一段引文来回答这个问题，这样就能和本章开始的部分相呼应了。在《诗篇》的第19章里，我们看到，自然界在面对绝对的上帝时失去了神性："诸天述说神的荣耀，穹苍传扬他手的作为。"再来看一下柏拉图的《蒂迈欧篇》，我们使用乔伊特（Jowett）的翻译（47c）：

……我们从未见过星辰、太阳和天堂,我们以前用来谈论宇宙的词语将不会被表达出来。然而现在白昼和黑夜的更替,月和年的流转,不仅创造了数字,也带给了我们对时间的概念和探寻世界本质的力量,我们的哲学也开始源远流长。神灵赐福凡人,再没有比这更好的赠予了。

注 释

1 Blackman's translation of Erman, *Literature of the Egyptians*, p. 115.
2 After Blackman, *ibid*., pp. 94 ff.
3 Johannes Hehn, *Die biblische und die babylonische Gottesidee* (1913), p. 284.
4 F. M. Cornford, *From Religion to Philosophy* (London, 1912), 119–20.
5 *Iliad* xiv. 201, 241.
6 本处及以下引文摘自 A. W. Mair, *Hesiod, the Poems and Fragments* (Oxford: Clarendon Press, 1908)。
7 本处及以下引文摘自 J. Burnet, *Early Greek Philosophy* (4th ed.; London, 1930)。
8 *Cambridge Ancient History*, IV, 532.
9 Burnet, *op. cit*., p. 52.
10 Burnet, Frag. 19.
11 Burnet, Frag. 65. 如果我们记得赫拉克利特和埃斯库罗斯是同时代的人,那么这种说法就更具说服力了。
12 Burnet, Frag. 1. 伯纳特译为"我的话"。
13 Burnet, Frag. 45.
14 Burnet, Frag. 20.
15 *Op. cit*., p. 145.
16 Burnet, Frag. 69.
17 Burnet, Frag. 83.
18 Burnet, Frag. 24.
19 Burnet, Frags. 41–42.
20 Burnet, Frag. 25.
21 Burnet, Frag. 22.
22 Burnet, Frag. 62.

23　Burnet, Frag. 44.
24　Burnet, Frag. 43.
25　Burnet, Frag. 47.
26　Burnet, Frag. 29.
27　Burnet, Frag. 16.
28　Burnet, Frag. 80.
29　*Op. cit.*, p. 179.
30　*Ibid.*, p. 175, ll. 19-22.
31　*Ibid.*, p. 176, ll. 34-36.
32　伯纳特(*ibid.*, p. 173)译为"信仰"。
33　*Ibid.*, p. 173; Frags. 4 and 5.
34　*Ibid.*, p. 174; Frag. 8, ll. 1-9.
35　伯纳特(*ibid.*, p. 173 n.)用"论证"为逻各斯的翻译辩护。
36　*Ibid.*, ll. 33-36.

参考文献

BURNET, JOHN. *Early Greek Philosophy*. London, 1930.

CASSIRER, ERNST. "Die Philosophie der Griechen von den Anfängen bis Platon," in MAX DESSOIR, *Handbuch der Philosophie*, I, 7-140. Berlin, 1925.

CORNFORD, F. M. *From Religion to Philosophy*. London, 1912.

JOËL, KARL. *Geschichte der antiken Philosophie*, Vol. I. Tübingen, 1921.

MYRES, J. L. "The Background of Greek Science," *University of California Chronicle*, Vol. XIV, No. 4.

索引

［本索引中的页码为英文原书的页码，即本书边码。］

A

Aaron 亚伦 282
Abel 亚伯 312
Abiathar 亚比亚他 357
Abihu 亚比户 302
Abimelech 亚比米勒 304, 344-345
Abishag 亚比煞 347
Aboda Zara 《阿博达·扎拉》 333
Abraham 亚伯拉罕 225, 233, 243, 270, 279, 326-328, 330, 335, 370-371
Absalom 押沙龙 231, 347-348
Abydos 阿拜多斯 22, 25
Abyss 深渊 50, 52, 259
Accho, Plain of 亚柯平原 335
Achan 亚干 335
Achemenids 阿黑门尼德王朝 223；另见 Persians
Activity and inactivity, conflict of 积极的力量和消极的力量的冲突之中 173, 175, 180-181
Adab canal 阿达卜运河 167
Adam 亚当 273
Adapa 阿达帕 14-15

Aesop's Fables 《伊索寓言》 256
Africa 非洲 35, 73, 228
Africans 非洲人 17, 33
Afterlife 来世；见 Hereafter; Immortality
Agade 阿卡德 192
Agricultural communities 农业社会 32, 40, 372
Agricultural year 一年农事 35-36, 50, 364
Agriculture 农业 13, 32, 101, 128, 161, 165-168
Agur 亚古珥 239
Ahab 亚哈 275, 299, 332, 349-350, 355
Ahaz 亚哈斯 299
Air 空气 9, 18-19, 46, 52, 54, 85, 375, 377-78, 380, 382；另见 Shū
Ajalon 亚雅仑 299
akh 阿赫 48, 98, 107
Akhnaton 埃赫那吞 88, 225
Akitu house 阿基图庙 236
Akkadian language 阿卡德语 169
Alexander 亚历山大 223
Allegory 寓言 7
Amarna letters 阿玛尔纳书信 343

Amara Revolution 阿玛尔纳改革 112
Amaunet 阿蒙奈特 10, 52
Ammon 亚扪 226–227, 327, 329
Amon (Amūn) 阿蒙 10, 34, 52, 64, 66, 72, 78, 83, 88, 114, 237
Amon-Rē 阿蒙-拉 49, 72, 88
Amos 阿摩司 225–228, 252, 270, 306, 332–333, 337, 375
An-Anum list 安-安努神表 172, 180, 375
Anarchy 无政府状态 77, 100–101, 127, 304, 317
Anatolia 安那托利亚 80
Anaximander 阿那克西曼德 376–381, 383, 387
Anaximenes 阿那克西美尼 377–378, 380, 382
Angels 天使 233–234, 258
Animals 动物 5–6, 38, 40, 44, 51, 55, 58, 62, 130, 136, 255–257, 261, 263, 266, 291–292, 296, 380; sared 神圣的 64
Animism 泛灵论 4, 6, 40, 130
Anshar 安沙尔 170–172, 176–177
Anu 安努 136–140, 143, 145, 147–148, 150, 160, 166, 170–172, 176, 178–180, 182–183, 192–194, 197, 203, 363, 365
Anunnaki 安努那基 140, 147, 177, 193–194, 197
Apiladad 拉皮拉达德 205
Apollo 阿波罗 384
Apophis 阿坡菲斯 24, 70
Apotheosis 神化 230
apsu 阿婆苏 162–163
Apsu 阿婆苏神 170, 173–176, 179

Arabia 阿拉伯 243
Arabian Desert 阿拉伯沙漠 334
Arabs 阿拉伯人 32
Architecture: monumental 纪念碑式建筑 129; stone 石制建筑 95
Aristophanes 阿里斯托芬 380
Aristotle 亚里士多德 135
Ark 约柜 282, 328
Art 艺术 41–42, 129
Asa 亚撒 340
Asceticism 禁欲主义 260, 264
Ashtoreth 亚斯他录 235
Asia 亚洲 73, 110–111
Asia Minor 小亚细亚 249, 373
Asiatics 亚洲人 33–34, 39, 44, 100, 110
Assarhaddon 艾塞尔哈东 12
Assemblies, popular 公民大会 128, 135–136, 149, 353–354
Assembly of gods 众神会议 136–137, 140–143, 145, 150, 153, 156, 177, 181–183, 185, 192, 194–197, 366
Assur 阿淑尔 169, 200
Assyria 亚述 169, 223, 225–226, 319, 324, 358
Assyrians 亚述人 34, 111, 252, 310, 313
Astrology 占星术 21, 366
Astronomy 天文学 81, 249, 280
Athaliah 亚他利雅 349, 357
Atheism 无神论 238, 240
Athens 雅典 149, 223
Atum 阿图姆 9–10, 19, 49, 51, 53–54, 56–58, 66, 375
Augurs 占卜师 282–283

Authoritative utterance 权威性的语言；另见 Command 57, 58, 83–85, 90

Authority 权威 56–57, 72, 74, 84, 86–88, 129, 138–139, 143, 147–148, 150, 173–178, 202–203, 306, 316–317, 372

Autonomy of thought 思想的自主性 6, 10, 26, 385–387

Á-zi-mu₄-a 阿兹姆阿神 158

B

ba 灵魂（巴） 102

Baal Berith 巴力比利土 328

Baals 巴力 235, 296–297

Baba 芭芭 187

Babylon 巴比伦 169, 172, 192–193, 200, 240, 249, 332, 338, 354, 358, 364, 373

Babylonia 巴比伦尼亚 7, 9–10, 17, 24–25, 34, 141, 152, 223–224, 230, 236, 243, 249, 279–280, 297, 318–319, 322, 351, 371

Babylonians 巴比伦人 6–8, 10, 12–13, 20, 50, 119, 139, 236, 244, 249, 282, 322, 324, 363, 365, 374–375

Bahrein 巴林 157

Balaam oracles 巴兰神谕 330

Bastet 巴斯特 65, 86

Bath-Sheba 拔示巴 306, 346

Battles 争斗 10, 48, 175–176, 179–180；另见 Mock-battles

Beasts 野兽；见 Animals Beasts

Becoming 变化 381, 385, 387

Bedouins 贝都因人 34, 39, 338, 343

Beetle 蜣螂 49

Being 存在 381, 385, 387

Bel 贝尔 236；另见 Enlil

Ben-Hadad 便哈达 226, 332

Bethlehem 伯利恒 346

Bible 《圣经》; translation of: American Standard 美国标准版 v–vi, 286; Chicago 芝加哥版 259, 367; King James 钦定版 258

Bildad 比勒达 257

Birth 诞生 9, 23, 35, 43, 54, 72, 145–146, 170–172, 244, 365；另见 Rebirth

Blessings 祝福 299–300

Boats 船 37–38, 46, 48

Boaz 波阿斯 343

Book of the Dead 《亡灵书》 51, 53

"Boundless" "无限" 377, 379–381

brith 圣约 328

Bull 公牛 40, 62; of Heaven 天上的公牛 6, 208

C

Cain 该隐 312

Calcol 甲各 288

Calendar 历法 81, 105, 181

Canaanites 迦南 235, 268, 288, 296, 304, 312, 327, 337

"Cannibal Hymn" "食人者赞歌" 68

Caphtor 迦斐托 228

Carmel, Mount 迦密山 297, 335

Cataracts 瀑布 35

Causality 因果关系 15–20, 23, 42, 157–158

Chaldeans 迦勒底人 310, 313

Chaos 混沌 7, 9–10, 15, 21, 24, 51–55,

143-144, 150, 170-171, 173, 175, 180-181, 183, 199-200, 259, 296, 365-366, 375,

Chemosh 基抹 301, 329

Chinese 中国的 119

Chosen people 被上帝选中的民族 329-332, 370-371

Christ 基督 294, 317

Christian churches 基督教会, 358

Christian thinking 基督教思想 267-268, 294

Christianity 基督教 224, 233, 319

Church 教会 342, 355-358；另见 Temples

Cicero 西塞罗 376

City-states 城邦 128-129, 149, 185-186, 188-189, 191-192, 194-196, 198

Clouds 云 170-171, 174, 378, 380

Coalescence of symbol and object 象征物和它所象征的事物合二为一 12-13, 18, 21-22, 24, 63-65

Command 命令 56-61, 90, 137, 139-140, 175-178, 203, 373；另见 Word of God

Conscience 道德意识 109, 114, 315-318, 327, 339-340

Consubstantiality 同质 62-69, 90, 97, 224

Cosmic forces 宇宙的力量 4, 10, 200

Cosmogony 宇宙进化论 9-10, 50-61, 168-183, 376

Cosmology 宇宙观 10, 42-49, 137-148, 180

Cosmos 宇宙 9, 126-127, 129, 135-137, 144, 149, 168, 173, 180, 191, 250, 296, 381-382

Council: of elders 长老会 129, 343-344, 353; of gods 众神会议 50, 52, 60, 108；另见 Assemblies; Assembly of gods

Counterheaven 天堂对应物 45, 48, 52

Covenant 盟约 23, 326, 328-330, 332

Cow 母牛 9, 18-19, 45-47, 62, 365

Crafts 手工业 13, 33, 59, 157, 159, 161

Craftsmen 手工业者 41-42, 147

Creation 创世 8-10, 21-22, 24, 50-61, 106, 170-172, 182, 258-259, 289-290, 366; Babylonian Epic of 巴比伦创世史诗 7-8, 10, 25, 139, 142-143, 168-183, 375; stories of 创世故事 50-61, 64, 139, 142, 232, 258-259, 277, 366, 375

Creativity 创造力 146-147, 198-199

Creator 创造者 9-10, 21, 35, 49, 51-58, 64, 67, 96-98, 107, 145, 259, 363, 366

Criticism 批判性 234-242, 285-286, 320

Crocodile 鳄鱼 40, 49, 62

Curses 诅咒 24, 299-300, 332

Cynicism 愤世嫉俗 104, 240, 263

Cyrus 居鲁士 318, 354

D

Damascus 大马士革 224-227, 319

Daniel 但以理 318

Danites 但人 304

Darda 达大 288

Darius I 大流士一世 358

Darkness 黑暗 10, 24, 35, 44, 52-53, 259

Dāt 达特 48

David 大卫 225, 273, 280, 305, 320, 328, 336, 345-350, 357, 371

Day　白天　21, 23, 48, 181

Dead　死人　12, 18-19, 22, 48, 51, 63, 67-69, 73-74, 103-104, 108, 365; Book of the 《亡灵书》51, 53; land of the 死荫之地 296；另见 Hades; Hereafter; Nether world

Death　死亡　14-16, 21-22, 25, 35-36, 43-44, 47-48, 59, 69, 73, 94, 98, 102-103, 199-200, 208-212, 257, 263, 268, 297, 365, 375

Deborah, Song of　底波拉之歌　328

Decalogue　"十诫"　340

Delta　三角洲　37, 40, 43, 73, 100

Demeter　得墨忒尔　373

Democracy　民主　98, 105, 108-109, 303, 350, 354; primitive 原始民主 128-129, 135, 149, 181, 343-344

Democritus　德谟克利特　377

Demons　魔鬼　9, 17, 206-207, 212-213

Density of Population　人口密度　32

Desert　沙漠　12, 16, 31-33, 35, 37-40, 73, 101, 161, 243, 334-335, 370-372

Destinies　命运　136, 150, 176, 179, 300, 332

Destruction　毁灭　71, 141-142, 150; of makind 人类毁灭 55, 67, 211

Determinism　决定论　115-117, 241, 274-275

Deung Adok　敦·阿度克　9

"Dialogue of Pessimism"　"悲观主义的对话"　216-218

Dike　狄刻　375

Diodorus　狄奥多罗斯　76, 81-82, 118

Dionysus　狄俄尼索斯　373, 384

Dionysus-Zagreus　狄俄尼索斯-扎格列欧斯　374

Disease　疾病　16-17, 159-160, 163-164, 205-207, 213

Disk, sun　日轮；见 Sun disk

Divine right of kings　神圣的统治权　75, 348-350

Djahi　扎黑　80

Djed pillar　节德柱　25

Doom　厄运　375

Dragons　龙　12, 48, 176

Dramatization of myths　神话戏剧化　7, 64, 199-200；另见 New Year's Festival

Dreams　梦　11-12, 15, 189-191, 375

Drought　干旱　6-7, 15

Dumuzi（Tammuz）杜姆姿　161, 166, 198-199

Dunshagana　丹沙加纳　187

Duranki　都尔兰基　152

Durgishimmar　都尔基什马尔　152

Dying god　死亡之神　347, 373

E

Ea　埃阿　133, 171-172, 174-177, 179, 181-182, 206-207, 272, 297-298, 365；另见 Enki

Ear　耳朵　133

Earth　大地　9, 18-20, 22, 45-46, 48, 53-55, 60, 132-133, 135, 137, 140, 145-146, 150, 157-159, 161-162, 164, 169-172, 174, 183, 193, 195, 230, 239, 250-251, 259, 281, 365, 367, 374-375, 378, 380, 382

Earthquakes　地震　244

East 东方 21, 24, 35, 43-44, 48-49, 94
Eclipses 日食 48
Edom 以东 224, 226, 327, 329, 336
Egypt 埃及 9-10, 14-15, 17-18, 21, 24-25, 31-121, 125-126, 223-224, 226-228, 230, 243, 263, 279, 288, 297, 315, 319, 327, 340-341, 347, 351, 358, 363-366, 370-371, 373, 375
Egyptian words 埃及语 33, 37, 38, 43, 51, 53, 79, 83
Egyptians 埃及人 9, 12-13, 17-20, 22, 24, 26, 31-121, 125-127, 225, 227, 244, 313, 327, 338, 354, 363, 365-369, 372-375
"Eight" 八柱神 10, 52
Eirene 厄瑞涅 375
Ekur 埃库尔 130, 164, 194
Elamites 埃兰 141
Eleatics 爱利亚学派 379, 384
Elephantine 象岛 73, 333
Elihu 以利户 273, 308
Elijah 以利亚 232, 280, 297-298, 320, 332, 338,
ᵓelilim 偶像 236
Eliphaz 以利法 257, 265, 285, 367
Elisha 以利沙 232, 298, 320
ᵓelohim 神 258
Eloquent Peasant 《能言善辩的农民》79, 82-83, 109, 338
Elysian Fields 极乐世界 48
Emesh 埃摩什 166
Empire period in Egypt 埃及帝国时期 110-113
Empirical thinking 经验主义的思维 42, 252, 280, 380
Eninnu 埃尼努神庙 189-190
Enki 恩齐 14, 137, 143, 146-148, 157-165, 171-172, 174, 193-194, 365; 另外 Ea
Enkidu 恩齐都 208-210
Enkimdu 恩齐牟杜 166-167
Enlil 恩利尔 130, 133-134, 136-137, 140-145, 147-148, 150, 152-157, 160, 165-166, 169, 175, 178, 180-181, 192-197, 200, 208-209, 211, 236, 365; myth of, and Ninlil 恩利尔神话，和尼利尔 152-157
Enlil functions 恩利尔的职能 192-194
Enlulim 安路里木 187
Ennead 九柱神 52-53, 56-58, 67
ensi 恩西 188-190
Ensignun 恩西哥南 187
Entemena 恩提美那 207
Enten 埃吞 166
Enul 埃努尔 194
Enuma elish 《恩努马·埃里什》142-143, 168-183; 另见 Creation, Babylonian Epic of
Environment 见 Geography
Ephraim 以法莲 229
Equality of opportunity 在机会上都是均等 106-107
Erinyes 复仇女神 383
Essenes 艾赛尼派 260
Estates of the gods 神的领地 149, 185-188, 191
Ethan the Ezrahite 以斯拉人以探 288
Ethics 伦理道德 82, 224, 227, 266, 307, 310-314, 329-330, 340; 另见 Morality
Ethiopians 埃塞俄比亚人 228

Etiquette 礼仪 97-99, 113
Eunomia 欧诺弥亚 375
Euphrates 幼发拉底河 36, 126, 148, 160, 171
Eusebius 优西比乌 323
Evil 罪恶 17, 67, 106-107, 271-272
Evil spirits 罪恶的灵魂 17
Exile 流放 236, 288, 327
Exodus 《出埃及记》313, 327, 371; Pharaoh of the 法老 274-275
Ezra 以斯拉 333-334, 356

F

Fables 寓言 7, 256
Falcon 巨鹰 20, 40, 49, 62, 74
Fall of man 人类堕落 271
Fantasy 想象 3, 7
Farmer 农民 165-168; 另见 Agriculture
Fate 命运 155-116, 136
Fertility 肥沃 20, 23, 32, 36, 38-39, 43, 79-81, 145-146, 198-199, 244, 296-298, 347, 365, 378
Festivals 节日 25, 198-200; 另见 New Year's Festival
"Field of Offerings" "提供供品的地方" 48
"Field of Reeds" "芦苇之地" 48
Fire 火，天火 134-135, 233, 237, 244, 272, 377-378, 381-382, 385
First cause 原动力 376-381
Flint 燧石 131-132, 134
Flood story: Babylonian 洪水的传说：巴比伦尼亚 211; Hebrew 希伯来 55, 67, 279, 313

Floods 洪水；见 Inundations
Force 权力 109, 126, 141-144, 173, 175, 192, 301-303, 311
Foreigners 外国人 33, 37-39, 69, 100-101, 110, 312-314, 327-328, 332-334
Four pillars of heaven 如天空一样（坚固）置于四根柱子之上 46
Freaks, origin of 畸形人的起源 163, 165
Freedom 自由 272, 274-275, 303, 314, 354-355, 372, 375-376
Frogs 青蛙 10
Future 将来 26

G

Gaea 盖亚 374
Gander 雄鹅 64
Gaza 加沙 226-227
Geb 盖博 9, 54, 365, 375
Genealogy of gods 神的谱系 9, 19, 54, 152-158, 170-172, 375
Generative forces in nature 自然界生成力量 20, 364
Geography 地理 31-32, 125-127, 243, 261, 371-372
Geometry 几何学 41-42
Gentiles 外邦人 313, 332, 367
Geshur 基述 231
Gibeonites 基遍人 332
Gibil 吉比尔 141
Gideon 基甸 344, 350
Gilboa, Mount 基利波山 345
Gilead 基列 226, 280
Gilgamesh 吉尔伽美什 14, 208-212

Gilgamesh Epic 《吉尔伽美什史诗》 14, 16, 208-212

Gishbare 基什巴尔 188

Gizeh 吉萨大金字塔 95

God 神，上帝 23, 56, 59, 223-263, 265-276, 279, 281, 283-286, 289-294, 296-303, 306-313, 315-318, 321, 323-324, 326, 329-334, 339, 341, 344, 352, 355-357, 359, 363, 367-373, 387

God's land 神之邦 43-44

Good life 正当的生活 93-94, 96, 98, 101-102, 104, 110, 112, 117, 202-218, 264-267

Goodness 美好 84, 106, 108-109, 316；另见 Righteousness

Government 政府 70-71, 73, 81, 86-90, 98, 100, 110, 149, 303-305, 317-318, 343-358

Grain 谷物 131

Great Mother 伟大的母亲 9-10, 17, 365, 375；另见 Mother-goddess

Greece 希腊 9, 293, 323, 359, 374-375, 380

Greeks 希腊人 9, 12, 34, 119, 233, 242, 248-249, 258, 261, 265, 272, 278, 290, 293-295, 319, 363, 373-387

Gudea 古地亚 13, 15, 189-191

Gutians 库提人 195

H

Habakkuk 哈巴谷 310

Habiru 哈比鲁人 343

Hades 冥府 153-156

Hair 头发 12

Hallucinations 幻觉 12

Hamitic peoples 含米特人 3, 5

Hammurabi 汉谟拉比 192-193, 223, 338; Code of 《汉谟拉比法典》 208

Hananiah 哈拿尼雅 241

Hannah 哈拿 369

Harakhte 哈拉赫特 49, 66-67

Hardedef 哈迪代夫 104, 118

Hasmon 哈斯蒙家族 354

Hatshepsūt 哈特谢普苏特 72

Hauhet 哈海特 10, 52

Hazael 哈薛 226

Heart 心，心脏 56-58, 67, 83-85, 107-108, 268-269, 277, 279, 316-317

Heaven 天堂 14-15, 17-18, 21, 45-48, 55, 60, 73-74, 132-133, 136, 139-140, 154, 164, 166, 169, 172-173, 183, 193, 195, 209, 231, 235, 237-239, 250, 259, 263, 281, 284, 299, 313, 363, 365, 367, 374, 379, 387；另见 Counterheaven; Sky

Hebrew creation story 希伯来创世故事 50, 52

Hebrew flood story 希伯来的洪水传说 55, 67, 279, 313

Hebrew words 希伯来语 236, 258, 278, 302, 328

Hebrews 希伯来人 31, 119, 223-359, 363, 367-373, 375

Hebron 希伯仑 231

Hedonism 享乐主义 101, 103-104

Helicon 赫利孔山 375

Heliopolis 赫里奥坡里斯 21-22, 49, 51-52, 56, 59

Hellenism 希腊化时代 223, 276

Heman 希幔 288

Heraclitus 赫拉克利特 377, 380-387
Hereafter 来世 17-18, 22, 37, 43, 51, 85, 98, 102, 107, 110, 113, 116, 365, 372
Hermonthis 赫尔曼提斯 21
Hermopolis 赫尔莫坡里斯 51
Herodotus 希罗多德 25, 81-82, 118, 319, 322
Hesiod 赫西奥德 375-376, 384
Hezekiah 希西家 299, 340
History 历史 318-323, 325, 370, 373; philosophy of 历史哲学 322-323
Hittites 赫梯 34, 80, 111
Holy Communion 圣餐礼 7
Holy of Holies 至圣之所 21-22, 238
Homer 荷马 375, 378, 380, 383
Horai 时序三女神 375
Horeb 何烈山 237
Horizon 地平线 170-172
Horus 荷鲁斯 17, 20, 39, 47, 49, 64, 66-67, 73-75
Hosea 何西阿 229, 276, 297, 329, 337-338, 357
Hū 胡 57, 83-84
Hubur 胡布尔 175
Hūh 胡赫 10, 52
Huwawa 胡瓦瓦 208-209
Hyksos 喜克索斯人 110-111

I

Idsalla 伊达萨拉河 152
Igalimma 伊加利马神 187
Igigi 伊吉吉 140, 193
Illness 瘟疫；见 Disease

Imagery 意象，比喻 6-7, 18-20, 22, 26, 45-49, 132, 289, 365-366, 371
Images: of enemies 敌人的雕像 134-135; of gods 神的雕像 14, 19-20, 64, 235-238, 269, 318, 368
Imdugud 伊姆都古德 6
Imhotep 伊蒙霍太普 104, 118
Immanence 内在 232, 296, 363, 366-367, 372-373
Immortality 不朽 15-16, 48, 59, 70, 98, 104, 107-108, 210-212, 365
Impersonation of gods 模仿神 25, 64, 199-200
Inanna 伊南娜 166-168, 192, 198-199, 208; myth of the Elevation of 升空的神话; 140; Wooing of 求婚 166-168
Incantations 咒语 70, 130, 132-133, 147
Individualism 个人主义 5-6, 94, 98, 100-101, 104, 106, 109-110, 112-113, 338-339, 341-343
Infinite 无限 379
Inundations 泛滥 15, 23, 25, 36-37, 50, 80-81, 107, 126-127, 157, 180, 189, 199, 364-365
Ionian philosophers 爱奥尼亚哲学家 376-379, 382, 384
Ipuwer 伊普威尔 338, 368
Iran 伊朗 249；另见 Persia
Iraq 伊拉克 32
Irrigation 灌溉 128, 146-147
Isaiah 以赛亚 230, 236, 252, 268, 270, 299, 310, 324-325, 331-332, 337
Ishme-Dagan 伊什米-达干 194

Isin 伊新 193-194, 198
Isis 伊西斯 17, 54, 67, 70, 75
Islam 伊斯兰教 224
Isolationism of Egypt 埃及的孤立主义 32-34, 37, 73, 126
Israel 以色列 223-360, 367, 370
"I-Thou" relationship "我—你"的关系 4-5, 130, 231, 247
"It" "它" 4-6, 41, 49, 130, 364

J

Jackal 豺狼 40, 62
Jacob 雅各 327-328, 370-371
Jakeh 雅基 239
Japan 日本 77
Jebusites 耶布斯人 336
Jehoiada 耶何耶大 357
Jehoiakim 约雅敬 351, 353
Jehu 耶户 280, 317, 338, 349
Jephthah 耶弗他 344
Jeremiah 耶利米 240-241, 260, 270, 274, 296-298, 314, 324, 329, 339, 342, 351
Jericho 耶利哥城 302
Jeroboam II 耶罗波安二世 337, 349
Jerusalem 耶路撒冷 231, 237, 240, 249, 298, 305, 313, 317, 324, 328, 334, 336-339, 346, 348-349
Jesse 耶西 348
Jesus 耶稣 294, 317
Jews 犹太人 26, 223-260
Jezebel 耶洗别 280, 335
Joab 约押 346
Joash 约阿施 340

Job 约伯 264, 272, 274, 284-285, 308-309, 367
Jonadab ben Rechab 约拿达·本·利甲 338
Jonah 约拿 332
Jonathan 约拿单 345
Joseph 约瑟夫 269, 279
Joshua 约书亚 299-300, 332, 334-335
Josiah 约西亚 352-353, 357
Jotham 约坦寓言 256
Judah 犹大 249, 268, 301, 316, 324, 333, 337, 349, 352-353
Judas 犹大 318
Judges 士师 47, 108, 135, 195, 207, 356-357
Judges, Book of 《士师记》 304-305, 308, 329, 344-345
Judging of the dead 对死者品质的裁断 108
Judgments, divine 神圣审判 88, 228
Ju-ok 朱-欧克 9
Justice 公平 8, 14, 79, 82-90, 99-101, 105, 108-109, 117, 136, 183, 189, 194, 197-198, 206-208, 212-215, 284, 300, 303, 306-309, 324, 363

K

ka 卡 53-54, 85, 97-98, 107-108, 115
Kargeshtinna 卡尔基什提那 152
Karusar 卡尔鲁萨 152
Kauket 卡乌凯特 10, 52
Khepri 凯布利 66
Khnum 克努姆 49, 54, 65, 86
Khufu-onekh 胡夫-乌奈赫 95

Ki 齐 145-146, 172

Kingaluda 金加卢达 141

"Kingdom of God" "神的王国" 26

Kings 国王 12, 15, 22, 24-26, 33, 41, 48-49, 51, 55, 57, 62, 64-65, 68-86, 88, 90, 96-98, 101, 107, 109, 111-112, 118, 177, 181, 183, 192-193, 195, 198-200, 274, 305-306, 318, 336, 345-350, 352-353, 357, 366

Kingship 王权 17, 63, 65, 72, 75, 77, 80-81, 101, 129, 139-140, 178, 192-193, 195-197, 304-306, 347-350, 357, 366; insignia of 王权的标志 74, 79, 139, 178

Kingu 肯古 176, 179, 182, 200

Kir 吉珥 228

Kish 基什 192, 195

Kishar 克沙尔 170-172

Kiur 库尔 153

Kola 靠拉 9

Kūk 库克 10, 52-53

L

Lagash 拉格什 187, 189, 195, 204

Lahamu 拉哈姆 170-172

Lahmu 拉荷姆 170-172

Laish 拉亿 304

Lamashtu 拉玛施图 17

Latarak 拉塔拉克神 133

Law 法律 82, 84, 88-90, 101, 303-306, 312, 314-318, 335, 339-340, 349, 352, 356-357

Laws, natural 自然法则 5, 11, 15-16, 139-140, 294-304, 306-307, 311-313, 315-317, 350, 383

Legends 传说 7

Leʾithiel 以铁 239

Levites 利未人 304, 340, 352, 357

Libya 利比亚 13

Libyans 利比亚人 33-35, 78, 111

Life 生活 6, 10, 14-16, 21, 23, 31, 36, 44-45, 48, 50-51, 55, 60, 69, 93-94, 98, 102-103, 110, 113, 130, 145, 210-212, 259, 263, 365；另见 Hereafter; Immortality

Light 光 53, 259

Lightning 闪电 127, 135, 244, 374, 380

Lions 狮子 37, 39, 62, 190

Logic 逻辑 6, 10-11, 26, 386

Logos 逻各斯 56, 381, 386

Love 爱 71, 83, 229, 234

Lower Egypt 下埃及 73-74, 77

Lucian 卢西恩 236

Ludlul bet nemeqi "我们要赞美智慧之主" 213-215

Lugal-edinna 鲁伽尔-艾迪纳神 133

Lugalzaggisi 卢伽尔扎吉西 204

Lullu 路鲁 182

Lydia 吕底亚 373

M

maʿat 玛阿特 14, 82, 84, 88, 105, 108-109, 369, 375

Maccabean revolt 马加比起义 318

Macedonian kingdom 马其顿王国 319

Magic 巫术，魔法 11, 13, 17, 68, 70, 80, 94, 105, 130-134, 174-175, 178, 281, 283, 297-304

Mahol 玛曷 288

Majesty 国王 75-77, 109, 138, 163
Malachi 玛拉基 240, 356
Man: and animals 人：和动物 5, 33, 44, 62, 130, 255-257, 261, 263, 291-292, 380; creation of 创造 54-55, 182, 258-259, 374; and gods 和神 33, 44, 55, 58, 62-66, 68-69, 77-79, 88, 90, 96, 115-118, 182, 185-186, 188, 191, 199-200, 203-207, 261-263, 270-272, 291-292, 323, 339, 366, 370, 372-374; and nature 和自然 4-8, 24-26, 40, 126-127, 134, 244-248, 363-364, 366-367, 373, 376-377, 387; and society 和社会 4, 25-26, 62, 112-114, 118-119, 163-165, 202-203, 266, 317-318, 342-343
Maoris 毛利人 9, 18
Marduk 马尔杜克 7, 10, 133-134, 169, 172, 175-183, 192-193, 200, 206, 215, 217, 236-237, 249, 298, 365-366
Materialism 唯物主义 96, 98-101, 105, 240, 377
Matter, origin of 物质的起源 259
Medical texts 纸草文稿 17, 95, 105
Mediterranean folk 地中海民族 261
Mediterranean Sea 地中海 35, 73, 80
Meger 麦哥 39
Memphis 孟菲斯 21, 56, 364
Memphite Theology 孟菲斯神学 8, 55-59, 83, 95, 105
Mercy 仁慈 85, 90, 117, 215, 230, 234, 266
Mesilim 迈西里姆 195
Meslamtaea 麦斯拉马提阿神 154
Mesopotamia 美索不达米亚 31, 95, 98, 123-218, 347, 363-367, 370-371, 373, 375
Micah 弥迦 270, 304, 337
Micaiah ben Imlah 米该雅·本·音拉 275, 299
Middle Kingdom in Egypt 中王国时期 12-13, 104-109
Milcom 米勒公 329
Milesians 米利都学派 380-381, 385, 387
Milky Way 银河 46
Miracles 奇迹，神迹 36, 54, 299, 320
Mishnah 《密西拿》 316
Moab 摩押 224, 226, 261, 301, 327, 329
Mock-battles 模仿战斗 25, 199-200
Models 偶像 63
Mohammed 穆罕默德 372
Moist element 温润因子 378, 380
Moisture 湿气 9, 19, 53-54, 375
Monophysitism 一性论 66, 97, 363
Monotheism 一神论 8, 66, 97, 224-225, 227, 229-230, 369
Monsters 怪兽 12, 37
Montu-Rē 蒙图-拉 49
Mood of a civilization 文明的境遇 125-127
Moon 月亮 46-47, 66, 80, 126, 133-134, 152-156, 181-182, 199, 237, 249, 364；另见 Sîn; Thoth
Morality 道德 55, 59, 84, 87-91, 105, 109, 155, 213, 227-228, 235, 252, 262, 274, 302-304, 306-310, 313
Moses 摩西 119, 225, 258, 270, 279, 316, 367, 371-372

索引 / 403

Mother Earth 大地母亲 135, 137, 145-146, 157

Mother-goddess 母亲神 17, 19, 145, 175, 363, 365, 371, 373-374；另见Great Mother

Mountains 山 39, 41, 44, 243-244, 246, 250, 261; Lady of the 山之圣母 137

Muhra 姆哈拉 133

Mummu 姆木 170, 173-174, 176

Muses 缪斯 375

Mushdama 姆什达玛 161

Mystery religions, Greek 神秘的希腊宗教 373-374

Mythopoeic thought 神话时代思想 8-12, 14, 16-21, 23-24, 26, 158-159, 173, 199, 363-364, 369, 375, 378-381, 383-384, 386-387

Myths 神话 6-10, 14-15, 17-19, 47, 50-55, 74, 77, 140, 142-143, 151-183, 208-212, 364-365, 369-370, 373, 376

N

Naboth 拿伯 305-306, 320, 335

Nabu 纳布 236

Nadab 拿答 302

Names 名字 12-13, 53, 58, 66, 97, 102, 158, 170, 183, 367

Nammu 那姆 162

Nanna 纳那 142, 192, 194

Nanshe 南什女神 190

Naomi 拿俄米 343

Nathan 拿单 350

National gods 国家神 77-78, 111-112, 117, 329-330

Nationalism 民族主义 33, 111-112, 330-331

Nature 自然 4, 6, 8, 23-26, 40, 69, 80, 126-128, 134, 235, 244-248, 363-364, 366-367, 371, 373-377, 387

Naunet 纳奈特 10, 52

Nebuchadrezzar 尼布甲尼撒 223

Neferrohu 涅菲尔胡 368

Negeb 内盖夫 336

Negroes 非洲黑人 33, 35, 228

Nehemiah 尼希米 320, 333

Nemaatrē 奈玛阿特 85

Nephthys 奈夫提斯 54

Nether world 地下世界，地狱 21-22, 24, 37-38, 45, 48, 60, 94, 152-156

New Kingdom in Egypt 新王国时期 17

New Testament 《新约》 56, 277

New Year's Day 新年 24-25, 366

New Year's Festival 新年节日 7-8, 13, 25, 200, 236, 364

Nicholaus of Damascus 大马士革的尼古拉斯 319

Nidaba 尼达巴 132, 153, 204

Night 黑夜 21, 23-24, 48, 375

Níg-zi-gái-dím-me 任何地方的所有新生命的创造者 145

Nile 尼罗河 9, 15-16, 32, 35-38, 43, 45, 50, 66, 69-71, 73, 80, 85, 101, 126, 364-365; Valley 谷地 32, 38-39, 60, 96, 111, 227, 243

Ninazu 尼那苏 155

"Nine" 九柱神；见Ennead

Nineveh 尼尼微 229

Ningal　宁加尔　196–197
Ningirsu　宁吉尔苏　187–191, 195, 207
Ninhursaga　宁胡尔撒加　137, 146, 157–159, 161, 374–375
Nininsina　尼宁西娜　193
Ninki　宁齐　194
Ninlil　宁利尔　133, 152–157
Ninmah　宁马　145, 161–165
Ninsar　宁萨　157
Ninshebargunu　宁什巴古努　152
Nin-tu　宁-图　145
Ninul　宁努尔　194
Ninurta　尼奴尔塔　131, 133
Nippur　尼普尔　152–153, 169, 177, 193–195
Noah　挪亚　233, 313
Nomads　游牧者，游牧民族　335, 371–372
North Star　北极星　47
North wind　北风　35, 37–38, 70
Nubia　努比亚　13, 101
Nubians　努比亚人　34
Nudimmut (Ea, Enki)　努地姆特（埃阿，恩齐）　171–172
Nūn　努　10, 22, 45, 50–53, 56–57, 365
Nunamnir　努那姆尼尔　153
Nunbirdu　南比尔都河　152
Nūt　努特　9, 17–19, 46, 54, 365, 375

O

Oaths　誓　300–301, 303–304
Oannes　奥奈斯神　13
Obedience　顺从　94, 113–117, 139, 199–200, 202–205, 207, 311
Ocean surrounding the earth　环绕陆地的海洋　22, 45；另见Sea; Waters
Offerings　祭品　14, 106–108, 356
Ogdoad　八柱神　11, 52
Okeanos　奥克努斯　45, 375, 378
Old age　老年　159–160, 163–165
Old Kingdom in Egypt　古王国时期　65, 93, 95–98, 100, 105–107
Old Testament　《旧约》　23, 223–359, 367–371, 373, 386
Olympian gods　奥林匹亚众神　374
Omens　征兆　25, 189, 196
Opposites　对立面　379–384
Optimism　乐观　94, 324
Oracles　神谕　118, 225–226, 274, 330, 351, 377
Order　秩序　8, 10, 15, 23, 51–53, 58–60, 82–127, 140, 161, 164–165, 366, 369, 377
Orientation　定位　43
Origins　起源　8, 51, 151, 170–172, 183, 376–381, 386；另见Creation
Orphism　俄耳甫斯教　374, 384
Osiris　奥西里斯　9–10, 13, 17, 19, 25, 47, 54, 67, 70, 73–75, 98, 108, 272, 365, 373

P

Palestine　巴勒斯坦　13; 32, 34, 223, 227–228, 232, 237, 243, 249, 287, 313, 326, 334–336, 343, 354
Papremis　帕普雷米斯　25
Parallelism of members　词语间的平行；见Symmetry
Parmenides　巴门尼德　384–387
pars pro toto　用部分代表整体　12

Past, Egyptian interest in 埃及人对过去的兴趣 26, 118–119

Paternalism 家长式作风 82–83, 85

Paul 保罗 232, 268, 277, 294, 313, 317, 328

Pentateuch 《摩西五经》 315, 327, 333

per-aa 伟大的宫殿 75

Perception 感知 57–58, 65, 83–85, 90

Pericles 伯里克利 223

Persia 波斯 249, 319, 373–374

Persian Gulf 波斯湾 157, 171, 211

Persians 波斯人 12, 34, 223, 318

Personal gods 个人神 96, 117, 203–207, 212–213

Personalism 人格主义 4–5, 295, 306, 311

Personification 人格化 5–6, 14, 17, 19, 35, 40–41, 46, 56, 71, 130–132, 134–137, 203, 247, 364–365, 369, 375, 379

Pessimism 悲观主义 102–103, 216–218, 257, 281, 307

Pharaohs 法老；见 Kings

Phenomena, natural 自然现象 4, 6–8, 10–11, 15–17, 19–20, 35, 40–41, 45–49, 66, 130–131, 134, 136–137, 148, 191, 199, 244–247, 364–367, 369, 372, 377–381, 383

Philae 菲莱 21

Philistia 非利士 228

Philistines 非利士人 228, 328, 333, 345–346

Philo 斐洛 334

Philosophy 哲学 55–56, 61, 95, 105, 119, 242, 322–323, 376–387

Phoenicia 腓尼基 101, 373

Pickax, myth of the 鹤嘴锄的神话 165

Pindar 品达 374

Plant of life 永生的植物 14, 16, 211–212

Plants 植物 6, 55, 62, 130, 136, 157, 159, 256

Plato 柏拉图 258, 290, 292, 383, 387

Pompey 庞培 237

Posts supporting sky 天空是由柱子支撑起来 45–46

Pottery bowls, smashed 碎陶碗 13, 298

Power 力量 17, 35, 59, 135–136, 138, 143, 148–150, 174–175, 177, 301–302, 304–305, 308, 367；另见 Authority

"Prelogical" thought "前逻辑"思维 11

Priests 祭司 60, 64–65, 72, 76–77, 117, 147, 282–283, 317, 355–358, 370, 375–376

Primeval couples 原始的夫妻 9, 52, 170–172

Primeval hill 原始山丘 21–22, 24, 50–53

Primeval waters 原始瀛水 9–10, 22, 45, 50–53, 56–58, 170–171, 180, 365, 375, 378

Primitive Democracy 原始民主 128–129, 135, 149, 181, 343–344

Primitive man 原始人 5–6, 9–12, 15–16, 18, 23, 130, 231

Primitive thought 原始思维 21

Prometheus 普罗米修斯 272

Prophets 先知 223, 225–229, 236, 239–241, 243, 264, 269–271, 273, 275–276, 282–283, 296, 298–299, 303, 306, 310–312, 314, 317, 326–327, 331–332, 334, 337–340, 342, 349–350, 355–357, 363, 371–372

Proto-literate period in Mesopotamia 美索不达米亚原始文字时代 128

Ptah 普塔 56–59, 66, 97, 116, 365

Ptahhotep 普塔霍特普 288
Pulal 普拉尔 152
Punt 蓬特 43
Pyramid Texts 金字塔铭文 14, 46, 48, 53, 57
Pyramids 金字塔 22, 51, 65, 95, 100–101, 105, 125
Pythagoras 毕达哥拉斯 383–384, 387
Pythagoreans 毕达哥拉斯派 379, 384

R

Rain 雨 20, 38–39, 44, 80, 126, 147, 161, 180, 243–244, 246, 296–297
Ram 公羊 64
Ram-god 公羊神 49, 54
Ramoth Gilead 基列拉末 275, 299, 320
Ramses II 拉美西斯二世 83
Rē 拉 18–19, 24, 26, 41, 49, 51, 56, 65–67, 71–76, 85, 97, 108, 110; Son of 拉神之子 71–75
Reason 理性 3, 11, 381, 386–387
Rebirth 再生 19, 22, 25, 43, 365, 373; of Baal 巴力的 297; of the Nile 尼罗河的 35–36; of the sun 太阳的 19, 35–36, 43–45, 48, 50, 365; of the stars 星辰的 19
Rechabite movement 利甲派运动 338
Reeds 芦苇 131–132
Rehoboam 罗波安 280, 305, 317, 337–338, 348–349
Righteous sufferer 正义的受难者 208, 212–215
Righteousness 公义 59, 89, 108–109, 136, 227, 229–230, 235, 253, 262, 303, 306, 308–311, 316–317, 323–325, 339, 368
Rituals 仪式 7–8, 13–14, 17, 23, 25, 74, 80–82, 84, 94, 118, 198–200, 302, 356–357
Rivers 河水 15, 146–147, 160
Roman Empire 罗马帝国 17
Rome 罗马 323, 358–359
Royal tombs, Egyptian 埃及王室坟墓 22
Ruth 路得 327

S

Sagas 寓言 7
Sages 先贤 104, 118, 368, 376; 另见 Wise men
Sakhebu 萨赫布 72
Salt 盐 130–131
Salvation 拯救 267–269, 373, 384
Samaria 撒玛利亚 337
Samaritans 撒玛利亚人 333
Samson 参孙 304
Samuel 撒母耳 225, 305, 345, 350–351, 355, 357–358, 369
Saqqara 萨卡拉 93
Saul 扫罗 279–280, 300, 305, 315, 335, 345, 355, 357, 371
Scapegoat 替罪羊 16
Scarabs 圣甲虫 49
Science 科学 3–5, 11, 15, 95, 105, 241, 249–250, 252, 279–280, 283, 377
Sculpture 雕像 41–42, 105, 109
Sea 海洋 41, 160–161, 180, 245–246, 378; 另见 Ocean; Waters
Sea People 海上民族 111
Seasons 季节 8, 23–25, 35–36, 80–81, 126,

295–297, 371

Second Intermediate Period in Egypt 第二中间期 110

Second Isaiah 第二以赛亚 236, 250–253, 332–333, 368

Sehetepibrē 塞赫特皮布里 73

Sekhmet 塞赫麦特 65, 67, 70–71, 86

Semites 闪米特人 33, 35, 223, 236

Serpents 蛇 10, 14–15, 20, 24, 37, 48, 175, 211–212, 271

Servant Songs 《仆人之歌》 313, 332

Seth 塞特 54, 66–67, 70, 74, 80, 272

Seti I 塞提一世 22

Shadow 阴影，影子 6, 12, 75–76

Shakanshabar 沙坎尔巴神 187

Shamash 沙马什 133, 209, 363；另见Utu

Shara 沙拉 195

Shechem 示剑 305, 328, 345

Sheʾol 阴间 284, 299

Shepherd 牧人 78–79, 90, 93, 101, 109, 161, 166–168, 198, 351

Shilluk 施鲁克 9

Shū 舒 9, 18–19, 46, 51, 53–54, 58, 66, 71, 375

Shumer 苏美尔 141, 145, 195, 197, 223, 236, 243, 338

Sia 斯雅 57, 65, 83–84

Siduri 西杜里 14

Silence 沉寂 114–115

Silt 淤泥 36, 50, 170–172, 180

Sin 罪恶 16, 86, 116, 231, 259–263, 267–269, 271–273; original 原罪 258

Sîn 辛 133, 153–156

Sinai 西奈 43, 237, 316, 326, 370

Sinai Desert 西奈沙漠 12

Skepticism 怀疑主义 215–216, 234, 238, 241, 248, 256

Sky 天 9, 18–19, 45–47, 53–54, 62, 137–138, 140, 145, 150, 162, 169–172, 179–181, 191, 365, 375；另见Heaven

Slavery 奴隶制 314–315, 337, 340–341

Sleep 睡眠 375

Smith, Edwin, Surgical Papyrus 《艾德温·史密斯纸草文稿》 95, 105

Snakes 见Serpents

Sobek-Rē 索白克-拉 49

Social upheaval 社会动乱 100–101, 110, 368–369

Society 社会 4, 10, 25, 62, 96, 107, 114, 134–35, 139–140, 143, 149, 155–156, 163–165, 168, 202, 266, 303–304, 317–318, 334–337, 342–314, 363, 366; nomad 游牧 303, 335, 337, 339

Socrates 苏格拉底 310

Solomon 所罗门 77, 256, 264, 266, 280, 288, 305, 327, 336, 346–348, 357

Song of Songs 《雅歌》 247

Soul 灵魂 102–103, 277–278, 377

Sovereignty 主权国家 185

Space 空间 18, 20–21, 24–25, 45

Speculative thought 思辨思想 3–4, 6, 8–10, 21, 26, 59, 70–71, 93, 131, 135, 200, 373

Spells 咒符，咒语 13, 147, 174–175

Sphinx 斯芬克斯 78, 230

Spirit of God 神的灵 259, 269–270

Spirits 灵魂 17, 54–55, 69–70, 232, 277–278

Stars 星星，星辰 19, 46-48, 62, 80-81, 126, 130, 181, 237, 247, 249, 251, 365, 387; circumpolar 北极星 47-48

State 国家 26, 62-92, 96, 111, 127-200, 202, 206-208, 212, 355, 358, 372; cosmic 宇宙 136-137, 142-143, 147-151, 156, 168, 180, 183, 185-186, 191-192, 194-195, 198, 200, 202, 206-207

Statues 雕像 20, 64, 67; 另见 Images

Step Pyramid at Saqqara 萨卡拉阶梯金字塔 93

Stoic thought 斯多葛学派 290, 293

Stones 石头 6, 130, 139, 149, 378

Stories 故事 6-7, 9

Storms 暴雨，雷暴 6-7, 20, 127, 135-137, 140-145, 150, 156, 169, 178-179, 191, 196-197, 244-245, 365

"Subject-object" relation "主体—客体"的关系 4-5

Submission 屈服；见 Obedience

Substitution 置换 63-67, 97

Suffering 痛苦 208, 212-215, 271-274

Sumerian words 苏美尔赞美诗 145-147, 158, 163, 171

Surnukan 苏木罕 161

Sun 太阳 8, 10, 18-20, 24, 35-36, 40, 43, 45-51, 62, 69-71, 126, 181-182, 210, 227, 237, 249, 363, 365, 367, 380, 383, 387

Sun disk 日轮 49, 73, 85

Sun-god 太阳神 20-21, 35, 44, 49, 52-54, 56-57, 65, 67, 73-74, 77, 79, 83, 108, 133-134, 207, 227, 363

Sunrise 日出 11, 24, 35, 43-44

Sunset 日落 11, 24, 35, 43-44

Symbolical performances 象征性的表演 13, 64, 298

Symbols 象征物 12, 48-49, 79-80, 235, 237, 298, 371, 381-382, 385

Symmetry 对应物 40-42, 45, 48, 52, 71

Syria 叙利亚 34, 39, 43, 80, 227-228, 243, 337

Syrians 叙利亚人 228, 261, 333

T

Taboo 禁忌 302, 367

Tammuz（Dumuzi） 杜姆姿 161, 198

ta-netjer 神之邦 43

Tefnūt 泰弗奴特 9, 19, 53-54, 58, 375

telos 终极目标 8

Temples 神庙 13, 15, 21-22, 25, 39, 51-52, 65, 77, 111-112, 117, 129, 183, 186-191, 230, 232, 334, 336, 356

Thales 泰勒斯 376-380, 382

Thebes 底比斯 21, 49, 364

Themis 忒弥斯 375

Theophrastos 狄奥弗拉斯图 379

Thomas, Apostle 使徒多马 240

Thoth 托特 47, 60, 76, 297

"Thou" "你" 4, 6-8, 13, 15, 20, 26, 41, 49, 130, 138, 156, 364, 370-371, 386

Throne 宝座 17, 230-231

Thunder 雷电 6, 178, 244, 380

Thunderstorms 雷暴 20, 127, 135; 另见 Storms

Thutmōse I 图特摩斯一世 72

Ti'amat 提阿玛特 10, 143, 170, 173-177,

179–180, 200, 365
Tigris 底格里斯河 15, 126, 148, 160, 171, 189
Tilmun myth 提尔姆恩神话 157–160, 164
Time 时间 18, 23–25, 47
Titans 泰坦巨人 374
Tolerance 容忍 33–34
Tomb furnishings 坟墓陈设 37, 63, 93–94, 110
Tombs 坟墓 65, 75, 77, 93–94, 97, 100–101, 104, 106, 110
Tongue 舌头 41, 56–58, 83–84
Torah 《托拉》 293, 295, 316–317
Tower of Babel 巴别塔 281, 313
Tradition 传统 7, 21, 33, 56–59
Transcendence of God 神的超然存在 230, 233–234, 258, 262, 363, 367–373
Treason 背叛 86
Trees 树 39–41, 44, 62, 149
Trinities 三位一体 66, 233
Truth 真理 7–8, 41, 62, 84, 105, 253, 276, 281, 285, 302, 385–386
Tūtenkharnon 图坦卡蒙 81
Tyre 推罗 226–227

U

Ubshuukkinna 乌巴舒基那 177
Umma 乌马 195, 204
U_4-mu-ul 乌木尔 163
"Understanding" "认知" 4–5
Uniformity of Egyptian landscape 埃及地貌的一致性 39–41
Upper Egypt 上埃及 43, 73–74, 77, 96

Ur 乌尔 141–142, 192, 194–197
Ur of the Chaldees 迦勒底的吾珥 326
Uraeus-serpent 蛇型装饰 76
Urartu 乌拉尔图 226
Urash 乌拉什 133
Urbanization 城市化 128, 336–337
Urizi 乌鲁兹 187
Urnammu 乌尔那木 195
Urshanabi 乌尔沙那比 211–212
Uruk 乌鲁克 167, 195, 208, 211
Urukagina 乌鲁卡基那 338
Utnapishtim 乌他那皮西提母 210–211
Uttu 乌图 157–158
Utu 乌涂 166；另见 Sharnash
Utuhegal 乌图赫加尔 195
Uzzah 乌撒 282, 302

V

Viziers 维吉尔 74, 88–90, 93–94
Volcanoes 火山 243

W

Water 水 35–39, 45, 106–107, 377–380, 382; subsoil 地下水 22, 38, 50, 137, 158, 174, 365
Waters 水 53, 80–81, 89, 130, 137, 146–147, 150, 157–161, 170–172, 174, 180, 239, 250, 259, 269; of choas 混沌之水 21–22, 170–171, 180, 199, 365; of death 死亡之水 210–211; primeval 原始瀛水 9–10, 22, 45, 50–53, 56–58, 170–171, 180, 365, 375, 378; underworld 地下水 45, 51, 53, 162, 164

West 西方 21, 24, 35, 43, 48, 89, 94, 107

Will 意志 6, 15–17, 23, 97, 115, 127, 130–131, 134–136, 139–140, 143, 145–146, 149–150, 272, 274, 364; of God 神的意志 306, 310–312, 315–318, 323–324, 330, 355, 357, 370, 373

Winds 风 10, 35, 70, 80, 89, 106, 126, 130, 141–142, 161, 169, 172, 179–180, 239, 244–245, 378, 380

Wisdom 智慧 72, 101, 104, 118–119, 287–288, 290–292, 307, 310, 380–382, 385; of God 神的智慧 233, 289–295, 369, 375; gods of 智慧之神 47, 60, 76, 133, 147, 162, 174

Wise men 智者 104, 118, 282–283, 286–288, 293, 307, 309, 311, 322–323, 334, 368, 376

"Wooing of Inanna, The" "向伊南娜求婚" 166–168

Word of God 神的语言 56, 59–60；另见 Command

Writing 文字 129

Y

Yahweh 耶和华 226, 231, 237, 244, 249–251, 284, 296–297, 300–303, 308, 310, 326, 328–329, 332, 350, 367, 371

Z

Zadok 撒督 357
Zedekiah 西底家 353
Zeno 芝诺 290
Zerubabbel 所罗巴伯 358
Zeus 宙斯 374–375, 381
Zion 锡安 239, 324
ziqqurats 金字形神塔 129
Zophar 琐法 284, 286

"二十世纪人文译丛"出版书目

《希腊精神:一部文明史》　　　　　　〔英〕阿诺德·汤因比　著　乔戈　译

《十字军史》　　　　　　　　　　　〔英〕乔纳森·赖利-史密斯　著　欧阳敏　译

《欧洲历史地理》　　　　　　　〔英〕诺曼·庞兹　著　王大学　秦瑞芳　屈伯文　译

《希腊艺术导论》　　　　　　　　　〔英〕简·爱伦·哈里森　著　马百亮　译

《国民经济、国民经济学及其方法》　　〔德〕古斯塔夫·冯·施穆勒　著　黎岗　译

《古希腊贸易与政治》　　　　　　〔德〕约翰内斯·哈斯布鲁克　著　陈思伟　译

《欧洲思想的危机(1680—1715)》　　　〔法〕保罗·阿扎尔　著　方颂华　译

《犹太人与世界文明》　　　　　　　　〔英〕塞西尔·罗斯　著　艾仁贵　译

《独立宣言:一种全球史》　　　　　　〔美〕大卫·阿米蒂奇　著　孙岳　译

《文明与气候》　　　　　　　　　〔美〕埃尔斯沃思·亨廷顿　著　吴俊范　译

《亚述:从帝国的崛起到尼尼微的沦陷》　〔俄〕泽内达·A.拉戈津　著　吴晓真　译

《致命的伴侣:微生物如何塑造人类历史》〔英〕多萝西·H.克劳福德　著　艾仁贵　译

《希腊前的哲学:古代巴比伦对真理的追求》〔美〕马克·范·德·米罗普　著　刘昌玉　译

《欧洲城镇史:400—2000年》〔英〕彼得·克拉克　著　宋一然　郑昱　李陶　戴梦　译

《欧洲现代史(1878—1919):欧洲各国在第一次世界大战前的交涉》
　　　　　　　　　　　　　　　　　〔英〕乔治·皮博迪·古奇　著　吴莉苇　译

《古代美索不达米亚城市》　　　　　〔美〕马克·范·德·米罗普　著　李红燕　译

《图像环球之旅》　　　　　　　　　〔德〕沃尔夫冈·乌尔里希　著　史良　译

《古代波斯:阿契美尼德帝国简史(公元前550—前330年)》
　　　　　　　　　　　　　　　　　〔美〕马特·沃特斯　著　吴玥　译

《古代埃及史》　　　　　　　　　　　　〔英〕乔治·罗林森　著　王炎强　译

《酒神颂、悲剧和喜剧》
　　　　　　〔英〕阿瑟·皮卡德-坎布里奇　著　〔英〕T. B. L. 韦伯斯特　修订　周靖波　译

《诗与人格：传统中国的阅读、注解与诠释》　　〔美〕方泽林　著　赵四方　译

《商队城市》　　　　　　　　　　　〔美〕M. 罗斯托夫采夫　著　马百亮　译

《希腊人的崛起》　　　　　　　　　　〔英〕迈克尔·格兰特　著　刘　峰　译

《历史著作史》　　　　　　　　　〔美〕哈里·埃尔默·巴恩斯　著　魏凤莲　译

《贺拉斯及其影响》　　　　　　　〔美〕格兰特·肖沃曼　著　陈　红　郑昭梅　译

《人类思想发展史：关于古代近东思辨思想的讨论》
　　　　　　　　　　　　　　〔荷〕亨利·法兰克弗特　等　著　郭丹彤　译

《意大利文艺复兴简史》　　　　　　　〔英〕J. A. 西蒙兹　著　潘乐英　译

《人类史的三个轴心时代：道德、物质、精神》　〔美〕约翰·托尔佩　著　孙　岳　译

《欧洲外交史：1451—1789》　　　　　〔英〕R. B. 莫瓦特　著　陈克艰　译

《中世纪的思维：思想情感发展史》　〔美〕亨利·奥斯本·泰勒　著　赵立行　周光发　译

《西方古典历史地图集》　〔英〕理查德·J. A. 塔尔伯特　编　庞　纬　王世明　张朵朵　译

《中世纪与文艺复兴时期的佛罗伦萨》　〔美〕费迪南德·谢维尔　著　陈　勇　译

《乌尔：月神之城》　　　　　　　〔英〕哈丽特·克劳福德　著　李雪晴　译

《塔西佗》　　　　　　　　　　　　〔英〕罗纳德·塞姆　著　吕厚量　译

《哲学的艺术：欧洲文艺复兴后期至启蒙运动早期的视觉思维》
　　　　　　　　　　　　　　　　　　〔美〕苏珊娜·伯杰　著　梅义征　译

《宗教与西方文化的兴起》　　　　〔英〕克里斯托弗·道森　著　长川某　译

《永恒的当下：艺术的开端》　　　〔瑞士〕西格弗里德·吉迪恩　著　金春岚　译

《罗马不列颠》　　　　　　　　　　　　〔英〕柯林武德 著　张作成 译

《历史哲学指南：关于历史与历史编纂学的哲学思考》〔美〕艾维尔泽·塔克 主编　余 伟 译

《罗马艺术史》　　　　　　　　　　　　〔美〕斯蒂文·塔克 著　熊 莹 译

《中世纪的世界：公元1100—1350年的欧洲》〔奥〕费德里希·希尔 著　晏可佳　姚蓓琴 译

《人类的过去：世界史前史与人类社会的发展》
　　　　　　　　　　〔英〕克里斯·斯卡瑞 主编　陈 淳　张 萌　赵 阳　王鉴兰 译

《意大利文学史》　　　　　　〔意〕弗朗切斯科·德·桑科蒂斯 著　魏 怡 译

"二十世纪人文译丛·文明史"系列出版书目

《大地与人：一部全球史》　　〔美〕理查德·W.布利特 等 著　刘文明　邢 科　田汝英 译

《西方文明史》　　　　　　　　　　　　〔美〕朱迪斯·科芬 等 著　杨 军 译

《西方的形成：民族与文化》　　　　　　〔美〕林·亨特 等 著　陈 恒 等 译

图书在版编目（CIP）数据

人类思想发展史：关于古代近东思辨思想的讨论／
（荷）亨利·法兰克弗特等著；郭丹彤译． — 北京：
商务印书馆，2023
（二十世纪人文译丛）
ISBN 978 - 7 - 100 - 21556 - 5

Ⅰ.①人… Ⅱ.①亨… ②郭… Ⅲ.①思想史 — 近
东 — 古代 Ⅳ.①B337

中国版本图书馆 CIP 数据核字（2022）第150320号

权利保留，侵权必究。

人 类 思 想 发 展 史
关于古代近东思辨思想的讨论
〔荷〕亨利·法兰克弗特 等著
郭丹彤 译

商 务 印 书 馆 出 版
（北京王府井大街36号　邮政编码100710）
商 务 印 书 馆 发 行
山 东 临 沂 新 华 印 刷 物 流
集 团 有 限 责 任 公 司 印 刷
ISBN 978 - 7 - 100 - 21556 - 5

2023年10月第1版　　开本 640×960　1/16
2023年10月第1次印刷　印张 26½

定价：118.00元